新装版

中国語通訳トレーニング講座

逐次通訳から同時通訳まで

神崎多實子・待場裕子 編著

東方書店

はじめに

　最近とみに通訳の仕事が、脚光を浴びてきたかに見えます。通訳の仕事が、ある程度の語学力を備えた人々の憧れの職業として、また語学好きの人達の究極の高い努力目標として位置づけられ始めたからでしょうか。
　そもそも数年前、湾岸戦争が勃発した時、茶の間のテレビにリアルタイムで最新兵器を使った生々しい戦争の情景が実況中継され、外国のニュースキャスターやレポーター、戦争当事者などの切迫した雰囲気の中での発言が刻々と伝えられました。そして英語同時通訳者のめざましい活躍ぶりが、一躍注目されるようになりました。
　また衛星放送を通じて、世界各国のニュースが毎日放送され、それにも同時通訳の活躍が欠かせないものとなっております。様々な分野で頻々と開催される国際会議にも、同時通訳の装置が設けられ、国際会議が効率的に運営されるようになってきました。
　最近になって、そのような通訳としてめざましい活躍をされている方々の苦労話や、裏話を綴ったユニークなエッセイ、通訳論が次々に出版されるに及び、通訳者はもちろんとして、多少とも通訳の仕事を体験した人、外国語に通じている人たちは、どれほど共感と興味を持ってこれらの書物を読んだことでしょう。かくいう私たちも、これらのエッセイを読んで、時に深く同感し、時に快哉を叫び、時にこれほどの名通訳と言われる方たちも、私たちの味わった通訳の最中に頭の中が真っ白になるあの恐怖の瞬間を、かつては同じように味わわれたことがあったことを知って、共感の念を深くしたものです。
　これらの書物は、通訳の仕事が、いかに高度な能力を求められるものであるか、いかに奥深く、難しく、それゆえ追求しても追求してもこれで満足といえる所へはなかなか行き着けず、おそらくそれゆえになおその道を歩み出した人たちをひきつけてやまない、魅力に満ちた職業であるかを世間に明らかにしたともいえます。皆さんが通訳を目指して努力と挑戦を続けておられるのも、登山家にとって、山は高いほど魅力に満ちたものであるのと同じ道理だと思います。

　ところでいま日中関係は史上まれにみる安定した友好協力関係にあり、政治、経済、文化等の各方面で幅広く充実した交流が進められております。中国経済の驚異的な発展と共に、21世紀に向けて、日中交流がますます盛んになることは目に

見えています。このような情勢の中で、すでに中国語通訳者たちが、放送通訳、会議通訳等として活躍をしておられますが、今後この方面でさらに多くの人材が求められるようになることは必至であり、現に多くの若い人たちが将来中国語通訳になることを目指したり、あるいは自分の専門の仕事の中でもう少し自由自在に中国語を操れるようになろうと考えておられます。

　そのような人たちの中には、ある程度の中国語を大学や専門学校で身につけ、中国と関係のある仕事につき、実践の中で着々と中国語に磨きをかけより一層のレベルアップを目指す人たち、また中国で一定期間生活し、中国語の日常の会話などは問題なくこなせるが、なぜか中国語から日本語へ、あるいは日本語から中国語への置き換え、つまり通訳になると、途端に言葉に詰まってしまう人たちがおられます。つまり、中国語と日本語をそれぞれ別個に話す力がありながら、その間の横の架け橋が頭の中に構築されずに悩んでいる人たちが多いようです。これは外国語が喋れることイコール通訳ができることではないことを、端的に物語っているわけですが、いまそういう人たちは必死になってその横の架け橋となる翻訳術、通訳術を探し求めています。大学や語学専門学校に帰国子女として入学してきた学生の中にそのような悩みを抱えている人を多く見かけます。

　またある程度の中国語の力を持ちながら、さまざまな制約があって、恒常的に中国と関係のある仕事につくことは出来ないながらも、中国語の勉強をこつこつと続けている人たち。特に家庭をもつ女性で、日常の育児家事をこなしながら、なおかつ向上心を持ち続け、中国語をレベルアップしたいと考えている人たち。この人たちも何か有効なブラッシュアップの方法は無いものかと考えておられます。そして将来出来れば通訳の仕事もやってみたいと思っておられるのではないでしょうか。

　ビジネス中国語学会会長であり、恩師でもある伊地智善継先生（元大阪外国語大学学長）は、日本における幅広い中国語教育の普及を目指していつも私たちを叱咤激励されていますが、今回中国語通訳養成のための本を共同執筆してはどうかとの示唆をいただきました。私たちは上に述べたような中国語通訳を目指す人や、そのほかの多くの方たちを対象に、通訳として活躍できる力をつけることを目標とした、効果的な、段階的な、具体的な、トレーニングプランを提供しようと思い立ちました。通訳として活躍できるほどの力は、決して一朝一夕にして得られるものでないことは明らかです。だからといって、ただやみくもに単語を覚え、発音を練習しても決して目的を達成することはできません。

本書では、より効果的な学習に取り組んでいただけるよう、いくつかの演習方法を採用し、逐次そのトレーニングをこなしていくことによって、一歩一歩確実に力をつけていくことを目指しています。どうか焦らずに、本書で示したような段階を忠実に踏んで、じわじわと実力をつけていっていただきたいと思います。
　一方通訳に求められる技能は基本的なもの（リスニングと翻訳・表現能力）のほかに、実際にはさまざまなスピーカーの発音や語り口に対応して、それを瞬時に判断して、原音の主旨を整理、集約して表現する必要に迫られます。
　スピーカーが必ずしもいつも教科書のような標準語で、適当なスピードと間をとり、理路整然と語ってくれるとは限らないからです。
　特にパネルディスカッション、対談、インタビューなど原稿なしのフリートーキングでは、スピーカーは時に思案をめぐらし、記憶をたどりつつ語ることもあり、こういう時には通訳には一層の高度な判断力と整理集約の力が求められます。
　このテキストの音声教材の収録にあたっては、通訳の実践の場でしばしば起こりうるリスニング上の難しさを想定し、さまざまな語り口の音声収録に努めましたので、これらに対応できる通訳の実力を養っていただきたいと思います。

　なお、本書に欠くことのできない音声教材の一部として、私たちの旧知の中国の友人、といってもあまりにも有名な孫平化先生（中日友好協会会長）と劉徳有先生（前中国文化部副部長）がこの本の主旨にご賛同下さり、わざわざこの本のために個人としてインタビューに応じて下さいました。内容は聞いてのお楽しみですが、実に有益で、興味深いものです。著者にとってこのようなご協力がいただけたことは、まことに光栄なことであり、心より感謝いたします。

　ご承知のように、いま日本の通訳者の数は、何といっても英語通訳者が圧倒的です。書店でも英語関係の書物は一大コーナーを形成しております。これまでほとんど中国語の世界にのみ首をつっこんできた私たちは、今回遅ればせながら他言語の通訳の実状をつぶさに見聞し、多くのことを勉強させていただきました。特に英語通訳のトレーニング方法には、中国語と英語の文法に類似部分があることともあいまって、とても参考になり、中国語の特徴を考慮しながら応用できるところがありました。その意味で英語通訳の先輩諸兄姉に、心から敬意と感謝の念を捧げたいと思います。

　最後に、共著者である二人は、かつて父親どうしが同じ化学の学者として親し

く、戦後も中国の同じ大学で教職についていた関係で、幼い頃から同じ境遇に暮らしてきました。特に中国解放後、私たちは父たちの勧めもあって、いきなり中国の中学、高校へと進み、建国間もない新中国の学校で、中国の若者たちと青春をともに過ごしてきました。そして戦後の一時期中国に留まった日本人としての甘苦もともにしました。

　帰国後はそれぞれ東京と大阪に別れ住み、一人は1950年代から中国語通訳としての道を歩み、今なお第一線で仕事をしています。一人は日中貿易団体の通訳、翻訳業務を経て、大学で中国語の教育と研究の道を歩みました。今また二人で、それぞれの経験を生かして、このような書物を世に出し、多少ともこの方面の皆さまのご参考にしていただければ、望外の幸せであります。読者の皆さまの忌憚のないご意見と、ご教示を賜りますことを心よりお願い申し上げます。

1997年1月

著　者

目　次

はじめに　i
本書の音声について　viii
通訳の現場から　1

基礎編　効果的なトレーニングの方法

1　リスニング　通訳の基本は聞き取る力の向上から……………… 23
　　リスニング演習　1　劉徳有さんの談話／2　李鵬首相の演説
2　シャドウイング　滑らかな表現力を磨く…………………………… 41
　　シャドウイング演習　劉徳有さんの談話
3　サイトラ（サイトトランスレーション）　訳す基本理論を再確認……… 49
　　中国語から日本語へ　サイトラ演習　劉徳有さんの談話
　　日本語から中国語へ　サイトラ演習　村山富市総理談話
4　逐次通訳　リスニング、判断力、表現力、記憶力がカナメ……… 77
　　逐次通訳モデル　細川護熙総理の北京での記者会見
5　同時通訳　テクニックとその作業環境……………………………… 83
　　同時通訳モデル　艾敬さんのインタビュー

実践編　音声によるトレーニング

1　逐次通訳　93
DATA 1　怎样做好口译工作 ……………………………………… 97
　　レクチュアを聞きながらリスニングのブラッシュアップ
　　刘德有（中华日本学会会长、前中国文化部副部长）
DATA 2　回顾中日关系五十年 ………………………………… 119
　　ニュアンスをどこまで理解できるかがカナメ
　　孙平化（中日友好协会会长）
DATA 3　从学习外语谈起 ……………………………………… 167
　　滑らかな語り口ゆえに苦しいリスニング
　　刘　璈（国际图书贸易总公司东京联络办事处处长）

DATA 4　臺灣的現況 …………………………………………………… 179
　　　　海峡両岸の言葉の相違を探る
　　　　戎義俊（サイマル・アカデミーＯＢ、在台湾）
DATA 5　中日投资促进机构联席会议上的讲话 ……………………… 195
　　　　フォーマルな席でのあいさつの逐次通訳、経済関連用語例
　　　　吴　仪（中国対外貿易経済合作部部長）
DATA 6　日中貿易を語る………………………………………………… 229
　　　　フリートーキングスタイルの逐次通訳
　　　　藤野文晤（伊藤忠商事常務取締役）

2　時差同時通訳形式による放送通訳　243
DATA 7　新闻消息 ………………………………………………………… 245
　　　　リスニングから瞬時日本語への変換、スピード対策
　　　　中央人民广播电台

3　同時通訳　267
DATA 8　21世纪的教育 …………………………………………………… 271
　　　　同時通訳に最適のスピード、この程度はクリアしたい方言
　　　　鲁文远（沈阳市教育科学研究所所長）
DATA 9　中国出版业的现状以及知识产权的问题……………………… 285
　　　　瞬時の合間を縫ってスピーチに追いつくコツ
　　　　宋木文（中国出版工作者協会会長）
DATA10　アフリカからの環境メッセージ……………………………… 299
　　　　日→中順送り訳の限界、環境関連用語
　　　　サンガ・Ｎ・カザディー（三重大学教授、「アフリカの村おこし運動」代表）

通訳現場へのチャレンジ

MODEL CASE 1　中国的医学教育制度及其背景……………………… 345
　　　　アドリブへの対応、クリアすべきスピードの目安
　　　　陈敏章（中国卫生部部長）

MODEL CASE 2　　日本・中国・アメリカの新しい関係を求めて……………… 361
　　　　　　　フリーディスカッションへの対応
　　　　　　　読売新聞東京会議郡山シンポジウム

中国語通訳Q＆A　397

あとがき　410

*肩書きは基本的に発言当時のものです

【コラム】

"冒昧得很"…………………………………………………………………… 20
総理記者会見………………………………………………………………… 90
"常在战场"…………………………………………………………………… 96
いまもきらめく孫平化さんの言葉の数々………………………………… 166
スイカサミットと"西葫芦"……………………………………………… 228
市民権を得た"黑五类"…………………………………………………… 284
忠実さと"通俗易懂"の狭間で…………………………………………… 342
忘れられない「ショートク太子」………………………………………… 360
"Húnchūn＝珲春"がいつの間にか"长春"に………………………… 396
魯迅の未亡人——許広平さんの思い出…………………………………… 409

●本書の音声について●

・音声（MP3形式）は東方書店ホームページからダウンロードできます。
　① http://www.toho-shoten.co.jp/jbook/download.html にアクセス
　　（トップページから「音声ダウンロード」をクリックしてもアクセスできます）
　② 『新装版　中国語通訳トレーニング講座』の GO DOWNLOAD をクリック
　③ ダウンロードキー　9671807914　を入力
　④ DISK1～DISK3に分かれている圧縮ファイル（ZIP形式）をダウンロード、解凍して音楽再生ソフトなどに取り込んでご利用下さい

　　＊タイトル名の前のチェックボックスが ☑ になっているものがダウンロード対象になります。ダウンロードが不要なものはチェックを外して下さい。
　　＊一括ダウンロードがうまくいかない場合は、1ファイルずつお試し下さい。
　　＊ZIP形式につき、スマートフォンやタブレット端末でダウンロードするには、解凍ソフトが必要です。

・本書に収録した音声教材は、実際の通訳の状況に即して、本書のための新録音を含め、できる限り生の素材に近いものを選びました。したがって、原音声が聞きづらいものもありますが、ご了承下さい。

・学習効果を考え、教材の一部はステレオで録音されています。その場合、L（左）が原音声、R（右）が通訳の音声になっています。いずれも、学習の最初には原音声のみを聞くようにしていただきますので、ご注意下さい。なお、再生ソフトによっては、片方の音声のヴォリュームを絞れないものもあります。その場合は、ヘッドホンで片耳をはずすなどして、ご利用下さい。なお、ステレオで録音されている部分は以下の通りです。

基礎編5	同時通訳モデル	（L＝中国語	R＝日本語）
実践編	DATA 6	（L＝日本語	R＝中国語）
	DATA 7	（L＝中国語	R＝日本語）
	DATA 8	（L＝中国語	R＝日本語）
	DATA 9	（L＝中国語	R＝日本語）
	DATA10	（L＝日本語	R＝中国語）
通訳現場へのチャレンジ			
	MODEL CASE 1	（L＝中国語	R＝日本語）
	MODEL CASE 2　PART1	（L＝日本語	R＝中国語）
	MODEL CASE 2　PART2	（L＝日本語	R＝中国語）
	MODEL CASE 2　PART3	（L＝中国語	R＝日本語）

通訳の現場から

◇通訳とは

　幸か不幸か、通訳はその宿命ともいえる音声表現に頼らなければならないがゆえに、訳出された言葉は音声として一瞬にして形成されては消えていく運命にあります。したがって、翻訳のようにその作品を通して後世の人々の目に触れることはありません。

　また日本では、中国の古典や現代中国語に対する研究に多くの力が注がれてきたにもかかわらず、通訳そのものについてはあまりにも実践的、かつ機能的な色彩が濃いせいか、ほとんど研究の対象とされず、なおざりにされてきたきらいがあります。グローバルな時代を迎えた現在、国際的な交流が盛んになり、通訳の役割がますます重要視されるなかで、中国語通訳の実践を踏まえた、語学的、科学的な研究、もしくは通訳育成のためのメソッドの確立が必要になってきているように思います。

　小学館『日本大百科全書』では、通訳を次のように定義しています。

　　　通訳とは、異なった言語を用いる二人または二つの人間集団が接触するときに、その意志疎通を行うため、双方の言語を音訳表現して両者間の効果的なコミュニケーションを実現させる作業、あるいはその作業者をいう。通訳として求められるものは、まず母国語・外国語双方の語学力、次に各発言者のもつ固有な言語発想法やその背後にある文化への認識と通訳術、最後に発言者の発言意図を正確に洞察・判断できる理解力と、この理解にもとづく論理的な表現である。

　言葉をかえれば、通訳者は「異なる言語を用いる両者の接触の場に必ず立ち会うこと」、もし両当事者のコミュニケーションの場をシナリオにたとえるなら、通訳者は、シナリオが作られつつあるその場に居あわせ、シナリオ作りに協力することです。また双方の言い分を誰よりも先にキャッチしうるのは、通訳者にほかなりません。

　さらに重要なことは、「双方の言語を音訳表現して、双方のコミュニケーションを実現させる作業」という点です。中国語は漢字で構成されているので、日本人にとっては大変馴染みやすいといえますが、いざそれをすべて耳に頼って判断するとなると、まるで急に暗闇に放り出され、手探りの状態にでも置かれたかのように、自在に操れなくなってしまいます。

　話の流れのなかで、"hùndùn"と聞こえたらなにを想像しますか？　わずかな違

いでも "húntún" と取ると、"馄饨"、「ワンタン」。"hùndùn" を正しく聞き取れば、"混沌"→「混沌」→「カオス」(物理現象として、誤差が運動の中で増幅されるため、時間変化の予測が実際上不可能な現象)。目で確かめられれば、「カオス」が「ワンタン」に化けるようなことはありえなくても、実際に耳だけに頼ると「カオス」と「ワンタン」が錯綜して大混乱を引き起こすことすらあるのです。

中国語通訳の難しさもおもしろさも、この「音訳表現を通じてのコミュニケーションの実現」というところに起因するといっても過言ではありません。

以上挙げた点が、通訳の根本であるならば、次にいう「母国語、外国語双方の語学力の向上」「背景にある文化への認識」と「発言意図を正確に洞察・判断できる理解力や論理的表現」は、通訳の実践に臨んで欠かせない要素といえます。

私たちは語学力の向上を目指しながら、たえず日中両国の間に立ってその文化を比較対照しつつ、いろいろなことを考え、多くのことを学んでいます。しかし最近のグローバル化にともない、通訳者として日中の範囲だけでは対応しきれない、限界のようなものをひしひしと感じる今日この頃です。日本と中国の国際舞台への積極的なアプローチにともない、通訳者にとって欠かせない「背景にある文化への認識」もいっそう幅広いものが、求められているといえましょう。このような傾向は、21世紀に向けてますます強くなるのではないでしょうか。

◇通訳の変遷

古来、日本は中国文化の恩恵に浴しながら発展してきましたが、例えば写経などのように文字を媒体とした交流のほかに、音声言語を媒体としたコミュニケーションも行われてきたに違いありません。

小学館『日本国語大辞典』によりますと、つとに1400年ほど前、通訳者は、「おさ」と呼ばれていたとされています。

> おさ 【訳語・通事】
> 　　外国語を通訳すること。またその人。通訳。
> 　　『日本書紀』推古15年 (607年)「大礼(だいらい)小野臣妹子を大唐(もろこし) に遣はす。鞍作福利(くらつくりのふくり)を以て通事(おさ)と為す」

また『中日関係簡史』(楊正光著、湖北人民出版社)にも『日本書紀』と『隋書』からの引用として、「607年と608年に小野妹子が中国に渡ったときは、『通事』の鞍作福利が随行した」と記されています。

史料に残されている最初の通訳者は鞍作福利。鞍作は遣隋使小野妹子とともに「おさ」として中国へ渡りました。その後も、唐代に留学し、「天の原ふりさけみれば……」と故国への思いを歌に託し、唐に没したといわれる阿倍仲麻呂はじめ、たくさんの留学僧が唐に赴いたわけですが、音声言語を通してのコミュニケーションは、どのように行われていたのでしょうか？　逆に日本に渡来した唐の高僧、鑑真和上が説く戒律などを、日本の僧侶たちはどのようにして受けとめたのでしょうか？

　残念ながら、いまから1400年近くも前の「訳語」（おさ）と称される人々や留学僧たちの活躍ぶりを耳で確かめることはできません。その後も交流が途絶えないかぎり、音声言語を通してのコミュニケーションが続けられてきたわけですが、録音技術が発達した今ならいざ知らず、交流の結果は文書として後世に伝えられても、そこで果たした通訳者の役割は知る由もありません。

　朝日新聞『ひと』の欄（1995年11月29日）の次のような記事が、目を引きました。

　　　同時通訳という職業が初めて登場したのは、1945年ナチス・ドイツの戦争犯罪を裁くニュルンベルクの法廷。
　　　最初の同時通訳者は、シークフリート・ラムラーさん。オーストリア生まれで、現在米国市民71歳。当時21歳でした。

　わずか21歳にして同時通訳、しかも今風にいえば、法廷通訳をされたということですが、この記事に触れたときの私の偽らざる感想は、このような若さで第二次世界大戦に重大な関わりをもった被告を裁くという大舞台で十分な通訳ができたのだろうか、語学面はさておいて、通訳の定義にもある「理解力や論理的表現」は可能だったのだろうかということです。

　しかし、次のラムラーさんの言葉に深い感銘を受けました。

　　　「被告の生死を分かつ職務の恐ろしさに身震いし、ひたすら『正確な通訳』に没頭した。」

　これこそ、裁く者と裁かれる者の狭間で橋渡しの役目を果たし、苛酷な通訳体験をした者のみが語れる、叫びにも似た心からの言葉ではないでしょうか。
　いまは教育の仕事にたずさわっておられるようですが、50年前の通訳体験が彼の後々の人生に大きな影響を及ぼしたことは想像に難くありません。

ラムラーさんの同時通訳以来、およそ半世紀を経た今日、通訳形式もさらに発展して、リレー同時通訳が採用されるに至りました。すなわち英語との関連でいえば、日本語を軸に英語通訳者が英語を瞬時に日本語に訳出すると、中国語通訳者がその日本語を受けてただちに中国語に訳す作業をほぼ同時に行うのが、リレー同時通訳です。またその逆の中→日、日→英の通訳の場合も同様です。リレー競技で走者が次々にバトンタッチするのに似ているところから、このように呼ばれるようになったのでしょう。

　こうした通訳の活躍ぶりが、1991年5月31日の読売新聞に、『北東アジア新秩序を探る』国際会議の内容と合わせ小さなコラムで紹介されていました。

　　通訳に感謝の拍手
　　今回のシンポジウムには七カ国から二十三人の学者が参加、使用された言語も英語、中国語、韓国・朝鮮語、日本語の四つに及んだ。進行をスムーズに進めるため今回もワイヤレス・イヤホンを使った同時通訳方式が取られたが、通訳するのはもちろん生身の人間。同時通訳は大変集中力のいる仕事で、一人十五分が限界。各国語通訳の専用ブースには常時三人がおり、時間を区切って交代で同時通訳が進められた。シンポの成功も失敗も通訳に大きく依存。三日間の討論の後で行われた座談会の終了時に、参加者から同時通訳ブースに盛んな拍手が送られた。

　ここでいう通訳の専用ブース（翻译室、隔音室）は、同時通訳に欠かせない通訳のオフィスともいえるものです。時にはゆったりした常設のものもありますが、おおむねパネルを組み立てたタタミ二畳敷きぐらいの窮屈な作業部屋。しかし、最近は同じ組立式でもかなり広々としたオフィス風のものが現れるなど、仕事場の環境も改善されつつあります。同時通訳はもともと極度の緊張を強いられる仕事、こうした変化は張りつめたふんいきの中にも安らぎをもたらしてくれます。

　通訳の仕事は、このように時代の流れ、時代のニーズに沿って、様々な問題を抱えつつも新たな変貌を遂げていくに違いありません。

　その一方で、科学技術の発展にともない通訳・翻訳機械の開発も進められていますが、定型的な文章ならともかく、人の心の機微に触れる部分まで機械が代替するのは、まず不可能なのではないでしょうか。

◇中国語通訳の規模と新しい傾向

　ここ数年来の国際化と中国の改革開放の波にのって、中国語通訳に対するニーズも多様化し、大きな変化が起きています。

ではその規模や他の言語との比較のうえでは、どうなっているのでしょうか？
　次のデータは、NHK情報ネットワークの通訳担当の方からおうかがいした放送通訳に関する状況です。

　　放送にまつわる通訳業務を営む者として、ＮＨＫ情報ネットワークに登録されている中国語通訳者は50人余りで、次の三ランクに分けられる：
　　Ａ　10人弱　プロ中のプロといえる人、会議通訳として業界でも活躍しているような人。
　　Ｂ　約20人　通訳、翻訳を職業としている人たちで、いわばＡの予備軍のような存在。番組のテロップ作りなど、仕事の量は最も多い。
　　Ｃ　約20人　常時通訳をしているわけではないが、通訳が可能と思われる人たち。登録者は、主に家庭の主婦や留学生。例えばオリンピックの時のエスコート通訳などをしてもらう。
　　そのほか、閩南語、ウイグル語などは、別途依頼するような態勢になっている。
　　ちなみに英語の放送通訳登録者は、約300人。
　　概していえることは、各言語ともレベル的にみて、ギャップがたいへん大きい。英語でも、高度な放送通訳は数えるほどしかない。もっとも、ベテランの通訳者でも、本番で失敗すれば通訳生命にかかわり、また放送通訳はきわめて神経を使い、苦労も多いことからあえて遠慮する人もいる。

　　需要の面における他の言語との比較
　　もちろん、アジアでは中国語が断然トップ。次は韓国語だが、その需要にはかなりの開きがある。また、ドイモイ（刷新）政策により、ベトナム語の需要が増えている。ベトナム語やカンボジア語の通訳者は、難民として日本にきて定住した人が多い。
　　欧米関係では、英語は例外として、次にフランス語をしのいでドイツ語の需要が増えている。それは、ドイツは様々な制度が充実しており、日本にとって規範とすべきものが多いことなどによる。

以上の点からみますと、現在、放送通訳者に対してますます高度の技量、スペシャリストが求められていることがうかがえます。
　通訳人口の全体像をピラミッドに例えると、かなり鋭角に近い形のピラミッド

になっているともいえます。正直なところ、通訳を使う側の目は、かなり厳しいとの感触を得ました。

では、放送に限らず、中国語通訳全体となりますと、ロシア語が約170人（ロシア語通訳者協会の登録者数による）、それとの比較で、200人余りでしょうか？

なお英語通訳者は、会議通訳およそ50人、各レベルの通訳者を含めると2万人弱ではないかといわれています。

ちなみに中国には、翻訳者、通訳者を含む"中国翻訳工作者協会"という組織があり、省、市、自治区レベルの団体会員47、個人会員3万人余りを擁しています。同協会は、全国的な学術団体で、設立の主旨は、翻訳（通訳も含む）に関する学術研究と交流、また翻訳業務のレベルアップにあります。

また中国の対外向け放送を行っている中国国際放送局（北京放送）は、通訳・翻訳スタッフ約800人を擁し、毎日38カ国語で放送が行われています。

なお中国では科学技術関係の翻訳、通訳者が最も多く、総勢30万人余りに達しています（《中国翻译工作者协会第二次全国代表会议有关资料》、1992.6による）。

そのほか《中国翻译》はじめ翻訳を中心にした定期刊行物が計7種類も発行されるなど、翻訳に関する研究が活発に行われています。言うまでもなく中国語の"翻訳"には、「通訳」も含まれていますが、《中国翻译》をみてもやはり圧倒的に多いのが翻訳に関する論文で、通訳関係のものはわずか数％に過ぎません。

◇**押し寄せる国際化、市場化の波**

八十年代に入り、時代の流れとともに中国語通訳界も大きな転機を迎えました。

その変化の一つは、中国の代表が多国間の国際会議に参加する機会が多くなったのにともない、同時通訳形式が増えてきたことです。言いかえれば、いままで英語を中心に同時通訳形式が取られていた国際会議に中国語も参入し、その成りゆきとして、同時通訳形式を採用せざるをえなくなったともいえます。まだ多くの課題が残されているとはいえ、同時通訳へのチャレンジは、中国語通訳のレベルアップにつながりました。

もう一つの変化は、英語や他の言語と同様、エージェンシーに組み込まれ、フリーランスのプロ通訳者が活躍するようになったことです。

もう少し具体的にいえば、その変化は次の点にあると思います：

（1）交流の内容のグローバル化、多様化、専門化

かつては、常に日中をベースに考えていればよかったのですが、国際化にともない、話題そのものが二国間の枠を越え、多岐にわたっています。たとえば教育

がテーマでも、会議の代表にオーストラリアのウロンゴング市の方がいれば、その地元の状況が語られるというように内容的にたいへんな広がりをみせています。

第一線で活躍している中国語通訳者が、なによりも愛用しているのが『日中外来語辞典』という点からもそのことがうかがえます。

またたとえば、エネルギーを語るにしても、一つの会議で社会科学や自然科学など様々な角度から検討するなど、学際学科的な研究や多様化、専門化に向かう傾向が強くなっています。しかし、こうしたことへの対応は、英語通訳者でも、医学、金融などを重点にしておられる方がいるとはいえ、はっきりした分野別分担はないようです。

(2) 通訳形式の変化

前述の通り通訳形式として、いままでの逐次通訳ばかりでなく、同時通訳が採用されたことです。とりわけ多国間の国際会議では、およそ八割が同時通訳形式をとっています。そして、さらに英、独、仏、スペイン、韓、露、時にはインドネシア、タイなどを含め、リレー同時通訳が行われるようになりました。

なお日本でのこうした会議では、日本語、中国語を問わず、双方向とも日本側の通訳者が責任をもって通訳することが多くなっています。

(3) 市場原理の導入

通訳は、以前と同様に友好の架け橋には違いありませんが、英語など他の言語と同じように市場原理を導入し、ほぼビジネス化されたといえます。

端的にいえば、仕事を依頼される場合、クライアント→エージェンシー→通訳者という流れが確立されました。このような流れで仕事が成立するわけですから、問題が生じてフィードバックするときも、当然ながらこの逆の流れに沿って処理していきます。

市場原理の導入とは、つまり優勝劣敗の原理の導入です。このような新たな傾向は、通訳界にプラスとマイナスの影響をもたらしていますが、全体的にみれば、中国語通訳のレベル・アップにつながり、またすそ野の広がりを促しています。

一方、市場の規模に比べ、エージェンシーが乱立気味で、エージェンシーレベルでの無用の競争が激化しているようにも見受けられます。

(4) ジャンル別に細分化

現在、ガイド通訳、法廷通訳、芸能通訳、研修用通訳、企業内通訳、放送通訳、会議通訳などとますますジャンルによって細分化される傾向にあり、それぞれの果たす役割もかなり違ってきています。これからはむしろ各ジャンルで、スペシャリストをめざして努力すべきなのかも知れません。

(5) 企業内通訳の活躍

　日中合弁企業の設立や研修生の受け入れといった実質的な協力への取り組みが増えたことにより、企業内通訳が増加しました。

　ある企業に勤務し、主に通訳や翻訳などの仕事を行うのが企業内通訳ですが、正社員として企業に所属している場合もあれば、契約社員、嘱託の場合もあります。例えば嘱託なら平素は週二三回出勤して、翻訳などを手がけ、研修生受け入れに際しては、研修スケジュールに沿って毎日通訳に当たる、また企業が訪中団を派遣する時に通訳として同行するなどその企業の対中業務の必要に応じて仕事をしていきます。

　そして企業が中国との合弁を手がける場合には、フィージビリティー・スタディー、つまりFS（可行性調査）に始まり、資金調達、役員会（董事会）、労務契約、現地事務所のオープンに至るまでの通訳はもちろん、議事録の翻訳なども行います。早くから中国業務に力を入れてきた商社には、業務に精通したベテランの通訳者がおられ、最近その貴重な通訳体験をまとめた、示唆に富んだ著書が出版されていることは特筆すべきことです。

◇**通訳とは、創造性のある仕事か？**

　仮にいま一枚の紙を与えられたとしても、通訳者はそこに勝手気ままに自分で構想を練り、思うままに絵を描くことはできません。子どもの頃描いた塗り絵のように、通訳は決められた、ある枠組みのなかでの作業です。しかし、その与えられた枠のなかで、美しい絵が描けるかどうかは個人の裁量にまかせられるといえましょう。

　言葉に対する限りない愛着、それも平面的に文字を追うだけでなく、立体的に音声として聞く言葉への愛着であり、こだわりです。通訳は一定の枠のなかにおける作業には違いありませんが、奥行きが深く、また時代の推移にともなう新たな変化に対応せざるをえないため、いくら経験を積んでもゴールというものはありません。正に"学到老"といえましょう。「私にとって、英語とのつき合いは一生の喜びである。この友人は、私が怠けるとすぐ遠ざかろうとする。いつも接触を絶やすことができない。」これはサイマル・アカデミーの小松達也理事長の言葉ですが、全くその通りだと思います。

　一方、通訳には、確かに雑学的な側面があることは否めません。通訳する内容が、自分の興味の対象とはおよそかけ離れたテーマだったり、自分の考えとはかなりのギャップのあるような中味の場合すらあります。しかも経済、政治、文化、教育、医学など、通訳する内容は多岐にわたり、絶えず変化するので、捉えどこ

ろがないような感じすら受けます。その雑学的側面に嫌気がさし、その嫌気を、語学への興味をもってしても克服できないところまできたら、投げだしたくなることもありましょう。通訳という仕事は、学者が決まったテーマを追求したり、画家が一枚の絵を描きあげていくのとは、確かに違います。いわば、相手のニーズ、広くは時代のニーズにもとづいて、そのコミュニケーションを図るお手伝いをするのが、通訳の役目です。

　しかし、総じて言えば、自分の知らないこと、普通なら生涯目に触れることなしに終わったであろう様々な出来事や人に接し、時代の新しい息吹や変化を敏感に肌で感じ取ることができます。私にとって通訳という仕事は、自分を狭い殻に閉じこめることなく、広い大海原へと押し出してくれる力の源になっているような気がします。よく「初心に帰れ」といわれますが、通訳は自然の成りゆきとして、「初心に帰らざるをえない」ような状況にたえず置かれているというのが現実です。そして長い目で見れば、一見連続性に欠けるようですが、実はヨコ糸としての語学がジャンルとしてのタテ糸をしっかり結び付け、そこに経験を積み重ねて行くうえでの一貫性を感じ取ることができます。

　満足のいく通訳は、多分十回に一回ぐらいしかありませんが、音声として中国語を的確に耳で捉え、パズルでも解くように相手の言わんとしていることが明らかになっていくときの歓び、転瞬の速さを競うゲームのような面白さ、これこそ通訳者の醍醐味です。

◇プロ意識の底に流れるサービス精神

　最近は、通訳者同士のつき合いも、必ずしも中国語だけとは限らず、他の言語との接触が増えてきました。名刺を交換すると、英、露、韓国語を問わず、その肩書きは、おおむね会議通訳、そのほか同時通訳、同時通訳士、また金融同時通訳、英仏中日会議通訳というのもありました。一方、名刺で見る限り、中国語通訳者は総じて控えめ、自称会議通訳としている人は少なく、同通のベテランでも肩書き一切なしという人さえいるほどです。通訳者のタイプも英語堅実、フランス語リラックス、ロシア語おおらか、韓国語バイタリティー……、と国際色豊かで、それぞれの言語のお国柄を反映するかのようにユニークな感じです。

　札幌で北方圏フォーラム（"北方地区论坛"）という会議が四日間にわたって行われたときのことです。フォーラムに備え英語、ロシア語、中国語の通訳者十人余りが大挙して札幌に行きました。

　通訳形式はリレー同時通訳。たとえばアメリカのアラスカ代表が英語で発言すると、英語通訳者が日本語に、中国語通訳者はその日本語を受けとめ、ただちに

中国語に、同じくロシア語通訳者はロシア語にそれぞれ通訳する、またその逆もありますが、この作業をほぼ同時に平行して行います。

この札幌会議は、フォーマルな会議もあれば、観光バスで郊外に移動しリラックスした気分での意見交換もあるといった、ややイベント風のものでした。観光バスで移動中、顔なじみの英語通訳者から、「ピンマイクとレシーバー数個持参したから、いつでもお使いなさい」と声をかけられました。フォーマルな会場には、窮屈ながらも、私たちの仕事場であるブースが会場の一角に取り付けられているのですが、観光地に移動して各地の知事がリラックスしながら話し合うと言ったスケジュールでは、ブースなしでの通訳も必要になるかも、というので、簡易同時通訳用のピンマイクとレシーバーの持参と相成ったわけです。

簡易同通とは、いわば通訳の「ゲリラ戦」（游击战、打游击）のようなもので、たとえばブースがないような会場やどこかへ見学に訪れた際などに、無線を使って通訳者の声をレシーバーをつけた人のもとへ送り届けるシステムです。

ブラジルのリオ・デ・ジャネイロで開かれた「地球サミット」（環境と開発に関する国連会議＝"联合国环境与发展大会"）の際、同時通訳用のブースとして国連公用語の六カ国語と地元ブラジルのポルトガル語、それに日本語を含め八つ準備されていたそうですが、ブース使用料のトラブルとかで、日本は急きょ簡易同通に変更。会場の片隅に同時通訳者を配置、その声を無線で竹下元首相らのもとに送り届けたそうです。ちなみにこのような簡易同通方式は、日本の企業内研修などで、大勢の日本人に数人の中国人が混じって傍聴する時などに使われています。

しかし、さきほどの英語通訳者のように、通訳者自身が簡易同通機材を用意しているということは、つまり「いつでもどこでも、同通のサービスを提供できますよ」ということの意思表示にほかなりません。こうした機材の提供は、どちらかと言えばエージェンシーの仕事だとは思いますが、「いつでも必要とあらば、同通可能」という心意気、プロ精神には敬服しました。中国的に言えばまさに"敬业精神"、"事业心"、"专家意识"の表れです。

◇**言葉に対する敏感さ、話の流れに忠実に**

通訳者は字面にこだわるだけでなく、内包されている意味について知る努力が必要です。もちろん、これは経験を重ねながら身につけていくほかなく、一朝一夕に成し遂げられるものではありません。ただ通訳をしている限り、常に言葉に対する敏感さを保てるよう心がけなければなりません。敏感さや洞察力が、やがて理解力や予知能力の向上につながるのです。

例えば、「交流」とくれば、大体その前に「友好」、「草の根」（"群众性"）など

の言葉がでてきますが、"实质性的交流"なら、忠実に「実質的な交流」としなければなりません。なぜなら"实质性交流"には、友好ベースのうえに、更に経済的なメリットをともなう、より積極的な意味が含まれているからです。

　例えば、外交交渉において"慎重对待"となれば、ほぼ交渉は暗礁にのりあげている、望みがないと考えていいでしょう。"谈恋爱"の場合でも、"慎重对待"ではまず望みがなさそうです。また交渉が平行線をたどっている時、"你的兜儿里还有什么东西？"ときたら、「あなたのポケットにはまだなにかありますか？」と訳してかまわないと思いますが、「手のうちを全部さらけだしたか」というような意味と理解できます。そこで通訳者が補足説明する必要はないと思いますが、相手のニュアンスには敏感でありたいものです。

　もう一つは話の流れを変えないこと、また限られた時間内に話し合いがスムーズに行くよう心がけるのも通訳者の務めです。

　ある会談の際、中国側が"这个问题，双方的着眼点不同"と言ったのに対し「双方の考えは、基本的に違います」と通訳した人がいました。"着眼点"が違うか「基本的に」違うかでは、随分開きが出てきてしまいます。それを聞いた日本側は、びっくりして「いえいえ、われわれは、中国にとって良かれと思って申しあげたので……」とこれ釈明に努めました。これは、通訳のせいで話題が中心からそれてしまった悪い例です。

　さらに極端な例ですが、「ある医学雑誌に載せるため、中国の漢方医のインタビューをしたのだが、そのテープを聞いて翻訳して欲しい」との依頼を受けたときのことです。

　驚いたことに、一時間のテープのうちおよそ30分が、漢方医と通訳のやりとりで占められていました。通訳者が根ほり葉ほりおうかがいをたてては通訳するので、時間が数倍もかかり、当のインタビュアーは遠くに押しやられ、口をはさむ余地もないほど。まるで通訳と漢方医の対談という感じでした。

　仮に専門的で難しそうなら、事前に漢方医との打ち合わせをするなど、何らかの手を打たなければなりませんが、ここでは「黒子」的存在というよりは、むしろ通訳がもう一方の主役のインタビュアーに成り変わっていました。「時は金なり」の名言からすれば、このように度々話の流れを止めることは、貴重な時間を通訳が奪ったといわざるをえません。

　通訳のせいで思わぬところで話の流れが変わってしまったり、どうどう巡りして話し合いの進展を妨げたりするようなことは、なんとしても避けなければなりません。その責任の重さを十分認識し、日々切磋琢磨して行く必要があります。

◇中→日の"同声传译"（同時通訳）はどこまで可能か？

　世はスピード時代、来日した中国のスピーカーのなかには、私たち中国語通訳者を悩ませている「CCTV（中央电视台）のアナウンサーのようなスピードが一番いい」などという若い方もいます。

　中→日の同時通訳では、なんといっても最大のネックはスピード。

　漢字を半導体のチップにたとえれば、中国語の一つ一つの漢字に蓄えられた情報量は日本語のそれより遥かに多く、効率的です。そこで中→日の際には、勢い日本語が長くならざるをえません。その点、翻訳してみると、3分の1余りも日本語が、長くなることからも明らかです。挙げ句の果てには、駆け足でスピーカーについていくほかなく、まるで早口言葉のような聞き取りにくい日訳になるのが落ちです。

　つまり、問題は情報をできるだけたくさん提供しなければならないということと、同じ情報量を提供するのに、日本語は中国語に比べより多くの時間を必要とするために生じる矛盾です。

　スピーカーの話し方が、かつての"中央领导同志"の演説のように"同志们!今天我们……"という調子なら訳すほうも安心なのですが、ひどいときには、スライド38枚を使っての40分の予定の講演を、わずか20分で終えてしまった方もいました。

　たとえばNHK衛星放送では、アナウンサーのスピーディーな語り口に対応するためCCTVを含めた各言語とも時差同時通訳の形式を採用しています。時差同時通訳とは、実際に放送する時は中国語を聞きながら同時に日本語に訳出していくのですが、衛星で送られてきた中国語ニュースをあらかじめ翻訳するので、ニュースをキャッチしてからオンエアするまでに時差がある形式です。通訳者はこの間に訳語を適当にカットするなどして日訳上の字余りの問題を解決するのです。

　　一方、アメリカでは、ニュースの同時通訳は、しょせん不可能とされているそうです。

　また国際通訳者協会では、「準備なしに、ビデオの通訳をするよう依頼されたら、断ってもよい」という決まりがあり、現に英語通訳者たちはそれをきちんと現場で実行しています。たしかに立て板に水のように語りかけるナレーションをその場で通訳するのは、しょせんムリなことで、「できないことはできない」と断る勇気も大切です。

　では中→日が圧倒的に多い中国の日本語通訳者たちは、スピードの問題にどう

対処しているのでしょうか？　彼らといっしょに通訳をしたのはわずか数回なので、一概にはいえませんが、中国側スピーカーは通訳し終わるまで待っていてくれることが多いのです。そのため時間的には、逐次通訳と同時通訳の中間くらい、機材はやはりヘッドホンとマイクを使用しながらの通訳。たしかに、同時に訳し終えるわけではないので、同時通訳といえないかも知れませんが、「これこそ人間的なやり方かな」と妙なところで、感心してしまいました。

　中国のベテラン英語通訳者、胡庚申（Hú Gēngshēn）さんが、その著書《怎样学习当好译员》で、"简译"について書いておられます。ただこれは、逐次をベースにしているので、即この方法を同時通訳に取り入れるわけにはいきませんが、逐次でもスピードアップを図るため、アブストラクト、"简译"でもよいというのが、胡さんの考えです。同書では130ページのうちおよそ20ページを、この"简译"に割いていますが、その最後に"简译"を避けるべきケースとして、次のように記しています。

（1）某些正式的场合，比如较正式的会谈、合同谈判、信息发布会等；
（2）参加交流人员的外语较差，无外语基础的场合；
（3）原话内容比较抽象，又无其他视觉媒介如图、表、文字、实物等可以利用的场合；
（4）交流双方初次接触谈话内容和术语较新的场合；
（5）原话语言十分精炼，一字一板（一言一言はっきり話すさま），或者出现有数字、人名、地名或特指等内容的场合等。

　言いかえれば、この五つのケース以外は要約も可能ということになります。胡さんはさすがキャリアを積んだ通訳者らしく、その"简译"の仕方を事細かに説いておられますが、ここでは割愛させていただきます。ただ"简译"、すなわち手抜きでないことは、胡さんのためにも誤解のないようお願いします。

　もしも「要約」が許されないのであれば、当然訳の細かさでは逐次通訳に及ばないとされる「同通」も不可能ということになるでしょう。確かに（1）または（4）、（5）のケースでは、できるだけ逐次通訳で対応すべきだと思います。

　現に日中両国のフォーマルな外交交渉などでは、おおかた逐次通訳しか用いられません。同時通訳は、なんとしても正確さを欠くからです。やや逆説的ですが、将来も日中間の交流では、逐次通訳がかなりの割合を占めるのではないかとさえ思います。

一方要約するにしてもカットするにしても、取捨選択が必要になります。言葉の洪水の中に身をさらされる同時通訳者にとって、それができるだけの余裕があればいいのですが、なかなかそうは行かないのが現実です。もっとも、韓国語通訳の場合は、日韓の文章の構造が全く同じで、名詞であろうと助詞であろうとそのまま日本語なり、韓国語に変換すればよいとのことです。しかし、中国語の場合はそう簡単には行きません。

　そこで、同時通訳に際しては、常に次のような心構えで、それぞれのスピーカーに対応する必要があります。

（１）できるだけ、基礎編３サイトラで提唱している文頭から順に訳す、順送り方法を採用する。順送りが可能なスピードなら、スピーチの90％余りを訳出可能、ただしスピードは、本書 MODEL CASE 1 の陳敏章さん程度の速さを限度とする。それ以上なら、順送りはムリということです。

（２）スピーチが始まってから、追いついていけない時はどうするか？　このスピードなら、順送りはムリだと判断するまでには、さほど時間がかかりません。せいぜいスピーカーが、話しはじめて数十秒だと思います。その間に、気持ちを切り換え、というか諦めの境地で、大ざっぱな要約にしてしまうことが必要です。しかし、その決断にいたる数秒の間に、つまり要約に切り換えるか否かまだ決めかねている段階で、すでに日訳が乱れ、その立ち直りに時間を要することもあります。このようにどうしても追いついていけない場合には、通訳に求められる忠実さと一見矛盾するようでも、カットは許されると思います。ただ問題は同時通訳しながらうまく要約できるかにかかっています。順送り訳が、ほぼ構文通りに順次訳すのに対し、要約のためには、ややセンテンスの末尾の方まで聞かなければならず、待ちの姿勢が長くなります。またリスナーに提供する情報量からみれば順送り訳に及びません。

　もちろん通訳者がその場に臨んで最大限努力するのは当然ですが、これから通訳になろうと鋭意努力しておられる若い方々のためにも、会議の主催者側に対し次の点を要望しておきたいと思います。

（１）ボーダレスの時代とはいえ、国際シンポジウムは、異文化のコミュニケーションを図る場であり、同国人同士の会議のようにあうんの呼吸で通じるものではありません。会議の主催者、特に司会者はその点を念頭に入れ、通訳しやすいよう配慮していただきたい。たとえば司会者が、ややゆっくりお話しくださるだけでも、会議が少しスローテンポで進むようになるのです。

（２）国際交流が多様化し、専門化する傾向にあるなかで、通訳者には更に高度な

知識が求められています。それに対応するためにもあらかじめ可能な限りの情報を通訳者に与えて欲しい。

◇ **史実を知るための努力**

1996年3月17日、全人代閉幕にあたっての人民日報社説に《人民，只有人民，才是創造世界歴史的動力》(人民、ただ人民のみが、世界を創造する原動力である)という毛沢東の言葉が、引用されていました。

いまも中国に脈々と流れるこうした考え方に対し、私たちは無関心を装ってはいられません。そればかりでなく、かつて提唱された《老三篇》、すなわち《愚公移山》《为人民服务》《纪念白求恩》や《矛盾论》、《实践论》くらいは、目を通しておく必要があるのではないでしょうか。古典を愛読した毛沢東の文章には、随所に古典が引用され、たいへん優れた語学の教材になっているばかりでなく、底に流れる思想はいまも中国に生き続けているからです。

たとえば、長春には"白求恩医科大学"がありますが、通訳者が、その「はくきゅうおん」という人は、どこの誰なの？　というのでは、困ります。若い人が、"白求恩"すなわち中国革命に貢献したカナダの医者「ベチューン」を知らなかったとしても、致し方のないことだと思いますが、中国語通訳者としては最低限の常識はわきまえておく必要がありましょう。

現在、中国各地で建設ラッシュだとはいえ、その裏通りに行けば、いまもなお抗日の烈士の名を記した地名が残されています。吉林省の"靖宇县"(杨靖宇)などがその例で、遺族もおられると聞きました。ハルビンの"一曼街"なども、女性の烈士"赵一曼"から命名されたのでしょう。

最近よくいわれている"脱贫致富"(tuōpín zhìfù ; 貧困から脱却し豊かになることをめざす)にしても、その対象の一つに"革命老区"があげられていますが、歴史をたどれば、日中戦争時代の"革命根据地"のことです。

またあるシンポジウムで、国有企業の改革を難しくしている理由の一つとして"三线企业"があげられましたが、これは1960年代、辺鄙な山間部などに移した軍需工場などを指しています。多分第一線でも第二線でもなく、さらに後方の辺鄙なところという意味で、"三线"と呼ばれるようになったのでしょう。なにはともあれ、その源を遡ればすべて過去の歴史の産物に違いありません。

国交正常化二十周年を記念して開かれたシンポジウムの時に通訳した《海外文摘》副編集長の言葉が、いまも私の脳裏に焼き付いています。

"站在北京街头，看到满街跑的大多是日本车，日本的家用电器几乎深入每个中

国家庭,'车到山前必有路,有路必有丰田车'。'Toshiba、Toshiba、新时代的东芝',这些日本产品的电视广告词,连幼儿园的小孩都耳熟能详"

そしてさらに日本との個人的な関わりとして次のような話をされました。

"我的岳父是东北人,在抗日战争中参加了地下抗日组织。在我妻子出生后八天,她的父亲被日本军人秘密杀害了。我岳父的遗体到现在也没有找到。我的妻子一生未见过自己父亲的面,甚至不知道自己父亲的忌日(jìrì)是哪一天,后来,就把'八一五'日本投降的这一天当作父亲的忌日。"

車の洪水のなかをトヨタの車がすいすいと流れる、これがいまの北京の姿なら、生涯会うことのないの父の命日を「八一五」と心に決めて、亡き父を偲ぶ人が暮らしているのもいまの北京。中国の人々も私たちと同じように過去を胸に秘めながら、変貌を遂げつつある現代に生きているのです。

私たち中国語通訳者は、たえず日本という立場から中国を見つめていくわけですが、好むと好まざるとにかかわらず、中国の歴史、とりわけ日本と関わりの深かった近代史、現代史をより深く認識していなければなりません。

現在、盛んに行われている技術交流には、歴史との関係はあまりなさそうですが、心の架け橋、言葉の架け橋の役目を果たす通訳者にとっては、史実にのっとった一つ一つの単語が、大切な情報源となり、それが相手の言わんとすることをいち早く察知することにもつながるのです。そうしたことも含め、過去の歴史に注意を払って行かなければなりません。

◇結び

通訳という仕事は確かに結果が歴然と出てくるので、怖くもあり、おもしろい仕事でもありますが、とにかく根気と勉強のいる仕事です。ただし毎回の通訳のできばえが自分でもかなりはっきりするのに比べ、日頃の語学の勉強となるとなかなかその成果が見えてこず、時として焦りを感じてしまうことが多いのではないでしょうか?

長いスパンで通訳を考えた場合、なによりもこつこつと勉強し、そしてわからないことはなんでも調べるという積極性が欠かせません。

それと通訳の実践を通して、自分なりに経験を積み上げていくこと。ガイド通訳をすることになったら、あらかじめ回るコースの中国語訳を考えてみるのはもちろんのこと、通訳の現場では、まずかった部分をすぐさま○で囲むなどして、後で辞書を引くといった細かいアフターケアも必要です。私も今となっては、復習は少々なまけていますが、通訳に臨んでの予習は励行しています。

通訳者には、語学力とともに、即応力、記憶力、決断力などが求められるといわれますが、前提条件としてこういった資質がなければダメなのかどうかは、ニワトリが先か卵が先かの議論のようなものです。私は、こうした資質はむしろ後天的に培われていく要素がより多いのではないかと思います。

　通訳の仕事を一生の仕事にするかどうかは別として、若い頃通訳に打ち込み、かなりのレベルに達することができたら、それは後々多くのプラスをもたらすと思います。それは、他人（ひと）の話を真剣に聞き、その意味を理解し、記憶し、かつ主観を交えずに訳出する作業を繰り返し行うことによって、洞察力や即応力を身につけることができるからです。また物事の筋道を自ら整理し、分析する力をつける源にもなります。生理学的にも、たえず脳が刺激され、緊張感が保たれることによって、記憶力の向上につながるのではないかと思います。

　その結果、極めて合理的な頭脳の持ち主になるのではないでしょうか？

　もちろん、合理性をただむやみに持ち上げるつもりはありません。確かに一輪の花を目の前にして、きれいだなと見ほれる前に「この花は中国語でなんて言うのかな？」といった気持ちを抱くような、どうしようもない習性を感じるときもあります。

　なにはともあれ、通訳とはゴールのないマラソンコースを走り続けるようなもの、前にすすむことに喜びを感じられたら最高です。

"冒昧得很"

　何年たっても、レセプションなどの正面舞台に立ち、通訳するのは、落ちつかないものです。挨拶をなさる方と面識もなく、その会場で紹介され、通訳を仰せつかる時はなおさらです。

　駆け出しの通訳の頃、レセプションの席上、中国から貿易代表として日本に来られすでに数年になるＧさんから通訳するように依頼されたことがありました。ちなみにＧさんは戦前日本に留学され、日本語はペラペラ。私はＧさんをよく存じ上げており、気軽に引き受けたものの、やはり日本語が達者な方の通訳をするのは、気の重いものです。

　そして冒頭"màomèidehěn"（冒昧得很）ときたのです。解放後の中国で足掛け五年勉強したとは言え、通訳経験の浅い当時の私にとってそんな言葉は全くの初耳。「ああ、たいへんだ！」と緊張した瞬間、「はなはだ僭越でありますが」とＧさんが耳うちされ、事なきをえました。後でＧさんは「ちょっと通訳には酷だったかな」と一言。Ｇさんは、日本流のしきたりで挨拶を切り出したく、そこでひねり出したのが"冒昧得很"だったのかも知れません。その後中国の方々がよく使われる"请允许我讲几句话"の"请允许我"が、正に現代中国語の「はなはだ僭越」にピッタリと気付くに至りました。日本語にはこのようなクッションの役割を果たすあまり深い意味のない言葉が多々ありますが、中国ではかなり省略されており、日文中訳のときの悩みのひとつです。反面、日中両国の共通性の一端を覗かせてくれる温かい言葉が多々あるのも事実です。

　大阪某大学を訪れた時のこと、白髪まじりのベテランの外科医が中国のお医者さんを温かく迎えて下さいました。中国側から差し出された贈り物を前に「たいへんささやかな心ばかりの贈り物ですが…」と訳し始めると「通訳さん、ほんとに中国語はその通りなの？」と聞かれました。「ええ、その通りだと思います」私は"礼品虽小，但表示点儿我们的心意"という中国語を反復しながら答えました。「やはり東洋の国なのですね」老先生はたいへん満足気でした。

基礎編

効果的なトレーニングの方法

1 リスニング
──通訳の基本は聞き取る力の向上から

1　リスニングの力がまず肝要

　中国語から日本語への通訳では、何はともあれ、中国語を聞き取る力が無いことには話になりません。いくら中国の小説が読めても、経済記事や政治論文が読解できても、それが音声で理解できるようにならなければ、通訳はできません。

　通訳に求められるリスニングの力は、日常会話レベルでの聞き取りではとても足りません。もちろん何事も段階を踏んで、一段一段と積み上げていかなければ、高いレベルにたどり着くことはできないわけですから、とりあえず日常会話の聞き取りなら何とかできるという方は、まず最初の基本ステップに立っていることは確かです。それはとても大切な出発点です。肝心なことは、そこを土台にして次のステップにどう踏み出すべきかなのです。

2　中国語のリスニングではまず意識革命を

　いまこの本を手にしておられる読者の皆さんのリスニングの力は千差万別でしょう。それはこれまでの生活や学習環境に大きくかかわっています。例えばずーっと日本の大学とか、語学学校とか、あるいは独学でこつこつと勉強されてこられた方は、一般的に言って、生の中国語はとても速く聞こえ、中国人はどうしてみなこんなに早口なのだろうと思われることでしょう。あんなに早口でしゃべる言葉を聞き取ることは、実に骨が折れるという感想をおもちでしょう。それは至極当然のことです。なぜなら、日本で教材として音声化されているものは、どれも実際に中国人が日常話している速度よりかなり遅くしてあるのが常です。このような速度に慣れきった耳には、通常の中国語が速く聞こえるのも無理はありません。

　ここで私たちは、耳から入ってきた中国語に対して、ちょっとした意識革命を実行してみようではありませんか。

　もともと同文同種とも言われる日本語と中国語の関係ですから、日本語と中国語の間に介在する漢字という共有媒体が、通訳には時に幸いをもたらし、時に災いをもたらしているからです。中国語を最初学びだした段階では、確かに漢字を仲介にして、欧米の人が中国語を勉強するのに比べれば、日本人ははるかに多くのメリットも与えられました。しかしメリットとばかり喜んではいられない事態

がたくさんあることはすでにご承知の通りです。私はリスニングにおいては、日本人の頭の中にある漢字のイメージが逆にマイナスの作用を持っているのではないかとさえ考えます。特に中国語を日本で、教科書で勉強してこられた方は、中国語を聞いたときに、無意識のうちにそれがどういう漢字であるかの確証をうるために、よけいな労力を使ってしまうのではないでしょうか。かりに欧米人で中国語の通訳をされる方があるとすれば、かれらは私たちほど漢字にこだわらず、音声から意味ないしイメージへと直接転換される度合が、私たちよりもはるかに大きいと思われます。

　私たちがどうしても中国語の漢字に引きずられるのは、私たちの身辺にも同じ漢字が存在するからであって、これが逆に音声の聞き取りにも、日本語への訳出にも思いがけない重荷となってのしかかってくるようです。中国語のリスニングの達人になるには、その最終段階においては、漢字の束縛から解放されて、音声から直接意味、イメージへの変換を意識するように訓練することだと思います。

3　リスニングにおける一つのネック

　中国語の聞き取りを難しくしている要因の一つに、中国人の皆がみな標準語を話すのではないということがあります。古くはかつて毛沢東主席が1949年10月1日天安門の上で中華人民共和国の建国を内外に宣言したときの、あの湖南省なまりの中国語や、最近では鄧小平氏が南方視察をした時の肉声、またそれを娘さんがきれいな標準語に「通訳」している光景を見られたでしょう。東北なまり、山東なまりの中国語、それも重度のなまりと軽度のなまりの人など様々です。中国のニュースを聞いていて、地方の人へのインタビューになった途端に、さっぱり何を言っているのかわからなくなった経験を持つ方が多いでしょう。わかりにくい方言に対しては、中国国内のリスナーに対してさえ、標準語の「通訳」がつくのが、中国の放送の慣例です。ともあれ日頃より様々な地方のなまりを聞いて、標準語との違いの法則を知って置くことも大事なことです。中国人の話し手がいつもきれいな標準語を話してくれるとは限らないからです。

4　リスニングの力を高める効果的訓練法

　ではどうすればリスニングの力を高めることができるでしょうか。もちろん現地に行って耳を鍛えて来る条件のある方は、それがいちばんの解決策かもしれません。しかしその条件の無い方はどうすればよいのでしょう。私はその気になればやはり力をつけていく方法はあると思います。

リスニングの力をつける第1段階としては、一度に大量の情報を欲張って聞き取ろうとするのではなく、最初は少量でいいですから、最近手に入りやすくなった音声教材や、ラジオ放送、衛星放送などで接する中国のアナウンサーの語りのごく一部を、完全に、緻密に聞き取るようにすることです。それには高い集中力をもって同じ箇所を繰り返し聞いてください。できたら面倒でもその箇所を一度自分で書き取ってみましょう。なんとなくわかったつもりで聞いていたものが、実際には完全に聞き取れていないことが多いものです。書き取りの目的は集中力を保つことと、意味の確認です。何回でも繰り返し同じ箇所を聞きます。とてもハードな作業ですが、結果は自分でも驚くほどリスニングの力が向上すると思います。

　最初は少量でいいから、高い集中力を持って音声を聞き、書き取ること、つまり意味の確認をする、これをぜひ皆さんにお勧めしたいと思います。意味がわからない箇所があれば、もちろん辞書で調べたりして、それを解決しなければなりません。もっとも意味が完全に理解できるようになれば、時間のかかるこのような書き取りをいつまでも続ける必要はありません。しかしとにかく皆さんそれぞれが立っている足元から、最初のステップを踏み出さなければならないのです。確実に少量の第一歩を踏み出してください。そこだけは聞いて完全にわかったというとき、あなたは確実に力をつけられたのです。

5　リスニングには、背景となる予備知識を仕入れておくことが肝要

　日中間の交流の場はオフィシャルなものからプライベートなものまで、また何百人、何千人という大規模のものから、二、三人の小規模のものまで多種多様であり、内容は多岐にわたります。日中交流が空前の活況を呈している現在、おそらくいま現在のこの時点でも様々なところで、日中間の意志疎通がはかられていることでしょう。しかしながら通訳の活躍を必要とする場面ともなれば、これはある程度限定されてきます。それはかなりオフィシャルな内容であることが多いものです。

　特に中国の方が日本語の通訳を介して自らの見解を述べる情景を思い浮かべてみてください。通訳を介して中国側の主張を述べる方は、それはやはりある程度限定された、例えばあるレベルにある幹部、責任者、学者、代表などの公式場面（交渉、会談、紹介、国際会議など）での発言である場合がほとんどです。改革開放が進んだ現在、以前ほど型にはまった堅苦しいものばかりではないにしても、彼らの対外的発言は、建前として、現在の中国政府の政治、経済、外交等の政策方針にマッチしたものでなくてはならず、必ずといっていいほどまず基本前提、建

前なるものが語られます。

　これはある意味で私たちにとって、いわば予備知識がかなり与えられているということであって、発言者がいったいどういう考えと個性の持ち主で、話がどちらの方向へどういうテンポで展開されるのか想像もできないというケースに比べれば、ある程度心に準備とゆとりを持って臨むことができる場合もあるでしょう。ましてやオフィシャルな会合ともなれば事前にある程度の資料が提示されることも多く、それらに十分目を通して関連単語を調べ、より多くの予備知識を持って臨むこと、これがリスニングを成功させる秘訣の一つでもあるのです。

6　リスニングの教材

　とりあえずこのコースに用意した教材を完全に聞き取れるようになれば、あなたは大いに力をつけられたことになりますが、これをきっかけに、もっともっと勉強を続けたい方は、できるだけたくさんの中国語の音声に触れる機会を持ちましょう。

　例えば1996年4月からＮＨＫラジオの第二放送で、毎日午後1時から15分間中国語のニュースが放送されるようになりました。これは日本のその日のニュースの中国語版ですから、とても参考になると思います。その日の日本の新聞で報道されていることが、必ず中国語で放送されますから、たいへん勉強になります。新しく覚えた単語は、単語帳に記録していきましょう。

　そのほかＮＨＫ衛星放送では、China Now や中国中央電視台（ＣＣＴＶ）のニュースを視聴することができます。そして中国語と日本語の両方の音声をテープにおとして，日常はヘッドホン・ステレオで聞かれるとよいと思います。

　ほかにも最近はかなりな数の音声教材が市販されるようになりました。それらを大いに活用されることをお勧めします。

リスニング演習

1 怎样才能学好外语（劉徳有さんの談話）

この教材は1995年8月10日、当時中国の文化部副部長の要職についておられた劉徳有さんが、わざわざこの本の読者のために"怎样做好口译工作"をテーマに、北京で私たちのインタビューに応じてくださり、通訳を目指す皆さんにとって実に有益なお話をしていただいたその録音です。劉徳有さんはかつて周恩来総理をはじめとする中国の国家指導者の日本語通訳をされていた時期があり、その名通訳ぶりはいまなお語り継がれています。

演習1 ─────────────────────── (1) **DISK 1** ③
　　　　　　　　　　　　　　　　　　　　　(2) **DISK 1** ④

(a)最初はスクリプトを見ないで、聞き取りに集中し、自分のリスニング力を試して下さい。劉徳有さんの発音がきれいなことと、内容的にもまさに皆さんを対象に語りかけておられるので、聞き取りやすいと思います。余力のある人は、少々面倒でも書き取ってください。

ヒント
立志作…：…となることを志す　　不管…或者…都…：…であれ…であれ、みな…

(b)いかがでしたか。レベルによって、とても簡単だった人、何とか聞き取れた人と様々でしょう。そこで次はスクリプトを見ながらCDを聞いて、聞き取り（と、書き取り）内容の確認をしてください。

スクリプト1

> （1）今天我想谈四个问题。第一个问题是怎么样才能学好外语。第二个问题是作为口译人员，应该具备哪些条件。第三个问题呢，就是过去为中国领导人做过口译工作有哪些感想。最后一个问题就是对于今天立志做口译工作的日本青年朋友，谈几点希望。

（2）下面就谈第一个问题，怎么样才能学好外语？

外语对于从事翻译工作的人来说，不管做口译或者做笔译，都是"工具"，而且是重要的"工具"。翻译工作者必须掌握好外语，换句话说，就是必须掌握好"工具"。

（c）最後に訳例を見ながらもう一度CDを聞いて、理解の正確さを確認してください。

訳例

（1）今日私は四つのことをお話したいと思います。第一にどうすれば外国語をマスターできるか。第二に通訳としては、どんな条件を備えているべきか。第三に私はかつて中国の指導者の通訳をしたことがありますが、どのような感想を持っているか。最後に通訳になろうと考えている日本の若い人たちに、私のいくつかの希望をお話したいと思います。

（2）では第一の問題として、どうすれば外国語をマスターできるかをお話したいと思います。

外国語は翻訳の仕事に携わる人にとって、口頭通訳であれ翻訳であれ、それは道具であり、しかも重要な道具です。翻訳をする者は絶対に外国語をマスターせねばならず、言い換えれば、この道具を使いこなすようにならなければなりません。

これ以降のリスニング練習は、いずれも上に述べたように、
（a）最初はスクリプトを見ないでCDを聞いて、リスニング力を試してみる。できれば書き取りをしてみてください。
（b）次にスクリプトを見ながらCDを聞いて、聞き取りの正確さを確認する。余力のある人は、スクリプトを見ながら自分も劉徳有さんの話し方をまねて原文を音読する。
（c）今度は訳文を見ながらCDを聞いて、理解の正確さを確認する。
の手順で行ってください。

演習2　　　　　　　　　　　　　　　　　　　　(1) **DISK 1** ５
　　　　　　　　　　　　　　　　　　　　　　　　(2) **DISK 1** ６

引き続き劉徳有さんのお話を聞きましょう。中国の方は文化人であればあるほ

ど、話の中に古典や詩句、故事、熟語の引用を好まれるようです。次の段落にもいきなり出てきますが、最初スクリプトを見ないでリスニングして、この古い諺がわかる方は、かなりのレベルにあるといえましょう。

（a）スクリプトを見ないでCDを聞きましょう。

ヒント

工欲善其事，必先利其器：仕事をうまく仕上げようとするなら、まずその道具を磨いておかなければならない　　**主持**：主宰する、とりしきる　　**主持参加外事活动**：外交実務をとりしきる　　**蹩bié脚**：へたくそである、劣っている　　**钝dùn刀子**：なまくら刀、ここでは切れない剃刀　　**锋利**：（刃物や言論が）鋭い　　**倘若tǎngruò**：もし　　**无能为wéi力**：役に立たない　　**由此可见**：ここからもわかるように

（b）次のスクリプトを見ながらCDを聞いて、聞き取りの正確さを確かめましょう。特に引用された古典を覚えておきましょう。

スクリプト 2

> （1）中国有一句古话，叫做"工欲善其事，必先利其器"。这就是说，你的工具如果不好，你的活儿就不可能做好。中国老一辈的领导人陈毅（他曾经做过副总理和外交部长），他在世的时候，经常主持参加外事活动，接触了许多翻译工作者。有一次他讲话，谈到翻译工作。他根据自己的切身体验，讲得非常形象。他说："蹩脚的口译，也就是不好的口译，就象拿钝刀子剃头，怎么剃也剃不下来，而被剃头的人是感觉很痛的。"
>
> （2）鲁迅先生也曾经说过："斧头是木匠的工具，但也要它锋利。"倘若木匠手中的是一把木头的斧头，要想把一堆木料作成家具，必然是无能为力了。由此可见对于翻译工作者来说，掌握好"工具"，也就是掌握好外语，是多么的重要。

（c）ここでは訳例を参考に、理解の正確さを確かめていただきます。

訳例

(1) 中国の古い諺に、「仕事をうまく仕上げようとするには、まずその道具を磨いておかなければならない」といいます。つまりあなたの道具がよくなければ、仕事をうまくやれるはずがないということです。中国の前の世代の指導者である陳毅(副総理と外交部長を歴任)さんは、生前よく外交実務をとりしきられ、たくさんの通訳に接しました。あるとき話が通訳のことになり、陳毅さんは自分の切実な体験から実にわかりやすい形容をされました。陳毅さんいわく、「お粗末な通訳、つまり下手な通訳だと、切れない剃刀で頭を剃られているようだ。どんなに剃ってもうまく剃れないし、剃られる方は頭がひりひり痛む。」

(2) 魯迅先生もこんなことを言いました。「斧は大工の道具である。だがそれはよく切れる鋭いものでなければならない。」と。もし大工が手にしているのが木の斧だったなら、木材から家具を作ろうとしても何の役にも立ちません。ここからもわかるように、通訳にとっては道具をしっかり使いこなすこと、つまり外国語をマスターすることがどんなに重要かということです。

演習 3　　　　　　　　　　　　　　　　　　　　　　　　DISK 1　7

引き続きリスニングをしてください。
(a) スクリプトを見ないでCDを聞き、リスニングの力を試します。

ヒント
翻译匠 jiàng：単なる職人としての通訳　　**传话筒** tǒng：単に言葉を伝える機械
＊中国では仕事に対する目的意識が特に大切だと考えられており、そこで単なる職人としての通訳であってはならないという考えが強く打ち出されています。

(b) スクリプトを見ながらCDを聞いて、聞き取りの正確さを確かめます。

スクリプト3

　　　我认为学好一门外语,首先要明确学习的目的。只有明确了学习目的,才能有学习的正确方向和动力。如果你是从事中日关系方面的工作的,你就要努力学习中文,立志做促进中日友好的桥梁。有了这个目的性和自觉性，你就不会单纯地做一名翻译匠，或者单纯地做一个传话筒，而能够积极地投入中日友好事业，为进一步发展中日友好贡献出自

> 己的一份力量。有了这样一个明确的学习目的，才能自觉地学习中文，这是最重要的一条。

（c）CDを聞きながら、下の訳例を参考に理解の正しさを確かめましょう。

訳例

　一つの外国語をマスターするにはまず学習の目的をはっきりさせる必要があります。目的をはっきりさせてこそ、学習を正しく方向づけ、意欲を持って学ぶことができます。もしあなたが中日関係の分野で仕事をするなら、中国語を勉強して中日友好の架け橋となるよう心がけねばなりません。この目的と自覚があれば、単なる職人としての通訳ではなく、また言葉を伝える機械としてではなく、積極的に中日友好事業に身を投じ、中日友好をより一層発展させるために自分の力を捧げることができます。このような明確な目的を持ってこそ自覚して中国語を学ぶことができます。これは最も大切なことです。

演習4　　　　　　　　　　　　　　　　　　　　　DISK 1　⑧

引き続きリスニングをしてください。

（a）トレーニングの本論に入ってきました。まずスクリプトを見ないでCDを聞きましょう。

ヒント

基本功：基本的技能　　**重要的一关**：（どうしても乗り越えねばならぬ）重要な関門、大事な部分。　"过好这个关"この関門をうまく切り抜ける　　**吐 tǔ 字**："咬 yǎo 字"ともいう。中国の伝統演劇用語。せりふなどで正しい発音をすること

（b）スクリプトを見ながらCDを聞いて、正しく聞き取れていたか確かめましょう。

スクリプト4

> 　　第二，必须掌握好基本功。学外语的基本功，有"听"、"说"、"读"、"写"等。我认为，"听"是重要的一关。人们常常不注意"听"，但"听"是极为重要的。"听"是"说"的基础。只有听得多了，反复地听，你才能会说。

> 在实际生活中，有各种类型的人，有各种性格的人，各种特色的人。你跟他们接触，就会发现他们讲话，每个人都有自己的特点和不同的习惯，包括用字、用词、发音、吐字、语调等等。

（c）CDを聞きながら、訳例を音読していき、理解の正確さを確かめます。

訳例

> 第二に基本的技能をマスターしなければなりません。外国語の基本的技能を学ぶのに「聞く」「話す」「読む」「書く」があります。中でも大事なのは「聞く」ことだと私は思います。「聞く」ことを重要視しない人をよく見かけますが、「聞く」ことは極めて重要なことなのです。「聞く」ことは「話す」ことの基礎になります。たくさん聞き、繰り返し聞いてこそ話せるようになるのです。
>
> 実際の生活の中には、様々なタイプ、性格、特徴を持った人々がいます。そういう人びととの接触を通して、その話し方には、字句や言葉の使い方、発音、発声、声調等を含め、それぞれ個々の特徴、くせがあることがわかります。

演習5　　　　　　　　　　　　　　　　　　　　　　　DISK 1　⑨

引き続きリスニングをしてください。

（a）スクリプトを見ないでCDを聞きましょう。

ヒント

各色人等：様々な人たち　　**丧失 sàngshī 信心**：自信を失う　　**将会…**：…するであろう　　**对…起关键作用**：…に決定的役割を果たす

（b）スクリプトを見ながらCDを聞きましょう。（a）の段階の聞き取りは正しかったですか。意味も理解できた方は、CDを聞きながらそれをまねて音読してください。

スクリプト5

> 在学校里你听惯了某一个老师的中文课，那个中国话可能是标准话，普通话。突然进入社会，接触各色人等，再听那些你所不习惯的中国话，你有时甚至会丧失信心。"怎么？我怎么听不懂了!?" 但是，我劝这些朋友，不要丧失信心，要多创造条件，努力多听，不断地训练耳

朵。如果能过好这一关，我相信对你提高外语水平将会起关键的作用。

（c）訳例を見て理解が正しかったか確認しましょう。CDを聞きながら、訳例をスピーカーが話し終えるのとほぼ同時に読み終えるスピードで読み上げてください。

訳例

仮にあなたが学校である先生の中国語の授業を聞き慣れていたとします。その中国語は恐らく標準語であり共通語であることでしょう。ところがあなたが突然社会人となり、様々な人と接します。そしてなじみのない中国語に接したとき、あなたは自信を失うことにすらなりましょう。「ええっ？　どうしてわからないのだろう。」でもそういう人に私は自信を無くさないようにと励ましたいのです。もっと条件を作ってたくさん聞くように努め、絶えず耳を鍛えましょう。この難関を突破できれば、あなたの外国語のレベルの向上に決定的な意味をもたらすでしょう。

演習6　　　　　　　　　　　　　　　　　　　　　　　DISK 1　10

引き続きリスニングをしてください。
（a）スクリプトを見ないで、CDを聞くことに集中してください。

ヒント

毕竟 bìjìng：結局のところ　　思维 wéi：思惟活動を行う、考える　　一番：ここでは"过程"の助数詞　　显得…：…のように見える、思われる

（b）文章としてさほど難しくはありませんが、提案されているのは通訳の基本技術に関する事柄です。
　スクリプトを見ながらCDを聞き、聞き取りが正しかったかどうかを確かめます。自信のある方は原文をまねて音読するとよいでしょう。

スクリプト6

"说"也很重要。"说"同样要经过刻苦的训练。外国语毕竟不是母语。因为在通常情况下，人们是用母语思维的，因此，说起母语来会显得很自然。但是说外语，就要在脑子里经过一番翻译和改造的过程，因此就比较困难一些，而且常常显得不那么自然。我提倡学习外语的时

候，要锻炼自己用外语直接思维。

（c）訳例を見て理解の正しさを確かめるとともに、CDを聞きながら訳文をスピーカーが話し終えるのとほぼ同時に読み終えるスピードで音読してみましょう。
訳例

　「話す」ことも大事です。「話す」ことにも厳しい訓練を積まねばなりません。外国語はとどのつまり母国語ではありません。ふつう人びとは母国語で物事を考えます。だから母国語で話せばとても自然なのです。しかし外国語を話すとなると、頭の中で翻訳と改造の過程を経なければなりません。だからいささか難しくなり、どこか不自然さがつきまといます。私がお勧めしたいのは外国語を学ぶに当たって、直接外国語で物事を考えるようにすることです。

演習7 ────────────────────────── **DISK 1** [11]
引き続きリスニングをしてください。
（a）スクリプトを見ないでCDを聞くことに集中してください。
ヒント
泛 fàn 读：多読　　逻辑 luóji：ロジック　　选出…来：…を選び出す；「…」に相当する部分がかなり長いフレーズになっていることに注意

（b）スクリプトを見ながらCDを聞き、先ほどの聞き取りの正しさを確認します。CDから7～8文字遅れで原文を音読してください。
スクリプト7

　　其次是"读"。我主张学习外语要根据自己的条件和具体的情况，把"精读"和"泛读"结合起来。这就是说，我们要有意识地选出一两篇你喜欢的或者对你工作有用的文章（不一定很长）来精读，彻底搞清那篇文章的各种语言现象，包括主题、主要的论点、立论的逻辑、文章的写法、用词造句、语法习惯等等。这样，精读几篇文章以后，一定会有明显的提高。

（c）訳例を見て理解の正しさを確かめます。そしてCDを聞きながら、スピーカーが話し終えるのとほぼ同時に読み終える速度で訳例を音読していってください。

訳例

　その次は「読む」ことです。外国語を勉強するとき、私は人それぞれの条件や、具体的な状況に応じて、精読と多読を取り合わせることをお勧めしたいと思います。つまりあなたの好きな文章や、仕事に役立つ文章を意識的に一つ二つ選んで、(必ずしも長い文でなくてもよい)精読することです。そしてその文章のテーマや論点、立論のロジック、文の書き方、言葉の用い方、文法習慣などを含む様々な言葉の現象を頭の中にはっきりたたき込むことです。このようにしていくつかの文章を精読すれば、きっとあなたの力は著しく向上することでしょう。

演習8　　　　　　　　　　　　　　　　　　　　　　(1) **DISK 1** 12
　　　　　　　　　　　　　　　　　　　　　　　　　(2) **DISK 1** 13

引き続きリスニングしてください。
(a) スクリプトを見ないで、CDの聞き取りに集中してください。

ヒント

检验 yàn：検証する、検査する　　**扎实** zhāshi：揺るがない、手堅い、しっかりしている、確実である；特に最近非常に多用される形容詞。"扎扎实实地"も連用修飾語として多用される　　**一曝** pù **十寒**：三日坊主。くだけた言い方として"三天打鱼，两天晒网"がある

(b) ではスクリプトを見ながらCDを聞き、先ほどの聞き取りの正しさを確認します。またCDから7〜8文字遅れで原文の音読をしていきましょう。

スクリプト8

(1) 当然，我这样说，决不意味着不要"泛读"。"泛读"也是必要的。"泛读"既可以使你扩大接触面，又可以帮助你加深理解。一句话，就是要把"精读"与"泛读"很好地结合起来。

(2) 最后是"写"。我认为"写"也不能忽视。常常通过"写"，可以检验你学的外文是否扎实，记忆是否准确，而且，我认为要经常锻炼写，而不要"一曝十寒"。

(c) 訳例を見て理解を確かめましょう。CDを聞きながら訳例を音読しましょう。

訳例

（1）もちろん、そう言ったからといって多読してはいけないと言っているのではありません。多読も必要です。多読は接触面を広げ、理解を深めることにもなります。要するに精読と多読をうまく取り合わせることです。

（2）最後は「書く」ことです。「書く」こともおろそかにできないと思います。「書く」ことであなたの学んだ外国語がはたして確実なものかどうか、記憶が正しいのかどうかが検証されます。わたしは三日坊主にならないように、常に書く修練をしなければならないと思います。

演習 9　　　　　　　　　　　　　　　　　　　　　　DISK 1　14

引き続きリスニングしてください。
（a）スクリプトを見ないでリスニングに集中しましょう。

ヒント
持之以恒 héng：長続きさせる　　必見成効：必ず効果が現れる　　講究：重んじる、工夫を凝らす、大切にする　　没有捷径 jiéjìng 可走：（通って行ける）近道はない　　用…換取：…をはらって、その代わりに入手する　　貴在…：貴重なことは…にある

（b）スクリプトを見ながらCDを聞いて、聞き取りの正しさを確かめます。と同時にCDをまねて音読しましょう。中国語には四字熟語をはじめ、四文字の表現が多用されていて、それ故に中国語独特のリズムが形成されていることに注意しましょう。

スクリプト 9

> 学好外文的第三点就是，持之以恒，必見成效。我认为，学习外文，虽然要注意讲究学习方法，但是说到底，是没有捷径可走的。要不断实践，不断总结，用时间和精力去换取。学习外语贵在坚持，只有持之以恒，才能见效。在坚持的时候，有一段时间一定是相当艰苦的，但是等到困难一过，跟着来的，就是成功的快乐。

（c）CDを聞きながら訳例を見て、理解が正しかったかどうか確かめましょう。そしてCDを聞きながら訳文を音読しましょう。

訳例

　外国語の勉強に大切な三つ目のポイントは、長続きをさせてこそ成果があがるということです。外国語の勉強にはその学習方法に工夫をこらすことも大切ですが、とどのつまり近道は無いのです。たえず実践と総括をくりかえし、時間と労力をかけて、その代償として成果が得られるのです。外国語の勉強では何よりも持続することが肝要で、成果を挙げるには持続するほかありません。勉強をやり通すにはかなり苦しい時期もありますが、困難を乗り越えたあとには、成功の喜びが待っています。

2　李鵬首相の演説（抜粋）

　これは李鵬首相が1996年3月5日、第8期全国人民代表大会第4回会議でおこなった「国民経済・社会発展のための第九次五カ年計画と2010年までの長期目標要綱についての報告」の冒頭部分と、最後の締めくくり部分です。格調高く、自信に満ちた演説です。

　李鵬首相の言葉は、比較的なまりが少なく、口調もゆっくりとしていて、私たちにとっては聞き取りやすい言葉です。比較的長い連体修飾語の後ろでは、必ず一息入れるといった感じです。従って文の構成要素、つまりどこまでが主語で、どれが述語でどこまでが修飾語であるかといったことが、たいへんはっきりと伝わってきて、文の構造を聞く人に暗示してくれます。

　これは私たちが中国語に通訳するとき、言葉の区切り方をどうすべきかなどに、大いに参考になります。こういうことを踏まえた文の訳し方については、基礎編3サイトラのところで詳しく述べようと思います。

　この演説をリスニングするに当たっては、文字化された文には表示されない、言葉の切れ目、そこにおくポーズの長さ、強弱などに注意をはらって聞いてください。

演習10　　　　　　　　　　　　　　　　　　　　　　　　　**DISK 1**　15

（a）これは中国のラジオで放送されたニュースを、そのまま録音したものです。録音状態は理想的ではありませんが、実況中継された生の雰囲気が伝わって来ると思います。ただしスクリプトと生の音声では多少の違いがあります。

　では、はじめはスクリプトを見ないで、CDの聞き取りに集中してください。少し自信がなければ、次の語句を頭に入れておいてリスニングに入ってください。

ヒント

跨世纪 kuà shìjì：世紀にまたがる　　宏伟 hóngwěi：壮大な　　"九五"计划：第九次五カ年計画　　远景目标：長期目標　　第二步战略目标：第二段階の戦略目標　　向…迈进 màijìn：…に向かって前進する　　建议：提案　　精神：主旨　　连同…：…と一緒に　　一并审议 yībìng shěnyì：併せて審議する　　政协：政治協商会議

(b) 今度はスクリプトを見ながらCDを聞いて、どれだけ聞き取れたかを確かめましょう。またCDの後について、李鵬首相の演説口調をまねて音読しましょう。

スクリプト10

各位代表：

　　制定一个跨世纪的宏伟纲领,继续把改革开放和社会主义现代化建设事业推向前进,是全国人民关心的大事。中国共产党十四届五中全会通过的《中共中央关于制定国民经济和社会发展"九五"计划和2010年远景目标的建议》,提出了全面实现第二步战略目标,并向第三步战略目标迈进的指导方针和主要任务。国务院根据《建议》精神,广泛征求各方面意见,制定了《国民经济和社会发展"九五"计划和2010年远景目标纲要(草案)》。现在,我代表国务院向大会报告,请各位代表连同《纲要(草案)》一并审议,并请全国政协委员提出意见。

(1996年3月19日付「人民日報」より)

(c) 訳例を見ながらCDを聞いて、理解の正確さを確認しましょう。またCDを聞きながら訳文を音読していってください。日本語の方が字数が多いですから少し早口にならざるをえません。できるだけ同じ時間内に読み終えるようにします。語尾は「です、ます」調に変えてください。

訳例

　　代表の皆さん

　　世紀にまたがる壮大な綱領を策定し、改革・開放と社会主義近代化建設の事業を引続き前へと推し進めることは、全国人民にとって大きな関心事である。中国共産党第14期5中総で採択された「国民経済・社会発展のための第九次五カ年計画と2010年まで

の長期目標についての中国共産党中央委員会の提案」の中では、第二段階の戦略的目標を全面的に達成するとともに、第三段階の戦略的目標に向かって前進する指導的方針と主要な任務が打ち出された。国務院は「提案」の主旨に基づいて、各方面の意見を幅広く徴して「国民経済・社会発展のための第九次五カ年計画と2010年までの長期目標要綱（草案）」を策定した。ここに国務院を代表して大会に報告をおこない、代表の皆さんが「要綱（草案）」と一緒に審議することを求めるとともに、全国政治協商会議委員の皆さんのご意見を求めたいと思う。（1996年3月21日付「日刊中国通信」より）

演習11 ──────────────────── DISK 1 16

これは同上の報告の締めくくり部分です。
（a）スクリプトを見ないでリスニングしてください。
　少し自信のないかたは、次の語句を頭にいれてから聞いてください。
ヒント
即将 jíjiāng：…しようとしている　　惊天动地：驚天動地の、天地を揺るがす
划 huà 时代：画期的な　　迈 mài 出：踏み出す　　决定性的步伐 bùfá：決定的な一歩　　必将…：必ず…となろう　　崭新面貌 zhǎnxīn miànmào：全く新しい姿
屹立 yìlì 于…：…にそびえ立つ　　动力：原動力　　指导：導き　　核心：中核
艰苦奋斗：刻苦奮闘する　　开拓 kāituò 创新：開拓と創造に取り組む　　夺取：かち取る

（b）次はスクリプトを見ながらリスニングしてください。その後音読の練習もしてください。
スクリプト11

　　各位代表！　21世纪即将到来。在快要过去的20世纪，中国人民在中国共产党领导下，做了两件惊天动地的大事：前半个世纪在民族解放和人民民主革命的斗争中取得了划时代的胜利，后半个世纪在社会改革和实现繁荣富强的道路上迈出了决定性的步伐。这是中华民族历史上空前的壮举。改革开放以来三个五年计划的建设，使国家面貌发生了巨大变化。我们相信再经过三个五年计划的建设，达到《纲要》提出的要求，我们国家的面貌就会有一个更大的变化。从现在起再经过半个世纪

的努力,我们伟大的祖国,必将以现代化的崭新面貌屹立于世界。毛泽东主席说过:"人民,只有人民,才是创造世界历史的动力。"全国各族人民团结起来,在邓小平建设有中国特色社会主义的理论和党的基本路线指引下,在以江泽民同志为核心的党中央领导下,艰苦奋斗,开拓创新,一定能够实现"九五"计划和2010年远景目标,夺取社会主义现代化事业的更大胜利!

(1996年3月19日付「人民日報」より)

(c) 訳例を見ながらリスニングし、理解の確認をして下さい。

CDを聞きながら、速度に注意して訳例を音読していきましょう。語尾は「です、ます」調で。

訳例

　　代表の皆さん！　二十一世紀が間もなくやってくる。過ぎ去ろうとしている二十世紀に、中国人民は中国共産党の指導の下で、驚天動地の二つのことを成し遂げた。それは、つまり、今世紀の前半に民族解放と人民民主主義革命の闘争で画期的な勝利をかち取り、後半に社会改革と繁栄富強を実現する道で決定的な一歩を踏み出したことである。これは中華民族の歴史上かつてない壮挙である。改革・開放以来の三つの五カ年計画により、国の様相は大きな変化を遂げた。さらに三つの五カ年計画を経て、「要綱」で示された要求に達すれば、わが国は一層大きな変貌を遂げると信じている。今からさらに半世紀の努力を通じて、われわれの偉大な祖国は近代化された全く新しい姿で世界にそびえ立つことになろう。毛沢東主席は「人民、ただ人民のみが世界の歴史を創造する原動力である」と述べている。全国の各民族人民が団結し、中国の特色を持つ社会主義を建設するという鄧小平の理論と党の基本路線の導きのもとに、江沢民同志を中核とする党中央の指導のもとに、刻苦奮闘して、開拓と創造に取り組むならば、必ずや第九次五カ年計画と2010年までの長期目標を達成し、社会主義近代化事業の一層大きな勝利をかち取ることが出来るに違いない。

(1996年3月22日「日刊中国通信」より)

2 シャドウイング
──滑らかな表現力を磨く

1 シャドウイングとは

シャドウイングとはちょっと聞き慣れない言葉かもしれません。たしかにこれまで中国語の学習書で、シャドウイングの方法が採用されたのを、あまり見かけたことがありません。

シャドウイングというのは、他人が話した言葉を聞いて、それから遅れること2～4秒程度でその後について、全く同じ調子で同じ言葉を自分の口で声に出していく練習です。人の話した言葉の後に、影（シャドウ）のようにくっついて、追いかけながらその言葉を再現していくのがこの名称の由来です。

これは実はかなりの集中力を要する厳しい訓練の方法です。試しにいまラジオのスイッチをいれてみてください。できればＮＨＫのニュースなど、日本語のもっとも標準的な話し方をするアナウンサーの声などが理想です。そしてそれを聞いて2～4秒遅れでそれと全く同じ言葉をシャドウイングしてみてください。これはいわば日本語から日本語へのシャドウイングです。それでも結構集中力を要する作業であることがおわかりになることと思います。つまり、まず、いくら鸚鵡返しに言葉を再現しようとしても、少なくとも意味を理解した上でなければ、言葉の再現は不可能であることです。自分で全く理解できないただの音声の羅列を、再現せよというのは、人間にとって無理な営みなのです。

シャドウイングは全く聴覚に頼ったトレーニングで、視覚に頼る、つまり原文を見ながらということはしません。ですからシャドウイングをおこなう時は、まず内容が理解できているように準備をしておく必要があります。準備の仕方は読者のレベルによってさまざまです。一度聞いてみてはじめから意味が理解できた人は、シャドウイングをくりかえしおこなってください。理解が不十分だった人は、先にヒントやスクリプトを見て内容を理解してください。

2 シャドウイングの効用と、教材とする音声

苦労してシャドウイングをおこなうわけですから、その教材には、音声的にも、内容的にも魅力に溢れたものがあれば最高です。シャドウイングすることにより、私たちは最も効果的な中国語の標準語の発音と表現法のトレーニングができるのです。特に、個々の漢字の発音のみならず、意味のまとまりとしての、中国語の

表現法を身につけることがシャドウイングの最大のねらいです。

　特に中国語の音声の上での表現法をマスターすることは、通訳者にとってはとても大切なことです。喜び、怒り、悲しみ、驚きなどの感情や、強い確信、呼掛け、非難、賞賛などの感情を表現するために中国語では、音声の上ではどこにアクセントをおき、どこにどのような抑揚をつけ、どこをひとまとまりにつづけ、どこを切り離して一字一字をゆっくり読めばよいのか、このようなことは、アナウンサーの読み方とか、人の心に迫る名演説をシャドウイングしてみることが、最も効果的な学習法であるといえます。

3　シャドウイングに必要なこと

①内容を理解していること

　上の説明からもおわかりのように、シャドウイングをおこなうには、話されていることの意味が理解できていること。もし聞き取れない箇所に出くわしたならば、まずその意味を理解する必要があります。シャドウイングの教材の意味不明の単語や音声については、まず辞書で意味を調べます。このようにして言葉の意味の100％理解をはかります。もちろん最初から訳文付きの教材であれば、その手間は省くことができるわけです。効率よく練習を進めるために、ここではすでにリスニング編で意味も理解したテキストを再利用することもできますし、新たに使用するテキストにも、訳文がつけてあります。

②特に原音声の言葉の区切りと、強弱に注意する

　実際にシャドウイングをおこなうときには、音声化された中国語の原文の言葉の切れ目と、その強弱に特に注意をはらって、原文通りに真似することを心がけてください。中国語は見た目には句読点でしか区切られていませんが、一旦音声化されると、にわかに文法的な構成要素ごとの区切りがたくさん現れ、意味の理解に大いに役立ってきます。

　次項の「サイトラ」で、文の構成要素ごとに符号をつけて、訳出の手助けとすることにしていますが、音声化された中国語は、構成要素ごとの区切りがかなり明確であり、特に演説や講演調のものは、その傾向がはっきりしています。

　劉徳有さんの談話も、皆さんのために中国語通訳のあり方を、じゅんじゅんと説いておられるというふうで、その話しぶりは実に明快であり、随所に現れる言葉の区切りが、意味の理解への一層の助けとなっています。シャドウイングでは、特にこの区切りをうまく真似してください。

　スクリプトでは、音声の区切りの目印として、一字の空白を設けています。

③シャドウイングの具体的なやり方

　CDから流れてくる原音声は、イヤホンまたはヘッドホンで聞くようにします。これは自分が発する声が、もとになる音声の聞き取りの邪魔にならないようにするためです。

　できれば自分がシャドウイングした音声は、別の録音装置によって録音し、あとで果してどのくらいうまく原音声を再現できているか、比較して聞いてみると、練習の励みになります。

　さあ、原文から目を離し、インプットされた音声をそのまま自分の声でアウトプットすることだけを実行しましょう。最初はともかくぶっつけでトライしてください。うまくできた方は次のCDに進んでください。意味がわかりにくかった方は、原文と訳例を参考にして、意味を理解した上で、再トライしてください。

シャドウイング演習

作为口译应该具备哪些条件（1）（劉徳有さんの談話）

　最初はシャドウイングの実演を聞いていただきます。要領がわかれば次のCDからトライしてください。内容はリスニングで聞いた劉徳有さんのお話の続きです。

シャドウイング実演モデル　　　　　　　　　　DISK 1　18

> 　　下面谈第二个问题，作为口译人员　应该具备　哪些条件？
> 　上面　我在谈　怎样学好外语的时候，实际上　已经接触了这个问题，特别是上面谈的第一点。如果　我们是立志　要做从事中日关系工作的翻译人员，就应当自觉地　使自己成为　中日友好的桥梁。

訳例

　次に二つ目の問題、通訳者としてどのような資質が求められるかということです。先に、どうすれば外国語をマスターできるかの話をした時に、特に第一点としてこのことをすでにお話ししています。もし中日間の通訳者を目指すならば、中日友好の架け橋となることを自覚する必要があります。

では次から皆さんが自分でシャドウイングにトライしてください。まずイヤホンかヘッドホンをつけ、CDのトラックナンバーをあわせて音声を聞きはじめると同時に、できればテープレコーダーも回して自分の声を録音してください。テキストは閉じてください。

演習1

DISK 1 20

ヒント
"过河需要建桥梁，舌人任务重如钢"：河を渡るには橋が必要だ、通訳の任務は鉄のように重い　　道出了：述べている、明らかにしている

スクリプト1

> 我在年青的时候　随郭沫若先生　到日本访问过。他在冈山　访问的时候，曾经给一位　日本的口译人员　写过一张「しきし」(色紙)——"斗方"。他是这样写的："过河　需要　建桥梁，舌人　任务　重如钢"。"舌"就是嘴里面的舌头啊，"舌人"就是"翻译"的意思。就是翻译的任务象钢那样的　重。"过河需要建桥梁，舌人任务重如钢"，这句话　明确而又概括地道出了　口译工作的重要性。作为一个口译人员　首先应该　认识自己工作的意义，要以饱满的热情　和高度的责任感　来对待自己的工作。这是　我要谈的　第一点，也是　做好口译工作的　首要条件。

訳例

　　私は若いとき郭沫若先生について日本を訪問したことがあります。先生が岡山に行かれたとき、一人の日本人の通訳のために、色紙に次のような言葉を書かれました。それは「河を渡るには橋が必要だ、通訳の任務は鉄のように重い」というものです。「舌」というのは口の中の舌、つまり通訳を意味しています。通訳の任務は鉄のように重いというわけです。この言葉は通訳の仕事の重要性を実に明確に、そして概括して表現しています。一人の通訳として、まず自分の仕事の意義を認識し、溢れる情熱と高度な責任感を持って自分の仕事に臨まねばなりません。これが私がお話ししたい第一点で、通訳の仕事を成功させる一番大切な条件です。

演習2　　　　　　　　　　　　　　　　　　　　　　DISK 1　21

引き続きシャドウイングをおこなってください。
トラックナンバーをあわせたら、テキストを閉じます。

ヒント
第二一点：第二番目の一つの点ということで、第二点と同じ、「一」は言わなくてもよい。　　添枝加叶 yè：枝葉を付け加える、余計なことを付け加える　　偷 tōu 工减料：手抜きをする　　撇 piē 在一边：一方に捨てさる　　意思不能走样：もとの意味からそれてしまってはいけない　　既要…还要…：…でなければならず、…でもなければならない　　谴词 qiǎncí：言葉遣い　　神韵 yùn：持ち味、ニュアンス、おもむき

スクリプト2

> 第二（一）点，翻译，包括口译在内，最重要的是　忠实于原文、原话、原意。绝对不能　胡乱翻译，不能　添枝加叶，也不能　"偷工减料"，不要把主人　撇在一边，自己　随意发挥。这里，我想就"忠实"，多说几句。"忠实"的最重要的含义，不仅包括"意思不能走样"，还应当包括　表现出　原话的"神韵"。这就是说，"忠实"，既要包括用字　谴词　表达原意，还要包括　表达原话的精神　和神韵。

訳例
　第二点、それは通訳も含む翻訳と言うことで最も重要なのは、原文、原語、原意に忠実であることです。決してでたらめな訳、余計なことを付け加えた訳、手抜きをした訳をしてはいけません。またスピーカーそっちのけで、自分勝手なおしゃべりをするのもいけません。ここで「忠実」ということにもうすこし触れておきたいと思います。「忠実」の最も大事な意味合いは、もとの意味からそれてはならないことと、もとの言葉の「持ち味」をも表現することにあると思います。つまり「忠実」にというのは、文字や言葉遣いが原意を表すのみならず、原語の本当に言いたいことや持ち味の忠実な表現まで含まれるということです。

演習3　　　　　　　　　　　　　　　　　　　　　　DISK 1　22

引き続きシャドウイングをおこなってください。

トラックナンバーをあわせたら、テキストを閉じてください。

ヒント

漏洞 lòudòng：手抜かり、不備に　　照字面儿：字面通りに　　推卸 tuīxiè 责任：責任逃れをする　　别扭 bièniu：厄介なことになる

略带惊讶 jīngyà 地：ちょっとびっくりしたように　　毫无 háowú 表情色彩地：全く無表情に　　否则：さもなければ　　歧途 qítú：くいちがい

スクリプト 3

> 我举个例子，比如说，中日双方　进行　贸易谈判。中方代表　指出　日方没有完全履行合同，有一个　重大的漏洞。日方人员被指出了这一漏洞以后，当然是很抱歉了，又略带惊讶地立即表示：「あっ、そーですか。ぜんぜん知りませんでした。帰りましたら、さっそく調べてみます。」这句话，如果译员，就是翻译人员，只是照字面儿，而毫无表情色彩地　拖长声音　译成这样的话："啊——，是吗？　我不知道。回去查一查。"这样翻译啊，不仅不准确，而且会使中方感到日方毫无诚意，是在那里推卸责任。这就不是真正意义的"忠实于原文"。
>
> 谈到"忠实"，我还要谈一点，那就是在翻译的过程中，不懂不要装懂。没有听清楚，要多问。问清楚以后再译。否则，会使谈话进入"歧途"，越谈越别扭。

訳例

　例を挙げてみますと、中日双方で貿易交渉がおこなわれたとします。中国側が日本側に契約の履行が不完全で重大な手抜かりがあったと指摘します。日本側はそれを指摘されるともちろん恐縮し、やや驚いたふうに「あっ、そーですか。全然知りませんでした。帰りましたらさっそく調べてみます。」といいました。さてこの言葉ですが、もし通訳が字面だけを、全く無表情にだらだらと、"啊——，是吗？　我不知道。回去查一查。"と訳したとすると、この通訳は正確さを欠くばかりでなく、中国側に日本側は誠意のかけらもなく責任逃れをしていると感じさせるでしょう。こうなると、本当の意味で「原文に忠実である」とは言えないのです。

　「忠実」ということでは、もう一点触れておきたいのですが、それは通訳をしている

とき、わからないのにわかったふりをしないことです。はっきり聞き取れなかったらとことん尋ね、はっきりさせてから訳します。でないと話は食い違っていき、どんどん厄介なことになっていきます。

演習 4 　　　　　　　　　　　　　　　　　　　　　　　DISK 1　23

引き続きシャドウイングをおこなってください。

トラックナンバーをあわせたら、テキストを閉じてください。

ヒント

赘述 zhuìshù：くどくど述べる　　**过关**：マスターする　　**不言而喻** yù：言うまでもない　　**胜任工作**：仕事の任に耐える、引き受けられる

スクリプト 4

> 第三点，既要学好作为外语的中文，又要很好地掌握母语。
>
> 关于学好外语，我在前面已经谈过，这里不赘述。中文不过关，当然做不好翻译，这是不言而喻的。但是，母语也要学好，这一点往往被忽视，认为日本人还不会说日本话？是的，日本人一般地都会说日语，这是不成问题的，但是要做好口译工作，还要不断地提高日语水平。只有把这两个"工具"都掌握好了，才能胜任工作。

訳例

　　第三点として、外国語としての中国語をマスターするばかりでなく、母国語もしっかりとものにしていなければなりません。

　　外国語の習得については、すでに述べてきたのでここでは繰り返しません。中国語をマスターしていなければ通訳をうまくやれないのは、わかりきったことです。しかし母国語もしっかり勉強しなければならないと言う点は、ややもすれば軽視されます。日本人が日本語をしゃべれないことはないだろうというわけです。たしかにふつう日本人なら誰でも問題なく日本語がしゃべれます。しかし通訳をやるとなると、たえず日本語に磨きをかけることが必要です。二つの「道具」を使いこなしてこそ、仕事の任に耐えられるのです。

注：劉徳有さんは、このほか第四点として「日本語訳と中国語訳の相互関係」、第五点とし

て「翻訳と口頭通訳との関係」について語ってくださいましたが、スペースの関係で割愛させていただきましたことを、おことわり致します。

　さらにシャドウイングの練習をしようと思われる方は、リスニングで使った素材を活用してください。
　また身近なテキストとして、先にご紹介したNHKの中国語によるニュースの放送などを活用してください。

3 サイトラ（サイトトランスレーション）
―― 訳す基本理論を再確認

サイトラってどういうこと？　と思われる方もおありでしょう。サイトラとは原文を目読しながら、その訳を声に出して言っていくという練習です。中国語では'視译'といいます。

1　通訳の基本は順送り訳

　時間をかけて推敲を繰り返しながら仕上げていく翻訳と、瞬時のうちに結果を出さなければならない通訳の作業が、「訳す」方法に大きな違いをもたらしています。通訳の場合原文は音声としてどんどん耳を通過していき視覚に残りません。つまり原文の読み返し（あるいはスピーカーへの問返し）が原則的にはできません。従って1回限りの音声の情報をいかに正しく聞き取り、忠実に漏らさず訳出するかということが、最大の課題です。そこで訳出に際してできる限り、原音声が発せられた順に訳していく、これを「順送り訳」といいますが、この「順送り訳」のテクニックが、通訳、とりわけ同時通訳を可能にしているともいえます。

　言語によって文字、音声、語彙、文法が異なるにもかかわらず、地球上のすべての人間が会話によって意志の疎通を滞りなく実現しているという現実を、いま一度思い起こしましょう。どんな言語であっても、人間は音声の発せられた順に情報を取り込んで、理解を達成していくのです。「順送り訳」も、基本的にはまさにこの順序をたどっておこなわれます。音声からの「順送り訳」の完成は通訳の完成を意味します。しかしいきなり瞬間に消えていく音声を訳すことは、そうたやすいことではありません。トレーニングの順序として、まず視覚に残る文字（原文）を目読しながら、中国語（または日本語）に訳して、それを声に出していく練習をおこないます。つまり目で読んだ文を声に出して訳す、サイトラ（サイトトランスレーション）です。この練習を経て訳す力をつけ、訳すコツをある程度つかんだ上で、通訳の練習に入ります。

2　翻訳と通訳の中間に位置するサイトラ

　サイトラは、ただ単に視覚に残っているという余裕からトレーニングがおこないやすいという利点があるのみならず、訳すという基本的な力をつけるためにぜひとも必要なトレーニングです。大事なことは、原文がそこにあるからといって、

何度も前のほうを読みなおす、つまり目線をゆきつもどりつさせて訳さないようにすることです。サイトラをスムーズにおこなうには、両国語の文法の基本的な違い、とりわけ語順の違いを確認しておく必要があります。

　さらにもう1ランク上のトレーニング法として、音読サイトラをご紹介しておきましょう。音読サイトラは、原文（初めは1センテンスずつ）をゆっくり音読し、次に原文から目を離してその部分を声を出して訳します。つまり音読した内容を記憶してそれを通訳していくわけで、より一歩実践に近づいたトレーニングとなります。

●中国語から日本語へ

サイトラの手順

（a）区切り読み

　中国語の文はいわば漢字の羅列です。サイトラをスムーズにおこなうために、まず意味のまとまりごとに区切り読みをしてみましょう。最初は、あるまとまりのある意味単位の切れ目を確認してスラッシュを入れてみると、かなり読みやすくなります。欧米語に比べて中国語の泣き所と言えば、見た目には単語の切れ目がわからないということかもしれませんが、中国語の単語の長さはせいぜい1～4文字程度、中でも最も多いのは2文字単語、そして中国語はリズムとして2文字、4文字の偶数リズムを好むと考えられます。その合間に1文字や3文字の奇数文字単語が挿入されますが、最後はやはり偶数文字で締めるというのが、ほとんどのケースでしょう。

　先にシャドウイング練習をしましたが、そこで音声化された中国語がいかに意味のまとまりごとに、多くの小さな区切りに分断されて話されているかに気付かれたことでしょう。サイトラを始めるにあたっても、意味のまとまりごとに区切りを入れて読んでみることが、最初の手順となります。

（b）中国語の基本文型

　一見どんなに長く、複雑そうに見える文章でも、もしその骨組みを見抜く力さえあれば、例えば飾りの言葉などに少々わからない単語が入っていたとしても、それほど問題とはなりません。

　最初中国語を勉強しはじめた頃のことを、思いだしてみてください。中国語の文の骨組みは、おおむね次のいくつかの種類があるだけです。どんなに難しそうな文でも、その骨組みさえ見抜くことができれば、次のいくつかのタイプに分類

できます。ましてや通訳のトレーニングに採用する骨組みの分類は、細分化されたものより、おおまかに分類されたもので十分です。

代表的な文型として次のいくつかの文型があげられます。それぞれの例文の頭の部分、話題、テーマとなっている部分は丸で囲みました。述語の部分は二重下線をつけました。目的語には一重の下線をつけました。修飾語には波線をつけました。これらの印によって、文の骨組みをつかんでください。

代表的な文型
①名詞述語文　　主語　＋　'是'　＋　名詞
例：过去的 (五年)，是 我国人民沿着建设有中国特色社会主义大路阔步前进的 五年。
（過ぎ去った5年は、わが国の人民が中国の特色を持つ社会主義を建設する道に沿って大きな足取りで前進してきた5年であった。）

例：中美两国间的　贸易 (平衡问题) 是　影响两国经贸关系健康发展的　重要问题。
（中米両国間の貿易の　バランスの問題は、両国の経済貿易関係の順調な発展に影響を与える　重要な問題である。）

②形容詞述語文　　主語　＋　形容詞
例：突出的是：人口和就业 (负担) 较重，(人均资源) 相对不足，国民经济 (整体素质) 低，…
（際だっているのは、人口と就業の負担が　かなり重く、一人当りの資源が　相対的に不足しており、国民経済の全体的な　質が低いこと、…）

例：我国 (经济规模) 已经很大，每年新增加的 (投入) 相当可观，但在生产、建设和流通等领域，经济效益低的(问题) 十分突出。
（わが国の経済規模は　既に大きく、毎年新たに増える投資も　かなりのものであるが、生産、建設と流通などの分野における経済効率の低さは　非常に際だった

問題になっている。)

③動詞述語文　　主語 ＋ 動詞 ＋ 目的語 ＋動詞＋目的語

例：我国 积极改善和发展了 同所有周边国家的睦邻友好关系，增进了 人民之间的友好交往，促进了 在平等互利基础上的经济、贸易、科技和文化合作。

　　（わが国は　すべての周辺諸国との善隣友好関係を　積極的に改善し、発展させて、人民間の友好往来を　深め、平等互恵の原則を踏まえた経済、貿易、科学技術と文化の協力を　促進した。）

例：两国对双边贸易统计和双边贸易平衡状况的 认识 存在着 明显的分歧……

　　（両国の二国間貿易統計と二国間貿易バランスの状況に対する　認識には　著しい食い違いが　あり、……）

主語 ＋ 動詞 ＋ 補語

例：从根本上说，有条件的 地区 发展得 快一些，有利于增强国家经济实力，……

　　（根本的には、条件が整った地区がより速く発展し、国の経済的力を強めるのに役立ち、…）

④主述述語文　　主語 ＋ 述語（主語＋述語）

例：中国 地大物博，人口众多。

　　（中国は　面積が広く、物資が豊かで、人口が多い。）

⑤兼語式文　　主語 ＋動詞 ＋目的語（主語）＋ 動詞

例：政府 派遣 代表团 到联合国 参加 关于环保问题的讨论。

　　（政府は　代表団を国連に派遣して、環境保護問題に関する討議に参加させた。）

⑥複文

例：国际形势 总体 趋向缓和，世界 加快 多极化发展，新的格局

<u>日漸明朗</u>。
　　（国際情勢は　全般的には　緊張緩和に向かっており、世界は　多極化への発展を
　　速め、新たな枠組みが　日増しに明らかになっている。）

修飾要素
　連体修飾語　（形容詞　文節＋「的」など）
　連用修飾語　（副詞　文節＋「地」　前置詞句など）

（ｃ）サイトラをおこなう場合も補助手段として文の主要な構成部分に符号をつける。
　上記の例文で使用した符号を、もう少し詳しく説明すると、次のようになります。これを実際サイトラされる場合に、是非使用してみてください。サイトラがよりスムーズにおこなえると思います。
（１）主語（テーマなど）を丸で囲む
　主語は名詞であるとは限りません。節であったり、文であったりすることもありえます。ここで言う主語とは必ずしも動作や状態を発する主体ばかりでなく、テーマとして、話題としての主題もありえます。スピーカーが何について話そうとしているのか、その話題となっている言葉を見つけて、主語の符号をつけます。符号は、修飾語を除いた一番肝心な言葉、中核部分にだけつけます。なぜならば、長い複雑な文でも、肝心の骨格をまず見抜くことによって、おおむね意味の流れがつかめるからです。ここが頭、ここが胴体、ここが手足というふうに、文の骨格をつかんでいきます。
　もっとも実際の通訳の現場では、特に中国語から日本語への通訳の場合、時間的な制約もあって、聞き手にとってすでに明らかな主語については、意識的に省略されることはあります。
（２）述語（述語動詞、形容詞、文など）の下に二重線を引く
　文として成り立っている以上、主語の次には必ず述語があるわけですから、その述語の中心となっている部分、それは動詞であるか、形容詞であるか、一つのセンテンスであるかのいずれかでしょう。そのいちばん肝心な部分に述語であることを示す二重下線をつけましょう。
　述語が形容詞である場合は、目的語がないぶん構文は比較的簡単な場合が多いものです。もっとも中国語の形容詞には補語がつくこともあって、複雑になることもあります。しかし何といっても形容詞文は最もスムーズに順送り訳ができる構文であると言えます。

注意しなければならないのは、述語の肝心部分が動詞である場合です。動詞の前後にはいろいろな付属要素（目的語、補語）やアクセサリー（修飾語）がついていることが多いものです。とりあえず文を構成している骨格となる動詞を見抜くことが大切です。

（3）動詞の目的語の下には一重線を引く

　先に述べた通り、述語動詞に目的語がある場合には、中国語から日本語への順送り訳に、語順の違いという決定的な障害が起こってきます。つまり中国語では［主語＋述語動詞＋目的語］の語順が、日本語では［主語＋目的語＋述語］の語順で話されることです。このため中国語から日本語に訳すときは、述語動詞はしばらく頭の中にプールしておき、先に目的語を訳さなければなりません。目的語が簡単明瞭なものであれば問題はありませんが、時にややこしいアクセサリーのついた目的語を訳すのに手間取っているうちに、述語動詞がどれであったかを見失ってしまいそうになることもままあるものです。このためにサイトラをする際、述語動詞には前述したような二重下線を、そして目的語には、その一番の骨格となる語に一重下線をつけましょう。

　このようにして中国語から日本語への順送り訳を実際にやってみると、意外と簡単に順送り訳が成立するケースが多いものです。中国語のヒヤリングの力さえ優れていれば、中国語から日本語への順送り訳のほうが、日本語から中国語への順送り訳よりも楽に感じられる人が多いはずです。

　なお動詞の後ろに来るものとして目的語の他に補語がありますが、補語は動作そのものに関連する意味を補ったり、その結果や可不可を表したりするので、訳し方としてなかなか一筋縄ではいかず、結構テクニックを要する部分です。従って補語については、できるだけ動詞と一体化した訳を心がけ、特別な符号は設けないことにします。

（4）修飾語：連体・連用修飾語ともに下に波線をつけることにします。

　動詞の前に来る修飾語、連用修飾語は、副詞や、'〜地'、動作のおこなわれた時間、場所、手段などを表す前置詞句などがその代表的なものです。

　名詞の前に来る修飾語、連体修飾語は形容詞や、'〜的'などがあります。

（5）前置詞句はもともと連用修飾語の一つですが、使用頻度がきわめて高く、文の重要な構成要素となります。サイトラでかなり神経を使うのは、この前置詞句の、前置詞とその目的語がどの単語までなのかを見極めることにあります。前置詞句の範囲が明確になると、安心して述語動詞の訳に移っていくことができます。このため前置詞とその目的語に別に符号を設けることにします。前置詞の下に小

さい○、その目的語の下に小さい△をつけます。

例：在国际事务中，我们 将一如既往，根据 事情本身的是非曲直 决定
自己的立场和政策，不 与 任何大国或国家集团 结盟，不 以意识形
态和社会制度为标准 处理 国家间关系，坚决反对 任何国家 以民族、
宗教、人权等问题为借口 干涉 别国内政。
（国際実務において、われわれは これまで通り、事柄そのものの是非曲直に基づいて 自らの立場と政策を決め、いかなる大国または国家グループとも 同盟を結ばず、イデオロギーと社会制度を基準として 国家間の関係を処理することはせず、いかなる国であっても民族、宗教、人権問題を口実に 他国の内政に 干渉することに 断固として反対する。）

最もよく使われる前置詞として次のようなものがありますので、それぞれの意味を理解しているかどうか、チェックしておいて下さい。
①空間概念を示すものとして
　　在　于　从　自　打　由　朝　向　往　沿着
②時間概念を示すものとして
　　从　自　自从　由　打　在　当　于
③対象を示すものとして
　　对　对于　关于　至于　和　跟　同　与　为　给　替　将　把　叫　让
　　被　比　朝　向
④よりどころを示すものとして
　　按　按照　依　依照　照　据　根据　以　凭　论
⑤目的や理由を示すものとして
　　由于　因为　为　为了　为着
⑥その他を示すものとして
　　连　除了　除　除开　趁

（『実用現代漢語語法』劉月華他著より）

これらの前置詞の目的語には、その範囲を限定する目印となる語がつく場合と、そうでない場合とがあります。目印が無い場合は意味の上から判断して、前置詞句の範囲を限定するしかありません。

例えば'在'の目的語の後ろには、'上、下、左、右、中、里、外'などの位置関係を示す語や、'～的时候、以后、以前'などの時間関係を示す語が来ることが多いようです。

また、'被、叫、让'の目的語の後ろには、'给'と来ることがあったり、'和、跟、同'の目的語の後ろには、'一起、一同'と来ることがあります。

'从'の目的語の後ろには、'起、开始'が来ることがあります。

なお英語の構文と中国語の構文の大きな違いに、この前置詞句の位置の違いがあります。中国語の前置詞句の後には、絶対に動詞が現れるきまりとなっているわけですから、逆に言えば、この動詞を見つけ出すことによって、はじめて前置詞の目的語の終了部分を確認できるとも言えます。そしてその動詞を訳すことによって(もちろん、その動詞にまた例の前後のアクセサリーがついていることもありますが)、その文は完成に近づいたと言えます。

(6) 兼語文：動詞が二つ以上現れる兼語文の第１動詞の下に、Kをつけて、それが兼語文であることに注意します。

(7) 接続詞

単語や文章を様々な関連を持たせてつなげていく接続詞も、文脈をつかんでいく上で、重要な役割を担っています。これらの接続詞についても、いま一度意味を確認しておきましょう。

和　跟　与　及　以及　并　并且　而　而且　或　或者　还是　要么　不但　何况　况且　尚且　宁可　与其　然后　而况　以致　从而　于是　因为　因此　因而　所以　既然　无论　不论　不管　只有　只要　除非　要是　倘若　假如　如果　但是　可是　不过　然而　虽然　尽管　即使　就是　哪怕　固然　省得　免得　甚至　可见　否则　就是，就是说　也就是说　以便　以免

中でも'以便、以免、省得、免得'は逆送り訳の方がぴったりときまることを覚えておきましょう。

(8) 複文の関連用語

通訳をするとき、部分部分の意味をとらえた上で、最終的にそれをどのような構成で仕上げるかに、かなめの役割を果たすのが、複文の関連用語である場合が多いものです。これらの関連用語についても、いま一度その意味と用法を確認し

ておいてください。

　なおサイトラにあたっては、複文の前後の関連用語の下にf、f1、f2などをつけておくと、訳しやすくなります。

又…，又…：…でもあり、…でもある
既…，又…：…でもあり、…でもある
不但（不仅）…，而且（并且，也）…：…のみならず、…でもある
或者…，或者…：…するか、…するか（いずれか、いずれも）
是…，还是…：…か、それとも…か（どちらだ）
要么…，要么…：…するか、…するか（どちらかにする）
不是…，就是…：…でなければ、…である
因为（由于）…，所以…：…なので、だから…である
因为…，以致于…：…なので、…となった
既然…，那就…：…である以上は、…である
虽然（虽）…，但是（可是，却）…：…であるけれども、しかし…
尽管…，然而（但是，却）…：…ではあるけれども、しかし…
只要…，才…：…してこそ、はじめて…となる
除非…，才…：…しない限りは、…できない、…してこそ、…できる
无（不）论…，也（都）…：…だとしても、…である
不管…，也（都）…：…だとしても、…である
如果…，就…：もし…ならば、…である
要是（若是）…，就…：もし…ならば、…である
倘若（假若）…，就…：もし…ならば、…である
即使…，也…：たとえ…だとしても、…である
固然…，也…：もとより…であるし、また…である
就是…，也…：たとえ…だとしても、…である
纵然…，也…：たとえ…だとしても、…である
与其…，不如…：…するよりも、むしろ…の方がよい
宁可…，也不…：いっそ…してでも、…しない方がよい
越…，越…：…すればするほど、…である
一面…，一面…：…する一方、…である
一边…，一边…：…しながら、…する
首先…，然后…：まず…してから、…する

また
谁…，谁…
哪儿…，哪儿…
怎么…，怎么…
什么…，什么…
多少…，多少…

　この構文の日本語訳には、思いきった頭の切り替えが必要です。中国語に引きずられていると、とんでもなく時間がかかってしまいます。はじめから思いきった日本語らしい言葉を選びましょう。

　以上サイトラの助けとなる符号の付け方を説明しましたが、符号はあくまでも各人の必要に応じてつければよいのです。どのくらいつけるかは個人差があり、最終的に符号をつけなくともすらすらとサイトラできるようになれば、しめたものです。
　また一度符号をつけた中国語テキストを見ながら、くりかえしサイトラをしてみてください。やがてすらすらと口頭訳ができるようになると思います。できなかった方は、ここで自信がつくまで二、三度同じ事を繰り返してください。

サイトラ演習

　では実際にサイトラをしてみましょう。
　中国語の原文には、とりあえず意味のまとまりごとに区切りを入れて、少し読みやすくしました。また最初の例文には、文の構成を示す符号が入れてあります。
　訳出順は基本的に次の通りです。まず丸で囲まれた主語（または主題、テーマ）となっているところから訳し、次に前置詞句があれば、小さな三角（前置詞の目的語）から小さな丸印（前置詞）へと進みます。そして一重線の目的語があれば、それを訳してから最後に二重線の述語動詞へと戻って訳を進めます。この間連体修飾語や、連用修飾語であることを示す波線に注意し、また文の構成を決定づける接続詞や、複文の関連用語に注意します。

劉徳有さんの談話
　次の文も劉徳有さんの談話の続きです。通訳に求められる資質は、単に語学の

知識だけではないということを、ご自分が実際に体験された興味深いエピソードを通して語られています。

[第六点]，要处理好　语文知识与业务知识的　关系。
　　就拿画画——绘画　为例。[一个画家]　当然要提高　自己绘画本身的技能，但是　[画外功]　也是　非常重要的。比如说，[他]　应该喜爱和了解　音乐、文学等等。

文の構成を示す符号を頼って訳していきます。比較的簡単な文ですから、読み返すことなく、次のような訳ができたと思います。

訳例

　　六番目に、語学の知識と業務の知識の関係をうまく処理することです。
　　絵を描くこと、絵画を例にとると、一人の画家としてはもちろん絵を描くこと自体の技能を高めることは当然必要ですが、絵以外の修練も、とても大切です。例えば音楽や文学などが好きで、しかもよく知っていてしかるべきなのです。

ではいよいよサイトラにトライしてください。各自必要に応じて符号をつけてサイトラの助けにしてください。

演習 1 ─────────────
原文 1

　　我　想　翻译也是这样的。除了　翻译方面的知识和技巧　以外，也要有　相关的丰富的各个方面的　知识。比如说，语文知识　就是其中的一个。当然　语文知识的范围　很广，包括现代文、古文、成语、谚语、典故、古诗词等等。完全都掌握　是　很困难的，但是　在常识范围内的，我　再强调一下，在　常识范围内的，应当掌握。

ここでは、'除了…以外，也要有…'の文脈に注意します。
符号をたどって訳していくと、次のような訳になるでしょう。

訳例

　私は通訳もそういうものだと思います。通訳の知識や技術以外にも、関連する各分野の様々な豊かな知識が必要です。国語の知識はそのうちの一つです。もちろんその範囲はとても広く、現代文、古文、熟語、諺、故事来歴、古詩などその全てを知ろうとしてもそれは難しいことです。しかし常識範囲内として、もう一度強調しますが、常識範囲内のことは知っておくべきです。

演習 2

　引き続きサイトラをおこなってください。各自で必要な符号をつけてみてください。

原文 2

> 　　比如，有一次　郭沫若先生　同一批日本学者　谈话。郭沫若先生谦虚地说，我　年轻的时候　在日本　没有好好学习，是　一个"不良学生"。但是日本的学者　说："郭先生，你　是　一位了不起的学者，成就　很大，很辉煌。"

訳例

　また郭沫若先生が日本の学者たちと話をしていた時のことですが、自分は若いとき日本ではちゃんと勉強をしない、いわば「不良学生」だったと謙遜して話されたことがありました。でも日本の学者たちは、「郭先生、あなたはたいへん立派な学者で、輝かしい成果をあげられましたよ。」と言いました。

演習 3

　引き続きサイトラをおこなってください。

原文 3

> 　　这个时候　郭老　说：我　现在　在你们当中，这　是"蓬生麻中不扶自直"。也就是说，蓬草　生在　笔直的麻　当中，你　不去扶它，它，会自然而然　很直的。

訳例

　　すると郭先生はわたしは皆さん方の中にあって「蓬生麻中不扶自直」だと言われたのです。つまり蓬という草は、まっすぐな麻の中に生えていると、支えられなくてもまっすぐに伸びるものだと。

演習 4 ―――――

引き続きサイトラをおこなってください。

原文 4

> 也就是说，我　原来是　一个"不良"，今天　在你们日本这么多的好的学者当中，那么　我这个"不良"　也变成了　一个很好的人，是这么一个意思。

訳例

　　つまり私はもとは「不良」だったが、日本の素晴らしい学者の皆さんに囲まれたおかげで、立派な人間になることができたという意味だったのです。

演習 5 ―――――

引き続きサイトラをおこなってください。

原文 5

> 我当时24岁，听了　这个话　不知道　是什么意思，不会翻译。郭老　告诉　我，应该译作　"麻の中のよもぎ"。回来后　我　查了一下字典，果然是　有　这句话，从此　就把它　记下了。

訳例

　　当時24歳の私には、どういうことかわからなくて通訳できませんでした。郭先生は私に「麻の中のよもぎ」と訳すのだよと教えてくださいました。帰って辞書で調べてみるとちゃんとこの言葉が出ていました。それ以来この言葉を覚えたのです。

なお、同じ原文からのサイトラを二、三度くりかえして下さい。一回ごとにスムーズにできるようになり、そうすることによって、自分にもできると言う自信がつきます。

●日本語から中国語へ

サイトラの手順

（1）日本語文の文型、構造を見抜く

　日本語からの中国語へのサイトラにおいても、まず文の骨組み（基本文型）を見抜くことが肝要です。この骨組みの見抜き方についていうと、どうやら日本語の方が中国語よりもやや時間がかかるように思われます。そこで日本語から中国語への順送り訳は、難しいと感じられる方が多いのではないでしょうか。私も同感です。（もっとも中にはその逆の方もおられますが。）一般的に言って、日本人の通訳者に、中国語から日本語へのサイトラよりも、日本語から中国語へのサイトラの方がなぜ難しく感じられるのでしょうか。それは文の骨組みを見抜くことを難しくさせたり、あるいは手間取らせているいくつかの原因があるからだと思います。原因がわかれば、それに対症療法を施せばサイトラはよりスムーズにおこなわれるでしょう。

（2）日本語と中国語の構文の違い

①述語動詞と目的語の位置の大きな違い

　日本語では多く文の最後に現れる述語動詞を、中国語では文頭にもってこなければなりません。これが日本語から中国語への通訳の一つの難関になっています。
②中国語では前置詞句として訳す、「…のために」：为了…、「…に対して」：对于…、「…に関して」：关于…、「…にともない」：随着…、「…にもかかわらず」：不管…、「…によれば」：根据…、「…ではあるけれども」：虽然…、「…であるならば」：如果…、なども、日本語では後ろに出て来るので、一定の段落の終了（読み終わる、または聞き終わる）を待ってはじめて訳し出すことができる場合が多いのです。

　例えば次の日本語から中国語へのサイトラを考えてみましょう。

例文 1

　21世紀に向かって日中両国関係に明るい展望を切り開き、末長い友好関係を発展させる<u>ためには</u>、政府関係の緊密化とともに、政治、経済、学術、文化など、各般にわたる国民各階層の良識を結集して、中国各界の方々と率直な意見を交換し、日中両国の相互理解と相互信頼を一層深める<u>こと</u>が<u>必要である</u>。
①　　　　　　　　　　　　　　　　　　　　　　　　　　　　　②　　③

この長い文を訳すに当たっては、やはり文の最後までを読み取って（通訳の際は聞き終わって）からでないと、訳しはじめることはできません。では途中の段階では何を読み取っていくか、それは次のような順番で情報が蓄積されていきます。
　　①…のためには　　　　目的があるのだな
　　②政府関係の緊密化
　　　各階各層の良識の結集　→相互理解と信頼を深める
　　　中国各界との意見交換
　　③それが必要だったのだ

　最後まで読んで、中国語として組み立てるときには、①③②の順番となることがはっきりします。そこで中国語の訳は次のようになります。

訳例

　　　面向21世紀，为了在日中两国关系方面开辟光明的未来，发展持久的友好
　　　　　　　①
　　关系，必须在密切政府间关系的同时，集结政治、经济、学术、文化等各方面、
　　　　　③
　　各界、各阶层国民的良知，同中国各方面人士坦率地交换意见，以进一步加深
　　　　　　　　　　　　　　　　　　　　　　　　　　　　　　　　　　②
　　日中两国的相互理解和相互信赖。

例文2

　この1年来の厳しい試練、経験を通じ、日中関係の基礎である「二つの原
　①　　　　　　　　　　　　　　　　　②
点」「四つの原則」の上に立って、相互の信頼関係を維持発展させるように、
自覚的努力を積み重ねていくならば、いかなる障害をも克服することは可能
　　　　　　　　　　　　③　　　　　④
であることを確信するものであります。
　　　　　　⑤

　この文も最後まで目を通さないと、中国語訳に入ることはできません。しかし読んでいく途中で、情報は蓄積されていかねばなりません。蓄積の順序は次のようになります。
　　①1年来の経験があった
　　②原点、原則の上に立って、信頼関係を維持発展させる努力をする
　　③もしそれができたなら
　　④障害の克服は可能なのだ
　　⑤この人は以上のことを確信したのだ

この5つの情報を中国語として再構築すると、①⑤③②④の順に組み立てることになります。その結果中国語は次のようになります。
訳例

　　　经过这一年来的严峻考验，我坚信，只要站在构成日中关系基础的"两个
　　　　　①　　　　　　　　　⑤　　　　　③　　　　　　②
　　　原点"、"四项原则"上，为维持和发展相互信赖关系，不断自觉地作出努力，

　　　就有可能克服一切障碍。
　　　④

　上の例からもわかるように文の骨組みを見抜くためには、日本語文の最後まで読み通す必要があるということです。その間現れる中間的な情報はもちろんどんどん取り込んでためておかなければなりませんが、それを早まって訳すわけにはいきません。日本語から中国語への訳には、文の全体像がつかめるまでこらえて待つ、この「一呼吸待つ」姿勢が必要となります。
　つまり視覚に入ってくる情報を、そのまま機械的に順送りして訳していけないつらさがあります。視覚に入ってくる情報は、たしかにある程度ずつの意味のまとまりがあって、とりわけ通訳の際には「忘れないように」という気持ちから、理解できた意味のまとまりは、なるべく早目に訳しておきたいという気持ちにかられますが、そこをぐっとこらえてということです。できるだけ意味を大きな塊としてとらえて訳していく習慣をつけることが大切です。さもないと日本語から中国語に訳す場合、もしかすると大きなどんでん返しが待ち受けているかもしれません。

　もちろん全てがこういう構文ではないので、それほど長くない段落で、スピーカーの主旨を理解し、確信をもって訳にはいることができる文もたくさんあります。つまりかなりの部分で順送り訳が可能なケースもあります。
　例えば、

　　　両国における産業の発展にともない、将来のエネルギー供給を確保す
　　　ることが、ますます重要となってまいりました。
　→　随着两国的产业发展，确保未来的能源供应一事，成为越来越重要的
　　　课题了。

天然資源に乏しいわが国では、このために、エネルギー節約を含め、あらゆる可能性が追求されつつあります。
→　我国缺乏天然资源，所以包括节能在内，正在探讨各种可能性。

　　この機会に、両国の将来のエネルギー需給の見通しと問題点について意見を交換することは、誠に意義あることと思われます。
→　我认为利用这次机会,就两国未来能源供求的前景和争论点交换意见，这是很有意义的事情。

　　今や産業の発展と環境汚染とは切り離せない関係にあり、しかも環境の汚染は、一地域、一国家の問題でなく、地球規模の課題となっております。
→　现在产业发展同环境污染的关系密不可分，而且环境污染已不是一个国家、一个地区的问题，而是全球性的问题了。

　　両国がこの問題に、共同で取り組むことは、人類に対する緊急な課題となっていると言えましょう。
→　可以说，两国共同来对付这个问题，已成为对人类的紧急课题。

いずれにしても、通訳者にとって事前に収集できるあらゆる情報を蓄えて、現場に臨むことが、スピーカーの発言要旨を一刻も早くくみとり、翻訳をよりスムーズに実現する決め手となります。

(3) 文の構成要素に必要に応じて符号をつける
　　中国語のサイトラでやったような符号をつけることを、日本語文に対してもおこなってみるとよいでしょう。符号の機能は中国語の場合と同一にしておきます。
　　主語　　丸で囲む
　　述語（形容詞、形容動詞、動詞句など）　二重下線をつける
　　目的語　一重下線をつける

(4) 主語の省略が多い日本語
　　一般論として、日本語は中国語や英語に比べて、曖昧表現が多いと言われています。それは日本の気候風土からくる民族的な気質によるもので、直接的な表現

や、ずばり核心をつく表現よりも、穏やかな、相手を傷つけない遠まわしの表現、個性を際だたせるよりも皆と同じでいたいという志向が根底にあるからだとも言われています。それはさておき、確かに日本語では意識的にも、無意識的にも主語の省略されるケースが中国語より多いと言えます。一方論理の明確性がより求められる中国語では、どうしても主語をはっきりさせないと文として成り立たないということが多いのです。従って日本語から中国語への翻訳では主語を補って訳すということもよく起こってきます。

（5）安易な同文同種の考えから脱け出す

　日中間に共通の漢字という媒体があることは、メリットの方が多いのでしょうが、デメリットを見逃すわけにはいきません。通訳をしようとしているレベルの方には、むしろデメリットとしてとらえ、常にそれに対する備えをしておかなければなりません。ここで言おうとしていることは、通訳のテクニックというよりも、語彙力の問題ですから、日常的に心がけて、蓄積していくしかありません。特に次の諸点については、日頃より、折りにふれ訳語を確認する習慣をつけていくことが、大切です。試しにいくつかの例を挙げてみましたが、訳語はすぐに頭に浮かぶでしょうか。みなさんそれぞれのレベルと必要に応じた、ご自分専用の用語集を作られることをお勧めします。

①和製漢字熟語に対する瞬時の訳

　日中間の同字同義の漢字熟語に混じって、ひょっこり現れる和製の漢字熟語への備えを心がけましょう。

　次に20語の出題が2回あります。順番に中国語の訳語を声に出して言ってみてください。できない言葉はとりあえずパスします。8割以上のできを期待しますが、いかがでしょうか。

　もっともこれらの言葉は、実際は文章の流れの中で、その意味をより的確にとらえうるわけです。従って解答は複数あるので、必ずしも下の解答に固執されなくても結構です。しかし少なくともその基本義はしっかりととらえ、基本訳語は覚えておきましょう。参考解答、もしくは解答の一例が下にあります。初めは見ないでやってください。

【出題1】
①締切　②受付　③粗末　④勘定　⑤貫禄　⑥草分　⑦口車　⑧素人　⑨玄人
⑩毛並　⑪古参　⑫先物　⑬所詮　⑭正体　⑮仕業　⑯贅沢　⑰建前　⑱本音

⑲割当　⑳元締

【出題 2】
①目安　②身元　③味方　④思案　⑤退屈　⑥書留　⑦注文　⑧手柄　⑨割合
⑩割引　⑪工面　⑫義理　⑬気楽　⑭懸念　⑮欠番　⑯押収　⑰検挙　⑱着服
⑲密輸　⑳汚職

②多く仮名で書かれる和語の中国語訳
　　和語は、生粋の日本生まれの日本語であるだけに、日本独自の文化を背景にもつ味わい深い言葉です。様々な微妙なニュアンスを持っていたり、風俗習慣の匂いが染み込んでいます。これを外国語に訳すとなると、その表現法の違いに戸惑いを感じたり、ニュアンスの違いに愕然としたりするものです。いざという時のために、また日本の精神文化を外国の人に紹介するという意味でも、これらの言葉の訳語についても日頃の備えが忘れません。

【出題 3】
①わび　②さび　③けじめ　④いじめ　⑤ぬけがけ　⑥やぼ　⑦いき　⑧みれん
⑨ねまわし　⑩どたんば　⑪ねらい　⑫みせしめ　⑬とばっちり　⑭まぐれ
⑮まめ　⑯おきて　⑰いちゃもん　⑱たけなわ　⑲しわよせ　⑳くりこし

【出題 4】
①ほぞをかむ　②ほだされる　③そつがない　④おくゆかしい　⑤いかがわしい
⑥たんのうする　⑦それとなく　⑧ふがいない　⑨やるせない　⑩やましい
⑪ほのめかす　⑫はかない　⑬にえきらない　⑭うしろめたい　⑮なまはんか
⑯ひけめ　⑰ずうずうしい　⑱こじつける　⑲かこつける　⑳のさばる

③日本語の擬態語の中国語訳
【出題 5】
①うとうと　②おどおど　③きょとんとする　④ずかずか　⑤にやにや　⑥ぬくぬく　⑦むしゃむしゃ　⑧めきめき　⑨ぐっしょり　⑩しょんぼり　⑪ひっそり
⑫ありあり　⑬いらいら　⑭きょろきょろ　⑮ぐっすり　⑯ぐでんぐでん　⑰けろり　⑱ずけずけ　⑲そわそわ　⑳まざまざ

【出題6】
①くどくど　②しぶしぶ　③めそめそ　④おろおろ　⑤ぐずぐず　⑥たじたじ
⑦くよくよ　⑧しげしげ　⑨しみじみ　⑩すくすく　⑪ずんぐり　⑫てきぱき
⑬むかむか　⑭むずむず　⑮もじもじ　⑯はらはら　⑰のこのこ　⑱せかせか
⑲すたすた　⑳きらきら

（解答例）
【出題1】
①期限、截止　②受理、传达室　③粗糙 cūcāo　④帐款　⑤威严　⑥创始人　⑦花言巧语　⑧外行、门外汉　⑨内行、行家 hángjia　⑩毛色、血统、出身　⑪老干部　⑫期货　⑬归根结底　⑭本来面目　⑮干的勾当　⑯奢侈 shēchǐ　⑰表面上的原则　⑱真心话　⑲配额　⑳总管

【出題2】
①大致的目标　②身分　③自己这一方　④思量　⑤无聊　⑥挂号信　⑦订货　⑧功劳　⑨比例　⑩折扣　⑪筹款　⑫情义、情面　⑬安闲　⑭惦记　⑮缺号　⑯没收 mòshōu、查抄　⑰检举、逮捕、拘留　⑱私吞　⑲走私　⑳贪污 tānwū、渎职 dúzhí

【出題3】
①闲寂　②古雅　③分寸、青红皂白　④欺侮 qīwǔ　⑤抢先　⑥土气、庸俗　⑦风流、潇洒　⑧依恋　⑨事前工作　⑩绝境、最后关头　⑪用意、意图　⑫儆诫 jǐngjiè 示众　⑬连累　⑭偶然　侥幸 jiǎoxìng　⑮勤恳　⑯戒规　⑰找碴 chár　⑱高潮　⑲受不良影响　⑳滚项

【出題4】
①悔之莫及　②被纠缠 jiūchán 住　③无懈可击 wúxièkějī　④典雅　⑤不正派、可疑　⑥过瘾 guòyǐn、心满意足了　⑦委婉地　⑧没出息、不中用　⑨百无聊赖　⑩感到内疚 nèijiù　受良心苛责　⑪略微透露、暗示　⑫短暂 duǎnzàn 无常　⑬犹豫 yóuyù 不定　⑭负疚 fùjiù、内疚　⑮不彻底　⑯自卑 zìbēi 感　⑰厚颜无耻 hòuyánwúchǐ　⑱牵强附会 qiānqiǎngfùhuì　⑲强词夺理 qiǎngcíduólǐ、找借口　⑳胡作非为、横行霸道 héngxíngbàdào

【出題5】
①迷迷糊糊 ②怯qiè生生 ③呆呆然 ④无礼貌地走进来（去）⑤默默地笑、笑嘻嘻地 ⑥暖烘烘nuǎnhōnghōng地、舒舒服服地、满不在乎地 ⑦大口大口地 ⑧显著地 ⑨湿漉漉shīlùlù ⑩垂头丧气chuítóusàngqì、⑪静悄悄 ⑫活现 ⑬焦急 ⑭东张西望 ⑮酣睡hānshuì ⑯烂醉 ⑰满不在乎、若无其事 ⑱直言不讳huì、毫不客气地说 ⑲心神不安 ⑳历历在目

【出題6】
①絮叨xùdao ②勉勉强强 ③低声哭泣kūqì、哭鼻子 ④惊慌失措jīnghuāngshīcuò ⑤泡蘑菇pào mógu ⑥畏缩wèisuō、招架不住 ⑦烦恼 ⑧端详 ⑨痛感 ⑩茁壮zhuózhuàng、成长 ⑪矮胖 ⑫麻利、利落 ⑬恶心ěxīn ⑭发痒 ⑮忸怩niǔní ⑯捏niē一把汗 ⑰若无其事地走来 ⑱匆匆忙忙cōngcongmángmáng ⑲三步并两步 ⑳闪闪、闪烁shǎnsuò

サイトラ演習

村山富市総理談話　1995年8月15日

　戦後50年の節目を迎えた1995年8月15日、当時の村山富市総理は、世界が注目する中、次のような談話を発表しました。特に今後中国をはじめアジアの人々とおつきあいをする中で、日本人の根底の立場として、サイトラをおこないながら、この談話の内容をいま一度考えることもよいのではないでしょうか。

　先の大戦が終わりを告げてから、50年の歳月が流れました。今、あらためて、あの戦争によって犠牲となられた内外の多くの人々に思いを馳せるとき、万感胸に迫るものがあります。

ヒント

　「。」で区切られた1文ごとに、訳し始める順序を示す数字を記入しました。
　主語またはテーマなど話題の中心となる語は、まるで囲み、述語には二重下線、をつけました。
　2句めの、「思いを馳せる」の主語に当たる語は省略されています。もちろん"我们"を補います。

先の大戦：上次世界大战，那场战争　　**犠牲となった人々**：死难的人们　　**万感胸に迫る**：感慨万端，百感交集

訳例

　　　自从上次世界大战结束后，已经过了五十年的岁月。今天当我们再次想起国内外许许多多由于那次战争而死难的人们的时候，不禁使人感慨万端。

演習 1
原文 1

　敗戦後、日本は、あの焼け野が原から、幾多の困難を乗りこえて、今日の平和と繁栄を築いてまいりました。このことは私たちの誇りであり、そのた

> めに注がれた国民の皆様一人ひとりの英知とたゆみない努力に、私は心から敬意の念を表すものであります。

ヒント

1 文目、中国語では「乗りこえる」＋「困難」、「築く」＋「平和と繁栄」となる。

2 文目、「そのために」以降は、「…努力に」までを読んで、「対于…努力」となる。

焼け野が原：被烧毁的废墟　　**繁栄を築く**：建立繁荣　　**心からの**：由衷的
敬意の念：敬佩

訳例

> 日本战败后，她从那被烧毁的废墟里站起来，克服重重困难，建立了今天的和平和繁荣。这是我们引以骄傲的。我对于每一个国民为此而贡献出的智慧与不懈的努力，表示由衷的敬佩。

演習 2 ───────────────
原文 2

> ここに至るまで、米国をはじめ、世界の国々から寄せられた支援と協力に対し、あらためて深甚な謝意を表明いたします。また、アジア太平洋近隣諸国、米国、さらには欧州諸国との間に今日のような友好関係を築き上げるに至ったことを、心から喜びたいと思います。

ヒント
ここに至るまで：迄今为止　　**あらためて**：再次

訳例

> 迄今为止，以美国为首的世界各国给与了我们很大的支援和协助，对此再次表示深切的感谢。同时我们亦为能同亚太地区的近邻各国、美国以及欧洲各国之间树立起象今天这样的友好关系而感到由衷的高兴。

演習 3

原文 3

> 　平和で豊かな日本となった今日、私たちはややもすればこの平和の貴さ、ありがたさを忘れがちになります。私たちは過去のあやまちを二度と繰り返すことのないよう、戦争の悲惨さを若い世代に語り伝えていかなければなりません。

ヒント

ややもすれば：容易…、时而…　　**ありがたさ**：可贵，宝贵，难得，难能可贵
あやまちを二度と繰り返す：重蹈复辙　　**…に語り伝える**：传述给…　　**…よう**：为了…、逆送り訳をするなら、以便…、以期…　　**戦争の悲惨さを**：ここでは、前置詞"把…"を使う
　中国語の語順としては、「忘れがち」＋「貴さ、有難さを」。
　日本語の「…を」は、中国語では、特に強調する場合は"把…"を使って動詞の前に、そうでないときは、動詞＋目的語の語順で処理する。

訳例

　　今天日本已成为和平而又富裕的国家，在这样的环境里，人们往往容易忘记和平的宝贵和来之不易。为了不再重蹈复辙，我们必须把战争的悲惨传述给年青一代。

演習 4

原文 4

> 　特に近隣諸国の人々と手を携えて、アジア太平洋地域ひいては世界の平和を確かなものとしていくためには、なによりも、これらの諸国との間に深い理解と信頼にもとづいた関係を培っていくことが不可欠と考えます。

ヒント

ひいては：进而　　**なによりも**：首先　　**培っていく**：培育
　文末「…と考えます」の主語を補って中訳する。"我认为…"

訳例

　　特別是为了与近邻各国人民携起手来，巩固亚太地区的和平进而巩固世界的和平，我认为首先须要和这些国家培育起一种基于相互理解和信赖的关系。

演習 5

原文 5

> 　政府は、この考えに基づき、特に近現代における日本と近隣アジア諸国との関係にかかわる歴史研究を支援し、各国との交流の飛躍的な拡大をはかるために、この二つを柱とした平和友好交流事業を展開しております。

ヒント

　文脈として「…に基づき、…を支援し、…のために、…を展開する。」となっていることをつかんで、訳す。

訳例

　　政府基于这一考虑，为了支援重点在于近现代时期日本同近邻亚洲各国关系的历史研究，谋求同各国交流的飞跃发展，进而展开了以这两项内容为中心的和平友好交流事业。

演習 6

原文 6

> 　また、現在取り組んでいる戦後処理問題についても、わが国とこれらの国々との信頼関係を一層強化するために、私は、引き続き誠実に対応してまいります。

ヒント

　次の文脈をつかむ。「…についても、…のために、…対応していく」

訳例

　　为进一步加强我国和这些国家的信赖关系，我将继续诚恳地对待并处理战

后问题。

演習 7

原文 7

> いま、戦後五十周年の節目に当たり、われわれが銘記すべきことは、来し方を訪ねて歴史の教訓に学び、未来を望んで、人類社会の平和と繁栄への道を誤らないことであります。

ヒント

…に当たり：值此…　　節目：重要时刻

訳例

> 值此战后五十周年的重要时刻，我们应该铭记在心的是，回顾历史，吸取教训，展望未来，走人类社会的和平与繁荣之路。

演習 8

原文 8

> わが国は、遠くない過去の一時期、国策を誤り、戦争への道を歩んで国民を存亡の危機に陥れ、植民地支配と侵略によって、多くの国々、とりわけアジア諸国の人々に対して多大の損害と苦痛を与えました。私は、未来に過ち無からしめんとするが故に、疑うべくもないこの歴史の事実を謙虚に受け止め、ここにあらためて痛切な反省の意を表し、心からのお詫びの気持ちを表明いたします。また、この歴史がもたらした内外すべての犠牲者に深い哀悼の念をささげます。

ヒント

遠くない過去：并非遥远的过去　　**国策を誤る**：国策失误　　**疑うべくもない**：不容置疑　　**お詫びの気持ち**：歉意

訳例

　在并非遥远的过去，我国曾国策失误，一度走上了战争之路，使国民陷入存亡之危机。而且由于殖民统治和侵略，使许多国家尤其是亚洲各国人民遭受了莫大的灾难和痛苦。为将来不再重犯错误，我们应该老老实实地承认这个不容置疑的历史事实，在此，我再次表示深切的反省和由衷的歉意。并对国内外在这一历史时期死难的所有人士，表示深切的哀悼。

演習 9
原文 9

　敗戦の日から五十周年を迎えた今日、わが国は、深い反省に立ち、独善的なナショナリズムを排し、責任ある国際社会の一員として国際協調を促進し、それを通じて、平和の理念と民主主義とを押し広めていかなければなりません。

ヒント
独善的：自以为是　　**責任ある**：负有责任的

訳例

　迎接战败后五十周年的今天，我国应站在深刻反省的立场上，排除自以为是的民族主义，作为负有责任的国际社会中的一员，促进国际协调，并通过这些活动推广和平观念和民主主义。

演習 10
原文 10

　同時に、わが国は、唯一の被爆国としての体験を踏まえて、核兵器の究極の廃絶を目指し、核不拡散体制の強化など、国際的な軍縮を積極的に推進していくことが肝要であります。これこそ、過去に対するつぐないとなり、犠牲となられた方々の御霊を鎮めるゆえんとなると、私は信じております。

ヒント

被爆国：原子弹被炸国家　　**廃絶**：废除　　**核兵器**：核武器　　**軍縮**：裁军
つぐない：赎罪　　**御霊を鎮める**：安慰灵魂

訳例

　　同时，作为唯一的原子弹被炸国家，从自身的体验出发，以最终废除核武器为目标，积极推进加强核不扩散体制等国际裁军是十分重要的。我相信这样做才是对过去的赎罪，才能使死难的人们的灵魂得到安慰。

演習11

原文11

> 「杖るは信に如くは莫し」と申します。この記念すべき時に当たり、信義を施政の根幹とすることを内外に表明し、私の誓いの言葉といたします。
>
> 　　平成七年八月十五日
>
> 　　　　　　　　　　　　　　　　内閣総理大臣　　村山富市

訳例

　　"杖莫如信"。值此纪念之际，我向国内外表明要把信义作为施政的根本。以此作为我的誓言。

　　平成七年八月十五日

　　　　　　　　　　　　　　　内阁总理大臣　　村山富市

4　逐次通訳
―― リスニング、表現力、記憶力がカナメ

　最近は二国間ばかりでなく、多国間の国際会議が多くなり、また世を挙げてスピードを競う時代とあって、同時通訳が増える傾向にあります。しかしブースやレシーバーなどの設備を必要とし、また一日の会議には、通訳者三人が当たらなければならないといった制約要素もあるので、今後ともやはり逐次通訳がベースになっていくものと思われます。

　そして、なによりも内容の正確さ、厳密さがいっそう求められる二国間の外交交渉、あるいは民間ベースでも日中21世紀委員会のように今後の日中間の動向に微妙な影響をもたらす会議などでは、多分これからも逐次通訳の形式が採用されるでしょう。

　いうまでもなく、逐次通訳とは、スピーカーが、一区切り話し終えたところで、訳出する作業を指しますが、その場に臨んで通訳者に求められるのは、なによりもまず理解力と表現力です。理解力とは、相手の言おうとする意味なり、精神なりを察知する、洞察する力、中国語でいえば、"領会"、"領略"。表現力は、翻訳の能力、話す力、つまり"表达能力"です。そして通訳者は、スピーカーの話を聞き、理解する段階では、完全に受け身の姿勢に立たされますが、訳出する時には、自らの力を発揮する能動的なパフォーマンスへと変わります。

　このように通訳者にとって欠かせない理解力と表現力は、逐次通訳ばかりでなく、同時通訳にも同様に必要とされますが、両者の違いは、同時通訳は、スピーカーに数秒遅れで、どんどん訳出していくのに対し、逐次通訳は、スピーカーが、一区切り話し終わるのを待って通訳する点です。そして逐次通訳は、待ちの時間がやや長いため、もう一つのプロセスとして記憶する必要が生じ、記憶を助けるメモが欠かせなくなります。

1　理解力
◇リスニングが基本、まず聞いて理解することが前提

　「リスニング」には、聞いて、その内容を理解するという意味が込められていますが、通訳の作業のなかで大切なのが、リスニング。おそらく、その重要性からいえば通訳作業の七割くらいを占めるといえましょう。もし相手の言葉が聞き取れず、理解できなければ、あるいは間違って理解してしまったら、仮にどんなに

流暢に訳したとしてもコミュニケーションを欠く結果になってしまいます。ですから、なによりもまずスピーカーが話し始めたら、できるだけ主観を交えずに、注意して聞くこと、その際、通訳者は受け身の立場にあります。

リスニングにどれだけのプレッシャーを感じるかは、人によって違いますが、たとえば日本語を母国語としている私たちは、中国語の聞き取りには、日本語以上に細心の注意を払わなければなりません。一方、中国語を母国語としている人には、その逆のことが言えます。

では、仮に理解できなかったときはどうするか？

相手に繰り返し言ってもらう。それでもよく理解できなかったら、自分なりに話の内容をまとめて、反復し、"〜，这样理解可以吗？"と念を押してみる。しかし、専門性が高い会議で、スピーチの内容を全部理解できないような場合には、多少曖昧さが残っていても語順に沿って訳していき、聞き手の反応をみる。投げたボールがきちんと戻ってくれば、オーケーということになります。

ただリスニングは、スピーカーの発音や話し方にも大いに左右されます。また、たとえ放送のように標準語で語られても、同音異義語で区別しにくいときもあります。(249ページ「聞き分けにくい単語例」参照)

ある講演会で香港の学者のスピーチを通訳した時、その広東なまりの中国語に苦労しました。後でよくよく伺ってみたところ、中国大陸での講演会でも「通訳」をつけているとのこと、なにをか言わんやです。この香港の方のような場合は、広東語の通訳者にお願いするのが適していると思いますが、逆にどの程度の発音なら聞き取れなければならないかという線引き、基準の問題があります。わからなければ、尋ねればいいといっても、程度の問題があります。

そこで本教材をマスターすれば、多種多様の発音にすべて対応できるようになるとは申しませんが、ＣＤにご登場いただいた方々の中国語が、どの程度聞き取れるかを一つの基準、目安にして、通訳作業の最も重要な部分を占めるリスニングにチャレンジしてください。

◇**短時間の記憶に耐えうるメモ**

前述の通り、逐次通訳は、同時通訳と異なり、耳で音声を捉えてから訳出するまでの間に、たとえ短時間であれ、話の内容を記憶にとどめておく必要があります。時間にして10数秒、長くて3〜4分程度、スピーカーの話がひと区切りするまで待ちの姿勢で、注意して聞きつつ、その内容を理解しなければなりません。

その間、スピーチの内容を忘れないようにするためのメモを取ります。このメモは、頭の中で訳しつつ消化、分析し、まとめたものをメモするのであって、書

き取りをしてから、訳し始めるというものではありません。ましてや講義を聞きながら、ノートするというような性質のものではありません。つまり、リスニングしながら、音声として立体的に中国語もしくは日本語をとらえ、それを分析し、要約しながら、短時間の記憶に耐えられるようメモするのです。

　ここでいう分析や要約は、さきほどの察知、洞察する力に頼らなければなりません。瞬時に、スピーカーの言わんとすることは何かを察知する、とりわけ話の転換には敏感でなければなりません。たとえば文章ならば「改行」となるところでも、通訳者が頼るのは音声だけですから、「行カエ」の記号もなにもありえません。ですから、話の内容が、方向転換していないかなどを絶えず感じ取りながら通訳していきます。たとえば接続詞の"然而"、「しかし」が出てくれば、方向転換を察知することができます。

　もちろん例外として、自分が熟知している件について通訳するときなどは、メモする必要がないこともありましょう。また宴会の席での簡単なやり取りなら、メモなしですませ、時に、話が長くなる場合はテーブルの下で一つ、二つなどと指折り数えながら通訳することもあります。しかし昼間の交渉の延長のようになってきた場合には、あらためてメモを取りだすこともあります。(96ページのコラム"常在戦場"をご覧ください。)

　慣れないうちは、聞くこととメモをすることを平行しておこなうのが難しいといった問題にしばしばぶつかりますが、慣れてくると、即時変換が不可能な、難解な単語に出会ったときでも、スピーカーの話を中断させたりせず、その単語だけをピンインやカタカナで表記、あるいは〇で囲むなどして、スピーカーの話が一区切りしたところで、聞きただすことができるようになるものです。メモ取りは、いろいろな効用があるので、ぜひマスターしてください。

　ただ延々とメモしながら通訳していると、腕まで疲れてしまいます。ちなみに通訳者は、筆記用具にもこだわり、力の要らないボールペン、鉛筆なら２Ｂ、４Ｂ、半回転させるだけで青と赤になるボールペンを使うなどいろいろ工夫しています。

2　表現力

　次は聞いて理解した内容を表現する、訳出して聞き手に伝える作業ですが、これは一種のパフォーマンスともいえます。通訳者の立場は、それまでの受動的な立場から、能動的な立場へと変わります。そして、ここで求められるのは洗練された母国語であり、また外国語－中国語であることはいうまでもありません。

◇スピーカーの立場に立って話す

　通訳者は、どこか声優に似ているなどともいわれますが、できるだけスピーカーの心を伝えるようにしたいものです。スピーカーのことを「彼は～と言っています」などと訳すのでなく、一人称を使って「私」とし、できるだけ聞き手に語りかけるような口調で訳すよう心がけます。

　かつてベテランの通訳者で、いま中日友好協会副会長の王効賢さんは、"口译不是传声，而是传神"、すなわち「心を伝える」べきだと強調しておられます。

　サイマル・アカデミー主任講師の塚本慶一さんは、「通訳はときにその人間となり、その人間のつもりで、真剣かつ誠実に、忠実かつ迅速に訳さなければならない」としておられます。

◇臨機応変な対応

　どのような状況に置かれても、できるだけ忠実に訳すことには変わりありませんが、その場の雰囲気にもある程度配慮する必要があります。

　例えば総理記者会見など、総理自身がたいへん丁寧な言葉で語られている以上、通訳者としてもできるだけそれに応えるようにしなければなりません。もちろん、総理が「～でございます」と言われたからといって、中国語にそれに相当する言葉がない以上、表現のしようがありませんが、動詞、名詞はいうに及ばず、形容詞、副詞たりとももらさず訳すように心がけるべきだと思います。また中国外務省のスポークスマンの発言なども（これは放送通訳の例ですが）、むしろ直訳に近い形で、丁寧に訳し、内包されているニュアンスを視聴者にくみとっていただくよう努めています。

　一方、企業内通訳、あるいはプロジェクトの長期の通訳などは、相手の意図するところをくみとり、多少柔軟に対応することもありえます。つまり、双方が内容を熟知しており、間に立つ通訳者も状況を把握しているような時には、要約するだけで、どんどん話を進めていくことも可能です。しかし、合弁の交渉の際の、ＦＳ（フィージビリティー・スタディー、"可行性调查研究"）段階などでは、双方の意図するところを誤解のないよう伝えなければならず、細かい対応が必要です。ときには、双方の意向を再確認する意味で、会議の後で、議事録の交換がなされることもあります。

　また、楽しい雰囲気のセレモニーやコンサートなどの通訳では、張りつめたなかにも、その場にマッチした通訳を通して、錦上花を添えられればいいと思います。

　ではここで、逐次通訳の実例として細川元総理の記者会見の模様を少し聞いて

ください。

逐次通訳モデル　細川護熙総理の北京での記者会見（抜粋）1994年3月20日
スクリプト

　私は、日中関係をわが国外交の最も重要な柱の一つとして重視をいたしております。
　日中関係は、国交正常化20周年、平和友好条約締結15周年を経まして、あらたな段階に入って、良好に発展を続けております。この間、天皇、皇后両陛下のご訪中も実現したことは、ご承知の通りでございます。
　私は、あらたな段階に入った日中関係を21世紀に向けて未来志向の関係、あるいはまた世界に貢献する関係へと更に発展させるために、中国側指導者と率直な意見交換をおこない、両国間の協力関係を強化することを確認をしあったところでございます。

　日中両国関係については、多くの側面に触れましたが、中国の改革開放政策は、中国のみならず、この地域の平和と繁栄にも寄与するものでありますし、わが国としては、中国の努力に対して、可能な限りの支援をおこなってまいりたいと思っております。第四次円借款供与や中国のガット参加につきましても、同様の観点から、引き続き協力してまいりたいと思っております。
　今回、日中環境保護協力協定の署名にいたったことは、環境問題という人類共通の課題についての、二国間協力の具体的な表れとしてたいへん意義深いものだと思っております。

　また経済関係につきましては、近年、貿易、投資ともに大幅な拡大をみていることは、たいへん喜ばしいことでございますし、前途洋々たるものがあるというふうに考えております。今後とも、経済関係が更に発展するように日中双方ともに努力をすることを確認し合いました。

　最後になりますが、私は昨年の八月、就任直後の所信表明演説におきまして、過去を直視するとの立場に立って、私の気持ちを申しあげましたが、このたびの会談におきましても、江沢民主席、李鵬総理に、「こうした過去への反省の上に立って、未来志向の中国との関係をいっそう育んでいきたい」と

の考えをお伝えいたしました。このような考えをもって、今後とも日中関係の発展のために、努力してまいりたいと思っております。
　今回は短い滞在でございますが、中国の大きな変化、国民の自信にあふれる姿に、接しまして、たいへん印象深い訪問になりました。
　明日は、上海に立ち寄りまして、中国の改革開放を象徴する浦東地区を視察できることを楽しみにいたしております。

(NHK『細川総理訪中記者会見』1994年3月20日放送より)
(90ページのコラム「総理記者会見」をご覧ください)

5 同時通訳
——テクニックとその作業環境

　日本における英語の同時通訳は、およそ四十年近くの歴史がありますが、中国語の場合は、1960年代初めに原水爆禁止世界大会などで多少おこなわれたとはいえ、本格的に同時通訳がスタートしたのは、十数年前のことです。百戦錬磨のベテラン揃いの英語通訳界にくらべ、中国語の同時通訳にはまだ多くの課題が残されており、正直なところ私自身いつもスムーズにいくとは言えず、バラツキがあることも否めません。しかし英語を中心に同時通訳による国際会議がこれだけ盛んになり、中国語へのニーズも高まるなかで、同時通訳とはなにか、どうすれば上達できるかなどについてその原理や実際の作業のプロセスを追いながら考えてみたいと思います。

1　同時通訳の基本
◇同時通訳の原理

　逐次通訳が、スピーカーの話を聞きながら要点をメモし、ひと区切りしてから訳すのに対し、同時通訳は、ヘッドホンでスピーカーの言葉をキャッチし、数秒遅れでそれを訳出、スピーカーが話し終わるのとほぼ同時に訳し終えます。

　ただ逐次であろうと、同時通訳であろうと、通訳者は、スピーカーが話しはじめたら、すぐに頭のなかで、中国語あるいは日本語に変換しはじめるわけで、その時点で両者に大きな相違はなく、逐次も同時も常に同一線上にあるといえます。しかし同時通訳の場合には、訳しながらスピーカーの次の言葉に耳を傾け、来るべき訳に備えるという、いわばしゃべりつつ聞くという同時処理機能が必要とされます。ですから瞬時に聞き取れるだけの更に高度な能力が必要で、そのうえほぼ同時に訳出し終えるという時間的な制約もあります。

　では同時通訳の根本的な原理はなにか、ということになりますが、仮にいま、目の前にAさんとBさんが現れ、あなたに向かってそれぞれ勝手になにか語りかけたとします。その場合、あなたの対応は、AさんとBさんが言ったことをそれぞれ別々に頭脳にインプットし、別個に処理するほかありません。つまり同時に聞き入れ、頭のなかで一括処理するのは不可能です。あるいは同時通訳をしていて突如ぐらっときたとします。「あれ地震かな？」と思ったとたんに頭のなかは真っ白、多分次の訳語が聞き取れなくなるでしょう。それは、一瞬頭をかすめた「地

震かな？」という疑問とスピーカーの話を追うという二つの事柄を同時に受け入れられるような思考回路を人間が持ち合わせていないからだと思います。

　しかし、発話しつつ、一方でスピーカーの言葉を傍受し、次の訳に備える能力は、訓練を積むことによって可能になります。それはさほど不思議なことではありません。日頃、なにか話をするとき、私たちは、しゃべりながらたえず無意識のうちに次に話すことを考えているものです。それと同様、通訳の場合も発話しながら（しゃべりながら）、スピーカーの言葉に耳を傾け、次の訳に備える作業を平行しておこなえるのです。

◇同時通訳の要領——"双耳分听"

　基礎編2で、シャドウイングの勉強をしましたが、同時通訳の要領も基本的に同じです。ただシャドウイングは、原語をそのまま再現すればよかったのですが、同時通訳には更に訳出する作業が、加わります。そのため「二つの耳」を使い分けること、中国語でいえば、"双耳分听"（隔月刊《中国翻译》）が必要になります。

　たとえば、左耳でスピーカーの言葉、すなわち原語を聞く場合、左耳はもっとも大切な役目を担う"主导耳"となります。一方の右耳は、訳語、すなわち自分の声を聞く役目を担います。このときのボリューム、音量の調節は、原語＞訳語の状態におかなければならず、逆に訳語＞原語の状態になると、自分の声に遮られ、原語の聞き取りが妨げられる恐れがあります。これはヘッドホンなしで、ウイスパリング（耳語）してみるとよくわかります。仮に会場の片隅で、一人の中国人にウイスパリングで壇上の日本人の話を通訳したとします。その場合はスピーカーの日本語を聞きつつ、小声で中訳していけるのですが、たとえば三人を相手にウイスパリングしなければならなくなると、当然のことながらやや声を張り上げて通訳するため、壇上のスピーカーの声が、自分の声にかき消され、訳せなくなってしまうことすらあります。

　またヘッドホンを付けている場合でも、スピーカーの声を聞く耳には、ヘッドホンをぴったり付け、もう一方はやや浮かしておくのが普通です。それは、日頃私たちはしゃべりながら、それを自分の耳で自然にキャッチしているので、微かであれ自分の声を聞きながら発話することが安心につながるからです。もちろんこれはすべての同時通訳者が、このようにしているというのではありませんが、十人中七、八人くらいがこの方法を採用しているようです。ただ中→日の場合、日本人にとっては、リスニングにもっとも神経を使うので、両耳をしっかりヘッドホンで覆い、逆に日→中は、片耳を浮かす方法を使うなど、通訳者によって対応がまちまちです。いずれにしてもリスニングと訳出を同時におこなうと、原語の

聞き取りが、疎かになることは否めません。

　同時通訳は通常、一日三人態勢で臨みます。会議中は、リスニングと訳出の同時進行が、受け皿としての頭脳に大きなプレッシャーとしてのしかかってくるので、普通、ひとり15分から20分ずつで交替しながら通訳をしていきます。そのほか聞き取れなかった数字や単語をパートナーがメモしてくれるなど、互いに耳の役目をフォローし合うといった仲間同士の協力も欠かせません。

　しかし、いずれにしても逐次通訳のテクニックを十分マスターしている人なら、この"双耳分听"に限っていえば、多分半年ぐらいで習得できるのではないでしょうか。

◇予知能力

　原稿があり、しかもすべて原稿通りにスピーカーが話すということが、あらかじめはっきりしている場合は別ですが、そうでない限り通訳者にとって、スピーカーが次に何をしゃべるかは「？」です。しかし往々にして冒頭の言葉に、あるいは主語のなかに多くの情報が秘められているのも事実です。スピーカーの発話と同時にそれをキャッチすべく通訳者の頭脳が働きはじめるわけですが、たとえばいま「もんじゅ」と聞こえたら、まず頭のなかで「文殊？」という漢字に変換します。中国語は英語などと異なり、このように絶えず漢字への変換を迫られます。次にいま話題の「福井の高速増殖炉のもんじゅかな？」とまで考えたところで「智恵」という言葉が聞こえたので、スピーカーの言わんとするところは、ことわざの「文殊の智恵」("三个臭皮匠顶一个诸葛亮")であったことが判明します。つまりここは少々考え過ぎで、話題は増殖炉の方向にすすむのではなく、ただのたとえにすぎなかったのですが、そこでどう訳すかはあなたの語学力が問われるところです。またたとえば"本来么, ……"（そもそも）ときたら、ここで話の流れが変わり、方向転換がなされるだろうと予測します。このように思考回路としてはたえず「？」を抱きながら、目の前のベールを一枚一枚はがしつつ徐々にスピーカーの話題の核心へと迫っていくのです。

2　同時通訳のプロセスと環境

◇事前準備

　同時、逐次にかかわらず、通訳には準備が欠かせませんが、同時通訳の場合には、逐次の時のように、スピーカーの隣にいて、不明な箇所をその場でちょっと尋ねることが物理的に不可能なので、事前の準備がますます必要とされます。とはいえ、ただやみくもにたくさん時間を割いて準備すればいいというものでもあ

りません。かつてもてはやされた"立竿見影"（lìgān jiànyǐng すぐに効果が現れる、速効性）の言葉のように、通訳者として臨む会議の内容、性質、形式などを考慮に入れ、できるだけ的を射た、効果的な準備をしければなりません。またある程度キャリアを積むと、自ずと得意な分野、不得意な分野が はっきりしてきますので、それぞれ事前準備の対応も異なってきます。

　事前にペーパーを入手しますと、パートナー同士で分担をある程度決め、自分に割り当てられた部分は、できるだけ細かに単語を調べたり、難しい箇所には、訳をつけるなり、グループの一人として責任を果たさなければなりません。お互いの分担は発言者の順、あるいはスピーカー別のときもあり、また原稿なしの討論が長く続くときは、スピーカーに関係なく15分か20分で交替するなどケースバイケースです。

　通訳者にとって、限りなくバイリンガルに近づこうとする努力は欠かせませんが、やはり中→日、日→中のどちらへの変換を得意とするかは、個々の通訳者によってある程度異なります。中国語のリスニングが確実にできれば、和訳をきれいにまとめられる、あるいは日本語からの中訳に長けているなど、それぞれ得手不得手があるものです。ですから会議によっては、あらかじめ中→日、日→中とはっきり分担が決められているときもあります。

◇**通訳の作業現場**

　私たちの作業場は、ブースです。ブースは、もちろん立派な会議場の備え付けブースもありますが、だいたい簡易ブースで、会場の片隅に設置された一見掘っ立て小屋のようなブースだったり、時にはその音を遮る小屋もなく、会場つつ抜けで机一つにマイクとヘッドホンということもあります。

　ブースは、通常次頁の写真のようなタタミ二畳敷きほどの広さで、前がガラス張りになっていて、ヘッドホンやマイクなどの機材が置かれています。

　通訳者は、ヘッドホンをつけ、マイクの前でしゃべるほかに、マイクの音声を「日」や「中」に切り換えたりしなければなりません。咳がでそうなときには、アウトボタンを押して咳をする。また自分の出番でないときにも、私語は極力避けるなど注意しなければなりません。

　さらには大きな会議場で、しかもフロアーから、ハンドマイクを使って質疑応答がなされるときなどは、もっと複雑です。まず聞こえてくる言語が、日本語、中国語、ときには英語の場合もあるので、それによってヘッドホンの音声をオリジナルで聞くか、それとも英語ブースから流れる日訳を聞くかなど即座に対応しなければなりません。仮に原語が英語なら、リレー通訳になるので、まずヘッドホ

写真1　英語とのリレー通訳（1996年1月アジア太平洋出版連合の会議場）

写真2　同時通訳の作業現場（上のブースの内部）

ンの音声をオリジナルから、日本語に切り換え、英語ブースから流れる日訳を待ち、中訳マイクをONにしてから、訳出します。このように全体としては、機械担当の方に頼りつつも、手動の部分は通訳者自身が間違えないように操作しなければなりません。ですからただヘッドホンでスピーカーの声を聞き、それをマイクに向かって訳せばいいというものではありません。

◇**欠かせない視覚による情報キャッチ**

これまで耳、口、手の動きを説明しましたが、目の役割はどうでしょうか？耳から送られてくる情報を少しでも速くキャッチし、理解しなくてはならない通訳者にとって、視覚による情報も欠かせません。もちろん原稿あり同通なら、手元の原稿を見ながら、スピーカーの話を聞き、そのスピードに合わせて、訳していきますが、原稿なしのときには、スピーカーの表情、手の動きですら、一つの情報源といえます。

特に専門性の高い会議のときには、なおさらで、視覚による情報キャッチは通訳者に欠かせません。中国語に限らず、日本語ですら日頃耳慣れない言葉がポンポン飛び出してくるのですから、OHPやスライドなど視覚に訴えるものが多ければ多いほど、それだけリスニングの負担を軽減し、その分訳出により多くの力を

注ぐことができます。
　たとえば北京の人民大会堂などは、ブースが天井桟敷にあるので、遥か下の雛壇の人がアリのように小さく見えるだけです。ですから、ブースにあらかじめ設置されている小さなモニターを見ながらの通訳になります。

◇ネックはスピード
　同時通訳は確かにたいへんな作業に違いありませんが、なによりも怖いのが、スピードといっても過言ではありません。とくに中国語の一つ一つの漢字には、日本語や英語に比べ遥かに多くの情報が凝縮されているため、短いセンテンスでも日訳するとかなり膨大になり、勢い早口にならざるをえません。一方、スピーカーがきれいな発音で、かつ適度なスピードで（あまりゆっくりでも困るのです）話してくだされば、逐次のようにメモして記憶にとどめるプロセスが省けるので、かえって楽に感じられることすらあります。
　では、インプットされた原語を数秒遅れで訳出する、アウトプットするとはどういう状態か、中国のシンガー・ソング・ライター艾敬（アイ・ジン）さんがNHKに出演された時の同時通訳を聞いていただきましょう。

同時通訳モデル　艾敬さんのインタビュー　　　　　　　　　DISK 1　27
　左音声に中国語の原音声が、右音声に日本語の同時通訳が入っています。まず原音声のみを数回聞いてください。次に同時通訳で、スピーカーに対し、通訳者がどのようについていっているかを確かめてください。
　なお以下に原文を挙げておきます。質問部分の日本語は音声として収録されていません。

スクリプト

――「トロイカの歌」は中国でも歌われているのですか？

　　小时候,我们看得最多的就是苏联的电影,就是现在俄罗斯国家。还有印度的电影。那么受它们的影响也很深。同时它们很美的歌曲也传到中国来。"三套车"是其中一首。中国人、很多人都喜欢都知道。

――好きなアーティストや歌にはどんなものがありますか？

　I like ……很多。

　　也是十七岁去到,从沈阳去到北京之后,才听更多的外国歌曲。在这之前,在沈阳听的都是民族音乐。然后港台、港台部分歌曲,还有邓丽君、你们知道吧。

――瀋陽で音楽図書館を造る夢があるそうですが……。

　这是我的 *Dream*。沈阳是一个工业城市,工厂很多。文化上呢,还是比较弱,我认为。当然现在、现在卖唱片的店已经很多了。但是基本上没有什么音乐感觉。卖唱片的店没有音乐感觉。那,我希望创办一个这样的图书馆,把世界上很好听的音乐都放在这个图书馆。

　有 *Pop Music*、什么摇滚、什么 *Blues*,还有古典的音乐,都放在这个图书馆里。给家乡更多的人,年轻人也好,老年人也好,一起来这个图书馆里借东西,欣赏东西。

（ＮＨＫ『ときめき夢サウンド』1995年8月6日放送より）

総理記者会見

　細川元総理の中国訪問にあたり、急きょ記者会見の通訳を仰せつかり、訪中団に随行しました。随行とはいえ、日頃の会議通訳と同様、私の仕事は、北京での記者会見の一時間だけ。分刻みで行動される総理と交わした言葉は、わずか「よろしくお願いします」の一言でした。

　北京からの記者会見の模様は、40分あまりNHKで実況放送され、日曜のしかも大相撲の後とあってかなり高い視聴率だったようで、「声ですぐ判りました」「感激しました」という励ましの電話をいただいたり、通訳仲間から「総理の言葉を遮ったそうじゃないですか、すごいですね」といったやや非難めいた反応もありました。

　随行に先立ち、国会のテレビ中継などで総理のお話を耳にした時は、話し方は明解だし、まあどうにかなるだろうと思っていましたが、訪米の際は随分通訳泣かせだったとか。「総理の話が長いようなら割って入ってもいいですよ」、あらかじめ外務省のスポークスマンの方からこのようなアドバイスをいただきました。これはトランプに例えればリスク回避のジョーカーのようなもので、安易に使ってはならないし、使わなくてすむならそれに越したことはありません。

　ところが、意に反して早々に使わなければならない羽目に陥ったのです。冒頭の部分は、原稿があるので多少長くてもさほど差し障りないのですが、質疑応答で長々と話されたら大変です。そこで意を決して段落の切れ目で割って入り、リスク回避の波及効果を期待しました。しかし質疑応答に入ってからも、北朝鮮の核疑惑など第1、第2、第3という具合にとつとつと話され、長い時は一区切りが4分を越えたように思います。私はまたもや「待った」をかけたくなりました。でも総理の思考をそうむやみに通訳が寸断するわけにはいきません。こうした心の葛藤は、質問に立った記者の社名を忘れるといった形で裏目にでてしまいました。もう少しリラックスしてできればスムーズな流れになったでしょうに、後悔は尽きません。

実践編

音声によるトレーニング

1　逐次通訳

　では、どのようにして逐次通訳のレベル・アップをはかればよいのでしょうか？たぶん通訳を始めたばかりの頃は、いろいろな困難にぶつかるだろうと思います。スピーカーの言わんとするところがなかなか理解できない、少し長く話されると忘れてしまう、人前に立ったら上がってしまって、せっかくメモしたのに手が震えて字がよく読めないなどなど。

　こうした困難をクリアするには、上述のリスニング、シャドウイング、サイトラを着実に積み重ねていくことですが、ここでは、次のポイントに注意していただきたいと思います。

◇**要約の練習**

　相手がなにを言おうとしているのか、文脈からそのポイントをくみとる練習。リスニングは、最終的に一字一字全部理解できるのが望ましいのですが、前のセンテンスだけでは、まだ意味がよく理解できなくても、次のセンテンスまで聞いてみたら、理解できたというようなことはよくあります。何度か聞いて、要約してみる、まただんだん聞く回数を減らし、あまり細部にこだわらずに一度で要約できるようにすることが大事です。

◇**そらで訳す練習――音読サイトラ**

　サイトラが、どの程度スムーズに、流暢にできるかは、通訳の上達に欠かせない条件ですが、私たちは日頃あまりにも文字に頼りすぎているため、ちょっとでも文字から目を離すと不安になります。しかし翻訳者と異なり、通訳者は、まず文字を耳から音声として捉え、訳していくわけですから、たえず立体的に音声を捉える習慣、そしてそらで訳すことに慣れなければなりません。そのためには、音読サイトラをおすすめします。

　基礎編3サイトラでも触れたように、原文を一つのセンテンスあるいは二つのセンテンスに区切って声を出して読み、その後で文字から目を離して訳す音読サイトラにチャレンジしてください。原文を読み上げた段階で瞬時に意味をくみとり、訳出の時には、できるだけ原文を見ないよう心がけ、日→中、中→日双方向で試してみてください。

　最初は、忘れない程度に一区切りのセンテンスを短くし、徐々に長文にも耐えられるよう慣らしていきます。

◇メモの取り方

　メモをどのように取るかですが、残念ながらこれといった決め手はなく、それぞれ自己流のやり方に頼っているのが現状です。
　経験をまとめてみますと：
a　メモはタテめくりのものを用い、要点を書き留めるのが普通。字は、自分が判読できる程度に書けばよい。
b　日中混用、とくに中国語は字数が少ないので、日→中、中→日いずれも、中国語表記が多い。
c　それぞれ適当な記号を用いる。
　　→平行　↗レベルアップ　↘ダウン　＝同じ　○肯定　×否定　≠違う……など。しかし、これらの記号より、むしろ"简化汉字"に負うところが大きい。
d　数字は、もちろんのこと、動詞、目的語なども書くようにする。ただし略語を用いる。とくに中→日の通訳では、ややもすると語尾が曖昧になってしまうので、中国語の動詞は、はっきり書いておく必要がある。
　具体的には、DATA 2などで実例を示しましたので、参考にしてください。

◇記憶力を磨く

　長々と続くスピーカーの話にどう耐えるか？
　通常スピーカーが、数十秒、1分足らずでポーズを取り、通訳にバトンタッチしてくれるとやりやすいのですが、ときには4～5分、さらには通訳の存在すら忘れて全部あいさつが終わってから、「はいどうぞ」というようなことすらあります。もちろんこのような場合、割って入ることも可能ですが、こうした事態に備えて日頃練習をしておく必要があります。
　まずは、CDを適宜止めて通訳し、慣れてきたら、だんだん一区切りを長めに設定し、通訳をするよう試みてください。スピーカーの話の内容、スピードにも関係しますが、最終的には4～5分をクリアできれば、理想的です。
　もちろん、これだけの記憶に耐えるには、メモが必要なことはいうまでもありません。

◇単語は、意識的に覚える

　ある単語が聞き取れないのは、とどのつまり、使えないことだと思います。単語の習得は、通訳をしている限り、際限なく続くわけで、まさに"无止境"といえます。それは楽しみというより、気が遠くなりそうに膨大で、むしろプレッシャーの方が大きいかもしれません。それに自分の興味を誘うジャンルならまだしも、様々な分野に対応しなければならないのでなおさらです。ベテラン通訳者

として活躍された劉徳有さんは、若い頃、単語を覚えるたびに辞書を一枚一枚破り、食べてしまわれたとか……？

　たとえどんなにベテランの通訳者であっても、たえず変化する世の中に対応するには、自分に適した単語帳をつくる必要があるでしょう。単語帳の作り方は様々ですが、パソコンを駆使して、関連単語をまとめておられる方もいます。私は、せいぜいルーズリーフを使ってジャンル別に環境なら環境でまとめ、前回のものと今回のものとを一緒に綴じて置く程度です。久々に20年ほど前の印刷関係の自作単語集に目を通してみたら、忘れた単語のあまりの多さにわれながら驚きました。その後印刷とは全く関わりがなかったせいもありましょうが、記憶とはこんなものかと妙に納得した次第です。ことほどさように、単語帳に書き留めたからといって安心してはいられませんが、やはり自分のレベルに合わせて作るようおすすめします。経験が浅いときには、記入する単語の数も当然のことながら多くなりますが、こうした積み重ねがやがて実を結ぶのです。

◇**日中用語を比較しつつボキャブラリーを増やす**

　そのためには、読むこと、そして音として頭にインプットすること、さらに実際に活用してこそ豊かな表現につながります。

　たとえば、水害のニュースに"被水囲困"という言葉が出てきたとします。"囲困"は、もともと戦争のときなどに使う「包囲する、包囲攻撃する」という意味ですが、「水に包囲される」ではなんとなくピンとこない、「水の中で孤立する」の方がより日本的な感じがします。

　また"水位回落"、「水位が下がる」、厳密にいえば、一度上がったものが、もとの状態に下がるわけです。これらの単語は、さらに内容を敷衍し、活用できるようにします。"回落"なら、"物価回落"、「上昇した物価がもとのレベルに戻った、下がった」、その反対語は"回升"というように、広がりをもたせながら、ボキャブラリーを増やしていきます。

　このようにミクロの視点に立っての、日中両国語の比較が欠かせませんが、ボキャブラリーを増やすといっても、一朝一夕に成しとげられるものではなく、こうした比較研究を積み重ね、かつ実践していかなければなりません。また通訳と平行して、翻訳を手がけながら、表現力のレベルアップをはかることも必要です。

"常在战场"

　通訳の仕事には、宴会がつきものです。通訳になりたての頃は、"边吃边翻"というわけにいかず、食事がノドを通ったかどうか定かでないことがままありましたが、だんだん要領を覚え、それなりにいただくものはいただけるようになるものです。それでもなおビフテキや小骨の多い魚などは敬遠し、"转瞬"の間に対応できるよう、消化のよさそうな野菜類に箸をつけるよう心がけています。

　とくにコマーシャルベースでの中国側とのおつき合いにおける宴会では、その対話にもさまざまなニュアンスがこめられており、たかが宴会とあなどっていると、実は昼間の商談の延長だったり、実務者段階を越え、重要メンバーが出席したりして驚くことがあります。やはり"常在戦場"（これは日本製の漢語でしょうか）の心構えが必要です。

　しかし、中国語のニュアンスを発見するのもこうした宴席のことが多いのです。"我们对这一项目特别欣赏……但是先慢一点儿感激……你很着急，我也同情，我想应该着急……"

　宴会でのこうした言葉は、商談中の懸案につき、問題はあるが、さらに積極的に進めなさいという中国側のサジェションと解した上で、訳語をとっさに決めてしまうのです。

　「この件にはとりわけ興味があります……でもあまり早合点しないでください……急いでおられることはよく承知しています、急ぐのは悪くありません」とでも訳せば、意訳としては良い線をいっているのではないでしょうか。その場の会話の総体をいち早く把握し、千変万化の状況に応じ、直訳と意訳を意識的に使いわけることが必要です。

　こちらが宴会の主人側である場合は、通訳としても砕けた訳語で、相手を積極的にもてなす心がけが必要で、逆に招かれた場合は一定の節度ある姿勢が必要でしょう。

DATA 1　怎样做好口译工作
──レクチュアを聞きながらリスニングのブラッシュアップ

刘德有（中华日本学会会长、前中国文化部副部长）

　基本編に出てきた劉徳有さんの談話の続きです。ここでは基本編で説明してきた練習法を繰り返しながら、逐次通訳の技術を習得していくことを目標とします。

PART 1　作为口译应该具备哪些条件（2）

練習 1　　　　　　　　　　　　　　　　　　　　　**DISK 1** 30

（a）練習手順
　　リスニング　→　要旨の訳出
　必ずしも一字一句にこだわらず、要約して訳してください。

（b）ヒント
　ここでは有名な漢詩を、日本語と中国語で暗唱できるかどうかが鍵となります。劉徳有さんの言われるとおり、有名な漢詩は、常識として日中両文読みで、暗唱できるようにしておくことをおすすめします（例えば、「春暁」、「送元二使安西」、「静夜思」、「早発白帝城」、「春望」、「山行」など）。
Fēng qiáo yèbó：「楓橋夜泊」　　gāi…le：…の番になる　　bèibuchū：暗唱できない　shōubudào：収めることができない　　xiàoguǒ：できばえ

（c）要旨の訳
　日本人おなじみの唐詩「楓橋夜泊」などは、通訳として日中両文で暗唱できなければならない。
　　月落ち烏啼いて霜天に満つ
　　江楓漁火　愁眠に対す
　　姑蘇城外の寒山寺
　　夜半の鐘声　客船に到る
　日本人がこの詩を日本語でこのように最後まで読み下したあと、中国語に訳さねばならなくなったとき、この詩を暗唱できなくてもたもたしていれば、通訳のできばえ

としては台無しである。

（d）スクリプト1（リスニングの結果をチェックしてください。）

> 再比如说像日本人非常熟悉的枫桥夜泊这首唐诗，我认为翻译工作者—做翻译的朋友们，应当会用中日文背诵。
> 　　月落乌啼霜满天，
> 　　江枫渔火对愁眠。
> 　　姑苏城外寒山寺，
> 　　夜半钟声到客船。
>
> 　　比如说一位日本朋友用日文把它念了出来，「月落ち烏啼いて霜天に満つ」一直把它念完。该你用中文翻译了，结果你背不出中文，说：'那个有一首唐诗啊，叫那个月落什么，什么，什么来着，什么，什么，到客船'。　如果你要是这样译出来的话，就收不到好的效果。

練習2　　　　　　　　　　　　　　　　　　　DISK 1　31

（a）練習手順
　　リスニング　→　サイトラ　→　逐次通訳
（b）ヒント
　通訳に必要な知識は、一般的な知識だけではなく、それぞれの分野のある程度の専門知識も必要だということがこの段落のテーマです。
　下記のピンインの音声の日本語訳をヒントに、初めはスクリプトを見ないで、聞き取りにトライし、それからサイトラ、逐次通訳へと進んでください。
chúle…, hái bìxū…：…の他に…も必要だ　　zhǐyǒu…, kěyǐ…：…してこそ…できる　　fāhuī…de zuòyòng：…の効果をあげる　　chōngdāng…：…となる　　rìxīnyuèyì：日進月歩　　fēngfù…：…を豊かにする

（c）スクリプト2（リスニングの結果をチェックして下さい。）

> 　　除了必要的语文知识以外，还必须有丰富的业务知识。只有丰富的业务知识，又可以使语言这一个工具发挥更好的作用。因此呢，我认为应该丰富这几个方面的知识：
> 　　1是一般的知识
> 　　2是专业知识
> 　　如果你要充当贸易界的翻译，你就要掌握贸易术语或者是专门用语。你要充当中日文化交流方面的翻译，你就要掌握文化艺术方面的术语或者是专门用语。科技方面现在也是日新月异，做翻译的朋友们要不断地去掌握新的知识和有关的新词汇。比如说讲到'生物工程'，你就不知道怎么翻，或者是日本人说「バイオテクノロジー」，你也不知道中文怎么翻，那怎么行呢？这是专业知识。

（d）訳例（サイトラをした結果をチェックして下さい。）

　　語学の知識以外にも豊かな業務知識が必要です。豊かな業務知識があってこそ、語学という手段をより有効に活用できるのです。だから、1に一般知識、2に専門知識、この両方の知識を豊かにする必要があると、私は思います。
　　貿易業界の通訳なら貿易術語や専門用語を知らないといけないし、中日文化交流の通訳なら文化芸術面の術語や専門用語を知らないといけません。科学技術の分野も日進月歩していますから、通訳者としてはたえず新しい知識と関連新語を覚えていかなければなりません。例えば中国語の「生物工程」の訳し方を知らなかったり、日本語の「バイオテクノロジー」の訳し方を知らなければ話になりません。これは専門知識です。

最後にもう一度CDを聞き、逐次通訳をしてください。

練習3　　　　　　　　　　　　　　　　　　　DISK 1　32

（a）練習手順
　　リスニング　→　書き取り　→　サイトラ　→　逐次通訳
　　今回はスクリプトを見る前に、各自で原文の書き取りをしてみて下さい。
（b）ヒント
丰富：形容詞と動詞の両方に使われる。豊かだ、豊かにする　　　**综上所述**：上に

述べたことをまとめると　　水平：レベル、能力

（c）スクリプト3（書き取りの結果をチェックしてください。）

> 　　在丰富知识方面还有第三点，那就是要了解和掌握中日两国的政治、经济、文化、教育、科技等等一般的情况。　我认为这些都将成为你做好口译工作的背景知识。
> 　　综上所述，我认为出色的口译，应该是口译人员对工作的责任感、荣誉感，他的政治水平以及中日文水平、业务水平和知识水平等等的综合表现。

（d）訳例（サイトラの結果をチェックしてください。）

　　知識を豊かにする面での第3点として、中日両国の政治、経済、文化、教育、科学技術などの一般的な状況も頭に入れておく必要があります。これらは通訳をスムーズにおこなう背景知識となりましょう。
　　以上に述べたことをまとめると、私は優秀な通訳というのは、仕事に対する責任感と誇りをもち、政治的なレベル、中日両国語及び業務と教養のレベルを併せもった人だと思うのです。

最後にもう一度CDを聞き、逐次通訳をしてください。

練習4　　　　　　　　　　　　　　　　　　　　　　　　DISK 1　33

（a）練習手順
　　　リスニング　→　サイトラ　→　逐次通訳
（b）ヒント
如果…，就要…，这样才能…，不致…。：もし…ならば、…しなければならず、そうしてこそ…でき、…を避けることができる。長い構文に注意

（c）スクリプト4（空欄の語句の聞き取りができるか試してから、リスニングの結果をチェックして下さい。解答は語句欄参照）

> 　　第七点　做口译的时候，要做好事前的准备工作，要了解情况，尽

可能地做到（　①　），也就是不打（　②　）。
　　　如果你是做（　③　）的翻译，你就要先熟悉必要的情况，要了解双方的（　④　）、（　⑤　）等等，这样才能做到心中有数，不致临时（　⑥　）。
　　　如果你是做一般谈话的口译，最好能（　⑦　）了解谈话人的特点、经历、要求、（　⑧　）等等。

（d）訳例（サイトラの結果をチェックしてください。）
　　第7点として、通訳をするときは事前の準備工作をしっかりやり、状況を理解し、できる限り胸に成算をもって臨み、備えの無い戦はしないことです。
　　貿易交渉の通訳をするのなら、あらかじめ必要な状況を調べ、双方の基本的な主張や相違点を頭に入れておくことです。そうすればその場で慌てることもないでしょう。
　　普通のスピーチの通訳なら、できれば事前にスピーカーの特徴、経歴、願望や意図などを知っておくといいのです。

最後にもう一度CDを聞き、逐次通訳をしてください。

（e）空欄の語句
　①心中有数：心中によりどころがある、見通しが立つ　②无准备之仗：備えの無い戦　③贸易谈判：貿易交渉　④基本主张：基本的な主張　⑤分歧点：相違点　⑥措手不及：手を打つ間が無い　⑦事前：事前に　⑧意图：意図

練習5　　　　　　　　　　　　　　　DISK 1　34

（a）練習手順
　　リスニング　→　メモを取り、段落ごとに要旨を訳出
（b）ヒント
　　外交上よく使われる中国語の"欣赏"xīnshǎngの、日本語への訳し方についての見解です。日本語と中国語が交互に出てきますから、一字一句の訳よりも、内容の理解に重点をおきます。正しく理解できていれば、それを日本語で説明するくらいの気持ちで訳すことが必要です。すこし長めの段落ですから、大意をつかんでメモを取る練習をします。メモの1例です。

メモ例
　①通訳　スタイル　いろいろ　　外交上　ニュアンス　注意
　②例　中の"欣賞"　→　日の「鑑賞」　　×
　③訳として　アプリシエート　評価する　多とする
　④多とする　由来

(c) スクリプト5（リスニングの結果をチェックして下さい。）

(1) 第八点,不同场合的翻译,要体现出不同的特点来。比如说谈判,谈判的翻译我认为还是要表现出一定的严肃性,特别要注意把握用语的准确性和分寸。

(2) 比如在中文里面有'欣赏'这个词,在外交上常常用,——'我很欣赏你的建议'。这个'欣赏'啊,如果查字典的话一定是写的「鑑賞する」,但是指文学作品或者美术作品你可以说是「鑑賞する」,说对你的建议我「鑑賞する」,这个根本不通啊。

(3) 所以如果是外交场合,我看习惯的翻法可以有这么几种：一个呢是用——干脆用外来语「アプリシエート」,对你的「提案」我表示「アプリシエート」,我看也可以明白。第二种翻译呢,就是对你的建议「評価する」,这也是可以的。第三种翻译呢,当然我是提出来我们大家共同来探讨吧。「…を多とする」,日本的政治家们常常用这个词。'什么什么'を多とする。就是'多少'的'多'。

(4) 实际上,「多とする」这个用法在中国的古文当中也有。比如说战国时代的商鞅,也就是那个著名的商鞅变法的商鞅。他曾经说过这样的话：'反古者不可非,而循礼者不足多'。什么意思呢？就是反对古代的旧制度是无可非议的,就是反古者不可非,而拘守礼治则不值得赞美。也就是'而循礼者不足多'。「多としない」就是不值得赞美,那么如果「多とする」,那当然是值得赞美了,也就是欣赏。

(d) 訳例

(1) 第8点として、通訳は場面場面で異なる特長を打ち出さねばなりません。例えば交渉の通訳には厳しさが求められ、特に用語の正確さと程合いをわきまえねばなりません。

(2) 例えば中国語の"欣賞"という言葉は、外交上「私はあなたの提案を"欣賞"します」というふうに、よく使われます。しかしこれを辞書で引くと、必ず「鑑賞する」と書いてあります。文学作品や、美術品に対して「鑑賞する」はいいですが、あなたの提案を「鑑賞する」では話になりません。

(3) ですから外交の場では次のような訳し方が考えられるのではないでしょうか。一つは外来語の「アプリシエート」です。あなたの提案を「アプリシエート」します、これはいけると思います。二つ目は「評価する」、これもいいでしょう。三つ目は皆さんとともに検討したいのですが、「～を多とする」という訳です。これは日本の政治家たちがよく使います。「なになにを多とする」、多少の多です。

(4) この用法は中国の古文の中にもあります。戦国時代の商鞅という人、かの有名な商鞅の変法の商鞅です。この人の言葉に「反古者不可非、而循礼者不足多」というのがあります。どういう意味かというと、古代の旧制度に反対することに非難の余地はないが、礼治を墨守するのは賞賛に値しない、「多としない」は「賞賛に値しない」ということです。従って「多とする」は「賞賛に値する」ことになります。

練習6　　　　　　　　　　　　　　　　　　　DISK 1　35

(a) 練習手順

　　リスニング　→　要旨の訳出

(b) ヒント

　「遺憾」という言葉の日本語の訳し方。

(c) スクリプト6（リスニングの結果をチェックしてください。）

> 　　再比如说在外交场合常常用'遗憾'，这个遗憾也有各种各样的翻译。也要根据不同的情况，比如说：
> 　　1　遺憾である

> 2　遺憾に思う
> 3　遺憾の意を表明する
> 4　残念に思う
> 5　心外である
>
> 都可以，我看可以根据不同的情况来选择。

（d）訳例

　　もう一つ外交の場でよく使われる「遺憾」という言葉、これにもいろいろな訳し方があります。状況に応じて次のように訳すべきでしょう。(スクリプト参照) 状況を見てこの中から選べばいいでしょう。

練習7　　　　　　　　　　　　　　　　　　　　　　　　　DISK 1　36

（a）練習手順
　　リスニング　→　要旨の訳出
（b）ヒント
講演などの通訳をする際に気をつけなければならない口調について。

还一种场合：＝还有一种场合　　　**报告**：演説、報告　　　**不同于…**：…と異なる
整个：全体

（c）スクリプト7（リスニングの結果をチェックしてください。）

> 　　刚才讲的呢，是谈判，这是一种场合。还一种场合，比如说做报告，做大报告，这个时候的翻译啊，恐怕口气应该不同于一般的谈话。你在整个的报告里头翻译日文，一会儿出来一个什么什么「ね」、什么什么「ね」，恐怕就不行。

（d）訳例

　　先ほどのは交渉の場での話。もうひとつ、演説などの通訳の時は普通の話口調では駄目でしょうね。演説の日本語通訳で、なにかいう度に「なんとかでね」、「ね」と出てくるのも困ります。

練習 8　　　　　　　　　　　　　　　　　　　　　DISK 1　37

（a）練習手順

　　リスニング　→　逐次通訳

　逐次通訳にかける時間は、できるだけ原文に要した時間以内に納めるようにします。

（b）ヒント

　内容は、三つには、四つには、五つにはと分けて列挙してあります。メモを取ってみましょう。なお、音声では'第三一种场合'、'第四一种场合'などとなっていますが、'一'は特に言う必要はありません。

qìfēn：雰囲気　　jiǎnbàn：半減　　fǎnxiàoguǒ：逆効果　　xīpíxiàoliǎn：にやにやする

（c）スクリプト8（リスニングの結果をチェックして下さい。）

　　　第三种场合，就是友好的谈话。 友好的谈话恐怕还是要译出友好的气氛来，这个就不多说了。
　　　第四种场合，就是开玩笑，常常在谈话的时候开玩笑，如果你翻译过去，不可笑，不仅效果减半，甚至呢，会起反效果。
　　　第五种场合，就是严肃的谈话。谈话人很严肃啊，你就不能嘻皮笑脸。

（d）訳例

　三つ目のケースとして、友好的な会談があるでしょう。こういう時はやはり友好的な雰囲気に注意しますが、これは多く言う必要はないでしょう。

　四つ目のケースはジョークです。話の合間にジョークが出てきます。しかしその訳がおかしくなければ、効果半減どころか、逆効果にもなりかねません。

　五つ目はスピーカーが厳粛な話をしているのに、通訳がにやにやしながらやるというのも困ります。

練習 9　　　　　　　　　　　　　　　　　　　　　DISK 1　38

（a）練習手順

リスニング　→　逐次通訳
（b）ヒント
「通訳をするときは、聞き手のことも考えて、必要と思われる説明を通訳の判断で付け加える」が要旨。
　不要以为…就…了：「…すれば…だときめてかかってはいけない」の構文に注意
　たとえ途中でわからない言葉がすこし出てきても、大筋をとらえることができたならば、そのまま訳してみましょう。

（c）スクリプト9（リスニングの結果をチェックして下さい。空欄の語句は（e）語句欄参照）

> 　　当然，翻译的时候还要考虑对象。如果听众当中年轻人比较多的时候，翻译古文就要做一点必要的解释。不要以为主人说一句诗或者古文，我给他用日文或者是中文的古文准确地译出来就（　①　）了。那样做，有些人，特别是年轻人还是听不懂的。

（d）訳例
　通訳をするときは、聞き手のことも考える必要があります。聴衆に若い人が多い場合、古文の通訳をする時にはある程度解釈を付け加えます。スピーカーが詩や古文の一節を披露したあと、通訳はそれを日本語か中国語の古文で正確に訳しさえすれば、それでおしまいというのではいけません。それだと、一部の人、特に若い人にはわからないことがあるでしょう。

（e）語句
①完事大吉：事を終えれば、それでめでたしとする

練習10　　　　　　　　　　　　　　　　　　　　　　　　DISK 1　39

（a）練習手順
　　　リスニング　→　逐次通訳
（b）ヒント
　論語に出て来る孔子の言葉。唐詩と同じように、これまた有名な言葉です。予備知識の有無が鍵となります。
　Lúnyǔ：論語。「論語」という時だけ'论'は二声に発音される　　dé bù gū, bì

yǒu lín：徳は孤ならず、必ず隣あり　　jíshǐ…：たとえ…であっても　　yì guòqù：訳しきる、訳してしまう　　háishì…：やはり…（した方がよい）

(c) スクリプト10

> 最近我就遇到这样一种情况，一位日本朋友在「あいさつ」当中引用了论语的一句话，叫做'德不孤，必有邻'。这是孔子说的话，就是「徳は孤ならず、必ず隣あり」，但你即使是很准确地译过去啊，我想在坐的很多人，特别是年轻的朋友听不懂。这样的时候还是解释一下。就是孔子曾经说过：'有道德的人呢，不会孤立的，他一定会有支持他的人，就象有很多邻居似的'。我看这样一说，听的人也就会明白是什么意思了。

(d) 訳例（逐次通訳の結果をチェックしてください。）

> 最近こういう場面に出くわしたことがあります。一人の日本人が挨拶の中で、論語の一節を引用し、「徳は孤ならず、必ず隣あり」と言いました。これは孔子の言葉です。その場にいた人たち、とりわけ若い人たちは、たとえあなたの訳が正確だったとしてもわからないと思います。こういう時はやはりちょっと説明を加え、「孔子は徳のある人は孤立しない、きっと彼を支持する人がいるものだ、たくさんの隣人がいるのと同じである」とこのように言うと、聞いている人はわかりやすいと思います。

練習11　　　　　　　　　　　　　　　　　　　　　**DISK 1** 40

(a) 練習手順

　　リスニング　→　メモ取り　→　逐次通訳

(b) ヒント

　通訳としての心得を述べてきた最後の章です。劉徳有さんの几張面なお人柄がにじみでている内容です。

　大意としては、9点目メモを取る必要性、10点目反省を忘れない、以上10点を述べたものです。

不忘本：本分を忘れない、ここでは「メモ帳（本子）を忘れない」と掛け言葉になっています。掛け言葉は、中国語では"双关语"。

（c）スクリプト 11（空欄が 10 箇所設けてあります。そしてリスニングの結果をチェック）

　　　第九点就是做口译要争取做'笔记'，以便（　①　）。有的朋友（　②　）自己的记忆力好，做翻译的时候，不记笔记。我常常看到这样一种情形，但是我认为（　③　）再好的人，也不可能全部（　④　）主人讲的话。你就让讲过话的那个人再（　⑤　）一下，他也不可能百分之百地重复出来。（　⑥　）是翻译呢？

　　　所以要（　⑦　）自己把主人的话记下来，当然不是每一个字都要记，帮助你记忆就行了。帮助（　⑧　），也可以帮助你提高口译的准确性，不至于（　⑨　）。我的习惯是时刻准备一个小本子，带在身上。我把这个叫作'不忘本'。

　　　怎么样做好口译，做好口译必备的条件的第十点，就是每做一次翻译，特别是重要的翻译以后，要（　⑩　），要不断地提高。

　　　以上就怎么样做好口译，我讲了十点自己的粗浅的体会。

（d）訳例（逐次通訳の結果をチェック）

　　9点目は、通訳をするときには、忘れることのないように、できるだけメモを取ることです。中には記憶力には自信があるからといって、メモを取らない人をよく見かけますが、どんなに記憶力がよくても、スピーカーの話を完全に覚えていられる人はないでしょう。本人に同じ話を繰り返すようにいっても、100％繰り返せるかどうかわかりません。通訳となればなおさらの事です。

　　だからスピーカーの話は記録するようにしますが、もちろん一字一句全部ではなく、記憶の助けとなればいいのです。そうすれば通訳の正確さは増し、内容が抜け落ちることも防げます。私はいつもメモ帳を身につけることを習慣にしています。これを称して「帳面を忘れない」、つまり「本分を忘れない」ようにしています。

　　どうすれば通訳がうまくできるか、その10点目は、通訳をしたそのつど、特に重要な通訳をした後に、必ず反省と総括をして、たえず向上を心がけます。

　　以上通訳に必要な心構えについて、私のささやかな体験をお話しました。

（e）空欄解答

①备忘：忘れないようにする　②凭…：…にたよる　③记忆力：記憶力　④背下：記憶する　⑤重复：繰り返す　⑥何況：ましてや　⑦训练：訓練する　⑧回忆：思い出す　⑨漏掉：落とす　抜かす　⑩善于小结：上手にこまめに反省する　中間総括する　就…：…について

PART2　'中译日'和'日译中'的几个问题

練習12　　　　　　　　　　　　　　　　　　　　　DISK 1　41

（a）練習手順
　　　リスニング　→　段落ごとに要旨を訳す
（b）ヒント
　日本語に堪能な劉德有さんが、中日両国語入り交えてのお話ですから、個々の文の訳ではなく要旨をつかむことに重点をおきます。
　段落ごとのテーマ
（1）中国語から日本語へ直訳すると、適当でない言葉がある。
（2）中国語の「要求」の訳し方
（3）中国語の「不要」の訳し方

（c）スクリプト12（リスニングの結果をチェックして下さい。）
　このスクリプトにも10箇所の空欄が設けてあります。聞き取りの力を試してください。

(1)这里（　①　）我还想再谈一个问题。就是从中文译成日文，当然是有很多（　②　）了。最大的难处是什么？还有从日文译成中文这个难处又在哪里？　我想每个人的具体情况不同,（　③　）也不可能是一样的。

　　那么中文呢，我认为往往比日文明确，我只是说往往比较明确。但是,有一些中文的用词啊，如果（　④　）过去，就会显得很（　⑤　）。

（2）比如说'我们要求贵公司尽快答复'，这个时候，如果把'要求'（ ⑥ ）「要求する」，那么那个公司的人看了以后一定是（ ⑦ ）。这时候的'要求'啊，「できるだけ早くご回答願います」，用「願います」这样的说法可能比较更好一些。也就是说中文的'要求'在日文里不一定都译作「要求する」。要看情况，可以译作「要望する」，或者是「希望する」，或者是「お願いします」等等。

同样的，（ ⑧ ）别人'不要做什么'的'不要'，这个（ ⑨ ）我认为也是很多的，并不一定都要译作「…してはいけません」。请（ ⑩ ），如果你对面坐的是一位教授，你对这位教授说'你不要做什么'的时候，你说「…してはいけません」，那就是很失礼了。看情况，也可以有多种多样的译法。

（3）比如说一种译法'你不要那样发言'，是不是也可以译作「そういう発言は慎んでいただきたい」。

那么还有这样一种情况，'不要使用这间房间'——「この部屋の使用はご遠慮ください」。

还有经常碰到的就是'请不要照相'，'不要吸烟'——「カメラはご遠慮ください」「タバコはご遠慮ください」。

再比如说　'任何话都请不要讲'——「いかなる発言も差し控えていただきたい」。

我看这样说也是可以的。这是讲中文的情况。

（d）要旨の訳

（1）中国語から日本語へ、日本語から中国語への訳にはそれぞれ難しさがある。中国語は日本語よりも往々にして表現が明確であるが、直訳するとぎこちないケースがある。

（2）中国語の「要求」は、そのまま訳さず、「願います」「要望する」「希望する」「お願いします」ぐらいが妥当だ。

（3）中国語の「不要…」も、「…してはいけません」では失礼になるケースもあるから、「慎んでいただきたい」「ご遠慮ください」「差し控えていただきたい」などが妥当だ。

（e）空欄の解答
①顺便：ついでに　②难处：難しいところ　③答案：答　④直译：直訳　⑤生硬：不自然　ぎこちない　⑥译成…：…と訳す　⑦大为恼火：大いにかっとなる　⑧请求：求める　⑨译法：訳し方　⑩设想：想像する

練習13　　　　DISK 1　42

（a）練習手順
　　シャドウイング　→　サイトラ　→　逐次通訳
（b）ヒント
　シャドウイングでは、特にどのような強弱と区切り方によって、話し手の意図が十分表現されているかを感じ取ってください。
àimèi：曖昧である　　hǎo bù hánhu：少しも漠然としてない、きわめて明瞭である
yígài'érlùn：一概に論じる

（c）スクリプト13

　　再谈日文的情况。日文往往，我这里说的是往往比中文暧昧。当然日文也未必都是暧昧的，有的时候日文也是非常明确的。
　　过去有一位中国记者在日本租了一间「アパート」。订合同的时候，他看了一下那个合同的文字啊，那是毫不含糊，每一件事情说得非常清楚。由此可见，日文并不暧昧。等到「更新」，签订第二次合同的时候，就把原来说得不是那么清楚的地方又把它改得更加清楚，由此可见日文并不暧昧。所谓暧昧啊，是常常有意识地故意那样说的。
　　那么中文呢？中文本身也有暧昧的表现，根据需要它也用暧昧的表现，所以不能一概而论。但是日文当中确实暧昧的表现比较多一些。或者说日本朋友比较爱用一些暧昧的表现。

(d) 訳例（サイトラの結果をチェックしてください。）

　では日本語はどうかというと、それは往々にして、中国語より曖昧です。もちろんすべてが曖昧というわけではありません。日本語もきわめて明瞭なときもあります。
　以前中国の記者が日本でアパートを借りて契約を結んだところ、その契約の文書を読むと、ぜんぜん曖昧ではなく、どこもきわめてはっきりしていました。日本語はけっして曖昧ではありません。更新の手続きをした時には、もともとそれほどはっきりしてなかったところまで、一層はっきりした表現になったといいますから、日本語は曖昧ではありません。往々にして意識的に故意に曖昧なもの言いをするのです。
　中国語はどうかというと、それ自体曖昧な表現もあり、必要に応じて用いますから、一概には言えません。しかし日本語に曖昧表現が比較的多いことは事実で、日本人は曖昧表現が好きなのだと言えるかもしれません。

　もう一度CDを聞いた後、逐次通訳をしてください。

練習14　　　　　　　　　　　　　　　　　　　　DISK 1　43

(a) 練習手順
　　リスニング　→　要旨の訳
(b) ヒント
　日本語の曖昧表現の一例。日本人がわざと使う「アレですので」という言葉をどう訳すか。「有点儿那个」で笑ってすませることになりましょうか。
xīnzhàobùxuān：心の中でわかりあっているから、口に出していう必要がない
fēnqí：食い違い　　huíbì：回避する　　hánhùnqící：言葉を濁す、曖昧にする

(c) スクリプト14（リスニングの結果をチェックしてください。）

　　比如说我在翻译当中就遇到这样的情况。有一个日本朋友就说了：「えー、そのことにつきましては、私どもの内部がアレですので、表に出さないで下さい」。这里的「アレ」就很难翻译。当然我是知道他要想说什么了。他的意思就是说，关于这件事情啊，我们内部意见有分歧，请你不要公布。但是他并没有用'分歧'，回避了这个词，用「アレですので」。这我想就是日本朋友得意的那一种'心照不宣'，故意含混其词。

(d) 要旨の訳

　　私が実際に出くわしたことで、日本人が「その事については、私どもの内部がアレですので、表に出さないように」といった。この「アレ」は訳しにくい。実際は彼らの内部の意見がまだ不統一で公表できないということなのだが、あえて不統一という言葉を避けている。これは日本人お得意の「言葉にはしませんが、お察し下さい」という手で、わざと曖昧にしているのだ。

練習 15　　　　　　　　　　　　　　　　　　　　　　　DISK 1　44

(a) 練習手順
　　　リスニング　→　要旨の訳　→　サイトラ　→　逐次通訳
(b) ヒント
　　日本語の曖昧表現のもう一つの例　「どうも」について。
shāng nǎojīn：頭を悩ます　　mòmíngqímiào：わけがわからない　　dàoqiàn：あやまる　　quánránbùzhī：さっぱりわからない　　chéngméng guānzhào：お世話になる

(c) スクリプト15（リスニングの結果をチェックして下さい。）

> 　　再比如根据我个人的体验，最伤脑筋的是临时去做口译的时候，日本客人莫名其妙地来一个「どうも」，使你不知他指的什么说的。因为在这之前你不了解客人曾经参加过什么活动，而这位客人突然向中国主人说一个「昨日はどうも」或者是「先日はどうも」，这就使你弄不清，他是在感谢呢，还是在道歉。如果是感谢，感谢的是什么内容？如果是道歉，道歉的又是什么内容？这些全然不知，所以也只好暧昧地这样翻译：'昨天承蒙关照，谢谢'，'不久以前承蒙关照，谢谢'。这是我谈的第二个大问题。

(d) 要旨の訳例

　　私の体験で最も頭が痛いのは、急に通訳を頼まれて、日本人が「どうも」というのをどう訳すかということです。その人がそれまでにどういう事をしていたのかが全然わからず、いきなり中国人に向かって「昨日はどうも」とか「先日はどうも」とか言っても、感謝しているのか、詫びているのか、何を感謝したり詫びているのか、さっぱりわかりません。中国語でも曖昧に訳すしかありません。以上が私のお話したい二つ目の問題で

す。

最後にもう一度CDを聞いた後、逐次通訳をしてください。

PART3　给国家领导人做口译的感想

練習16 ──────────────────────────── **DISK 1** 45

（a）練習手順
　　リスニング→　シャドウイング　→　音読サイトラ
　音読サイトラとは、まず1センテンスを自分で音読、そのあとスクリプトから目を離し、いま読んだ部分を日本語に声を出して訳すトレーニング方法です。原文音読と同時に内容の記憶に努めます。

（b）ヒント
　劉徳有さんは、今は亡き毛沢東主席や周恩来総理の日本語通訳をされていました。この事をやはり生涯の思い出として、感動をこめて話されています。当時の中国側通訳者として最高の地位におられたわけですが、それでも手に汗を握る緊張した思い出を話されました。ぜひまずシャドウイングをして、言葉の上での感情表現を学んでください。

杰出 jiéchū：傑出　　**高瞻远瞩** gāozhānyuǎnzhǔ：遠い将来を見通す　　**胸怀博大** xiōnghuáibódà：気宇壮大　　**境界**：境地　　**渊博** yuānbó：該博　　**谈笑风生**：談論風発　　**引经据典**：経典を引用する　　**力所不能及**：力が及ばない

（c）スクリプト16（リスニングの結果をチェックしてください。）

　　　下面谈第三个大问题。／过去给周总理等中国国家领导人做口译的感想。／从五十年代的中期到六十年代中期，我曾经给毛主席和周总理等老一辈的中国领导人会见日本客人的时候，多次做过口译，其中包括重要会谈的翻译工作。／这是我一生当中最大的光荣。

　　　毛主席、周总理他们都是伟大的人物，都是伟人，都是中国杰出的领导人。／他们高瞻远瞩，胸怀博大，思想境界极高，知识也非常渊博，谈起话来谈笑风生，引经据典。／

> 而象我这样一个普通的口译人员是力所不能及的。／从这个意义上来讲，做毛主席、周总理的翻译，它的难度是很大的。／

（d）訳例（音読サイトラの結果をチェックして下さい。）

> 次に三つ目の話題に入ります。／私が以前周総理など国家の指導者の通訳をした時の感想です。／50年代の中ごろから60年代の中ごろにかけて、私は毛主席や周総理など先代の指導者が日本人と会見したときの通訳（重要な会談の通訳もふくめて）を、何度もやりました。／これは私が生涯光栄とするところです。／
>
> この方たちはみな偉大な人物で、傑出した指導者でした。／彼らは、遠い将来を見通し、気宇壮大、精神的境地はあくまで高く、該博な知識があり、談論風発、古い経典を引用します。／
>
> 私のような普通の通訳では力量不足です。／そういう意味で毛主席や周総理の通訳の難しさは、かなりのものでした。／

練習17 　　　　　　　　　　　　　　　　　　　DISK 1　46

（a）練習手順

　　リスニング　→　要旨の訳

（b）ヒント

中国人どうしでも、方言を理解するのに苦労するというお話です。

黒田寿男：当時社会党代議士。日中友好と国交正常化に貢献した。　　**学不上来**：うまく真似できない　　**帮了我一个大忙**：私に助け船を出してくれた　　**生怕…**：…を極端に心配する　　**小心翼翼**：たいへん慎重になる、恐る恐るである

（c）スクリプト17（リスニングの結果をチェックしてください。）

> 不仅如此，毛主席讲话还有很浓重的湖南口音，这也增加了翻译的难度。　记得1960年有一次毛主席会见日本客人。我记得当时有黑田寿男先生。毛主席说了一句成语，用湖南话说了一句成语：'人以群分，物以类聚'。用湖南话我学不上来了，那个'类聚'啊，好象'lei zhi'。我当时只听到声音。听见了声音，但不知是哪几个字，也不知什么意思，没有听懂。是当时在场的廖承志先生帮了我一个大忙。他告诉我译

作「類は友を呼ぶ」。我一听「なるほど」，这个问题一下子解决了。给领导人做翻译，每次我都感到责任的重大，生怕译错，所以常常是小心翼翼的。

（d）要旨の訳例

　　1960年毛主席が黒田寿男さんたちと会見したとき、湖南方言で「人以群分、物以類聚」と言われた。「類聚」の発音がどうしてもわからず、意味がわからなかった。同席していた廖承志さんが助け船を出してくれて、「類は友を呼ぶ」と訳すのだと教えてくれた。指導者の通訳は責任の重大さを感じ、いつもとても慎重になる。

練習18　　　　　　　　　　　　　　　　　　　　　DISK 1　47

（a）練習手順

　　　リスニング　→　要旨の訳

（b）ヒント

日本語から中国語への通訳で、あまり直訳し過ぎて失敗した例を語っておられます。中国語と日本語が入り交じっていますから、あまり一言一句にこだわらないようにして、要旨をくみとってください。

拘泥于…：…にこだわる　　**伤了原意**：もとの意味を損ねる　　**即使…也…**：たとえ…でも…　　**朝…一个方向**：…の方向へ向かって　　**译得恰当**：妥当な訳し方

（c）スクリプト18（リスニングの結果をチェックしてください。）

　　　1962年松村谦三先生这一行到中国来访问,周总理同他进行重要会谈。在会谈当中，松村先生向周总理说,「中国はおそろしく大きい」。我生怕翻译错了。我想，每一个词都应当翻出来，我就直译为'中国大得可怕'。这个「中国はおそろしく大きい」啊，恐怕还不能讲是'可怕'。由于太拘泥于原文了，反而伤了原意。周总理听了这个话以后，马上就向松村先生说了：'即使将来中国强大了，也决不可怕'，就给他讲了一番大道理。
　　　由于我的误译,「誤訳」或者是误导，使谈话朝另一个方向发展了

下去。这里的「おそろしく大きい」的「おそろしく」，恐怕应该译得恰当，还是说'很大'，'很'或者'非常大'，这样意思可能更好一些。直到今天我想起这件事，仍然感到自己没有译好，责任重大。

　　以上讲了三个问题。

（d） 要旨の訳例

　　1962年松村謙三さん一行が中国を訪問した時、周総理と重要な会談をおこないました。そのとき松村さんは周総理に、「中国はおそろしく大きい」と言われました。私は文字通り訳さなければと思って、「中国大得可怕」と直訳してしまいました。原文にこだわりすぎて元の意味を損ねてしまったのです。周総理はそれを聞くと即刻「中国は強大になっても決して恐ろしくなりませんよ」と、とうとうとその道理を述べられました。

　　私の誤訳、誤導が話を別の方へそらしてしまいました。こんな場合の「おそろしく大きい」は、「很大」か「非常大」で十分でしょう。未だにこの時の事を思い出すと、うまく訳せなかった責任を感じます。

　　以上で三つの事をお話しました。

PART4　致日本读者

DISK 1　48

　　下面是最后一个问题。最后一个问题就是要对年轻的日本口译人员讲几点希望。她们两位女士啊，要我用日文来讲，所以就用蹩脚的日文，说几点希望。
　　以上、私は外国語学習と通訳について自分なりの考えをかいつまんで申し上げましたが、ご参考にしていただければ幸いです。
　　さて、私は新中国が成立してまもなく、つまり、中日両国がまだ国交未回復の時期から十数年間通訳をする機会に恵まれ、中日関係史におけるいくつかの重要な場面を経験したことがございます。
　　新中国成立後の中日関係について言えば、最初は「民間往来」、ついで「半

官半民」——半ば政府、半ば民間、そして1972年の国交回復、つまり「政府間関係の樹立」、その後「官民」、つまり「政府と民間の二本立て」というようないくつかの異なった段階を経て今日にいたっています。

　当面の中日関係は、新中国成立後の当時に比べ、たしかに隔世の感があります。とくに中日国交回復後の二十数年来、両国関係の発展は全体的にみて良好であり、順調であったと思います。もちろんこの間いくつかのトラブルもありましたが、友好協力こそ終始中日関係の主流をなしており、このような友好関係が今後とも引き続き発展するよう心から願っています。

　人類はあと五年たらずで21世紀を迎えます。21世紀の中日関係は、今日よりいっそう友好的な世紀であってほしいと思います。これはただ単に私だけでなく、両国人民の共通の願いでもあります。

　その意味において、現在中日関係は非常に重要な時期にさしかかっています。このような重要な時期に、通訳者の果たす役割にきわめて大きなものがあると私は見ています。中日両国の政治、経済、文化、教育、科学技術等々の分野における友好協力関係を発展させるには、どうしてもお互いの意思疎通が必要であり、言葉の橋渡しがますます必要になってくるに違いありません。

　通訳をめざしている日本のみなさん、中日両国間にすでに形成された友好合作関係をいっそう発展させ、21世紀における中日両国のさらなる友好のしっかりした基礎固めをするため、通訳者としての自覚を高め、勉学に励み、たゆまぬご努力を続けられるよう切に望んでやみません。

> DATA 2　回顾中日关系五十年
> ——ニュアンスをどこまで理解できるかがカナメ
>
> 孙平化　（中日友好协会会长）

　　ここでは、四十数年にわたって中日友好活動にたずさわってこられた孫平化さんから、中日友好にまつわるお話をうかがうことにします。内容は、PART1　廖承志さんの思い出、PART2　中日関係を振り返って、PART3　台湾問題、PART4　日本の青年へのメッセージの四つの部分からなっています。
　　CDのスクリプトは、約25分、また合間に挿入されている文字テキストのみの部分はサイトラしていただきます。全体がひとつの流れになっていますので、ぜひじっくりとりくんでください。
　　前のDATA1と同様、基礎編に示された様々なトレーニング方法を駆使して逐次通訳の達成を目指します。
　　なお話し方としては、当時のことをいろいろ思い出しながらというふうなので、くりかえしや言い換えが随所にありますが、スクリプトにはそのままでなくある程度整理した形で収録していることをおことわりしておきます。

PART1　忆廖公

　　日本通で知られる廖承志さんは、1908年東京に生まれ、83年に亡くなられました。1962年、高碕達之助さん（1885〜1964）との間で民間の覚え書き貿易（备忘录贸易）、いわゆるＬＴ貿易協定（廖高貿易協定）を結ぶなど、長年中日友好に尽くされ、また中日友好協会会長として活躍されました。
　　ちなみに廖承志さんの父親は廖仲凱（Liào Zhōngkǎi）、母親は婦人運動家で、画家でもある何香凝（Hé Xiāngníng）さんです。

練習1　　　　　　　　　　　　　　　　　　　　　　　　　DISK 1　50

（a）練習手順
　　　リスニング→要約→サイトラ

ではスクリプトを伏せたままCDを3回ほど聞き、まず話の流れをつかんでください。

リスニングの手引きとして、次のヒントを参照してください。自信がある方は、ヒントを後回しにして、その次の要約に入ってもけっこうです。

(b) ヒント

"廖公"の"公"は、目上の男性に対する尊称。日本では、敬称として使われるほか、蔑称に使われることもたまにありますが、中国語では、親しみと尊敬のこめられた言葉です。その他、"郭老""邓大姐"など親しみのこもった呼称がありますが、それにふさわしい訳語がないのが残念。

ここで音声として聞き取りにくいのが人名です。

 Fānzú Jì   帆足計 （社会党議員）「ほあしけい」
 Gāoliáng Fù 高良富 （緑風会議員）「こうらとみ」
 Gōngyāo Xǐzhù 宮腰喜助（改進党議員）「みやこしきすけ」

この三人は、戦後はじめて、モスクワ経由で中国に渡った方々で、孫平化さんの《中日友好随想録》にも、戦後日中交流の道を切り開いた先駆者として触れられています。

ネックは発音。中国語を学びはじめたころ、巻舌音で苦労された方も多いと思いますが、東北のなまりには、巻舌音がありません。

 dānyàn＝担任　zídǎo＝指导　zǐdìng＝指定　zíjiē＝直接　zīcí＝支持

いままで習った標準音通りにはいかないと心して、対応してください。四声も標準語と異なる場合もたまにありますが、zhi→zi　shu→su　chi→ci　ren→yan と覚えておけば、さほどリスニングの妨げにはなりません。これからもたくさん出てきますから、慣れるよう心がけてください。

"来说"が四つでてきますが、それぞれの"来说"によって、むしろ意味がわかりやすくなっています。

以上ネックになりそうな点を挙げてみましたが、繰り返しCDを3回ほど聞き、大意を訳してみてください。この時メモはとりません。

(c) 要約

 1952年帆足氏ら三人の代表が、戦後はじめて訪中したのを契機に、廖承志氏が対日工作の指導者に推された。彼のように日本とかかわり合いの深い人が、その任にあたるようになったことは、対日工作にこのうえない有利な条件をもたらした。彼の上には、

周恩来総理がおられた。
　当時の対日工作は、条件に恵まれていた。しかし、それ以降はさほどよい条件ではない。

さらに繰り返し聞いてから、スクリプトを見てリスニング力をチェックし、サイトラしてください。

（d）スクリプト１

> 　　首先我看了这个提纲，头一个说我是在战后一直担任中日友好运动的指导性工作，这我就不敢当了。不是啊，不是客气，我是讲战后拿中国对日本就是这个工作，对日工作来说，（这个）从一九五二年，就是从这个帆足计、高良富、还有宫腰喜助，他们三个人代表团来了以后，在中国党内，就中央就是指定这个廖公，廖承志同志啊，让他担任对日本的工作。他就是成为我们党啊，对日本工作的一个总指挥了。他这个上边的领导，直接在领导他的呢，就是周总理。后来呢，又有陈毅元帅。
> 　　因此那个时候的对日工作上来说呢，不管从我们搞对日工作上来说，或是对日本朋友来说，都是一个比较特殊的这么一个好的条件，好的条件。所以以后呢，（就，也就）因为这是历史的变化、历史的发展，以后呢，就没有这样的好条件，也难有。

（e）訳例
　お話すべき要綱について見せていただきましたが、私が戦後ずっと中日友好運動の指導的な立場にあったとは、恐れいりました。いや、別になにも遠慮してるんじゃありませんよ。戦後、中国の対日本工作、対日工作は、1952年、帆足計、高良富、宮腰喜助氏ら三人の代表団がこられてから、中国の党内、中央の方で廖さん、廖承志さんに日本向けの工作を担当させたのです。それで彼が、われわれの党の対日工作のリーダーになったのです。彼の上の指導者で、直接彼を指導したのは、周恩来総理で、後にまた陳毅元帥が担当されました。
　あのころの対日工作についていえば、われわれの側にしても、日本の友人にとっても、かなり特別な条件に恵まれていました、いい条件にね。ですからその後は、まさに

歴史の変化、歴史の発展によって、こんなによい条件に恵まれたことはないし、得難いことでしたね。

練習2
（a）練習手順
　　中→日　サイトラ
　下記の段落を声を出して読みながらスラッシュ（／）を入れ、次にサイトラに入ります。基本編で述べたようになるたけ後戻りしたり、繰り返し見ないように注意してください。うまくいかない時は、ポイントを参照してください。
　もし時間の制約がなければ、サイトラはリスニングに比べ、難なくできるかもしれませんが、ここでは速さも求められます。下に記したスピードで日本語に訳出できれば理想的です。
　（1）の訳出時間　1'00"余
　（2）の訳出時間　1'30"前後
　（3）の訳出時間　1'30"前後

（b）原文

（1）因为当时由廖公主管对日工作，大家都知道，他是在日本生的。
　　　　他父亲廖仲凯，跟随孙中山革命，几次到日本去，得到日本朋友对他一些支持。当时，支持孙中山革命的应该说，思想并不是什么左的人，而是思想比较右的，比较右但是一种民族主义思想，就是说，这些人支持你一个民族，应该独立起来，应该自强，他们有这么一种思想。

（2）所以说象宫崎滔天（Gōngqí Tāotiān）、犬养健（Quǎnyǎng Jiàn），这些人都支持孙中山。还有一个叫梅屋庄吉（Méiwū Zhuāngjí）的，「うめやしょうきち」梅屋庄吉这个人呢，当时是日本最先搞电影的。他在新加坡啊，在香港一带经商，有了收益，他就把这个钱用在帮助孙中山的革命上，甚至于给他买武器 。所以宋庆龄（Sòng Qìnglíng）跟孙中山结婚，是在这个梅屋庄吉的二楼。但是这个梅屋庄吉这个人呢，当时不大出面，在后边，他拿钱，让方才那几位出来，支持这个孙中山。梅屋庄吉这个人没

儿子，有女儿。孙中山在梅屋庄吉的家结婚的时候，这个女儿还很小，还是小姑娘。

（3）后来呢，等到两国建交以后，宋庆龄那时候是国家副主席，曾经让廖公，把梅屋庄吉的这个女儿请来了，请到北京来，这是一九七几年的事情。他这个女儿呢，女儿又生了个女儿，又没儿子，那就等于梅屋庄吉的外孙女儿。外孙女儿，现在是谁呢？就是这个，日比谷啊，「ひびや」，"日比谷"有一个松本楼，松本楼的这个女主人。它的社长叫小坂，好象是叫小坂哲郎（Xiǎobǎn Zhéláng）「こさかてつろう」。她这个女儿叫「しゅわこ」，主人的主，"hé"是和平的和、"主和子"。现在呢，是这个松本楼社长小坂哲郎的夫人。因此她现在叫小坂主和子。这也算这么一段插曲啊。

（c）ポイント

多分お気づきだと思いますが、"呢"がたくさん出てきますね。この"呢"は、念をおすような感じですが、あまり訳にこだわらず、そこにスラッシュ（／）をいれたような感じでとらえると、サイトラのスピードアップにつながり、通訳しやすくなります。

一方、混乱しそうなのが、"他"の使い方、"他"はおおむね梅屋庄吉を指しますが、"给他买武器"の"他"は、"孙中山"です。通訳する場合慎重に処理しましょう。

甚至于：…さえも　…すらも　…まで　　**外孙女儿**：外孫で女の子。親族関係を示す言葉は、細分化されていて覚えるのにたいへんです。ここでは、内孫、外孫にこだわらず、「孫娘」にしました。　　**插曲** chāqǔ：エピソード、間奏曲

（d）訳例

（1）なぜなら当時は廖承志さんが対日工作を見ておられ、みなさんよくご存知の通り、彼は日本生まれです。

父親は、廖仲凱で、孫文とともに革命に参加し、何度か日本へ渡り、日本の友人たちの支持を得ました。その頃孫文の革命を支持したのは、別に思想的に左の人ではありま

せん、むしろ比較的右寄りの人です。右寄りではあるけれども、ある種のナショナリズムというか、これらの人々は、民族は、独立し、強くなるべきだ、だからこそ支持するというような考えに立っていたわけです。

（2）ですから宮崎滔天、犬養健などが孫文を支持していました。それから梅屋庄吉、「うめやしょうきち」、この梅屋庄吉という人は、その頃、日本で最初に映画を手がけた人で、シンガポールや香港一帯で商いをし、金が儲かると、その金で孫文の革命を助け、武器まで買い与えたのです。宋慶齢と孫文とが結婚したのは、この梅屋庄吉の家の二階でした。この梅屋庄吉という人は、当時あまり表に出ない、裏で金を工面し、さっきの人たちに孫文を支持させたのです。この人には、息子はいないが、娘さんがいました。孫文が梅屋庄吉の家で結婚したころは、その子はまだ年端もいかないお嬢さんでした。

（3）その後、両国の国交が回復してから、当時、国家副主席だった宋慶齢さんが、廖承志さんに梅屋庄吉の娘さんを招待させたのです。北京に招いたのですよ、これは1970何年かのことです。この娘さんのお子さんがまた女の子で、やっぱり男の子がいない、つまり梅屋庄吉の孫娘に当たります。この孫娘は誰かというと、日比谷にある松本楼、松本楼の女主人なんですよ。そこの社長が小坂さん、たしか小坂哲郎といったな。この娘さんは主和子、主人の「主」に、「わ」は、平和の「和」、「主和子」です。この松本楼の社長小坂哲郎さんの奥さん、だからいまでは、小坂主和子さんです。これもひとつのエピソードといえます。

練習 3　　　　　　　　　　　　　　　　　　　　　　　DISK 1　51

（a）メモの取り方

　では前の流れをふまえ、スクリプトを見ずに、続けてCDを聞いていただきましょう。まず1回聞いてから、2回目に要点をメモしてください。メモは聞きながら書くようにしますが、初歩の段階では、書いていると、リスニングがおろそかになるので、センテンスごとにCDを止めてメモしてもけっこうです。

　通訳を始めたばかりのころには、単語がひとつ聞き取れなくても、全体の意味がつかめなくなって、訳せなくなることもあります。しかしわからない箇所があれば、「？」もしくはピンインをふるなどしてペンディングにし、そこは一応置いておいて後に備えることも、訓練次第でできるようになります。そしてひと区切り聞き終わったところで、まだ意味が不明ならば、スピーカーにたずねるなどして「？」の部分をはっきりさせることも可能になります。

ではメモを用意し、CDを聞きながら、メモ取りの練習をしてください。
(b) メモの取り方
　メモは、基本編でも述べた通り、あくまでも訳すときの記憶を助けるためで、他人に見せるためのものではありません。ですから、自分が通訳しやすいように記せばいいのです。
(1) メモ例 （前の流れを汲んでいるので、主語は省略してもよい）

| 日本、関係、異なる |
| 歴史　関系 |
| 日文　好 |
| |
| 经历_____ |
| |
| 党内　地位／ |
| ＋家　历原因 |
| |
| 影响 |
| 党　　地位　｜領導　担任　工作 |
| 能力 |

メモの実例

　これくらいメモすれば、十分でしょう。スピーカーの話し方に少し慣れたら、もっとはしょってもかまいません。メモの中段と下段で内容が重複しているようですが、そうした点にこだわらずにメモし、アンダーライン部分で、このくだりのまとめに入ります。
(2) メモ例

| 中　対日　工作 |
| 領導　幸、难得 |
| 日 |
| a　対日　リカイ |
| b　生まれ |
| c　想法　了解 |
| d　日　情況　〃 |
| 容易沟通→好的条件 |

メモの実例

注：このａｂｃｄはメモする必要は、ありませんが、"幸福，难得"の理由なので、タテ長に記すと、並列であることが、いっそう明らかになります。そしてその結果として、"容易沟通"につながるのです。

もう一度ＣＤを聞き、メモを見ながら、通訳してください。文中多少繰り返しがあるので、流れ、ポイントを訳すよう心がけてください。

（ｃ）スクリプト２
ではスクリプトを見てみましょう。空白の箇所に文字を入れてください。

> 就是说廖公啊，他跟日本这些关系不一样。特别有这么多历史关系，他日文又很好，又在日本生的，有这么个经历。因此在中国党内呢，他地位又很高，加上他的家庭历史的原因。一方面有影响，是吧，一方面在党内有地位，一方面有能力，这么一位领导同志　①　对日本的工作。
>
> 所以从中国做对日工作上来说，有这么一（位）领导，这很幸福，很难得。从日本方面来说呢，找到这么一个人呢，中国方面能够有这么一个人领导日本工作，他对日本理解啊。他在日本生的，日本人一些（所以）思想方法吧，「発想法」，这个思想方法他也都了解，日本情况也了解。因此呢，就容易在双方的心理上　②　啊。这是当时这么一个好的条件。

（ｄ）ポイント
波線を引いた部分は聞き取れましたか？
① "dānyàn"と聞こえますが、"担任"です。全体の流れのなかで、単語をとらえるようにしてください。
② "yóngyì gōutōng"は、"容易沟通"「気持ちが通じやすい」。

中国特有の言い回しもしっかり覚えておきましょう。
"工作"　仕事、活動、工作などのほかに"我对他做做工作"といった使い方、「働きかける」などもあります。

"思想方法"「発想法」、そのほか"思想准備"＝「心の準備、気持ちの準備」、"思想意識"などいろいろありますが、これらの言葉は、ちょっとおおげさに見えても、中国では、生活にとけ込んでいる言葉ですから、直訳を避け、柔軟に対応しましょう。

（e）訳例

　廖承志さんの場合、日本とのこれらの関係が違うんですよね。何といっても歴史的な関係がこんなに深いし、それに日本語がたいへん上手で、そのうえ日本生まれ、こんな経歴の持ち主です。それに中国の党内でも非常に地位が高いし、生い立ちの要因もあるわけで、つまり影響力があり、党内の地位もある、そして能力もある、このような指導者が対日工作を担当したのです。

　ですから、中国の対日工作の面からいえば、このような指導者に恵まれ、ほんとうに幸せで、得難いことでした。日本側にしても、中国側でこのような人が日本向けの仕事を指導するということですから、彼は日本をよく知っているわけで。日本に生まれ、日本人の考え方、発想法と言いますか、日本人の考え方をみな理解できる、日本の状況もわかっているのですよ。ですから、双方の気持ちが通じるんですよ。これは当時のすばらしい条件です。

練習4

（a）逐次通訳の練習

　ここでは、CDを適当に止めながら逐次通訳をします。厳密さを期するために、メモを取り、通訳しますが、あまり原文にこだわり過ぎると不自然な訳になるので、話の流れを追い、また中国的な表現をくみとるよう心がけてください。

　ではスクリプトを伏せて、聞きながらメモを取り、逐次通訳してください。1回で無理なら、繰り返し聞いてから通訳してください。

（b）スクリプト3

　スクリプトを見ながら、リスニング力をチェックしてください。

　　因此在1983年廖公逝世的时候，日本方面反应很强烈，其中有一句话给我印象特别深，就是'中国的对日工作廖承志时代已经结束了'。因这一句话我想是说明这么一段历史，所以这个廖承志时代结束，廖承

志逝世以后想再找一个廖承志这样的人找不到。历史上就没这样的人，从他的这个父亲母亲，和他在海外的这些关系，和日本的这些关系，又生在日本，小学在日本，小学中学在日本念，后来回到国内，后来大学又上早稲田大学的，哪个是一高是二高的。所以这种情况是不可能，这是历史形成的，不可能重现。

所以当时真正是对日本做领导工作的是他，而且他这种领导方法啊，他不是象一般的这个领导方法、原则上领导。他就是在第一线上，亲自指挥，亲自参加。所以有一些日本客人当时来的说，说是想跟廖公汇报一下，说廖公你得见一见，他都见。

(c) ポイント

多少区切りが長くても、要点をしっかりつかむと、記憶の糸をたぐるのに役立ちます。"廖公逝世 shìshì" それに対する日本側の反応として "中国的对日工作廖承志时代已经结束 jiéshù 了"、"结束了" といわれる理由はなぜなのか、すべてここから論理が展開していきます。

"这是历史形成的，不可能重现 chóngxiàn" とありますが、"重现" は聞き取れたでしょうか？「これは歴史的に形成されたのであり、再現するのは不可能です」もしこのセンテンスが欠けたら、全体がピンボケになってしまいます。

最後のセンテンスは、主語が不鮮明です、三つ目の "说" の主語は、"日本客人" ではなく、"我们" です。"得 děi"「～べきである」のような強い働きかけから類推すると主語は "我们" であると考えられ、そのようなニュアンスを流れのなかでいち早くかぎとらなければなりません。

(d) 訳例

ですから、1983 年に廖承志さんが亡くなられた時の日本側の反響は相当なものでした。なかでも私にとって印象的だったのは、「中国の対日工作における廖承志の時代は終わった」という言葉です。この言葉は歴史の一こまを物語るもので、この廖承志時代の終息は、つまり廖承志が逝去した後、廖承志に代わるような人は、出てこないということです。歴史的にこのような人物はいないということ、彼の両親と海外のこれらの関

係、日本とのこれらの関係、それに日本で生まれ、小学校、中学校を日本で過ごし、その後帰国し、また大学は、早稲田大学で、あの一一高か二高かでした。このようなことはありえない、つまり歴史的に形成されたことで、再現するのは不可能なのです。

　当時、対日関係の仕事を指導していたのは、彼で、それはありきたりの指導の仕方とか、原則的な指導ではなく、むしろ自ら第一線で指揮にあたる、参加するというやり方です。ですから当時、日本の方が見えて、廖承志さんに会ってご報告したいと言われるので、ぜひ会ってくださいと言うと、どなたとも会われるんですよ。

練習5　　　　　　　　　　　　　　　　　　　　　DISK1　53

（a）練習手順

　　リスニング→空白埋め→サイトラ

　ここではCDをくりかえし流し聞きし、頭のなかで流れを追い、大意をまとめます。次にスクリプトを見て文中の空白を埋め、サイトラしてみてください。仮に全部埋められなくてもそのまま前後の関係から訳を試みてください。

（b）スクリプト4

（1）所以说廖公死了，死了以后对这个日本工作是一个很大的损失，很大一个损失。　①　这个损失，我觉得（呢，）还不是中国一方面，是双方的吧。从日本方面来讲啊，这个中国方面的中央对日本工作的负责人这个人不在了，对日本方面也是个损失。因为你象拿我们的国家领导人对外、对国外来说，来了以后用对方国家的语言两个人就这么　②　就这么可以　③　地就这么可以讲话，没有啊，少啊。是不是，　④　。

（2）日本朋友见到廖公没什么（界线？　介意？），觉得反正见到廖公什么都可以说，没关系，因此有什么困难了，遇到什么问题了，"咳，那到中国去找廖公谈谈"，这就到廖公两人这么坐在一起用日文就　⑤　谈了。这种所以意见和思想上的交流啊，这是很难得，难找。而且你跟他谈了以后，他　⑥　马上就是从用我们中国的　⑦　来说就　⑧　了，是不是，所谓　⑧　呢，他的有重要情况他直接他打个电话就

可以报告总理了，是啊，这在后来呢，这种条件就难得了。

（3）所以呢，这个对日本的指导工作实际情况是这样，不是我客气，我不能够，我 ⑨ 不是搞什么指导性工作。我是在廖公领导下，用中国话说叫 ⑩ ，就是做具体的工作，确实这样。

空白は全部埋まったでしょうか？ 解答は訳例の後にあります。

(c) ポイント

大変くだけた言い方なので、ニュアンスをとるのが、難しかったかもしれませんが前後の関係で意味をつかむことが大切です。
(1)
「廖承志氏の死がもたらした損失は、中国ばかりでなく、日本にも影響をおよぼした」から始まって、日本側へと話が展開します。
例えば"来了以后用对方国家的……"というセンテンスは、"外国客人"、"外国朋友"などの主語が省略されていますが、流れとして理解するほかありません。"没有啊，少啊……"以降のニュアンスもしっかり捉えてください。
(2)
この段落の中程に出てくる"你"は、対象を一定させない言い方ですから、訳す必要はありません。
"这在后来呢，这种条件就难得了"を直訳すれば「それ以降はどうかと言いますと、このような条件はなかなか得られなくなりました」とでもなりましょう。
(3)
文中よく出てくる"这个"はあまり意味がないので、「これは」などとせずに、さらりと訳せばいいでしょう。

(d) 訳例

（1）ですから廖承志さんが亡くなられ、その後の対日工作に大変な損失をもたらしました。多分この損失は、私思うに、中国側ばかりでなく双方にとってでしょう。日本側からしてみれば、中国側の中央の対日工作の責任者がいなくなったわけですから、日本側にとっても損失です。われわれの国の指導者の対外、対国外についていえば、相手が来

られたら、二人して相手の国の言葉でこんなに耳打ちしたり、ひそひそ話できるような人はいませんよ、少ないでしょう。ないとはいえないが、少ない。

（2）日本の友人は、廖承志さんに会うとうちとけて、何をしゃべってもさしさわりないという感じで、ですから何か困難や問題にぶつかると、じゃあ中国へ行って廖承志さんに話そうということになる、そこで二人で膝を突き合わせて直接日本語で話すわけです。こうした意見とか考え方のうえでの交流は、とても得難いもので、そうざらにあるものではありません。それに彼に話をすると、彼という人は、中国的にいえば、すぐに上に通じるんですよ。通じるっていうのは、なにか重要なことがあれば、彼は直接（周）総理に電話して報告できるのです。それ以降このような条件は、むつかしくなりました。

（3）対日工作の指導の実態は、このようなものでした。別にへりくだっているわけではありません。私は当初、指導的な仕事などやっていません。廖承志さんの指導の下で、中国語では「主に従う家来」といいますが、具体的な仕事をしていただけです、ほんとですよ。

解答 "填空白"
① "kǒngpà 恐怕" 三声で声が低くなり、聞き取りにくい。
② "yǎo ěrduo 咬耳朵" 耳打ちする
③ "dīdi gūgu 嘀嘀咕咕" 不平不満をいう意味もありますが、ここでは東北の方言で、ひそひそ話をするの意。
④ "不能说没有，少"「ないとはいえないが、少ない」、イントネーションや間の取り方に注意し、的確にとらえてください。
⑤ "zíjiē" ＝ "zhíjiē 直接"
⑥ "他这个东西" 割に軽い意味で、「彼ときたら……」
⑦ "shúhuà"と聞こえますが"súhuà 俗话" つまりことわざ
⑧ "通天" 天に通ずる、すなわち上に通ずる。"通天人物"上層につながりのある人
⑨ "cūqī" ＝ "chūqī 初期"
⑩ "ānqián mǎ hòu 鞍前马后" 主に従う家来

練習 6

（a）音読サイトラ

逐次通訳の基本編でも簡単に説明しましたが、音読サイトラは、センテンスごとに声をだして読んでは、テキストから目を離してそれを訳す方法で、これは逐次通訳のための翻訳の力、記憶力を養うのに役立ちます。

一応句読点ごとにスラッシュを入れておきましたが、適当に区切って音読サイトラしてもけっこうです。

（b）原文

> 那个时候，北京饭店只有中间的现在那个老北京饭店的楼。原来一个老楼是铁道部的楼，那个楼已经扒掉了，盖现在东边那个新楼。／在那个地下室有廖承志办公室。／我那个时候是接待日本代表团的接待组的组长。
>
> 因为这一摊儿归日本组管，我没地方住，那时候房间特别紧张，我就在廖公的那个办公室里头晚上放一个行军床，晚上就住在那个地方也不回家。
>
> 那个时候，日本事就由廖公直接抓，所以具体的接待工作就直接抓，要跟代表团哪个人交换意见，谈什么事情他就直接谈。／所以我们也有优越条件，就是和廖公接触的就比较多，廖公和日本朋友接触，我们也差不多都在场。

（c）ポイント

"扒 bā"　家などを取り壊す

"铁道部"の"部"は、政府部門の場合、日本の「省」に相当。中国共産党の組織である"统战部"などは、統一戦線部で、そのまま「部」と訳す。

"这一摊儿"、"摊儿 tān'er"　は、普通、露店などを指すが、この場合は、「この一角」ぐらいな感じ。

"紧张"　緊張のほかに、不足しているなどの意味がある。

"行军床"　携帯用ベッド

"抓"　もとは「つかまえる」だが、取り組む、力をいれるなどの意味でよく使われる。例えば"抓两个文明建设"

(d) 訳例

　その頃、北京飯店は真ん中のあの旧い北京飯店の建物しかありませんでした。もともとあった旧い建物は、鉄道省で、それはもう取り壊され、いまの東側の新しい建物を建てたのです。その地下室に廖承志の執務室がありましてね、当時私は、日本の代表団の接待組の組長をしてました。

　その一角は、日本組が管理してたんですが、私は泊まるところもないし、当時は住宅が極度に不足してたこともあって、夜に廖承志の執務室に携帯用ベッドを持ち込んで、そこで寝泊まりし、家にも帰りませんでした。

　その頃、日本のことは、廖承志さんが直接手がけていたので、具体的な接待の仕事も直接やる、代表団の誰それに会い、何か話すにしても、彼が直接話すという具合です。ですから私たちは条件に恵まれていました。廖承志さんと接する機会も比較的多く、彼が日本の友人と接触する時はほとんど私たちもその場に居合わせました。

練習7

(a) 音読サイトラ

　いつも見慣れた論文調とは違うので、やはり少々戸惑うかもしれませんが、センテンスが短いので、訳しやすい面もあります。中国語特有の言い回しもしっかり覚えてください。

　では声を出して読み、適当に区切っては、目をテキストから離し訳出してください。

(b) 原文

　　就到文化大革命中间，说要批斗廖公啊，说廖公底下有四大金刚。这四大金刚是也得是最了解廖公的情况，这个四大金刚，这是造反派给安的。四大金刚是谁呢？就赵安博（Zhào Ānbó）、王晓云（Wáng Xiǎoyún）、孙平化、肖向前（Xiāo Xiàngqián）就是变成四大金刚。又说四大金刚里头经常出些点子，给廖公出些主意的，就是这个孙平化，说孙平化在这四大金刚里应该是个重点。就有这么一段吧，就是这么一个历史情况演变来的。

　　因此廖公死的时候，我也感到特殊的悲伤。觉得怎么说呢，没有依

靠。因为廖公在的时候，我这个事情特别好干。对日本工作有好多方便，就是说有事情就找廖公，甚至我们可以到他家去，廖公，再怎么的怎么的了、怎么样商量商量，廖公他容易解决，他打电话他哪儿都通，上上下下都可以通，这个好办得多了。再加上廖公这个人呢，可能日本朋友都了解他是比较怎么说呢，大度、心特别宽、心那个特别宽。

（c）ポイント

批斗：批判しやっつける、批判闘争　　**安**：つける、「造反派が（罪名やあだ名を）つけたのです」　　**四大金刚**：四天王　　**出点子**：考えをだす、企画する　　**出主意**：思案をだす、知恵をだす、構想を練る　　**大度** dàdù：おうようである　　**心宽** kuān：気持ちがゆったりしている、楽観的、おうよう

（d）訳例

　　文化大革命の最中には、廖承志をやっつけろ、廖承志の下には四天王がいる、廖承志のことなら、これら四天王が一番よく知っているというわけでね。この四天王というのは、造反派がつけたのです。四天王は誰かといいますと、趙安博、王暁云、孫平化、肖向前です。そして四天王のなかでしょっちゅうアイディアをだす、廖承志に入れ智恵しているのは、この孫平化で、孫平化こそこの四天王の重鎮だというんですよ。こういった時期がありました。このような歴史的な成りゆきがあったのです。

　　ですから、廖承志さんが亡くなられた時は、どうしようもなく悲しかった。なんて言ったらいいのかな、支えを失ったという感じでね。彼が健在の時、私の仕事はほんとにやりやすかった。対日工作にとっていろいろ便利で、なにかにつけ、すぐ彼を訪ねていくんです。時には、彼の家までおしかけていって、また話をもちかけると、じゃあ相談してみましょうということになって。彼は解決しやすいんですよ、どこにでも電話できるし、上も下もみんなツーカーだから、やりやすいんですよ。そのうえ廖承志という人は、多分日本の方もよく知っておられるでしょうが、何と言えばいいか、おうようで、心の広い人なんですよ。ほんとに心の広い人です。

練習8

（a）逐次通訳の練習

センテンスが短いので、訳しやすい面もありますが、間の取り方、"停頓処"に注意を払い、構文というよりは、むしろ話の流れのなかでニュアンスをしっかりとらえてください。

まず人名や少々難解な語句を拾ってみましたので、次のピンインから、下段の解答を見ずに、漢字を想定してみてください。

(b) ヒント
① Lǐ Xiānniàn（人名）　② xiǎo Liào（呼称）　③ búzàihū
④ méimao zháohuǒ　⑤ āikēi　⑥ gǎndào cánkuì

［解答］
①李先念　②小廖　③不在乎　④眉毛着火　⑤挨剋　⑥感到惭愧

ではテキストを伏せて、CDを聞きながらメモを取り、逐次通訳をしてみてください。
(c) スクリプト5

（1）李先念同志曾经开玩笑说他，说是管廖公、那时候还中央这些领导同志a管廖公都叫小廖，都六十来岁了，还跟他叫小廖。说"小廖这个人呢，什么他都不在乎，眉毛着火了，他也都不在乎"b，就说明他这个什么事情他不大在乎。

（2）在上面有个周总理，这就更难得了。总理呢，对日本的情况他看的材料也多，他也想得也细。c到时候呢，一开会时候就提问题啊，说是要把、首先要把情况弄清楚啊，把情况弄清楚就问，问这个问那个，往往答不上来。答不上来后当场就挨剋了，d批评了，是吧。当时在想总理这么忙，总理问了我们些情况，答不上来，这个实在是我们自己感到惭愧。这回头以后就去找去，查材料，怎么回事弄清楚。e

（3）有的时候后来呢，就是在怕总理召开会问到这些情况，平时也积累

> 一些情况，所以脑子里头呢，逐渐逐渐日本事积累得比较多了。所以现在呢，大家看着说我们这些人情况比较熟悉，也就这么过来的。ₑ而且呗，有时答不上来，总理对干部要求也很严，他也批评，说你们这个搞日本事的连这个事也弄不清楚。这样话呢，在这种情况下成长一批干部，啊，成长一批干部。所以要是作为我搞日本事，我是搞四十三年多了，对我印象最深的就这一段。

（d）ポイント
アンダーラインの箇所の訳を追ってみましょう。
a 挿入句なので（ ）で囲むとはっきりします。
b 「眉毛が焼けてもびくともしない」、"不在乎"は「気にかけない、ものともしない」
c 日本語と同様ここでは、「細かい」、「詳細に考える」
d 「怒られる」「しぼられる」
e 「それで、資料をさがしたり、調べたりして、どういうことなのかはっきりさせる」
f 「いまでは、われわれが、かなりいろんなことをよく知っているとみなさん思われるでしょうが、まあこのようにしてきたおかげです」

（e）訳例
（1）かつて李先念同志は、冗談でこんなことを言ってました。その頃、中央の指導者たちは、みんな廖承志さんのことを"小廖"（シャオリャオ）って呼んでいたんですよ。もう六十にもなろうかというのに"小廖"ってね。それで「"小廖"という奴はまったくもの怖じしない、眉毛が焼けてもびくともしない」、つまり彼は何があってもあまり気にしないということです。

（2）彼の上には、周総理がおられますが、更に得難い人です。総理は、日本の状況についてよく資料に目を通しているし、細かく考えておられる。その頃会議を持つとあれこれ質問される。まず状況をはっきりさせなければならない。そこであれこれ聞かれるんだが、しょっちゅう答えられない。答に窮すとその場でしぼられ、批判されるんですよ。その時は、総理はこんなにも多忙なのに、総理に聞かれても答えられない、これはほん

とにどうも恥ずかしいかぎりで。というんで、帰ってからあちこち資料を調べて、一体どういうことなのかはっきりさせようとするわけです。

(3) それで後になって、総理が会議を召集してこれらの状況を聞かれたら困るというので、日頃少しずつ資料を蓄積したりして、だんだん日本のことが頭に蓄積されるようになりました。ですからわれわれがかなりいろいろ知っていると思われるでしょうが、こういうふうにしてきたおかげです。それに答えられなかったりすると、総理も幹部にとても厳しいですから、批判されるし、日本の事をやっていながらこんなことも知らんのかと言われるので。まあこうした状態のなかで幹部たちが育っていったのです。日本問題に取り組んできた私としては、四十三年余りやりましたが、なによりも思い出深いのは、この当時のことです。

以上で PART1 は終わりですが、最後にもう一度最初から孫平化さんのお話を聞いてください。(コラム「いまもきらめく孫平化さんの言葉」を参照してください。)

さて次は PART2 日中関係ですが、本題に入る前に、このようなテーマに対応するにはどうしたらいいか、覚えておくと役に立つ、日中の交流にまつわる用語などをいっしょに考えてみたいと思います。
　前にも述べた通り、あなたの頭脳にインプットされている単語は多ければ多いほどいいのですが、ここでは、中→日、日→中の即時変換にチャレンジしてみましょう。

日中関係　必修用語
　一般的な日中交流関連の通訳を依頼されたとき、まず覚えておきたい用語を少しまとめてみました。十分なものではありませんが、このような語句を基盤として、ぜひ皆さんが各自で自分に最も適した用語集を作って持ち歩き、またたえずそれを補充していかれるようお勧めします。

源远流长 yuányuǎnliúcháng	源は遠く流れは長い、歴史の長いたとえ
高瞻远瞩 gāozhānyuǎnzhǔ	大所高所から遠い将来を見通す
一衣帯水	帯のような細長い水域を隔てているだけ、近い距離にあるたとえ、一衣帯水

隔海相望	海を隔てて臨み合う、海を隔てているが近い距離にある
比邻而居 bǐlín'érjū	隣接している
互通有无	有無相通じる
取长补短	長所を取入れ短所を補う
求大同存小异	小異を残して大同につく。"求同存异"ともいう
远亲不如近邻	遠い親戚よりも近くの他人
金兰之交	友情の契り、深い交わり、義兄弟の契り
肝胆相照	肝胆相照らす、互いにうちとけて親しく交わる
重温旧谊	旧交をあたためる
结识新朋友	新しい友人と知り合う
饮水不忘挖（掘）井人	水を飲むとき、井戸を掘った人のことを忘れない
饮水思源	水を飲んでその源を思う、現在の幸福のよって来たる所を考える
披荆斩棘 pījīngzhǎnjí	いばらの道を切り開く
开路架桥	道を開き橋を架ける、先導の役割を果たす
奠基人 diànjīrén	基礎を固めた人
来之不易	成功や入手が容易でない
重蹈覆辙 chóngdǎofùzhé	過ちや失敗を繰り返す、てつを踏む
前事不忘，后事之师	前の事を忘れないようにして、後の事の戒めとする
兵戎相见 bīngróngxiāngjiàn	武装衝突する、戦争を始める
交往	交流
大好时机	絶好のチャンス
不称霸	覇をとなえない
协商共事	協力して事に当たる
互利互补	互恵と相互補完
平等互利	平等互恵
拓宽	幅を広げる
坦诚相见	率直に誠意をもって相対する
竭尽全力	全力を尽くす
全力以赴	全力を尽くす
强加于人	相手に強要する
搁置	棚上げにする
悬而未决	懸案の、ペンディング
国际风云	国際情勢の変動
风云变幻	激しく変化する、激動する

一极主宰	一極支配
多元共存	多元的共存
不结盟	非同盟
战后遗留问题	戦後残された問題
共识	コンセンサス
对话渠道	対話のルート
和则俱荣，斗则皆伤	和すれば共に栄え、戦えば皆傷つく
付出心血	心血を注ぐ
义不容辞	道義上辞退を許されない、当然負うべき
裁减军备（裁军）	軍備の削減、軍縮
典范	模範、モデル
一帆风顺	順風満帆
信守诺言	約束を誠実に守る
未雨绸缪 wèi yǔ chóumóu	転ばぬ先の杖
防范未然	事を未然に防ぐ
迎来	迎える
既相邻又遥远的国家	近くて遠い国
越顶外交	頭ごし外交
不打不成交	雨降って地固まる
冰冻三尺，不是一日之寒	三尺の厚さの氷がはるのは一日の寒さではできない、恨みは積もり積もって結ばれるもの
面向21世纪	21世紀に向けて
树欲静而风不止	木は静けさを欲すれど、風止まず

PART2　回顾中日关系

　　ここから孫平化さんのお話は、次の大きなテーマである日中関係の回顧へと続きます。1895年から1945年までの50年間と、1945年から1995年までの50年間の日中関係の歴史です。特に前半はいわゆる不幸な関係であり、後半は敗戦国となった日本と中国の不自然な関係、そして国交が正常化された今日に至ってもなおすっきりしない問題が残されている、その原因はどこにあるのかなどについて話を進めておられます。両国関係の進展のまっただなかに身をおいてこられた先生の言葉は、私たちの心に重く響いてきます。

練習 9 　　　　　　　　　　　　　　　　　　　　　DISK 1　55

（a）練習手順

　　リスニング　→　要旨の訳　→　サイトラ

（b）ヒント

　リスニングして、次のピンインの意味をチェックしてください。

　Jiǎwǔ　　zhànzhēng　　tóuxiáng　　Shā'é　　Shāhuáng

　zāihài　　wángguónú　　géhé　　hèn

　また年代と年数の数字の聞き取りに特に注意し、メモをとりながら、要旨をとらえることに集中してください。

这个：頻繁に出てきますが、「ええーっと、このー」くらいの意味しかありません。自然な語り口にはよく出てきます。　　甲午战争 Jiǎwǔ zhànzhēng：日清戦争　　投降 tóuxiáng：降伏する　　受到压迫：抑圧を受ける　　沙俄 Shā'é：帝政ロシア　　沙皇：ツアー　　灾害 zāihài：災い　　亡国奴 wángguónú：亡国の民　　隔阂 géhé：わだかまり、みぞ、へだたり　　恨 hèn：憎む　恨む　　瞧不起：見下げる、軽蔑する

（c）要旨

　1895～1945の50年は日本軍国主義の中国侵略の歴史である。帝政ロシアをはじめ英米各国が中国を抑圧したが、日本から受けた損害が最大である。東北人は15年間亡国の民となり、8年間の抗日戦争が続いた。その結果両国民の間には、心理的に大きなわだかまりが生じ、中国人は日本人を憎み、日本人は中国人を蔑んだ。

（d）スクリプト 6　（リスニングの結果をチェックしてください。）

>　　还有一段事印象深刻呀，就是从1895年特别从甲午战争以后，日本帝国主义吧、军国主义侵略中国，一直到1945年日本投降，正好50年。1895到1945这个50年，这50年，虽然中国受到帝国主义的压迫，英美各个国家，包括沙俄、沙皇，但是对中国造成的灾害最大的是日本，日本军国主义。那么从甲午战争以后，接着从我们东北人来说，正好当

了15年的亡国奴，是从1931年到1945年。从整个中国大陆上来说，都叫它抗战八年。这样的话，给两国的国民呢，造成隔阂啊，心理上、思想上造成隔阂很大，所以中国人很恨日本人。日本人对中国人也很瞧不起。

（e）訳例（サイトラの結果をチェックしてください。）

　　もう一つ深く印象に残っているのは、1895年の日清戦争以降、日本帝国主義、軍国主義が中国を侵略しましたね、1945年日本が降伏するまでのちょうど50年間です。1895年から1945年までのこの50年、この50年間に中国は帝国主義の抑圧を受けました、帝政ツアーを含む英米各国のね。しかし中国に最も大きな災害をもたらしたのは日本軍国主義です。日清戦争以降、われわれ東北人は引き続きちょうど15年間の亡国の民となりました。1931年から1945年までです。中国大陸全体からいうと8年の抗日戦争といいます。その結果両国の国民の間に、心理的にも、思想的にも大きなわだかまりを残しました。だから中国人は日本人をとても憎み、日本人も中国人をとても蔑みました。

練習10 ────────────────── **DISK 1** 56

（a）練習手順

　　リスニング　→　メモ　→　逐次通訳（（1）と（2）に分けて）

（b）ヒント

　　リスニングの前に、次の語句の意味がわかるかチェックしてみましょう。

zhànlǐng　　　tóukào　　　bàituì　　　yìshixíngtài
zhǔnquè　　　shāngwáng　　　yízú　　　xuèzhài

```
メモ例    （1）  日　降伏　→　米　同盟国
                中　8年抗戦　→　国内戦
                蒋　→　台
                中　→　社会主義

         （2）  日中間　わだかまり　→　大
                9.18　→　8.15
                殺　2千万　死傷　3.5千万
                中　いぞく　＞　日　いぞく
                血債
```

東北方言として"国"を"guǒ"と3声に読むことがあります。従って、"美国"が"méiguǒ"となっています。
投靠：身を寄せる、依存する　　**跑到…**：…まで逃げる　　**意识形态**：イデオロギー　　**九・一八**：1931年9月18日柳条湖事件発生（当時日本では「満州事変」と称した）　　**八・一五**：1945年8月15日。 中国にとって抗日戦争勝利の日、第二次世界大戦日本降伏の日　　**遗族**：遺族

(c) スクリプト7（リスニングの結果をチェックしてください。）

> （1）所以呢，日本一投降情况变了。那么日本呢，在美国占领下，后来呢，日本就投靠着美国，跟美国成为盟国，这是一方。中国方面呢，国内八年抗战期间，共产党成长起来，八路军壮大了。后来经过国内战争，蒋介石不断地败退，最后跑到台湾，全国解放，成为共产党领导的社会主义国家。
>
> （2）那么在这种情况下，所谓意识形态方面的中日两国国民中间隔阂就大了。从中国方面来说，因为从"九・一八"、"八・一五"，恐怕是这一段，中国人现在这个数目当然可能不太准确，死了多少人，包括让日本人杀的两千来万。要按照伤亡的人数说，最新的一个统计的数目，是3500万。所以这就有很多家属啊，日本人叫做遗族，中国的遗族就更多了。所以很多的一提起来就说跟日本有仇恨，他有血债。

(d) 訳例（逐次通訳の結果をチェックしてください。）
（1）だから日本が降伏すると様子が変わりました。日本はアメリカの占領下におかれ、アメリカに依存してその同盟国になりました。一方中国は8年の抗日戦争を経て、共産党は成長し八路軍も強大になり、その後の国内戦争の結果蒋介石は敗退を重ね台湾に逃げ、全国は解放され、共産党の指導する社会主義国となりました。

（2）こういう状況下では、中日両国民間のいわゆるイデオロギー面のわだかまりは増大しました。中国側からいうと、九・一八から八・一五までの恐らくこの間に、この数字はあまり正確ではないかもしれないが、中国人はいったいどれだけ亡くなったか、日本

人に殺された2千万弱を含め、死傷者の数は最新の統計では3千5百万といわれています。だから多くの家庭では、日本は遺族というけれど、中国の遺族はそれに輪をかけて多いのです。だからこのことを言い出すと、日本には恨みがあり、血の債務があるのです。

練習11

（a）練習手順
　　　原文音読　→　サイトラ

（b）原文

> 　　另外，美国把日本占领以后，一开始是怕日本军国主义再复活，加些限制。在远东法庭战犯判了几个人。把大批人整肃了以后，他们不能再参加公职了。
> 　　后来美国人的想法就变了。一看中国共产党起来了，美国人反共，到现在也是这么一种思想。因此，美国方面的政策就是要遏制中国，它不仅对日本不限制，反而还想用日本这部分力量来限制中国共产党的发展。

（c）ポイント
一开始…，后来…：最初は…、その後は…　　**不仅不…，反而还想…**：…しないばかりか、逆に…しようとまで思う　　**远东法庭**：極東裁判　　**判了**：判決を下す　　**整肃** zhěngsù：追放する　　**遏制** èzhì **中国**：中国を封じ込める

（d）訳例（サイトラの結果をチェックしてください）
　　一方アメリカは日本を占領すると、最初は軍国主義の復活を恐れ制限を加えていました。極東裁判で戦犯を裁判し、多くの人を追放し公職につけなくさせました。
　　その後アメリカ人の考え方は変わりました。中国共産党が立ち上がったとみるや反共になり、いまだにこういう考えです。だからアメリカの政策は中国封じ込めです。アメリカは日本には制限しないどころか、逆に日本という力を利用して中国共産党の発展を抑制しようとしたのです。

練習12

(a) 練習手順

音読サイトラをしてください。（1文—スラッシュの入っているところまでを音読後、原文から目を離して訳す。）

(b) 原文

> 在这种形势下，中国跟日本怎么办？／当时中国方面的政策是，两个国家要不重新和好，要不发展友好，对两个国家都是损失，对亚洲、世界和平都是个损失。／和则两利，两家要和起来，对两家都有利，要是对抗的话，两伤，两家都受害。／因为这50年应该有这个教训。／
>
> 那么在当时情况下，政府跟政府是敌对关系，没办法来往。／日本的人民在战争中间也是受害者，因此可以跟两国人民之间发展友好。／这就成为中国方面的一个国策。／做日本人民的工作，要和日本人民友好。／从帆足计他们来了以后，什么民间贸易协定、渔业协定、协助日侨回国、战犯要提前释放等等，一系列的工作就出来了。／

(b) ポイント

要不…：もし…しなければ　　**重新 chóngxīn**：改めて、新しく　　**和则两利**：仲良くすれば両方に有利である。後に「分则两伤」、仲たがいをすれば共に傷つく、と続く。　　**日侨**：中国に居留している日本人　　**提前**：繰り上げて　　**一系列**：一連の

(c) 訳例（音読サイトラの結果をチェックしてください。）

　　この情勢下で、中国は日本とどうするか。／当時中国側の政策は、両国があらためて仲良くし、友好を発展させなければ、両国にとって、アジアと世界の平和にとって損失となる。／和すれば双方に有利で、対抗すれば双方が傷つくということでした。／50年の歴史からこの教訓をくみとるべきです。／

　　当時、政府間は敵対関係にあり、行き来しようがありませんでした。／しかし日本の国民は戦争の被害者である、だから両国の国民の間では友好を発展させることができる。／これが中国側の国策となりました。／日本国民に働きかける、日本国民と仲良くしていくと。／それで帆足計たちが来てから、民間貿易協定、漁業協定、日本人の引き

揚げ援助、戦犯の繰り上げ釈放などの一連の仕事が出てきました。／

練習13　　　　　　　　　　　　　　　　　　　　　DISK1　57

（a）練習手順
　リスニング　→　（1）と（2）に分けて、メモを取り、要旨をまとめる
　→二段に分けて逐次通訳

（b）ヒント
　単語のチェックをしておきましょう。

　　Tàiyángqí　　　sǎodàng　　　gěnggěngyúhuái

　演説や、放送ではない中国語の普通のトークとは、このような感じです。もともと孫平化さんの語り口は実にフランクで、時々言い直し（地下戦→地下道）もあり、かなり早口のところもありますが、それだけに率直な、真実味のあるお話です。

太阳旗：日の丸　　**扫荡**：掃討　　**耿耿于怀**：いつも心にかけている　　**马克思**：マルクス　　**马列主义**：マルクス・レーニン主義　　**组织安排**：組織が配置する（上からの指令で職務につく）　　**外宾**：外国の賓客　　**除了…，在加上…**：（1）と（2）のあたまのことば。…の他に、さらに…もある。離れた位置にあるが、意味の上では呼応している。

（c）要旨
（1）当時両国の国民感情は大きく食い違っていた。中国人は日の丸や、日本人を見ただけで憎しみをもった。北京の近郊では日本軍の掃討作戦がおこなわれ、地下道戦がおこなわれた。50年の歴史による日本への憎しみは消えず、頭にこびりついている。

（2）中国の指導者たちはみな抗日戦争を戦ってきた。私自身も当初は日本へ行ってマルクス・レーニン主義を勉強して共産党に入り、帰国して地下工作をやり、抗日に参加した。新中国成立後、対日工作を命じられ、廖承志さんの下でこの道に入った。あっという間に四十何年が過ぎた。

(d) スクリプト8（リスニングの結果をチェックしてください。）

(1)除了在当时呢，老实讲，两边儿的思想，所谓国民和国民之间思想感情距离很大。中国人一看太阳旗一下子仇恨就来了，一看到日本人，仇恨就来了。因为他家里，像北京周围他那过去都是日本扫荡过的地方。有的是还搞地下战，地下道，这么些战争的这些地方，这是一方面。对日本的仇恨，由于这么五十年的历史，对日本的仇恨他没消，脑袋里耿耿于怀。

(2)再加上中国各级领导干部，那个时候都是抗战出来，包括我本人，都是开始的思想都是抗日的啊。到了日本去念马克思，自己找马克思，马列主义的书看了以后找到共产党，找到共产党回来是搞地下工作还是抗日。我也不是搞日本搞友好的呀。抗日完了以后，新中国成立以后，我才走到这个路上，这也是组织安排让我接待日本外宾。在廖公领导下，一干，廖公死了，我现在还在干，我一下子搞了四十多年了。

(e) 訳例（逐次通訳の結果をチェックしてください）
(1)当時は本当いって双方の考え、いわゆる国民と国民の間の感情の隔たりはとても大きかった。中国人は日の丸を見ただけで憎しみをもった。日本人を見ただけで憎しみをもった。というのは自分の家が、例えば北京の周辺ではかつて日本軍が掃討作戦をしたところでしょう。地下道戦をやった所もある。そういう戦争の場所だったということ、これが一つです。日本への憎しみはこの50年の歴史によっても消えず、いつも心にひっかかっているのです。

(2)それに加えて、中国の各級の指導幹部は当時は皆、私も含めて、抗日戦争を戦ってきました。最初の思想はみな抗日ですよ。日本へマルクスの勉強に行って、自分でマルクスを見つけ、マルクス、レーニン主義の本を勉強して共産党に入り、帰国してからは地下工作をやりましたが、それも抗日です。私でも日本や、友好などの仕事をしていたのではないのですよ。抗日戦争が終結し新中国成立後、私はようやくこの道を歩みはじめたのです。それも上からの命令で、私に日本のお客さんの接待をさせたのです。廖承志さんの指導の下で、ずうっと彼が亡くなるまでやり、その後もこうしていまだにやっ

ているわけです。なんと一気に40年以上もやり続けてきました。

練習14
（a）練習手順
　　　原文の音読　→　サイトラ

（b）原文

> 　　那么当时最突出的问题,给我印象留得最深的是,1954年在北京搞日本商品展览会。那个展览馆要挂旗,要挂日本旗和中国旗。中国人对太阳旗反感,对跟五星红旗并列着挂有不满。要是不挂呢？出于对人家国家的一种礼貌上的东西说不下去。再说人家国家的旗除非是那个国家的人民说这个旗要换,才能不要。人家没有这么办的话,不管你对太阳旗怎么一个印象,太阳旗本身还是代表日本一个国旗,你还得挂。挂了以后出事儿怎么办？群众看了接受不了了怎么办？所以事先做了好多工作,终于这件事情是没有发生。那可能是公安方面做了大量的工作。

（c）ポイント
对…有不满：…に対して不満である。…の部分は「五星紅旗と並べて掲げること」
出于…：…から考えて　　**说不下去**：話の筋が通らない　　**除非…才能…**：…しないかぎりは…できない、…して、はじめて…できる　　**接受不了** liǎo 了：受容し難くなる　　**…是没有发生**：'是'は強調、たしかに起こりはしなかった

（d）訳例（サイトラの結果をチェックしてください。）
　当時の最も際だって印象深いできごとは、1954年北京で日本商品展覧会をやったときのことです。その展覧館で日本と中国の国旗を掲揚することになりました。しかし中国人は日の丸に対して反感をもっていて、五星紅旗と並べて掲げることに納得いかないものがあります。掲げないとどうなるか。ひとの国への礼儀上の問題として筋が通りません。それによその国の国旗は、その国の国民の意志によって、取り替えるとか、要らないとか決めるものです。そうでなければ、たとえ日の丸にどんな印象を持っていようと、日の丸自体は日本という国を代表しているのだから、掲げないと困る。でも掲げたことで何かことが起こったらどうするのか。群衆が見て納得いかずに騒ぎだしたらどう

するか。だから事前にたくさんの工作をやりました。結局は何も起こらなかったけれど、きっと公安関係者が大量の工作をしたのです。

練習15

(a) 練習手順
　1句ごとに音読サイトラをしてください。

(b) 原文

> 光作公安方面工作也不行，还要事先作很多对群众的解释的工作。／那个时候，我们要领着日本代表团到乡下去参观的话，都得先去打前战。／比方说，农村都有这种帐，过去受日本人杀害的仇恨在那里头。／你现在再领着日本人到那儿参观去，事先不跟他说清楚，到那时候，他也不愿意接待，这个事就难弄。／所以在五十年代一开始这个工作，给人的印象深，再加上难度大的，就是这一类的事情。／

(c) ポイント
光作…：…するだけ　　解释：釈明する　　打前战：前哨戦をする　事前工作をする　　帐：つけ　　难弄：やりにくい　　难度大：困難の度合が大きい

(d) 訳例
　公安関係の仕事だけではだめで、大衆に対して事前に多くの釈明をしなければなりませんでした。／当時日本の代表団を農村見学に連れて行くときは、いつも事前工作が必要でした。／例えば農村には日本人に対するつけがあります。過去に日本人に殺された恨みがあるとか。／それで日本人をそこにつれて行くとなると、事前にはっきり説明しておかないと、受け入れようとしてくれない、そうなるとたいへんです。／だから50年代初期の仕事で、いちばん印象に残り、そしていちばん難しかったのがこういう類のことでした。／

練習16

(a) 練習手順
　音読サイトラをしてください。

(b）原文

> 　　那么这类事情和现在的事情联想起来，说明一个什么问题呢？／就是说对过去这个战争，到底怎么看，是侵略，不是侵略，就成为现在中日关系中间一个政治问题。／这个不仅和中国成为政治问题，和朝鲜、韩国和东南亚国家都成为政治问题。／拿中国老百姓来说，一看，日本都过了五十年了，到现在还不承认侵略，他这个劲儿过不来呀！／这个东西跟日本人的思想距离搞得太远。／

(c）ポイント

联想起来：考え合わせる　　**说明**：物語っている　　**拿…来说**：…にとって
都过了：すでに過ぎた　　**劲儿过不来**：気持がおさまらない　　**思想距离**：考え方の隔たり　　**搞得太远**：かけ離れすぎている

(d）訳例

> 　　これらの事と現在の事情を考え合わせると、何を物語っているのでしょう。／つまり過去の戦争をどうみるか、侵略であったのかなかったのかということ、これが中日間の政治問題となっているのです。／それは中国ばかりでなく、朝鮮、韓国、東南アジア諸国とも政治問題になっています。／中国の庶民からみれば、日本はすでに50年たった今でも、いまだに侵略を認めない、それでは気持ちがおさまりません。／それは日本人の考えとあまりにもかけ離れたものです。／

練習 17

(a）練習手順

　　原文音読　→　要旨の訳

(b）原文

> 　　所以这个用中国的经常说的语言，这个问题变成"老大难"啊。为什么变"老大难"，日本方面现在没解决这个问题。一部分人认识很清楚，或者是老百姓，大部分老百姓认识很清楚。但是现在一部分政治家，不那样儿看呢。是吧。所以靖国神社，靖国神社中国人为什么

> 反感呢？说你一般的老百姓，被从军死了，你来纪念他的亡灵，这可以理解。但是那里头也摆着战犯呢。是吧。东条英机什么这几个战犯，土肥原什么这些战犯，这些"英灵"这些牌位也在摆着。说你这样是一笔胡涂帐，是不是啊？哪一个该祭，哪一个不该祭。

（c）ポイント

　ここはあえて孫平化さんが話された原文をそのまま記載しました。一気に音読して、全体の雰囲気をつかんで要旨を訳してください。

老大难：いつまでたっても解決されない根の深い問題　　**老百姓**：庶民　　**亡灵**：亡くなった人の魂　　**土肥原**：戦犯の名前（どいはら）名は「賢二」といった　　**牌位**：位牌　　**胡涂帐**：めちゃくちゃ、ごたまぜ

（d）要旨の訳例

> 　それでこれは根の深い問題となった。なぜなら日本側でこの問題がまだ解決されていないから。大部分の国民ははっきりしているが、一部の政治家がそうではない。靖国神社に中国人はなぜ反感をもつのか。一般の人が従軍させられて亡くなり、その霊を祭るのは理解できるが、そこには東条英機や土肥原などの戦犯もいっしょに祭られているからなのだ。

練習18　　　　　　　　　　　　　　　　　　　　　DISK 1 58

（a）練習手順

　　リスニング　→　要旨の訳　→　逐次通訳

（b）ヒント

　日中関係の歴史を振り返って、今日に至るもなお未解決の問題があることを語っておられます。

从…起，到…经过…：…から…まで…を経てきた　　**要想让…，那日本方面…**：…させようと思うならば、（…の部分がかなり長いことに注意）、日本側に…

（c）要旨

　戦後50年たった現在、いまだにこの問題は解決されておらず、両国の国民感情

に影響を与え続けている。中国やアジアの国の人々に、心底安心させ、信頼させ、何の疑念も持たないようにさせるには、日本側に課題が残されている。それが解決されないと、いつまでたってもわだかまりや障害が残る。日本側のこのことに対する認識は少し不足しているのではないか。

(d) スクリプト9

> 所以虽然战后五十年这个问题还没解决。从我们一开始参加对日工作那天起，到今年经过不是战后五十年，经过四十三年，快五十年了，老问题还在这儿呢。而且这个问题继续影响今后的两国人民的感情。就是真正要想让中国人，让亚洲这些国家的人对日本确实放心，确实信任，真正从心里信任，没有什么疑虑，那日本方面在这个问题上不解决，始终是个隔亥，障碍。这个，日本方面好像对这方面认识的是有点儿不够。这是一个事情。

(e) 訳例（逐次通訳のチェックをしてください。）

　ですから戦後50年はたちましたが、この問題はまだ解決していません。私たちが対日工作に参加したあの日から今年まで、戦後50年かな、43年か、まもなく50年になるでしょう。古い問題はまだここに存在するのです。しかもこの問題は引き続き今後の両国人民の感情に影を落とすでしょう。もし本当に中国人に、そしてアジアの国々の人に日本に対して安心してもらい、信頼してもらう、本当に心から信頼してもらい、何の疑いも持たないようにしてもらうには、日本側でこの問題を解決しない限りはだめです。いつまでもわだかまりや、障害が残ります。日本側のこの方面での認識が少しばかり足りないように思えるのですが、これが一つです。

PART3　台湾問題

　孫平化さんが次に語られているのは、日中間の最も複雑な問題の一つである台湾問題です。

練習19　　　　　　　　　　　　　　　　　　　　　　　DISK 1　59

（a）練習手順

　　リスニング　→　段落ごとにメモをとり、要旨をまとめる　→　逐次通訳

（b）ヒント

再一个事情：もう一つのこと　　**经手**：手掛けた　　**等于是…**：（…に等しい、という意味から）つまり　　**方才**：先ほど　　**回归**：復帰させる　　**撵 niǎn 到台湾**：台湾に追いやる　　**管…叫…**：…を…と呼ぶ　　**倒 dǎo 台**：崩壊する、失脚する

（c）要旨

（1）もう一つ中日間において最大の難題として台湾問題がある。台湾は中国の領土であるが日本にだいたい60年占領されていた。

（2）戦後中国の領土は中国に返還されたが、戦後の国際情勢の変化により、アメリカも日本も台湾を承認した。

（3）中華人民共和国は認めないで、これを「中共」といった。初めは中国共産党が崩壊して、国民党台湾が捲土重来することを期待していた。その後これがだめだとみると、二つの中国を打ち出した。一つの中国一つの台湾という考えだ。

（d）スクリプト10（リスニングの結果をチェックしてください。）

（1）再一个事情就是在中日关系中间，从我们经手的，从我们经历过的最大的一个难题啊，就是台湾问题。因为台湾是中国的领土，是在一八多少年，是等于还在甲午战争之前，就等于是到今年好像有一百多年了。一百二十年是多少年。就是被日本占领了六十年吧，大概是。

（2）那么战后中国的领土又回归给中国。那么但是由于我方才讲战后的国际形势这一变，美国也好，日本也好，就承认台湾。中国解放以后，让中国的解放军撵到台湾去的这些人。那当然还挂的是"中华民国"的牌子了。那么以这个国家为对象，承认是有外交关系。

> （3）对中国呢，对中华人民共和国不承认，管这个叫"中共"。那么在这种情况下，你就是开始希望中国共产党还能倒台，国民党台湾还能卷土重来，叫做"反攻大陆"。后来看着又不可能了，又想搞"两个中国"。最好是两个，那也是个中国，这也是中国。"一中一台"。

（e）訳例（逐次通訳の結果をチェックしてください。）
（1）もう一つ、中日関係で私たちが手掛け、経験してきた最大の難題が台湾問題です。台湾は中国の領土であり、1800何年だったか、つまり日清戦争の前からですが、今年で百何十年、百二十年かそのくらいになるでしょうか、その間日本にたぶん60年間占領されていました。

（2）戦後中国の領土は中国に返還されたのですが、しかし私がさっきお話ししたような戦後の国際情勢の変化により、アメリカも、日本も、台湾を承認してしまいました。それは中国が解放後中国の解放軍によって台湾に追いやられた人たちなのです。そこでは当然「中華民国」の看板が掲げられていました。この国を相手に外交関係を承認したのです。

（3）中国に対してはというと、中華人民共和国は認めないで、これを「中共」と呼びました。こんな情勢の下で、初めのうちは中国共産党が崩壊して、国民党が台湾から捲土重来する、それを「大陸反攻」といっていましたが、これを期待していたのです。ところがその後これはだめだと見ると、「二つの中国」をやろうとしました。いちばん都合がいいのは二つなのです。あれも中国、これも中国だと。つまり「一中一台」です。

練習20

（a）練習手順
　　原文音読　→　サイトラ

（b）原文

> 这个我自己本人都经历过这个事儿。开始到日本去，到香港走日本总领事馆，去办签证的时候填表。这个国家这一栏到底填什么？那时候日本的领事馆说你只能填中国。意思是这个中国也可以解释到台湾，也

> 可以解释到中华人民共和国。我们就说填中国不行。填CHINA也不行，非得填中华人民共和国不可。这是我们现在这个事实吧。这个事儿就得争论过个把礼拜，才能了事，才能解决。因此这个事儿也就变成中日之间最大一个政治问题。

（c）ポイント
办签证：ビザの手続きをする　　填表：表に記入する　　国家这一栏：国家という欄　　非…不可：どうしても…でなければならない　　个把礼拜：1週間そこそこ　　才能了 liǎo 事：ようやくかたづく

（d）訳例（サイトラの結果をチェックしてください。）
> これは私自身この事を経験しました。初めの頃日本へ行くには香港の日本総領事館へ行って、ビザの手続きをするのに表に記入しますが、国家という欄にどう書くか？　当時日本の領事館は中国とだけ記入せよと言いました。それは中国は台湾とも解釈できるし、中華人民共和国とも解釈できるからです。私たちはだめだと言いました。CHINAもだめで、どうしても中華人民共和国でないと承知しないと言いました。それは現在の事実でしょう。この事で一週間ばかり議論し、ようやくけりがついたのです。だからこの事は中日間の最大の政治問題となりました。

練習 21

（a）練習手順
　　原文音読　→　サイトラ

（b）原文
> 　　在中日建交以前，松村谦三到这儿来，跟总理关系很好。跟总理两个人密谈，连廖公都没有参加。有一次是到密云参观水库，周总理利用在专车上，就是坐火车去的。在这个整个在车厢里头两个人会谈。刘德有当翻译。谈什么问题，谈来谈去就是谈台湾问题。

（c）ポイント
松村谦三：（1883～1971）。日中国交回復以前から日中友好の理念を掲げて、両国

の友好構築に尽力した自民党の長老の一人。　**総理**：ここでは当時の周恩来総理を指す　**密云水库**：密雲ダム。北京郊外にある　**专车**：専用列車　**车厢**：客車　**谈来谈去就是谈…**：繰り返し話したのが、結局…の話だった

(d) 訳例（サイトラのチェック）
　　中日国交回復以前に松村謙三さんがこちらへ来られ、総理との関係がとてもよかった。それで総理と二人で密談をされました。廖承志さんさえ加わらなかった。一度密雲ダムの見学に行きましたが、周総理は専用列車の中で、つまり汽車で行ったのですが、その車両の中でずーっと会談されました。劉徳有さんが通訳をしました。何が話されたかというと、繰り返し繰り返し台湾の問題が話されたのです。

練習22

(a) 練習手順
　　原文の音読　→　サイトラ

(b) 原文

> 　　台湾问题当时松村没办法解决。那个时候池田内阁也没办法下决心。所以后来呢，才出现"积累方式"吧，「積み重ね方式」。就是先搞贸易吧。把贸易发展了，搞什么成套设备啊，搞什么这些东西。后来不有一个廖承志·高崎达之助办事处啊。先用民间形式先来吧。没有办法，是不是啊？那么总理说，也可以啊。咱们渐进的吧，水到渠成嘛。所以建交前两国所以没能关系正常化，最大的政治障碍是个什么问题呢，是个台湾问题。

(c) ポイント
成套设备：プラント　　**水到渠成**：水到りて渠（きょ）成る、条件が熟せば自然に成功する

(d) 訳例（サイトラの結果をチェックしてください。）
　　台湾問題は当時松村さんでは解決できませんでした。その時の池田内閣も決心できませんでした。それでその後やっと「積み重ね方式」ができたのです。つまりまず貿易を

やりましょうと。貿易を発展させて、プラントとかそういったものをやりましょうと。後にＬＴ事務所ができたでしょう。まず民間形式でやろうと、仕方がないですからね、そうでしょう。すると、総理もそれもいいだろう、漸進的にいこう、水到りて渠成るだと言われました。だから国交回復以前、両国の関係が正常化されなかった最大の政治的障害は何かというと台湾問題だったのです。

練習23

（a）練習手順
　　　原文音読　→　サイトラ

（b）原文

> 好了，到田中内阁的时候下了决心了，把这个问题总算是解决了。跟台湾保持民间来往，跟中国恢复外交关系。但是从中日建交以后到今年二十三年，在这二十三年中间这个问题还不断出现，说明这个事情也没有完全解决。从日本现在一部分政治家的想法上，仍然在这个问题上存在一种危险性。就是潜在的这么一个危机吧。反正是算作一种经常发生问题的，经常容易在中日关系中间出现一种政治上的一种摩擦、矛盾或者纷争的这么一个根源。

（c）訳例（サイトラの結果をチェックしてください。）
　　ようやく、田中内閣の時になって決心し、この問題をどうにか解決しました。台湾とは民間の往来を維持しつつ中国と外交関係を回復しました。しかし中日国交の樹立後から今年に到るまでの23年、この間にも問題はたえず起こり、この事が完全に解決されていないことを物語っています。日本の一部の政治家の考えからいうと、依然としてこの問題に危険性があります。潜在的な一つの危機といいましょうか。いずれにしても常に問題を引き起こす、常に中日関係に政治的な摩擦や、矛盾、紛争を作り出す一つの根元となっています。

PART4　致日本青年读者

　最後に、日本の若い世代に対する期待を述べておられます。

練習24　　　　　　　　　　　　　　　　　　　　　　　DISK 2　①

（a）練習手順
　　　リスニング　→　段落ごとの要約　→　段落ごとの逐次通訳

（b）ヒント
　リスニングをしたとき、次のピンインで書かれた語句の意味がわかったでしょうか。確認してください。

fǎnyìng　　lìshǐ jiàoyù　　Míngzhì wéixīn　　wūdiǎn　　yùshí　　jiébáirúyù　　hēidiǎnr

"对日本民族，过去受外来的侵略，好象这个经验没有"。：日本民族には、過去において外からの侵略を受けたという経験が無いようです。中国語では倒置法の表現になっています。本来なら"好象没有这个经验"というところ。

　上記のピンイン語句は下記の通りです。
反映　　历史教育　　明治维新　　污点　　玉石　　洁白如玉：(玉のように潔白である)　　黑点儿

（c）要旨
（1）最後に日本の青年に何を期待するか。戦後50年たった今年、各方面からの反響からすると、大切なのは若い人に歴史教育をすることだ。日本民族は過去に侵略を受けた経験がなく、明治維新以降自分が侵略をしに出ていった。

（2）日本人はその歴史を民族の汚点とすることはない。どの民族もその発展過程で完全無きずはありえない。人の一生と同じで永遠に間違いを犯さないことはありえない。

(d) スクリプト11

> （1）最后一个问题就是对日本青年有什么期待。我这个从这个战后五十年，从日本的今年这些各方面的反映，我觉得对日本，尤其对日本青年特别重要的是进行历史教育。对日本这个民族啊，过去是这个受外来的侵略好像这个经验没有。自己从明治维新以后，富国强兵，跑出去侵略人家去，有这么一段历史。
>
> （2）这段历史日本人不要把它当成一个民族的污点。就是作为一个民族，他的发展的过程中间，你不可能象是一块玉石，是不是？洁白如玉，一点儿黑点儿都没有。这都太理想。因此就是说一个人也是，在一生中间永远不犯错误，什么事儿作得都百分之百对，这个没有，不可能有。

(e) 訳例（逐次通訳の結果をチェックしてください。）

（1）最後に日本の青年にどういう期待があるかということです。戦後50年の、日本の今年の各方面にみられた反響からすると、わたしは特に日本の若い人に大事なのは歴史教育だと思います。日本民族にあっては過去に外からの侵略を受けた経験が無かったようです。明治維新以降、富国強兵政策をとり外へ侵略に出ていった。そういう歴史であったのです。

（2）この間の歴史について、日本人はそれを民族の汚点のように思うことはないと思うのです。一つの民族として、その発展過程の中で、まるで玉のように、少しの陰りもなく潔白であるということはありえないのです。それは理想過ぎます。一人の人間でもそうでしょう。一生の間に絶対に過ちを犯さず、何事も百パーセント正しいなんて、そんなことは無いし、またありえないです。

練習25 ─────────────────────────── DISK 2 ②

(a) 練習手順
　　リスニング　→　スクリプト音読　→　サイトラ

(b) ヒント
　　次のピンインで書かれた語句の意味がわかったでしょうか。確認しておきましょう。

rénwúwánrén　　jīnwúzújīn　　bǎwò　　wánzhěng　　jīnzi　　hánjīn
chúndù　　xiǎoshùdiǎnr　　zǐsūn　　mǒhēi

人无完人，金无足金：人に完全無欠な人はなく、金に百パーセントの金は無い
总是金子成分再纯的话也是…：金の成分がより純度の高いものであったとしても、どうしてもやはり…　　**讲纯度**：純度を大切にする　　**讲小数点儿后头几个9吧**：小数点の後ろに幾つ9があるかを論じる　　**就是说100，总是99点999**：たとえ100％だと言っても、どうしても99.999である　　**等于抹黑**：顔に泥を塗ったことになる
上記のピンイン語句は次の通り。
人无完人　　金无足金　　把握　　完整　　金子　　含金　　纯度　　小数点儿
子孙　　抹黑

（c）スクリプト12

> 　　所以中国有两句古语，"人无完人"，人没有完全的人，"人无完人，金无足金"，好像是。这几个字儿对不对，我还一下子没有把握。就是说，人呢，没有完全的百分之百完整的人。这个金子也没有完全是含金的，就是足金，是说完全是金子。它总是金子成分再纯的话也是百分之99点儿多少个9。现在在科学上讲硅——シリコン，就是讲纯度啊。就是讲小数点儿后头几个9嘛。它不可能是一个0——就是说100。总是99点999，现在是到7个9不是到9个9我也说不清楚。所以这个东西，不能够象日本一部分人那么看。说现在承认了侵略就给我们子孙等于抹黑。那不能这么看。

（d）訳例（サイトラの結果をチェックしてください。）
　　それで中国には二つの古い言葉があります。「人に完全な人はなく、金に純金はなし」。たしかそうだったように思いますが、いまちょっと自信がありませんが。つまり、人には100％完全な人はいないし、金にも完全な金、つまり純金はありません。純度がいくら高くても100分の99．いくつかの9です。現代の科学でシリコンの純度について、コンマ以下9がいくつかが問題になります。ゼロ、つまり100はありえない。どうしても99.99、いまではセブンナインとか、ナインナインとかいうのでしょう。ですから一

部の日本人が考えるように、いま侵略を認めるとわれわれの子孫の顔に泥を塗ることになる、ということにはならないと思います。

練習 26

（a）練習手順
　　原文音読　→　サイトラ

（b）原文

> 　　你说中国人、中国民族都是差不多鸦片战争以来，一百来年受帝国主义列强的侵略。中国人想没想侵略旁人去呢？在历史上也有一段，在元朝，元朝一下子骑兵跑到欧洲，跑到匈牙利那一带没回来，留在那个地方。说是现在好多人讲匈牙利民族血统上有中国的元朝的血统在那儿。是吧。
> 　　到日本也去了。郭老跟日本人都讲过，说我们也想侵略过你们的。我们的祖先，元朝，元朝一下子当时也算海军吧，就弄到博多湾去了。正好碰到台风，日本人不是管它叫神风嘛。日本让神风救了，元朝的军队全军覆灭。如果没有碰到台风的话，那么就搁九州上陆嘛。也占领你们了嘛。也占领日本了嘛。所以对民族过去的历史也象一个人一样，错了，就归错了，说清楚。

（c）ポイント
　次のピンインで書かれた語句の意味がわかりますか。固有名詞がいくつかあります。

Yāpiàn zhànzhēng　　dìguózhǔyì lièqiáng　　Yuáncháo　　qíbīng　　Ōuzhōu
Xiōngyálì　　xuètǒng　　Bóduōwān　　shénfēng　　fùmiè　　Jiǔzhōu

想没想：考えたことがなかったかどうか　　**我们也想侵略过你们的**：われわれだってあなたたちを侵略しようと考えたことがある

上記のピンイン語句の解答は次の通り。

鸦片战争　　帝国主义　　列强　　元朝　　骑兵　　欧洲
匈牙利　　血统　　博多湾　　神风　　覆灭　　九州

(d) 訳例

　　中国民族はだいたい阿片戦争以来百年ほど帝国主義列強の侵略を受けてきました。中国人は他の人を侵略しようと考えたことはなかったでしょうか。歴史上やはりありました。元の時です。元は一気に騎兵をヨーロッパに進め，ハンガリー一帯まで攻めて帰って来なかったのです。だから今でもハンガリー民族の血統には中国の元の血統が残されているという人が多いではありませんか。

　　日本へも行きました。郭沫若さんは日本人にわれわれもあなたがたを侵略しようと考えたことがあるといいました。われわれの祖先の元は、海軍を一気に博多湾まで進めました。その時ちょうど台風に出くわしたのです。日本人は神風といっているではありませんか。日本は神風に救われ、元の軍隊は全滅したのです。もし台風に出くわしていなかったら九州から上陸し日本を占領したことでしょう。だから民族の過去の歴史についても、ひとりの人間と同じです。間違ったことは間違ったことなので、その点をはっきりさせましょう。

練習 27

(a) 練習手順

　　原文音読　→　サイトラ

(b) 原文

　　所以说呢，这个事情呢，对子孙这样胡涂下去，对子孙没有好处。特别是年轻人。现在呢，这个日本把过去这段历史胡里胡涂带到下个世纪，带给年轻人，这影响将来的年轻人的一些思想，他究竟怎么想这个问题。现在的孩子他不懂，将来到大了，他没有受过这样的历史教育。听说日本的教科书上关于近代史的教育写得很简单，很少。都是讲过去的多。这样的话对将来的年轻人考虑自己这个日本国家应该怎么做啊，影响他的未来。

(c) ポイント

胡涂下去：曖昧にし続ける　**胡里胡涂**：わけがわからないまま　**帯到…**：…に持ち越す

(d) 訳例

　だからこのことを子孫に対して曖昧にしておくことはよくありません。特に若い人に対して。日本が過去のこの一時期の歴史をはっきりさせないまま次の世紀に持ち越し、若い人に持ち越したならば、将来若い人の考えに影響をもたらすでしょう。この人たちはこのことをどう考えるのでしょう。今の子供たちが何も知らないまま大きくなり、歴史の教育も受けなかったとしたら。日本の教科書には近代史に関する記述が少ないというではありませんか。昔の事がたくさん書いてあって。そうすると将来若い人が日本という国がどうあるべきかを考えるとき、その未来に影響を与えます。

練習 28　　　　　　　　　　　　　　　　　　　　　　　DISK 2　3

(a) 練習手順

　　リスニング　→　メモをとる　→　逐次通訳

(b) ヒント

　リスニングの際、次の語句の意味はわかりましたか。

qiánzài de wēixiǎn　　gòngshí　　fǎnxǐng　　dàoqiàn　　chóngxīn　　fánróng
搞清楚：はっきりさせる

上記のピンイン語句の解答は次の通り。
潜在的危险　　共识　　反省　　道歉　　重新　　繁荣

(c) スクリプト 13

　　　所以这个事情不让年轻人搞清楚，将来是个潜在的危险。所以呢，我也认为日本应该从各个角度上对年轻人进行历史教育。进行历史教育再简单来说，让大家能够有个共识，让年轻人认识到：一个，自己过去这个民族，日本这个民族，过去对亚洲国家，曾经侵略过人家，做错了，不对了。应该反省，道歉。把这个问题说清楚，把这个问题认识清楚就

完了。以后在新的基础上重新友好，跟亚洲国家政策要重新友好，为自己的国家的繁荣，为亚洲的繁荣，大家携起手来，再往前走。这是青年一代应该有这么一个想法。

（d）訳例

　　だからこのことは若い人にはっきりさせておかないと、将来潜在的な危険になります。日本はいろいろな角度から若い人に歴史の教育をやるべきです。簡単に言えば、皆にコンセンサスをもたせることです。そして若い人にも次の事をはっきり知ってもらう。ひとつ、自分のこの民族、日本民族は過去にアジアの国々を侵略したことがある、それは間違ったことで反省し、お詫びしなければならない。この問題をはっきり言明し、はっきり認識すればそれでいいのです。今後は新しい基礎の上にあらためて仲良くしていく、アジアの国との政策はあらためて友好政策をとる、そして自らの国家の繁栄とアジアの繁栄のために、皆で手を携えて進んで行く。若い世代にはこのような考え方があるべきです。

練習 29 ── DISK 2　4

（a）練習手順

　　　リスニング　→　メモをとる　→　逐次通訳

（b）ヒント

jǐnguǎn…, dànshì…：…ではあるが、しかし…
mán bù róngyi：きわめて容易でない
fèi le xīnxuè：心血を注いだ
láizhībúyì：たいへんな苦労の末にもたらされた

上記のピンイン語句の解答は次の通り。
尽管…，但是…　　蛮不容易　　费了心血　　来之不易

（c）スクリプト 14（リスニングの結果をチェックしてください。）

还一个呢，就是说要认识到在战后经过这五十年了，尽管问题还没

有解决，但是能够搞到现在这个程度已经蛮不容易了。是不是啊。老一代的人费了不少的心血啊。所以应该让年轻人认识到现在的中日友好，现在的来来往往这么方便，有这么一个形势，这么一个局面，是确确实实来之不易，来之不易。这两点应该让日本的年轻人认识清楚。

（d）訳例（逐次通訳の結果をチェックしてください。）

　　もう一つは、戦後すでに五十年がたって、問題はまだ解決されていないとはいえ、今日この程度までやってきたというのは、もうたいへん得難いことだと認めなければなりません。そうでしょう。前の世代の方々が多くの心血を注がれたのです。だから若い人に、現在の中日友好は、往来もこんなに便利で、こんな情勢、局面があるというのは確かに容易なことではないということを知ってほしいと思います。この二つの点を日本の若い人にはっきり知ってもらいたいと思います。

練習30　　　　　　　　　　　　　　　　　　　　　　　　DISK 2　5

（a）練習手順

　　リスニング　→　メモをとる　→　逐次通訳

（b）ヒント

　　リスニングの際、次のピンインで書かれた語句の意味がわかりましたか。

chàngdǎo　　Nánjīng　　chéngqiáng　　xiūfù　　shēnyuǎn de lìshǐ yìyì　　wénwù xīnlíng shàng de chuàngshāng

平山郁夫：日中友好協会会長、画家
不在于…，而在于…：にあるのではなく、…にある
只要…，就会…：…しさえすれば、…となるはずだ

上記のピンイン語句の解答
倡导　　南京　　城墙　　修复　　深远的历史意义　　文物　　心灵上的创伤

（c）スクリプト15（リスニングの結果をチェックしてください。）

　　因此现在日中友协倡导的、以平山郁夫先生为首的倡导的南京城墙

修复工作变成一个中日友好中间一个运动。我觉得很好。很有深远的历史意义。

　　这个问题不在于谁拿多少钱，也不在于对南京究竟帮助了多少钱，而在于能有多少日本人参加，多少日本年轻人参加。只要参加这个活动，在他思想上就会留下一个过去战争为什么要搞这么一件事情。（过去是）也不是帮助中国修复文物，同时也是修复两国国民心灵上的创伤。

　　这个事对未来的友好是很有好处的。现在呢，这个运动好像发展得很理想似的。现在我走的几个地方看了各个地方友协都在积极搞这件事情，不错的。

（d）訳例（逐次通訳の結果をチェックしてください。）

　ですからいま日中友好協会の提唱で、平山郁夫先生の提唱で進められている南京城壁の修復作業は、中日友好の一つの運動になっています。とてもいいことで、深い歴史的な意義があると思います。この問題は誰がどれだけの金を出したかとか、南京にどれだけの援助をしたかというのではなく、どれだけの日本人が参加し、どれだけの日本の若い人が参加したかにあります。この行事に参加することでその人の頭の中に、過去になぜ戦争ということをやったのかということを考えさせるでしょう。これは中国の文物の修復を手伝うというだけのことではなく、同時に両国の国民の心の傷を修復することになります。

　このことは未来の友好にとってとてもよいことです。現在この運動は理想的に展開しているようです。私はいくつかの地方を回ってみましたが各地の友好協会がみな積極的にこのことをやっています。よいことです。

いまもきらめく孫平化さんの言葉の数々

　孫平化さんにお会いしたのは、私が二十歳になったばかりの頃でした。京劇の俳優梅蘭芳（Méi Lánfāng）を団長とする一行が、戦後はじめて日本を訪れあちこちで公演し、熱狂的な歓迎を受けたときのことです。たしか孫平化さんは、まだ三十代の後半で、団の秘書長を務めておられました。私はサブ通訳として、団に随行し、地方公演にも同行しました。代表団が福岡を訪れ、しばしの合間をぬって大濠公園を散策したとき、当時九州大学にいた父が私に会いにきて、孫平化さんにもお会いしました。
　「この子でお役に立つでしょうか？」心配顔の父に「大丈夫、大丈夫、いろいろお世話になっています」と孫平化さん。
　しかし、その頃の私は中国から帰国してまだ数年、中国の学校へ四年余り通ったとはいえ、中国語はまだまだ、一方日本語のほうも「ほかほか饅頭」の看板を「まんとう」などと読んでは、父に注意されたりしていました。当時の私は通訳というよりはむしろ接待係で、街角で見かける看板という看板をみな中国語に訳してみるなど勉強に必死でした。移動中のバスの窓越しに見える「質」ののれんを指して"那是什么？"と団員に聞かれても答えられない。《呐喊》（nàhǎn）の序で見た"质铺"の高い"柜台"（guìtái）の前に立つ少年魯迅の姿が脳裏に焼き付いていても、「質」＝"质铺"（zhìpù）とはならないのです。あれやこれやで"哎呀！你讲的竟是小孩儿话"などと孫平化さんに言われる始末でした。
　それから十年位経った1966年頃、LT貿易の代表として日本に滞在していらした孫平化さんから電話があり、土産公司など長期滞在の貿易グループの事務所で仕事をしてみないかとのこと、二つ返事でOKすると"哎呀！你这么痛快地接受了"ととても嬉しそうでした。一年余りの事務所通いは、乳飲み子を抱えての大変な時でしたが、日本にいながらにして中国語を学べる最高の環境でした。
　数年前、孫平化さんに先の"小孩儿话"の話をすると、記憶にはないそうですが心底申し訳なさそうな顔をされ、かえって恐縮してしまいました。私が"大人话"を意識したのも孫平化さんのおかげで、その言葉の数々は私の通訳人生の節目節目にきらめいています。

DATA 3　从学习外语谈起
——滑らかな語り口ゆえに苦しいリスニング

刘璥（国际图书贸易总公司东京联络办事处处长）

　これは中国国際貿易図書総公司に勤務されている劉璥さんのお話です。劉さんは1961年北京大学日本語科を卒業され、その後ずっと日中図書関係の仕事につかれ、特に日中間の通訳の仕事にも豊富な経験をもっておられます。どうすれば通訳としての才能を磨くことができるかを、ご自分の体験から語っていただきました。

　北京人の劉さんの語り口は、申し分なくきれいな標準語の発音、歯切れのよさもさることながら、スピードはさすが北京人、うっかりすると簡単な言葉も聞き取れないかもしれません。内容として、通訳の勉強をされる皆さんに役立つと同時に、このスピードに慣れていただくことも、このテキストを学ぶ目的です。

　原稿があるわけではなく、考えながらのフランクな語り口ですから、語尾によく"…呢"とか"…啊"がでてきます。これは文の構造をつかんでいく上で大きな手がかりを与えてくれます。その切れ目によって、一定のまとまった意味が表されており、主語、述語（動詞、形容詞など）、目的語、修飾語（連用、連体）を、あるいはその一部を構成しています。

　通訳のスタイルは時と場合、聴衆などによって異なる対応が求められます。この劉さんのお話は、原稿を読まれるというものではなく、またあらたまった公式の場面、交渉の場面でもありません。これから通訳の力をつけようという皆さんに、自分の体験を思いつくままに語るというものです。これを聞かれる皆さんは当然一定の中国語の力を持っておられるわけで、こういう時に一字一句細大漏らさずひたすら忠実に訳すと、時間ばかりが冗長に過ぎていくという欠陥があります。

　こういう場合には，何が語られているのかその要点をつかみ、その上で、日本語でその要旨を要領よく簡潔に伝えることも必要となってきます。もちろん要旨をつかむには、全文の理解が前提であることはいうまでもありません。

　この教材の練習手順
（1）聞き取り　→　内容把握

　最初はピンインの語句の意味が理解できるかどうかチェックしてください。問

題があれば自分で調べるか参考語句や要旨を見て解決し、リスニングに入ってください。最終的にはスクリプトを見て、リスニングが正しくできたかどうかをチェックしてください。
（2）シャドウイング → 中国語スピーキングの速さにトライ
（3）要旨をつかむ（全文の忠実な訳でなく、理解した内容の肝心な部分を、的確に日本語で表現する）
（4）全文を訳す（再度リスニングをして、メモを取る）結果を訳例で確認
（冒頭部省略）

練習1 ──────────────────────────── DISK 2　7

（a）ヒント
ピンインからチェック
gōngjù　　guīgēnjiédǐ　　shíjiàn

工具：手段、道具　　归根结底：つまるところ　　口译：通訳　　笔译：翻訳
利用…做…：…を利用して…する　　通过…：…を通じて　　可以使…进行…：…を…させることができる

（b）要旨
　外国語は結局一つの手段であり、通訳や翻訳をすることによって、文化、思想、経済の交流ができる。
　在学中から将来通訳をやろうと思っていたが、実践を経た今日、通訳になるためのいくつかの基本条件を皆さんにお話したい。

（c）スクリプト1

（1）先从说学外语吧。其实外语是一种工具，学了外语归根结底就是要利用这种工具做一种翻译工作，或是口译，或者是笔译。通过翻译可以使两国能够进行文化交流、思想交流以及经济各方面的交流。
（2）那么我们在学校的时候吧，就是经常这样说，说将来毕业之后吧，大家都当翻译。当翻译，好像通过我以后毕业之后的实践，有几个基本条件，可以跟大家随便交换一下意见。

（d）訳例
（1）まず外国語の勉強の仕方からお話しましょう。実は外国語は一つの道具です。外国語を学ぶということは、つまりはこの道具を使って翻訳や通訳などをするわけですが、訳すことによって、二つの国の文化や、思想、経済など、各方面の交流を促すことができます。
（2）私たちは学校にいたときいつも話していたのですが、将来卒業したらみな通訳になるのだと。そして実際卒業して通訳の実践を経て、いくつかの基本的に大切なことがあると思いますので、皆さんと意見交換をしたいと思います。

練習2 　DISK 2　8

（a）ヒント
ピンインからチェック

zhōngshí　　bǐcǐ　　quèqiè　　zìgěr　　fǎnyìng　　chuánqíng

彼此：互いに　　确切：確実適切に　　自个儿：自分
反映：反映する、表す　　传情：感情を伝える

（b）要旨
　通訳の第一の条件は忠実さである。人の話したことを、その意味通りに、確実且つ適切に訳さねばならない。自分の考えを加えたりしないで客観的に訳すこと。更に優れた通訳になると、意味ばかりでなく、感情も伝えることが求められる。

（c）スクリプト2

　　就是做翻译工作首先第一条就得忠实。我们叫得忠。什么叫忠呢？我们是这么看的。比如说在翻译的时候，日本人讲的话，中国人讲的话，我们要彼此翻。在翻的过程当中，首先必须得忠，得忠实。就是人家怎么说的，我要忠实他的意思，要翻得确切，这里面不要加上自个儿什么东西，因为是要比较客观地来反映对方的谈话内容。当然如果一个好的翻译的话，他不仅能够表达语言，而且还能传情，就是要求更高一些个了。

(d) 訳例

　通訳をするときの第一条件は忠実であることです。何を忠実というか、私たちはこうみています。例えば通訳をするとき、日本人の話す言葉とか、中国人の話す言葉とかを、相互に訳すわけですが、その時まず忠実でなければなりません、その人が話した通りに、その意向通りに適切に訳さなければなりません。そこに自分の意志をつけ加えたりしてはいけません。その人の話したことを客観的に表さなければなりません。もちろん優れた通訳であれば、言葉の表現のみならず、感情もいっしょに伝えます。それは更に難しいことになります。

練習3　　　　　　　　　　　　　　　　　　　　　DISK 2　9

(a) ヒント

ピンインからチェック

zhuāng dǒng　　gèbié　　húchě　　bùhuān'érsàn

別装懂：わかったふりをしてはいけない　　个別人：少数の人　　不老実：忠実でない　　本来嘛：「もとはといえば」という意味から、「だいたいね」　　没听懂：聞いてわからなかった　　糊弄过去：いい加減にやりすごす　　胡扯：でたらめをいう　　意思就是走了吧：意味がつまりそれてしまう　　对不上：つじつまが合わない　　弄得…：…という結果になる　　不欢而散：気まずい思いで別れる

(b) 要旨

　忠実の意味合いにはもう一つ、わからないことはわからないとし、わかったふりをしないということもある。なかにはそこのところが忠実でなく、わかってないのにいい加減な訳をしてやりすごした結果、双方の話はつじつまが合わなくなり、気まずい思いで別れるということになる。こうなると通訳の信用にかかわってくる。

(c) スクリプト3

> 　这个忠，其中还有一条，你说，懂呢就是懂，不懂就是不懂，不懂别装懂。往往有的时候个别人在翻译过程当中，特别口译，不太忠实。也就是说，用中国话有时候不老实。本来嘛，他没听懂，好像他装懂。

结果，他这个糊弄过去了，有的时候翻的意思就不确切，有点儿胡扯。这样的话，对方听了可能意思就走了吧。结果双方谈来谈去，越谈越对不上，结果就弄得不欢而散。这样的话，对工作有影响，对自己的信誉也有影响，人家就不相信你了。所以做为一个口译干部，首先得，一定要做忠实，要做到忠实。

(d) 訳例

　　この忠実ということになると、実はもう一つ、わかったことはわかった、わからないことはわからないとする、わからないのにわかったふりをしないということがあります。よくあるのは、訳をやっている時、特に通訳ですが、あまり忠実でないのです。つまり中国語でいうと'不老実'——「正直でない」、わかっていないのにわかったふりをしている。その結果、いい加減にやりすごし、訳した意味が不適切になり、でたらめになり、相手が聞いたら意味を取り違えてしまうでしょう。その結果双方はいくら話をしてもつじつまが合わず、不愉快な思いを抱いて別れるというはめになります。こんなことでは仕事に影響するし、通訳の信用にも関わるし、人から信用されなくなるでしょう。だから一人の通訳者として、まず忠実でなければなりません。

練習4　　　　　　　　　　　　　　　　　　　DISK 2　10

(a) ヒント

ピンインからチェック

liǎnpí hòu　　dǎnr dà　　xiánliáo　　jiūzhèng　　yíbèizi

北京土话：北京の土語、方言　　**脸皮厚**：面の皮を厚くする、ここではいい意味で、恥をかくのを恐れない　　**胆儿大**：大胆になる　　**体现在…**：…に具体的に現れている　　**不管是…还是…**：…であろうと…であろうと　　**闲聊**：雑談する　　**敢于…**：勇気をもって…する　　**反过来**：一方、逆に　　**锻炼出来**：鍛え上げられる　　**当场**：その場で　　**纠正**：訂正する　　**一辈子**：一生、生涯

(b) 要旨

　　第二に、通訳には勇気も必要。正式な場面でも、雑談の時も、そばに自分より外国語のレベルの高い人がいると、畏縮してしまうことがある。そんなことでは

自分を鍛えることはできない。どんな場面でも勇気を持ってしゃべろう。それに自分よりレベルの高い人がいれば、間違えばその場で訂正をしてもらえる。そういう言葉は一生覚えているだろう。

(c) スクリプト4

(1) 第二个方面，我觉得在翻译过程当中要大胆。那么我是北京人，所以北京土话比较多。大胆拿我们北京话说，你得脸皮厚，脸皮厚才胆儿大。大胆体现在哪几个方面呢？一个就是说吧，不管是什么场合，是人多还是人少，是在正式场合还是在闲聊的时候，你都要敢于讲。特别是旁边坐着一个外语水平比自己高，那么往往有的时候吧，旁边坐着一个人，因为我们来讲，我们是学日文了，旁边坐的人日文水平很高，往往有时候吧，自己就不敢讲了。

(2) 那么反过来，大家学中文，可能有的时候你们在讲中文的时候，旁边有一个中文水平比较高的人，你就不敢讲中文了。这样的话就容易失掉自己锻炼的机会。所以说，不管周围有多么好的，语言水平多么高的人在，我也敢于讲，那么不管是什么场合，也要敢于讲。只有大胆地讲才能够锻炼出来。

(3) 另外呢，往往就是在比自己语言水平高的人在旁边的话呢，实际上，应该说更放心。因为什么呢？一旦你说错了的话，他会当场给你纠正。往往在这种情况下，被纠正以后，一辈子也忘不了的。

(d) 訳例

(1) 二つ目に、私は通訳をしている時は勇気を持たねばならないと思います。私は北京人です。北京の方言はたくさんありますが、北京語でいうと'脸皮厚'つまり「面の皮を厚くする」ようにしないといけない。そうすれば大胆になれる。どういうふうに大胆でないといけないかというと、どんな場面でも、人が多かろうと少なかろうと、正式の場面だろうと、雑談の時であろうと、大胆に話さなければなりません。特に外国語の

レベルが自分よりも上の人が横にいたりすると、つまり私たちにとって日本語の非常にうまい人が横にいるとびびってしまうわけです。

(2) 一方皆さんは中国語を勉強しているわけで、あなたが中国語を話そうとするとき、ひょっとすると横に中国語が非常にうまい人がいる、そうするとびびってしまう。そんなことでは自分を鍛える機会をなくしてしまいます。だから、そばにどんなにうまい人、レベルの高い人がいようと、どんな場合でも勇気を持ってしゃべるようにする、そうしてこそ自分を鍛えることができます。

(3) それと、自分よりうまい人が横にいると、実際はもっと気を楽にしていいわけです。どうしてかというと、かりに間違った訳をしても、その人が即座に訂正してくれるでしょう。訂正されると、そのことは一生記憶に残るものです。
(紙幅の関係で、ここから劉さんのお話を一部割愛させていただきました。)

練習5 　　　　　　　　　　　　　　　　　　　　　　DISK 2 11

(a) ヒント
ピンインからチェック

wǔqín　　língsuì　　guǎngbō jù　　yǔhuì　　hángyè　　zhīshifènzǐ　　chūxuézhě

再有：それから　　**听、说、写、读、译**：聞く、話す、書く、読む、訳す　　**五勤**：五つのことにいそしむ、熱心にやる、勉める　　**零碎**：こまごました、ばらばらの　　**广播剧**：放送劇　　**语汇**：語彙　　**有限**：限りがある　　**光听…**：…だけを聞く　　**设法**：手だてを講じて　　**不光…而且…**：…だけでなく…もまた　　**行业**：業種　　**他说再快你也懂**：その人がどんなに早くしゃべったとしてもわかる　　**换了个人**：人が替わると

(b) 要旨
(1) 三つ目として、聞く、話す、書く、読む、訳すの五つの事にいそしむ必要がある。聞くことについていうと、中国のラジオ放送、ニュースや放送劇などをなるべくこまめに聞くようにすること。ニュースの言葉は語彙としては限られているので聞き取りやすいかもしれない。
(2) ラジオの標準語だけを聞いていてもだめで、男や女、様々な業種、労働者、知識人、農民、商売人など話し方や内容の異なる人の話を聞いてみること。聞き

慣れた人の話はわかりやすくても、人が替わると聞き取れなくなるかもしれない。だからたくさん聞くこと。

（c）スクリプト5

（1）再有一个第三方面吧，尽量做到听、说、写、读、译五个方面都能够做得比较好。首先听吧，就是，这五个方面，也可以说叫五勤。得常听。比如说利用早晨呢、晚上呢，一些零星时间，多听一些广播，就是对你们来讲多收听点儿中国广播电台的，或者是小说广播、广播剧、或者是新闻。一般的新闻来讲，可能是比较容易懂的，因为它的语汇也不是很多，有限的，内容变化也不会太大。要常听，只有听熟了，才能够训练出自己的听力。

（2）但这个听的话呢，也不能光听电台的，因为电台的都是属于标准语，所以听起来比较容易懂。那么更重要的是能够设法找些录音带，听不同的人。不同人呢，还不光是男的、女的区别，而且不同行业的人讲话。日本和中国一样，比如工人、知识分子、农民，讲话的内容，还有商业工作者，讲话的内容、讲话的方式、态度和表达的内容，都会有区别的。而且往往有时候你听惯了一个人的话，那你老听他的，他说再快你也懂，但是同样的话换了人对初学者来讲可能同样内容，一换人就不懂了。所以要多练听。

（d）訳例

（1）三つ目としては、できるだけ、聞く、話す、書く、読む、訳す、のそれぞれをみなうまくやれるようにすること。この五つのことに精進することです。そしてまずはよく聞くこと。朝晩の少しずつの時間を利用して、ラジオをよく聞く、つまりあなたがたにとっては中国のラジオ放送、小説、放送劇、ニュースなどを聞くことです。一般のニュースはたぶん聞き取りやすいでしょう。というのは出てくる単語はそんなに多くなく、限られたものであり、内容もあまり変化がありません。いつも聞くようにし、耳を慣らすことにより、自分のリスニングの力を高めることができます。

(2) しかし、この聞くこともラジオばかり聞いていてはだめです。ラジオはみな標準語で、聞き取りやすいのです。大切なのはいろいろな録音テープで、男の人や女の人、異なる職業の人の話、日本も中国も事情は同じですが、労働者、インテリ、農民、商業関係の人、彼らの話の中身や形式、態度などみな異なります。いつもある一人の人の言葉ばかり聞いて、それだけに慣れれば、その人がどんなに早く話してもわかるようになります。でも人が変わると同じ内容であっても、初心者には一言もわからなくなるでしょう。だからたくさん聞く必要があります。

(この後'说'、'写'、'读'、'译'について語られている部分を省略)

練習6　　　　　　　　　　　　　　　　　　　　　DISK 2　12

(a) ヒント

ピンインからチェック

fǎnyìng　　guīdìng　　mǒuyìtiān　　wènchángwènduǎn　　yǔyánrì　　duǒzhe

训练自己脑子反应：自分の頭が瞬時に反応するように訓練する　　某一天：ある一日　　语言日：外国語会話の練習日　　躲着：隠れている、避ける　　尽量少说点儿：できるだけ口数少なくする　　不便于…：…するには都合が悪い

(b) 要旨

　四つ目には通訳として瞬時に反応できるように訓練すること。学校で勉強していた頃、外国語の会話の練習日を設けた。その日になるとふだんよくしゃべっていたのが、出合ってもおし黙ってしまう。間違いを恐れてなるべくしゃべらないようにする。それではだめだ。自分から条件を作っていかないと。

(c) スクリプト6

　　　第四个大方面，我觉得就是要给自己创造条件，训练自己脑子反应。这个方法很多。
　　　我觉得我们在学校初学的时候，往往有时候就是为了练习反应，练习口语啊，就规定某一天作为一个外语会话的日子。可是往往有时候平常大伙儿见面话特别多，问长问短，可是往往一规定，比方说每礼拜三作为语言练习的语言日，好，到礼拜三，大家见了面吧，就没话了。甚

> 至有时候儿就躲着，就怕说错了，或者是尽量少说点儿，这样吧，就不便于练习语言。所以说要给自个儿创造条件。

（d）訳例

　　四つ目は自分で条件を作り出して、頭の反応の訓練をすることです。その方法はたくさんあります。

　　私たちが学校で勉強しはじめたころ、瞬時の反応を訓練するために、ある一日を外国語会話の練習日と決めます。すると、ふだんは皆出合うとおしゃべりなのに、そのように決められると、例えば水曜日を会話練習日とすると、その日になると、皆出合っても黙ってしまうのです。どうかすると言い間違えるのを恐れて隠れたり、なるたけしゃべらないようにします。そんなことでは、言葉の練習にはなりません。自分から条件を作り出さなければならないのです。

練習7　　　　　　　　　　　　　　　　　　　　　　　DISK 2　13

（a）ヒント

ピンインからチェック

bí cǐ zhī jiān　　　liáotiānr　　　kuòchōng　　　jiǔ'érjiǔzhī

够用：使うに事足りる　　　**发现**：気付く　　**不一定非得…**：どうしても…とは限らない　　**聊天儿**：世間話をする　　**既…又…，而且还可以…**：…でもあり…でもあり、その上…できる　　**扩充**：増やす　　**一查**：ちょっと調べる　　**久而久之**：長い間のうちに

（b）要旨

　　自分の単語力が一定のレベルに達したならば、常に頭の訓練を心がけること。通勤の地下鉄車内では、目を閉じて周りのおしゃべりに耳を傾け、それを中国語に訳す訓練をしよう。わからなかった言葉は帰ってから辞書で調べる。続けているうちに単語も増えるし、訳も早くできるようになる。

（c）スクリプト7

> 那么当自己的词汇到了一定的、掌握了一定的程度，基本这个生活

语汇够用的时候，要经常练自个儿脑子。比如说大家上班的时候坐地铁，坐电车比较多。那么坐地铁，我发现好多日本朋友在地铁里啊，看书、看报的人很多，那么如果你是学语言的话呢，你就不一定非得去看了。你可以往那儿一坐，闭上眼睛。因为车里边儿吧，人很多，他们彼此之间都聊天儿，都讲话。那你坐在那儿，一边听他们互相聊天儿，你在脑袋里头呢，就给它反应中文。日本人之间吧，当然用日文聊天儿了。那你这个时候就用脑子里反应，用中文去反应。这样的话可以既练反应，又练语言，而且还可以扩充词汇。那么每天如果碰到两个生词不会，回去一查，这又增加了两个词汇。久而久之，反应就快了。

（d）訳例
　　自分の単語力が一定のレベルに達し、基本的な生活用語を充分マスターしたあとは、頭の訓練をする必要があります。例えば、通勤途上よく地下鉄に乗ったり電車に乗ったりするでしょう。地下鉄に乗ると、私が見ていると、日本人はよく本を読んだり新聞を読んだりしています。でもあなたが言葉の勉強をするのなら、そんなものは読まなくてもよいでしょう。そこに座って目を閉じてください。車内からはいろんなおしゃべりが聞こえてきます。聞きながら頭の中で中国語に訳すのです。日本人どうしではもちろん日本語でおしゃべりしています。だから頭の中で中国語に訳す練習をします。瞬時の反応力と言葉の練習です。そうすると語彙を増やしていくことができます。一日に二三の知らない単語がでてきても、帰って辞書で調べるとそれがわかるようになります。こうしてだんだんと早く反応できるようになるのです。

練習8　　　　　　　　　　　　　　　　　　　　　　　　DISK 2　14

（a）ヒント
ピンインからチェック

dāndúde　　　shènzhì　　　tóngshēngfānyì　　　tiáojiàn fǎnshè

单独地：ただ単に　　**同声翻译**：同時通訳　　**这样的话就快了**：このようにしていれば（上達が）早くなる　　**按键**：ボタンを押す（音声は'huájiàn'のように聞こえますが、意味からすると'ànjiàn'でしょう）

(b) 要旨

　もう一つは、テレビのニュースを見たり、新聞を読んだりするとき、ただ単に日本語を聞くのではなく、聞きながら同時に中国語に訳していく、時には声を出して訳していく練習をすれば、上達は早いだろう。実際通訳には時間の余裕はなく、機械のように反射的に通訳ができなければならない。だからこのような練習が必要だ。

(c) スクリプト8

> 　再有一个呢，日本的电视啊，还广播吧，有很多新闻节目。当你看新闻或者是听新闻的时候，你就不要单独地听日文了。一边听一边在头脑里反应中文，甚至于有时候，你可以发出声音来练同声翻译。这样的话就快了。往往作口译的人的话，在翻译的时候它不可能容许你有很多时间去思考，就成为一种条件反射。就象一个机器一样，一按键之后马上就很自然地从嘴里反应出来，这样练久的话呢，就可能就快了。

(d) 訳例

　もう一つは、日本のテレビやラジオにはたくさんのニュース番組があります。ニュースを見たり聞いたりするとき、ただ単に日本語を聞くのではなしに、聞きながら中国語に訳す訓練をします。時には声を出して同時通訳の練習をします。そうすれば上達は早いでしょう。通訳をするとき、よくあることは、そんなに考えている余裕がないことで、条件反射のように、機械のボタンを押すとすぐに自然に口から訳が出て来るようにしなければなりません。このような練習をつんでゆけば、早くできるようになるでしょう。
(これ以降のお話は、紙幅の関係で割愛させていただきました。)

DATA 4　臺灣的現況
——海峡両岸の言葉の相違を探る

戎義俊　（サイマル・アカデミーOB、在台湾）

　ここでは戎義俊（Róng Yìjùn）さんから台湾の現状についてご紹介いただきますが、その前に最近増えている台湾関係の通訳の状況や中国大陸の用語との比較などに触れておきたいと思います。

　台湾関係の通訳は、経済や政治ばかりでなく、私が手がけた範囲内でも生命保険（人壽保險、壽險）、労組のQCサークル活動（工會的品管圏活動）、ドライクリーニング（乾洗業）の技術、インテリジェント・ビル（自動化辦公大樓）というように、具体的かつ多岐にわたっています。大企業傘下の労組同士の会議などでは、同じ立場からみた体験談風な話も多く、その分通訳者も細かく対応しなければなりません。

　最初のころは、"和"を"hàn"と読むなど発音の違いに違和感を覚えましたが、やはりいまもって心配なのは比較的年配の本省人（外省人が49年頃台湾に渡った人であるのに対し、もともと台湾にいた人）がしゃべる"閩南话"（閩南Mǐnnán＝福建省南部）など南方なまりの言葉です。しかしいわゆる"臺灣國語"の普及にともない、若い人たちの発音はだんだんきれいになっています。

　一方台湾の用語に目をむけてみますと、中国大陸との40年余りの断絶を物語るかのようにソフト、ハード、ビデオなど、いまとなってはごくありふれた用語に属するものでも表現が異なっており、大陸の言葉に慣れ親しんでいる通訳者にとっては、プレッシャーになっているのも事実です。

◇用語上の違い

　中国大陸では、"软件"と言うのに対し、台湾では"軟體"（ソフト）、同じく"硬件"→"硬體"（ハード）、"录象机"→"錄影機"（ビデオ）、"互联网络""英特网络"→"網際網路"（インターネット）など微妙な違いを見せています。そのほか"水平"ではなく"水準"、またときには"xiūxiàn"を"休閒"と勘違いして、「レジャー」ととったら、実は"修憲"「憲法改正」だったり、いろいろ神経を使います。さらに参考までに異なる用語の例をいくつか挙げてみましょう。

（　）内は中国大陸の用法です。
① 採行　　　　　　（采取）　　　　　　　採用する
② 東協　　　　　　（东盟）　　　　　　　アセアン
③ 基本建設　　　　（基础设施）　　　　　インフラ
④ 集體電路　　　　（集成电路）　　　　　集積回路
⑤ 架構　　　　　　（框架）　　　　　　　枠組み
⑥ 尖峰時段　　　　（高峰时间）　　　　　ピーク時
⑦ 捷運系統　　　　（交通运输系统）　　　交通輸送システム
⑧ 市場協定　　　　（五国财长会议）　　　プラザ合意
⑨ 透過　　　　　　（通过）　　　　　　　通じて
⑩ 外匯存底　　　　（外汇储备、外汇储存）　外貨保有高
⑪ 新力牌　　　　　（索尼牌）　　　　　　ソニー
⑫ 因應　　　　　　（应付、由于）　　　　対応
⑬ 轉型期　　　　　（转折期）　　　　　　転換期
⑭ 資訊　　　　　　（信息）　　　　　　　情報
⑮ 總體經濟　　　　（宏观经济）　　　　　マクロ経済

微妙に違う国名、人名の例　（　）内は中国大陸
① 多米尼克　　　　（多米尼加）　　　　　ドミニカ
② 瓜地馬拉　　　　（危地马拉）　　　　　グアテマラ
③ 寮國　　　　　　（老挝）　　　　　　　ラオス
④ 紐西蘭　　　　　（新西兰）　　　　　　ニュージーランド
⑤ 沙烏地阿拉伯　　（沙特阿拉伯）　　　　サウジアラビア
⑥ 戈巴契夫　　　　（戈尔巴乔夫）　　　　ゴルバチョフ
⑦ 雷根　　　　　　（里根）　　　　　　　レーガン
⑧ 史大林　　　　　（斯大林）　　　　　　スターリン
⑨ 蘇卡諾　　　　　（苏加诺）　　　　　　スカルノ
⑩ 葉爾欽　　　　　（叶利钦）　　　　　　エリツィン

◇速読を妨げる難解なセンテンス
　通訳は、常に事前準備の段階から原稿に目を通すなり、サイトラをしておく必要がありますが、台湾の原稿には、次のようなやや難解な文がありますので慣れておく必要があります。

例文の上段が台湾の文章、下段が大陸式に書き換えたものです。アンダーラインの部分を比較してみてください。

例文1 値此1995年伊始，我們所面臨的課題是對於世界環境的新變化<u>究應</u>如何<u>因應</u>與<u>調適</u>的問題。

値此1995年<u>初</u>，我们所面临的课题是对于世界环境的新变化<u>究竟应该</u>如何<u>对待</u>与<u>调整</u>的问题。

（1995年の初めにあたり、われわれが直面している課題は、世界の環境の新しい変化にいかに対応し、調整すべきかという問題である。）

例文2 我們專注于諸如電力，道路，港灣等<u>基本設施</u>之<u>硬體建設</u>以及教育，訓練等<u>軟體功能</u>的加強與充實。

我们专注于诸如电力、道路、港湾等<u>基础设施</u>的<u>硬件建设</u>以及教育、训练等<u>软件功能</u>的加强与充实。

（われわれは電力、道路、港湾などインフラのハード建設および教育やトレーニングなどソフト機能を強化、充実するよう注意を払っている。）

例文3 <u>透過經營層的會議檢討及各報表資料控管使各單位店</u>獲利能力達到相同<u>水準</u>，以適於公司整體對外的經營競爭力。

<u>通过公司领导开会研究及对各报表资料的管理使各营业店</u>的获利能力达到相同<u>水平</u>，以适合于整个公司对外的经营竞争力。

（会社の経営者会議で検討し、かつ各報告《訳注：財務諸表など》のデータの管理を通して、各営業店の収益能力を同一レベルにまで引き上げ、全社をあげて対外的な競争力に適応できるようにする。）

◇台湾の習慣的な言い方と禁句（"忌語"）

"有＋動詞＋過"：「～したことがある」

　例えば台湾では"你有去過臺灣嗎？"のように「行ったことがありますか？」の「ある」"有"を日本語と同じようにことさら挿入する場合が多いようです。同様の構文がこのDATAにも出てきますのでご注意ください。

　また台湾の方と話していると文末にしばしば"而已"（…に過ぎない）が出てきますが、あまり深い意味はありません。

　次に注意すべき点をいくつか挙げてみますが、あまりタブーにこだわりすぎて、訳が不自然になるのでは、逆効果ですから、どこかで割り切る必要がありましょう。

　例えば適切な動詞が思い当たらないときに使える便利な"搞"は、もともと湖南省辺りのなまりで、"搞生産""搞翻訳""搞活""搞好"など枚挙にいとまがありませんが、台湾ではタブー。"搞男女關係"のようなよくない意味にしか使いません。その代わりによく使われるのが、"做"。"做店"＝"开店"、"做兵"＝"当兵"、"做臉"＝"化妝"など"做"はいろいろ活用できます。では"搞活経済"（経済の活性化）はどうするか、"使經濟充満活力"とでもしますか。

　また中国で相づちをうつときによく使う"是吗"は、「ええ？　ほんとう？」と相手を疑っているととられかねないので、台湾では"是這樣子"を用います。

　また例えば"幹活兒"は上品なレディーが使う言葉ではないなど、いろいろ習慣上の違いがあります。なかでも"賓館"は「ラブホテル」になってしまうので気をつけなければなりません。

◇中国大陸との相互浸透

　経済交流や台湾からの対中投資の促進にともない、言葉の相互浸透がすすみ、お互いを隔てていた言葉の壁が少しずつ取り外されつつあるのも事実です。

　次の単語の例は、中国大陸との相互浸透を示すもので、双方で使われています。声を出して読みながら、できるだけ対訳を見ずに意味を考えてみてください。

①炒地皮　　②炒股票　　③炒魷魚（chǎo yóuyú）　　④盜版（dào bǎn）　　⑤互動關係　　⑥共識　　⑦購物中心　　⑧計程車　　⑨績效　　⑩鐳射（léishè）　　⑪認同　　⑫社區　　⑬雁行模式（yànxíng móshì）　　⑭運作　　⑮子弹列車

対訳
①土地ころがし　②株ころがし　③解雇　④海賊版　⑤相互作用　⑥コンセンサス　⑦ショッピングセンター　⑧タクシー　⑨成績　⑩レーザー　⑪アイデンティティー　⑫コミュニティー　⑬雁行モデル　⑭運営　⑮弾丸列車

　こうした単語の例からも、時の移り変わりを垣間見る思いがします。同じ中国語である以上たくさんの共通点があるのは当然ですが、一方、歴史的な環境の相違がもたらした差異があることを念頭におき、勉強に取り組みましょう。

◇**いまも脈打つ外来語としての日本語**
　歴史的な要因により、六十歳以上の人には日本語が達者な方も多く、外来語としての日本語が生活のなかに根づいているのも事実です。例えばある生命保険のセミナーで、日本の生保の外交を支えている「おばさん」の話がでてきました。この場合の「外交」は"外勤人員"ですが、ここでは「おばさん」を強調しなければなりません。"太太"とでも言おうかな、と一瞬躊躇していると、横から"阿巴桑"と助け船が入りました。どうやら台湾では"阿巴桑"がまかり通っているようです。さらに台湾のレストランでは、「日式カレー」や「日式欧州料理」なる料理まであり、とくに日本語世代のご年配の方々は、テレビはＮＨＫの衛星放送、そのうえ相撲はビデオに撮ってまで観ておられるそうです。
　次に外来語を含め日本語とのつながりを感じさせる単語を挙げてみましたので、声を出して読んでみてください。

①阿巴桑（ābāsāng）　②阿吉桑（ājísāng）　③阿利阿多　④巴士　⑤比基尼　⑥彼雜（bǐzá）　⑦便當　⑧波士　⑨充電　⑩都心　⑪多桑　⑫風呂屋（fēnglǜwū）　⑬個展　⑭國民所得　⑮建物　⑯康密勳（kāngmìxūn）　⑰陸橋　⑱坪（píng）　⑲三明治人　⑳玄關（xuánguān）

　音読すると、十中八九おわかりいただけると思いますが、念のため、対訳を記しておきます。

対訳
①おばさん　②おじさん　③ありがとう　④バス　⑤ビキニ　⑥ピザ

⑦弁当　⑧ボス　⑨充電　⑩都心　⑪とうさん　⑫風呂屋　⑬個展　⑭国民所得　⑮建物　⑯コミッション　⑰陸橋　⑱坪　⑲サンドイッチマン　⑳玄関

　ただこのように書き記してみると、なんとなく親しみを覚えますが、耳に頼らなければならない通訳者にとっては思わぬ落とし穴が潜んでいるともいえます。仮に"去澡堂"といわずに"去風呂屋"、"建物"などと中国語読みされたら理解できるでしょうか？　やはりかなりのプレッシャーになります。それに突如外来語としての英語も挿入されるので気をつけなければなりません。上記の"康密勲"(kāngmìxūn)などもその例で、中国語の流れのなかで、耳から単語を捉えるには、"手續費"(shǒuxù fèi)のほうがすんなり通訳できそうです。
　またこのなかの"充電"などは、電気の充電よりは、むしろ「自らの向上、充実」または「休息、レジャー」などの意味に使われています。

　前置きがたいへん長くなりましたが、いよいよスクリプトに入ります。戎さんのお話の抜粋をCDと音読サイトラを交えながら勉強し、だんだんに耳を慣らしていってください。また"繁体字"も広東あたりではよく見かけるようになりましたので、どちらも読めるようにしておくと便利です。
　CDの音声は、1993年9月に収録したものです。

練習1　リスニング ────────────── **DISK 2**　⑯
(a) まずテキストを伏せて、CDを繰り返し聞いてください。
　いかがですか？　聞き取れない箇所がたくさんある場合は次のヒントを参照してください。

(b) ヒント
fùshù　富庶：物が豊か　　biduān　弊端：弊害　　wàihuìcúndǐ　外匯存底：外貨保有高。大陸では"外汇储备""外汇储存"、"存底"は、「伝票の控え」などとして使われる。　　guómín suǒdé　國民所得：大陸では、"国民收入"が多い。　　jīnqián yóuxì　金錢遊戯：マネーゲーム　　xiàngqiánkàn　向錢看：もとは"向前看的姿態"、「前向きの姿勢」などに使われていたのが変化したものですが、大陸と同様に使われているところがおもしろい。　　chǎo dìpí　炒地皮：この場合の"炒"は、"炒菜"の炒め物ではなく、売買によって儲ける「土地ころがし」　　búzé shǒuduàn

不擇手段：手段を選ばず　　　pīnmìng zhuànqián　　拼命賺錢：必死で金儲けする
fēngqì　風氣：風潮、気風、風俗

注意すべき点："啊"や"呢"はさらりと聞きながして下さい。

また繰り返しCDを聞いてから、スクリプトと照合してください。

（c）スクリプト1

> 富庶社會的弊端
> 　臺灣現在非常有錢，臺灣呢，無論是外匯存底，無論是個人的國民所得，無論是這個以貿易數字來講，臺灣呢，是一個，現在變成一個非常繁榮、富庶的社會。但是呢，繁榮富庶的社會啊，有錢呢，並不是壞事，但是呢，會產生種種的弊端出來。
> 　譬如第一點　金錢遊戲：這個像日本的「バブル經濟」一樣啊，因爲大家都是向錢看，我這裡寫的"向錢看"，不是那個前面的"前"，是金錢的"錢"，"向錢看"，都是功利主義，臺灣也講"向錢看"。那一切以錢爲中心，就是能賺錢就不擇手段，拼命賺錢。炒地皮啊，或者是買股票啊，想儘量以投機啊，以花最少的勞力，賺起最多的利益，這是目前臺灣社會的風氣，大家都想啊，賺錢。

（d）ポイント
バブル経済：泡沫 pàomò　經濟
　このうち聞き取れなかった単語が、"富庶""存底"くらいならリスニングは問題ありません。自信をもって前に進んでください。

ではスクリプト1を音読サイトラしてみてください。

（e）訳例
　豊かな社会の弊害
　　台湾にはお金がたくさんあります。外貨保有高にしても、個人の国民所得にしても、

貿易高からいっても、台湾はいま非常に繁栄した豊かな社会になりました。繁栄した豊かな社会、お金があるのは必ずしも悪いことではありません。しかし様々な弊害が出てきます。

　第一は、マネーゲームです。これは日本のバブル経済と同じで、みんなお金に目がないんです。ここでは、"向錢看"で"前"ではありません、金銭のほうの"向錢看"、みんな功利主義です。台湾でも"向錢看"といいます。すべてお金中心で、金儲けのためなら手段を選ばず、必死で儲けようとするのです。土地ころがしとか株を買ったり、できる限り苦労しないでたんまり儲けようってわけです。これがいまの台湾社会の風潮です。

練習2　音読サイトラ
（a）ヒント

　次はサイトラに入りますが、視覚的にでなく音声としてとらえた時にむつかしい単語をまず挙げてみました。

guòdù　　zànshí　　chíxù　　pínqióng　　fùyù　　bìjīng　　fǔéryǒulǐ
shūxiāng　　zhōngxīn　　tānlánzhīdǎo　　cǎiquàn　　sīxià　　wéifǎ

　このようにピンインで単語だけ書き連ねても必ずしも正しい漢字を特定できるとは限りません。"zhōngxīn"ときて思い浮かぶのは、"中心""忠心""衷心"、そのため前後の関係から単語を想定する以外に判断のしようがありません。しかし"guòdù"→"過渡"は、これしかなく、限定できます。しかしここでは、限定の可否を問わず、一応音声を頭に入れておいてください。

　次に音読しながらスラッシュ（／）を入れてみましたが、「／～／」の間は、休まずに続けて読むとかかり具合がはっきりし、読解のスピードアップにつながります。上記のピンインを思い出しながら一度原文を読み、その後音読サイトラに入ってください。

（b）原文

　　那這個現象／到底是／過渡的呢，　暫時的呢，　還是／持續的呢？
很多的人／對這件事的看法／有不同的意見。但是／我個人的意見／
認爲／一個國家或地區／從貧窮走向富裕的時候，　／是必經的過程。

我想／大概是／一個過渡的現象，希望將來／大家有錢以後／能够走向／一个富而有禮、書香的社會，不要／只以錢爲中心的／一個社會，這是／我們／衷心的希望。
　　我想／再提一下／貪婪之島的"六合彩"，六合彩是／「宝くじ」，那個彩券，與香港／有關係。香港發行的／這個六合彩，然後／到臺灣去發售，臺灣人民／参加。臺灣／另外一個彩券／叫"媽媽楽"，臺灣自己／發明的彩券，這個彩券／都是／政府／不承認的，都是／民間自己／私下進行的，基本上／都是／違法的。

（c）訳例
　　ではこの現象は一体過渡的、かつ一時的なものなのか、それとも持続的なものなのでしょうか？　これに対しては、いろいろな見方、いろいろな意見があります。しかし私の個人的な見解では、国であれ、地域であれ貧困から繁栄に向かう際に必ず経なければならないプロセスのように思います。多分これは過渡的な現象であって、将来みんなが裕福になったら富んで礼ある、知性ある社会になって欲しいと思います。銭金ばかりではない社会を私たちは心から願ってます。
　　もう一つは貪欲の島の「六合彩」、宝くじのことです。この宝くじは香港と関係があります。香港で発行されたこの宝くじは、後で台湾に出回り、台湾人が加わりました。台湾のもう一つの宝くじは、「媽媽樂」といいますが、これは台湾で発案された宝くじです。この宝くじも政府が認めておらず、いずれも庶民の間でひそかに行われているもので、基本的にはどれも違法です。

練習3　逐次通訳　　　　　　　　　　　　　　DISK 2　17

（a）次のスクリプト2には、さほど難解な単語はありませんが、1分300字弱とテンポがやや速くなっています。
　　CDを聞きながら、適当に区切って逐次通訳してください。その際できるだけメモを取るよう心がけてください。聞き取れなければ何回もチャレンジしてください。

(b) スクリプト2

> 　　（第四點）環保問題已經成爲社會注目的焦點。臺灣因爲經濟發達，工業也非常發達，就產生了公害問題。公害問題就帶來環境的破壞，所以環保意識非常地高漲，很多種環保的示威遊行啊，經常可以在臺灣的街頭上看到。
> 　　這個環保問題啊，是現在目前對臺灣政府，非常頭痛的一個問題。怎麼樣來處理這個環境污染，公害的問題，這是我想這個世界上所有先進國家都有過的痛苦的經驗。

(c) ポイント
　ここに出てきた単語は全部音声として記憶にとどめ、日訳できるようにしてください。
huánbǎo ＝ huánjìngbǎohù　　zhùmù　　jiāodiǎn　　gōnghài
huánbǎo yìshi　gāozhǎng　　huánjìng wūrǎn

(4) 訳例
　　もう一つは環境保護の問題です。環境保護はすでに社会の注目のマトになっています。台湾では経済が発展し、工業も非常に発展したことにより、公害問題が生じました。公害が環境破壊をもたらし、そのため環境保護意識がきわめて高くなり、台湾の街頭ではしょっちゅう環境をめぐっての様々なデモを見かけます。
　　環境問題は、台湾政府にとってたいへん頭の痛い問題です。環境汚染、公害問題をどのように処理するか、これは世界のあらゆる先進国がかつて遭遇した苦い経験だと思います。

練習4　音読サイトラ
　次の原文をまず声を出して読みながら、動詞を○で囲み、それから一句ごとに音読サイトラしてください。

（1）原文

> 　　我們講到臺灣目前的經濟情況，臺灣目前正準備加入先進國和地區的行列。臺灣近三十年來的每一年的經濟成長率GNP都應該增加平均8.7％左右。但是最近這三年，經濟受整個國際情勢的影響，經濟有一點走下坡，所以這兩年的經濟成長率只維持在6.2％到6.3％之間。今年的目標預定是6.2％，對外貿易總額達到1534億美元。這是占世界第十四位。
> 　　平均國民所得就是人均GNP現在已經超過了一萬美元，這個數字在世界上是占第二十一位。外匯存底現在是856億美元，截止1993年4月占世界第二位，僅次于日本。日本目前是900多億。

（2）ポイント

　このなかに中国大陸とはやや異なる台湾特有の用語が含まれていましたが、復習のつもりでそれをピックアップし、どこが違うか両者を比較してみてください。

解答　台湾での用語→中国大陸での用語
　　經濟成長率→经济增长率
　　國際情勢　→国际形势
　　国民所得→国民收入
　　外匯存底→外汇储备

（3）訳例

　台湾の経済状況ですが、台湾は目下先進国や地域の仲間入りをしようとしています。ここ三十年来、経済成長率、GNPは毎年平均8.7％前後伸びてきました。しかしここ三年間は国際情勢に影響され、経済はやや下り坂の状態で、ここ二年間の経済成長率は6.2％から6.3％の間にとどまっています。今年の目標は6.2％の見込みで、対外貿易額は1534億ドル。これは世界で十四位です。
　国民所得の平均、つまり一人あたりのGNPは、すでに1万ドルを越えており、この数字は世界で第21位です。外貨保有高は、現在856億ドル、1993年4月現在、世界第二位、日本の次です。目下日本は900億ドル余りです。

練習5　逐次通訳　　　　　　　　　　　　　　　　　　　　DISK 2　⑱

（a）CDを2回ほど聞き、要点をメモしてください。その際、数字は必ずメモしておきます。
（b）では設問に答えてください。
1）まず次のピンインを瞬時に日本語に変換してください。

màoyì　nǐchā　yǐ　qùnián　wéilì　duì Rì　chūkǒué　liǎngge shùzì yī jiājiǎn
zhànzài　guójì　zìyóu　màoyì　yuánzé　kāifàng　shìchǎng　jiǎndī　shù'é　jīn'é

2）次の質問に中国語で答えてください。
　① 在貿易方面日本跟臺灣之間存在甚麼問題？
　② 去年臺灣對日出口額和進口額大約達到多少？
　③ 怎樣計算貿易逆差？臺灣對日貿易逆差是多少？
　④ 臺灣要求日本採取甚麼樣的措施？

CDをもう一度聞き逐次通訳してください。

（c）スクリプト3

> 　　臺灣近這十幾、二十年來一直每年對日本都是貿易逆差。以去年為例，對日出口額是大約是89億美元，對日的進口額是218億美元。這兩個數字一加減以後呢，就變成129億的美元的貿易逆差。那這個臺灣對日本的貿易逆差一直是這兩年來、兩三年來那個臺灣跟日本在外交上或者在各樣的國際關係上啊，很重要的一個話題。
> 　　每次有關這個臺灣跟日本之間的這個國際會議一有舉行的話幾乎這個話題都會被提出來。那臺灣站在國際自由貿易的原則下，希望日本多開放市場，希望日本多買臺灣的東西，來減低這個貿易逆差的這個數額，金額。

（4）訳例
　　ここ十数年、二十年来、台湾の対日貿易は、毎年赤字でした。去年の例でも日本向けの輸出額はおよそ89億ドル、対日輸入額は218億ドルでした。計算してみますと、129

億ドルの貿易赤字になります。ですから台湾の対日貿易赤字は、常にここ二三年来、対交的にもあるいは国際関係においても非常に重要な話題になっています。

台湾と日本の国際会議がおこなわれるたびにこの話題が出されます。台湾は国際自由貿易の原則に則り、日本がさらに市場を開放し、台湾の物をたくさん買ってこの貿易赤字の額、金額を減らすよう望んでいます。

練習6　逐次通訳　　　　　　　　　　　　　　　　　　　DISK 2　[19]

(a) テキストを伏せ、CDを聞きながら逐次通訳をしてください。一回聞いて通訳できれば理想的ですが、やや難解な語彙もあるので、その時は辞書を片手に何回もチャレンジしてください。

(b) スクリプト4

ポイント

(1) 民間的財團法人"海峽交流基金會"這個機構，最近在很多的國際會議的場上，各位同學如果有注意的話，翻譯的時候都會使用的這個"海峽兩岸交流基金會"，簡稱叫"海基會"。然後呢，這個是在臺灣的這個單位。在中國大陸那個對口單位啊，對等單位啊，叫做"海協會"，"海協會"呢，全稱叫"海峽兩岸關係協會"。

(1) cáituán fǎrén　財團法人：音声として覚えてください。jījīnhuì　基金會："国際货币组织"（国際通貨基金）「IMF」など、"基金"は「ファンド」とも訳せます。對口單位："單位"は中国大陸でもよく出てきますが、企業や機関を指し、そのものずばりの日本語が見あたりません。"對口"はカウンターパート、窓口。"對等單位"も同じ意味なので、カットしてもいいでしょう。全稱：「総称」、その逆は"簡稱"、単語を覚える際にいつも広がりをもたせながら記憶しましょう。

(2) 辜汪會談。大家我想這個在日本的這個報章，雜誌上啊，都曾經看過這個辜汪會談。它是在1993年，今年的4月27號到29號，在新加坡，日文稱法是「シンガポール會談」，新加坡會談。實際上名稱叫辜汪會談。

(2) Gū-Wāng huìtán　辜汪會談：リスニングできましたか？　中国大陸側では"汪辜会谈"となります。交渉のリーダー格の汪道涵（Wāng Dàohán）さんと辜振甫（Gū Zhènfǔ）さんの名字を取ったものです。報章＝報紙：新聞

(3) 這辜汪會談呢，結果它主要是談這一些<u>事務性</u>的事情，並沒有談到政治的話題，達成了四項的協議。也就是這<u>公證書</u>的（這個）<u>查證</u>以及<u>掛號信函</u>的<u>存證</u>以及（這個）檢查，或者是說<u>遺失</u>，掛號信遺失的時候怎麼樣處理這個案，處理這個情形，對這方面的協議。第三個協議就是這個"海基會"跟"海協會"兩個協會之間事務聯繫的規則。

(3) 事務性：「実務的」、"事務級会談"なら「実務者レベルの会談」gōngzhèngshū 公証書：公正証書。この辺りから多少リスニングが難しくなりました、馴染みのない単語も覚えましょう。 cházhèng 查証：検査し証明する guàhào xìnhán 掛號信函：書留郵便。病院で"挂号費"と言えば「初診料」、いろいろ使い分けが必要です。cúnzhèng 存証：証拠としての控え、yíshī 遺失：紛失する、遺失する

(4) 第四個就是這個<u>中国大陸跟臺灣兩邊</u>，<u>有關今後（這個）走向這個實際的統一的道路以後啊，將來應該有些甚麼樣的原則，又訂了一個共同的協議，就達成了這四項協議</u>。<u>那這一次的會談呢，完全是可以說是事務性的。按照這個報紙的報導來說，是這一次會議進行得相當的成功。</u>

(4) 難解な語彙はありませんが、アンダーラインの箇所などニュアンスに気をつけてください。

(5) 目前中國大陸跟臺灣之間呢，並沒有<u>直接通郵</u>，沒有<u>直接通商</u>，也沒有<u>直接通航</u>。通郵啊，已經是自從開放探親以來，<u>應着人民的要求</u>已經開始，有這個直接信上的來往已經可以了。但是還不是完全的，因為它這個用郵局來這個<u>匯款</u>，我們講「送金」啊，還是禁止的。所以這個通郵啊，還不是完全的通郵，只是部分的通郵。

(5) "通郵、通商、通航"を合わせて"三通"と言いますが、「通商」を除き、耳からでは「通郵」「通航」では、馴染みにくいので、聴衆によっては説明したほうがいいかも知れません。「通航」も日本では飛行機でなく船の就航を指すなど、微妙な違いがあります。 探親：里帰り 應者～要求：要望に応じて 匯款：送金

(以下音声は省略しましたが、参考にしてください)

(6) 通商，通商呢，這個直接通商呢，還不許，還不許可。間接的通商，比如經過香港跟這個中國大陸做生意，這個已經是，目前已經是在實施當中。但是直接的通商啊，目前還不許可。

(6) 做生意：このようなくだけた言い回しも覚えておきましょう。

(7) 通航就是這個由船呢，從臺灣直接開到大陸，或者飛機從臺灣直接飛到大陸啊，目前呢，還是没有，還是不許可的。所以這個通郵、通商、通航一般稱爲"三通"啊，目前還没有實施。那這個三通如果實施的話，對海峽兩岸的這個經濟啊，會有起很大的這個影響。

(7) 這個：随所に見られますが、原稿なしのスピーチにはよくあることで、これが同通なら遅れがちの訳出を追いつかせるチャンスでもあり、むしろ息抜きできるメリットとして考えたほうがよいでしょう。　會有起～：これも台湾特有の言い回しです、文法にとらわれずに訳しましょう。

(c) 訳例

(1) 民間の財団法人「海峡交流基金会」この機関ですが、最近多くの国際会議の場で、みなさんも注意していただければおわかりだと思いますけど、通訳の時にこの「海峡交流基金会」、略称「海基会」を使われるでしょう。それからこれは台湾の組織ですが、中国大陸のカウンターパート、相応する組織は「海協会」、「海協会」の総称は「海峡両岸関係協会」で、これは民間の組織です。

(2) 辜汪会談、みなさんこの辜汪会談については新聞、雑誌などでご覧になったと思います。それは、1993年4月27日から29日までシンガポールで開かれたもので、日本語では「シンガポール会談」と呼ばれています。実際の名称は辜汪会談と言います。

(3) この辜汪会談の結果は、主に実務的なことが話され、政治的な話題には触れず、四つの点で合意しました。すなわち公正証書のビザならびに書留の控えとチェック、また紛失した時にどのように処理するか、処理の状況、相手側との協議。三つ目は「海基会」と「海協会」両協会間の実務連絡の規定です。

（4）四つ目は、中国大陸と台湾双方が今後実際の統一の道に向かって進んでいくに当たって将来どのような原則が必要とされるかについても共に協議し、四つの合意に達しました。この会談は完全に実務的な会議といえます。新聞の報道によりますとこの会議はかなりの成功を収めたようです。

（5）目下中国大陸と台湾の間には、直接の「通郵」（郵便業務）、直接の「通商」、直接の「通航」（船や飛行機の就航）もありません。しかし通信は、「里帰り」が実施されてから、人々の要望に応えるため直接文通できるようになりました。しかしまだ全面的ではありません、郵便局からの送金は依然として禁止されています。ですからこの「通郵」は完全ではなく、部分的な「通郵」です。

（以下音声省略）
（6）通商ですが、直接の通商はまだだめなのです。許可されていません。間接的な通商は、例えば香港経由で中国大陸と取り引きをする、これはすでにおこなわれています。しかし直接の通商はまだ許可されていません。

（7）「通航」、船で台湾から直接大陸に行くとか、飛行機で台湾から直接大陸に飛ぶことはいまのところまだありません。やはり許可されていないのです。ですからこの通郵、通商、通航の三つを通常「三通」といっていますが、まだ実施されておりません。この三通がもし実現すれば、海峡両岸の経済にとってたいへん大きな影響をもたらすでしょう。

DATA 5　中日投资促进机构联席会议上的讲话
——フォーマルな席でのあいさつの逐次通訳、経済関連用語例

吴仪（中国対外貿易経済合作部部长）

PART 1　"中日双方投资促进机构第4次联席会议上的讲话"（1994年6月2日 东京）（摘录）

　　呉儀さんは中国の「対外貿易経済合作部」の部長、日本風にいうならば女性の通産大臣です。仕事柄いま国際的にも華々しい活躍をしておられます。

　　このテキストは、掲題の「中日双方投資促進機構合同会議」の開幕式に出席された時のあいさつの中心部分です。そのてきぱきとした、めりはりのある語り口は、まことに魅力あるもので、内容をより理解しやすくさせていると思われます。かなり早口ですが、通訳としてこのくらいのスピードにも対応できるようにしておかなければなりません。ご本人の承諾を得て、テキストとして使わせていただくことができました。(あいさつの冒頭部分は紙幅の関係で割愛させていただきました)

練習1　　　　　　　　　　　　　　　　　　　　　　　DISK 2　21
（a）練習手順
　　リスニング　→　シャドウイング　→　メモ取り　→　逐次通訳
　　最初はリスニングに集中してください。早口とはいえ、随所にたいへん明確な音声の区切り（ポーズ）があることに注意しましょう。特に句読点以外の箇所にとられている音声の区切りは、明らかに文の構成要素を浮かび上がらせています。これによって、文意の流れがつかみやすくなっています。

　　シャドウイングでは、呉儀さんの話し方、特に文中でのポーズのとり方をそのまままねて、自分の中国語の表現力を磨くようにしてください。リスニングで意味が理解できない箇所があった人は、先にヒントや訳例を見て解決しておいてください。

　　1文ごとの逐次通訳をやってみましょう。聞きながら、メモを取ってください。

1文を聞き終わったら、CDを止めて、声を出して日本語に訳してください。訳出の時間はできるだけ原音声（スピーチ）時間に近づけるようにします。

（b）ヒント
就…谈… …について…を言う 　　十四届（jiè）三中全会：'中国共产党第十四届中央委员会第三次全体会议'の略称，中国共産党第14期中央委員会第3回総会 　　载入（zǎirù）了…的宪法：…の憲法に書き入れた 　　作出了关于…的决定：…に関する決定を下した 　　这个重大决定有力地推动了…，促进了…，同时为…创造了…：「この重大な決定」の主語に対して、「推し進めた」、「促進した」、「創造した」の三つの述語動詞があり、それぞれに目的語や連用修飾語がある。 　　腾飞（téngfēi）：飛躍、テイク・オフ

（c）スクリプト1（句読点の箇所以外にとられているポーズに、1字の空白を設けてあります。）

> （1）现在，我想就我国对外经济贸易合作的发展情况　和中日经贸合作的关系　谈一点意见。
> （2）中国共产党第十四次代表大会　明确提出了　我国经济体制改革的目标　是建立社会主义市场经济体制，并且载入了我国的宪法。
> （3）去年十四届三中全会　又作出了　关于建立　社会主义市场经济体制的　决定。
> （4）这个重大的决定　有力地　推动了我国的　经济体制改革　和对外开放，促进了整个国民经济更快的发展。
> （5）同时　为我国　经济贸易的发展　和腾飞　创造了一个非常有利的条件。

（d）訳例
（1）それでは、わが国の対外経済貿易協力の発展状況と、中日経済貿易協力関係について、すこし意見を述べたいと思います。
（2）中国共産党第14回代表大会は、わが国の経済体制改革の目標は社会主義市場経済体制を打ち立てることであることを明確に提示し、わが国の憲法に記載しました。

（3）昨年の14期3中全会でもまた、社会主義市場経済体制を打ち立てることについての決定を下しました。
（4）この重大な決定は、わが国の経済体制改革と対外開放を力強く推し進め、国民経済全体の一層急速な発展を促しました。
（5）と同時に、わが国の経済貿易の発展と飛躍のために非常に有利な条件を造り出しました。

練習2　　　　　　　　　　　　　　　　　　　　　　　　　DISK 2　22

（a）練習手順

　　リスニング　→　シャドウイング　→　メモ取り　→　逐次通訳

（b）ヒント

邓小平建设有中国特色社会主义理论：中国の特色をもつ社会主義を建設するという鄧小平氏の理論　　**在…的指引下**：…に導かれて

　以下年代ごとの輸出入貿易統計数字、前年比成長率など、多くの数字を挙げて語られています。数字に関しては、必ずメモを取るようにします。

メモ例	鄧理論
	1993　貿易　総額1957.2億ドル
	92年　比　↗　18.2％
	輸出　918億ドル　　前年比　↗　8％
	輸入　1040　　　　　〃　↗　29％
	輸出製品　構成　完成品　全体の81.8％　1994
	貿易の経済効率　↗　国際収支　好。
	貿易　引き続き発展1－4月　前年同期比　↗　21.1％

　呉儀さんのこの時のあいさつには、実は事前に準備された中国語の原稿がありました。従って通訳は、条件があれば極力その原稿を先に日本語に訳しておきます。スピーカーが全く原稿通りに話してくれたら、同時通訳ならばスピーカーの速度に合わせて原稿を読んでいけばよいわけです。

　しかし実際はその余裕がない場合が多いのです。また仮に原稿があっても油断はできません。スピーカーが原稿通りに発言しないこともままあり、その場でアドリブで内容を追加したりします。この呉儀さんのあいさつの時も、原稿に比べ

て数字の微妙な言い換えや、アドリブも加わりました。その時は、その場ですぐに書き込みををします。

通訳としては状況に応じて、①時間があればオーラルペーパーは極力訳しておく、②時間がなければ動詞やキーワードとなる語句だけをピックアップして訳しておく、というふうに柔軟に対応する必要があります。

(c) スクリプト2

> (1)改革开放以来，在邓小平建设有中国特色社会主义理论的指引下，我国对外经济贸易　得到了迅速的发展，在国民经济和社会发展中　发挥了重要的作用。
> (2)1993年　我们进出口贸易的总额　达到了1957亿两千万美元，比1992年同期　增长了　18.2%。
> (3)其中　出口　918亿美元，进口　1040亿美元，分别　比1992年增长了8%　和29%。
> (4)出口产品的结构　进一步地改善，制成品的出口额　占全国出口总额的比重　达到了81.8%。
> (5)外贸经济效益有所提高，国际收支状况　良好。
> (6)今年以来，我国进出口贸易　继续　稳步地发展，一到四月　贸易总额　比上年同期增长了21.1%，其他各项对外经贸业务的发展势头也是很好的。

(d) 訳例

(1)改革開放以来、中国の特色をもつ社会主義を建設するという鄧小平氏の理論に導かれて、わが国の対外貿易は急速に発展し、国民経済と社会の発展に重要な役割を果たしてきました。
(2)1993年私たちの輸出入貿易の総額は、1957億2千万ドルに達し、1992年に比べ18.2%増でした。
(3)そのうち輸出は918億ドル、輸入は1040億ドル、それぞれ1992年比、8%と29%の増加を示しています。

(4) 輸出商品の構成は一層改善され、製品の輸出額の全国輸出総額に占める割合は81.8％に達しました。
(5) 対外貿易の経済効率は向上し、国際収支の状況は良好です。
(6) 今年に入って、わが国の輸出入貿易は引き続き安定して発展しており、1－4月の貿易総額は前年同期に比べ、21.1％増です。またその他の対外経済貿易業務の発展の趨勢も、たいへん良好です。

練習3　　　　　　　　　　　　　　　　　　　　　　DISK 2　23

（a）練習手順

　リスニング → 空欄の数字の聞き取り → シャドウイング → 逐次通訳

（b）ヒント

　外資の対中投資の状況を紹介

　まず多くの数字を正確に聞き取れるかどうかが問題です。実際通訳をする時は、数字については必ずメモを取るようにします。

掀起高潮：高揚期を迎える　高まりを巻き起こす　　**累(lěi)計**：累計　　**批准**：認可

（c）スクリプト3

> 　利用外资是我国对外开放的一个重要组成部分。自从（①）年以来，外商对华投资　再度地掀起了高潮，增长速度非常之快。截止到（②）年底，全国累计批准的外商投资企业　达到了（③）多家，实际使用外资的金额　已经达到了（④）美元。今年（⑤）月份，外商投资　又有大幅度的增长，全国累计批准的外资项目　达到了（⑥）多个，合同外资的金额　是（⑦）美元，实际使用的　是（⑧）美元。

　解答は（e）欄に

（d）訳例

　外資を利用することはわが国の対外開放の一つの重要な構成部分であります。1992年

から外国企業の対中投資は再び高まりを迎え、増加の速度は非常に速く、1993年末までに認可された外国の投資企業は、累計17万4千社余りに達しています。実際に使用された外資の金額はすでに618億ドルに達しています。今年の1－4月の外国企業の投資はまたもや大幅な増加をみせ、全国で認可された外資プロジェクトは累計1万7千9百件余りに達し、外資の契約金額は253億ドル、実際に使用されたのが79億2千万ドルになっています。

（e）解答
① 1992　② 1993　③ 17万4千　④ 618億　⑤ 1－4
⑥ 1万7千9百　⑦ 253億　⑧ 79億両千万

練習4　　　　　　　　　　　　　　　　　　　　　DISK 2　24

（a）練習手順
　　リスニング　→　空欄の語彙を補う　→　シャドウイング　→　逐次通訳

（b）ヒント
推行…的措施：…の措置を施行する　　**这对…具有…的影响**：これは…に対して…な影響がある　　**运转**：ここでは「運営、施行状況」　**深化**：深まり、ここでは名詞　　**有利于…**：…に有利である、…に役立つ　　**为外国投资者创造…的良好的环境**：外国の投資家に…のような良い環境を作り出した

（c）スクリプト4

（1）从今年开始，我国推行了一系列重要的改革（①），包括（②）、（③）、（④）、（⑤）、（⑥）等几个主要（⑦）的体制改革的措施，这对我国整个社会主义市场经济体制的建立　具有重大的、积极的影响。经过几个月的实践，现在来看（⑧）基本是正常的。对于出现的一些问题，正在积极地研究和给予解决。

（2）中国改革的深化　将会有利于改善中国的投资环境，为外国投资者创造一个　按照国际经济（⑨）和（⑩）来投资，（⑪）的良好的环境，从而将为开展中国与世界各国经济贸易的合作　创造一个更好的（⑫）的条件。

(d) 訳例

(1) 今年からわが国は一連の重要な改革措置を打ち出しました。それは財政、税収、金融、外国為替、貿易などのいくつかの主な領域の改革措置を含んでいます。これはわが国の社会主義市場経済体制を打ち立てることの全てに、重大な、積極的な影響をもたらすものです。数カ月の実践を経た今日からみると、その実施状況は基本的に順調であり、現れたいくつかの問題に対しては、いま積極的に検討し、解決しようとしています。
(2) 中国の改革の深まりは中国の投資環境の改善に役立ち、外国の投資家のために、国際経済の規範と慣例によって投資と経営がおこなえる優れた環境を作り出し、ひいては中国と世界各国との経済貿易の協力を展開していくために、よりよいマクロの条件を作り出すことになります。

(e) 解答
①措施　②財政　③税収　④金融　⑤外匯　⑥外貿　⑦領域　⑧運転　⑨規範
⑩慣例　⑪経営　⑫宏観

練習5　　　　　　　　　　　　　　　　　　　　　　　DISK 2 25

(a) 練習手順
　　リスニング　→　メモ取り　→　逐次通訳

(b) ヒント
签订：調印　　迈上了一个新的台阶：一段階引き上げられる　　相差无几：たいした違いはない

メモ例

```
昨年　友好　15周年
　政府
　経貿部門 ┐
　業界　　 ├ 共通努力　→　経貿発展
　その他　 ┘
　政治関係　良好　→　貿易新記録
　税関　　93　中日　390.4億ドル
　　　　昨年比　　＋53.8％
　日本統計　　378億ドル　二つの数字　ほぼ同じ
```

（c）スクリプト5

女士们、先生们：
（1）去年 是中日友好条约签订十五周年，在中日两国政府的关心和支持下，经过两国经贸部门、企业界的人士 及其他各方面人士的共同的努力，中日双边经贸关系 一直发展得很好。
（2）同时，中日两国良好的政治关系 又推动了经贸关系 迈上了一个新的台阶。双边贸易额 连年增长，而且去年创造了历史的最好记录。
（3）据中国海关统计，1993年 中日贸易额达到了 390亿4千万美元，比1992年 增长了53.8%。日方的统计是378亿美元，我想这两个数字相差无几。

（d）訳例

①みなさん
　昨年は中日（平和）友好条約調印15周年にあたり、両国政府の協力と、経済貿易部門、実業界の人々、その他の人々の努力によって、両国間の経済貿易関係はずっと順調に発展してきました。
②そして両国の良い政治関係が、経済貿易関係を推し進めてそれを一段階引き上げました。貿易額は年年増加し、昨年は史上最高の記録を達成しました。
③中国税関の統計によると、1993年中日貿易額は390億4千万ドルで、92年比53.8％増です。日本側の統計は378億ドルですが、この二つの数字にさほどの開きはありません。

練習6　　　　　　　　　　　　　　　　　　　　　　　DISK 2　26

（a）練習手順
　　リスニング　→　シャドウイング　→　メモ取り　→　逐次通訳

（b）ヒント
貿易伙伴：貿易パートナー　　**高技術**：ハイテク　　**向…进军**：…に向かって進む　　**截止到…**：…までに　　**项目**：項目、プロジェクト　　**协议的日资的金额**：契約された日本資本の金額、契約ベースの金額　　**実际投入使用的…**：実際に投入された…、実行ベース

(c) スクリプト6

> 　　现在日本已经成为我们中国的第一大的贸易伙伴。日本企业　对华的投资也掀起了一个新的高潮，并且开始向大型和高技术领域进军。据统计，截止到1993年底，日本企业来华投资的项目　累计为7182家，协议的日资的金额　是88亿6千万美元，实际上投入使用的　是51亿7千万美元。

(d) 訳例

　　いま日本はすでに中国の第一の貿易パートナーになりました。日本企業の対中投資は新しい高まりを迎えており、大型化とハイテク化の方向に進んでいます。統計によると1993年末までに、日本企業の対中投資項目は7182社に及んでいます。契約された日本資本の金額は88億6千万ドル、実際に投入された額は51億7千万ドルです。

練習7　　　　　　　　　　　　　　　　　　　　　DISK 2　27

(a) 練習手順

　　リスニング　→　シャドウイング　→　メモ取り　→　逐次通訳

(b) ヒント

典礼：式典、式　　**官民并办**：政府と民間がともに力を入れる、官民挙げて、ふつうは'官民并挙'という。　　**典范**：モデル　　**高新技术**：ニューハイテク

(c) スクリプト7

> 　　由于日本政府的支持、民间的联合　大大地推进了中国大连工业团地项目的进展，取得了　可喜的成绩。目前，在大连举行了团地基础设施竣工的典礼。中日两国这一个创举，为官民并办、加强资金合作与共同开发　树立了良好的典范。目前，我们正期待着有更多的高新技术的项目　进入大连工业团地。

204 実践編

（d）訳例

　　日本政府の支持と民間の協力によって、中国大連工業団地のプロジェクトは大いに進展し、喜ばしい成果を挙げています。大連では工業団地の基盤施設の竣工式がおこなわれました。中日両国のこの壮挙は、政府と民間の共同経営、資金協力と共同開発の強化に良いモデルを打ち立てました。目下、われわれはより多くのニューハイテクのプロジェクトが大連工業団地に参入されることを期待しています。

（中間一部省略）

練習8 ───────────────────────────── **DISK 2** 28

（a）練習手順
　　　リスニング　→　シャドウイング　→　メモ取り　→　逐次通訳

（b）ヒント
　　　第三批日元貸款：第三次円借款

（c）スクリプト8

> 　　中日两国政府之间的资金合作不断地发展，为推动两国经济领域的合作起到了重要的作用。在安排使用第三批日元贷款　以及日本政府援助的过程中，我们与日方密切地合作，对项目的各个环节　进行了周密的调查研究　和科学的论证，把项目实施　建立在坚实的基础上。因此这些项目的进展　都十分顺利，已经建成项目　正在发挥应有的效益和作用。

（d）訳例

　　中日両国政府間の資金協力はたえず発展しており、両国の経済分野の協力の推進に重要な役割を果たしています。第3次円借款及び日本の政府援助の実施に際し、私たちは日本側と密接に協力し、プロジェクトの各段階で周到な調査研究と、科学的論証を加え、堅実な基盤の上でプロジェクトを実施しました。このため、これらのプロジェクトはいずれも順調に進展し、すでに建設されたプロジェクトは、しかるべき効率と機能を発揮しつつあります。

練習 9 ── DISK 2 ㉙

(a) 練習手順

　リスニング　→　メモ取り　→　逐次通訳

(b) スクリプト 9

> 　　中日两国是一衣带水的友好邻邦,两国都是亚太地区有重要影响的国家。中国政府十分重视发展中日的经贸关系。在这一方面,两国有着天时、地利、人和的有利条件,我们应该共同努力,扩大两国的经济合作的规模。

(c) 訳例

> 　　中日両国は一衣帯水の友好的な隣国であり、両国ともアジア太平洋地域に重要な影響力をもつ国です。中国政府は中日の経済貿易関係を発展させることをたいへん重視しています。この面で両国には、天の時、地の利、人の和という有利な条件があり、私たちは共に努力して、両国の経済協力の規模を拡大していかなければなりません。

練習 10 ── DISK 2 ㉚

(a) 練習手順

　リスニング　→　メモ取り　→　逐次通訳

(b) スクリプト 10

> （1）中日双方投资促进机构　成立　到现在已经4年了,我们高兴地看到,4年多来,在中日两国领导人和政府各主管部门的大力支持和关心下,在双方机构各位成员的密切配合和共同努力下,促进日本企业来华投资的工作　取得了丰硕的成果。在此,我对池浦先生为会长的日中投资促进机构的各位成员　所做的不懈的努力　和付出的心血　表示衷心的感谢,对双方投资机构所取得的成果表示祝贺。
>
> （2）我希望中日双方投资促进机构　进一步地密切合作,为促进两国间的投资合作事业取得更大的成绩，为两国经济共同繁荣和发展　作出

新的贡献。

（3）祝愿中日双方投资促进机构第四次联席会议　取得圆满的成功。我也很愿意在这次会议上　听到日方的企业家们　对中国在改善投资环境　这些方面的意见和建议。我们将认真地研究大家这些意见和建议　来改进我们的投资工作，希望更多的日本的企业界到中国去参加投资。我的讲话完了。

（d）訳例

（1）中日双方の投資促進機構が設立されてもう4年になります。この間両国の指導者や政府の主管部門の協力と、双方の機構のメンバーの密接な協力と努力によって、日本企業の中国投資は大きな成果を挙げてきたことを喜んでいます。池浦先生を会長とする日中投資促進機構の皆さんのたゆまぬ努力と、そこに注がれた心血に心から感謝すると共に、その成果をお祝いしたいと思います。
（2）私は中日双方の投資促進機構が一層密接に協力し、両国間の投資協力事業が更に大きな成果を挙げ、両国経済の繁栄と発展のために新しい貢献をすることを期待しています。
（3）中日双方の投資促進機構第4回全体会議が大きな成功を収めることをお祈り致します。またこの会議の席上で、日本側の企業家たちの、中国に対する投資環境改善のための意見や提案をお聞きしたいと思います。私たちは皆さんの意見や提案をまじめに検討し、われわれの投資受け入れの仕事を改善し、より多くの日本の企業が中国へ投資されることを期待しています。以上で私のごあいさつと致します。

PART 2　"在全国出口工作汇报会上的讲话"（1995年8月）

　　次は1995年9月5日付　「国際商報」に掲載された呉儀部長の「全国輸出工作報告会」での講演からの摘録です。経済貿易関連の用語が頻出しますので、後出の経済関連用語例を参考にして訳してください。音声はあり

ませんので、すべてサイトラ、または音読サイトラをおこなってください。サイトラをやりやすくするために、ある程度の意味のまとまりごとに、空白を設けました。

練習11-1

"吴仪部长在全国出口工作汇报会(1995.8.30.～9.1. 外经贸部在天津召开) 上的讲话"

摘自 1995.9.5.《国际商报》

一、对　前七个月出口高速增长　要有　全面认识

今年以来，全国外贸形势　总的来说　是好的。据　海关统计，1－7月出口总额　达　1498亿美元，比　去年同期　增长　27.5%。其中，出口820.6亿美元，增长39.7%，完成　年计划1200亿美元的68%；进口677.4亿美元，增长15.3%，完成　年计划1200亿美元的56.45%。就出口情况来看，有以下几个特点：

訳例

「呉儀部長の全国輸出工作報告会（1995.8 外経貿部が天津で開催）における講演」

1995.9.5.『国際商報』より摘録

一、1～7月の輸出の急増に対して全面的認識をもつべきである

今年に入って全国の対外貿易の情勢は全般的によい。税関の統計によると、1－7月全国の輸出入総額は1498億ドルに達し、昨年同期比27.5%増である。そのうち輸出は820.6億ドルで39.7%増、年度計画1200億ドルの68%を達成した。輸入は677.4億ドルで15.3%増、年度計画1200億ドルの56.45%を達成した。輸出の状況には次のいくつかの特徴がある。

練習11-2

(一) 出口　高速増长，对外贸易　出现　较大顺差。

据　我部业务统计，1－7月全国出口额　比　进口额　多158.4亿

美元,出口增幅 高于 进口增幅 22个百分点,对外贸易 出现 较大顺差。其中,一般贸易出口581.5亿美元,完成 年计划810亿美元的71.8%,同比 增长 41.7%;外商投资企业 出口238.7亿美元,完成 年计划350亿美元的68%,同比 增长29.9%;易货贸易出口12.8亿美元,完成 年计划35亿美元的36.7%,比 去年同期 下降22.6%。

訳例

(一)輸出が急速に伸び、対外貿易に比較的大きな黒字をもたらした。

　当省の業務統計によると、1－7月の全国の輸出額は輸入額より158.4億ドル多く、輸出の伸びが輸入の伸びよりも22ポイント多く、対外貿易に比較的大きな黒字をもたらした。そのうち一般貿易輸出は581.5億ドル、年度計画810億ドルの71.8%を達成、前年同期比41.7%の伸びである。外資系企業の輸出は238.7億ドル、年度計画350億ドルの68%を達成、前年同期比29.9%増である。バーター貿易の輸出は12.8億ドル、年度計画35億ドルの36.7%を達成、昨年同期比22.6%減である。

(中略)

練習11-3

(三)出口结汇率 提高,结汇收入 增长。

　就 全国情况 看,出口结汇率 普遍在 90%以上。截止6月底,国家外汇储备 达626.6亿美元,创 历史最高水平。

　促使 今年前七个月外贸出口 高速增长的 因素,主要有 以下几点:

訳例

(三)輸出為替決済率が向上し、決済による収入が増加した。

　全国の状況についてみると、輸出為替決済率は普遍的に90%以上にある。6月末で、国の外貨準備は626.6億ドルに達し、史上最高の水準に達した。

　今年の7カ月の対外輸出が急速に伸びた原因は、次の諸点にある。

練習 11-4

> 第一,国家 加大 宏观调控力度,物价涨幅 有所回落,社会总供求关系 保持 基本正常,国民经济 持续 稳定增长,为 外贸出口 创造了 良好的物质基础。

訳例

　第一に国がマクロコントロールを一層強めた結果、物価の騰勢はある程度鈍化し、社会全体の需給関係が基本的に正常に維持され、国民経済が引き続き安定した伸びをみせ、輸出のために良い物質的な基礎を作りだした。

練習 11-5

> 第二,去年国家推出的一系列重大改革措施,特别是 外汇外贸体制改革措施,为 各类出口企业 创造了 平等竞争的大环境,调动了 企业扩大出口的积极性,对 出口增长 起到了 巨大的推动作用。去年出口 高速增长的势头,对 今年的外贸出口 有 惯性推动作用。

訳例

　第二に、昨年国が打ち出した一連の重大な改革措置、とりわけ外国為替と貿易体制に関する改革措置は、様々な輸出企業に平等に競争できる環境を作り出し、企業の輸出拡大への積極性をかきたて、輸出の伸びに大きな促進効果があった。昨年の輸出の急速な増加の趨勢は、今年の輸出に対しても、慣性的な促進作用をもつであろう。

練習 11-6

> 第三,地方各级政府 非常重视 出口工作,普遍把 外贸出口作为 当地扩大对外开放、促进经济发展的支柱产业 或先导行业 来抓,采取了 许多扩大出口的措施,有力地促进了 出口的增长。

訳例

　第三に、地方の各級政府は輸出を非常に重視し、対外輸出を、その地の対外開放を拡大し、経済発展を促す基幹産業または先導業種として力を入れ、多くの輸出拡大の措置を講じ、輸出の増加を力強く促した。

練習 11-7

　第四，由于　国家自7月1日起下调出口退税率，外贸企业　为争取得到较多的退税额　而努力　在上半年多出口。另外，人民币汇率　从去年下半年开始　升值幅度　较大，企业　担心　因人民币汇率继续升值　受到损失，都尽量争取　早出口、早收汇。与此同时，各地和各类外贸企业　挖掘　潜力，加强　经营管理，收到了　一定的成效。

訳例

　第四に、国が7月1日より輸出戻し税率を引き下げたため、貿易企業はより多くの戻し税を獲得するため、上半期により多く輸出しようと努力した。また人民元のレートの昨年下半期からの値上がり幅が大きく、企業は人民元レートが引き続き上昇することによる損失を懸念して、できるだけ早めに輸出し、早めに外貨を獲得しようとした。同時に各地の様々な貿易企業は、潜在力を掘り起こし、経営管理を強化することによって、一定の効果をあげた。

（中略）

練習 11-8

　与此同时，我们　必须清醒地看到，当前外贸出口　还存在　一些突出的问题：一　是　外贸整体经济效益　下降，出现　新的出口亏损现象。二　是　出口经营秩序　尚未得到　根本改善，抬价抢购、低价竞销行为　时有发生。三　是　由于　外汇储备增长　较快，增加了基础货币的投放，人民币　依然面临　升值的压力，对　出口增长　有明显的抑制作用。四　是　出口退税　不能及时足额到位，加剧了外贸资金紧张局面，加重了　企业的利息负担，制约了　出口的发展。

訳例
　同時に、われわれは当面の対外輸出にはいくらかの際だった問題がなお存在することを、はっきりと見て取らなければならない。一つは対外貿易全体の経済効率が下がっており、新しい輸出欠損の現象が現れていること。二つには輸出の経営秩序がいまなお根本的に改善されておらず、価格をつり上げて買いあさったり、値引き競売することが、時におこなわれていること。三つには外貨準備の増え方が速かったために、基礎貨幣の放出が増えているが、人民元は依然として値上がりの圧力を受けており、輸出の伸びに明らかに抑制作用をもっている。四つには、輸出戻し税がすぐに満額支払われないため、対外貿易資金が逼迫し、企業の金利負担が増え、輸出の発展を制約していることである。

練習11-9

二、下半年及明年出口面临的形势将更为严峻
（中略）
　　今年后几个月及明年外贸出口面临的困难　主要表现　在：
（一）国内宏观经济参数的变化，严重影响　经济效益。
1、人民币汇率升值的影响
（中略）
2、降低退税率的影响。1994年实行　新的增值税　以后，国家对　出口退税　按名义税率　计算，而国内生产和流通环节　征税不足，造成　　中央财政少征多退、入不敷出。根据　财政部和国家税务总局今年初的测算，出口产品的实际税负　要低于　规定的退税率　平均3个百分点。为了　缓解中央财政的困难和压力，国务院　决定，从今年7月1日起　对　出口产品　按　实际税负　退税，出口退税率　平均降低　3个百分点。

訳例
二、下半期及び来年の輸出の直面する情勢は一層厳しくなる
（中略）
　今年の後の数カ月及び来年の輸出の直面する困難は次の諸点に表れている。

(一) 国内のマクロ経済パラメーターの変化が経済効益に重大な影響をもたらす。

1、人民元レート上昇の影響

(中略)

2、戻し税率を引き下げた影響。1994年に新しい増値税が実施されてから、輸出戻し税は定められた税率に基づいて計算される一方、国内生産と流通段階での徴税不足により、中央財政は徴収が少なく戻しが多い、いわば収入が支出に見合わない状態に陥った。財政部と国家税務総局の今年初めの試算によると、輸出製品の実際の税負担は規定の戻し税率よりも平均3ポイント低いというものであった。中央財政の苦境と圧力を緩和するため、国務院は今年の7月1日から輸出製品に対して、実際の税負担に基づいて戻し税を実施し、その税率は平均3ポイント引き下げられた。

練習 11-10

> 4、退税滞后的影响。拖欠　出口退税款，一方面加剧　外贸资金的紧张，影响　企业资金周转，另一方面加重　企业利息负担。

訳例

 4. 輸出戻し税支払い遅延の影響。輸出戻し税の支払い遅延は、対外貿易の資金不足を一層深刻にし、企業の資金回転に影響する一方、企業の金利負担を重くした。

練習 11-11

> 5、银行利率调整的影响。从7月1日起，国家　取消　对外贸的优惠贷款利率，贷款利率　从以往的10.98%　提高到12.06%，提高1.08个百分点。汇率、税率、利率的变化及物价上涨因素的影响，将会使　出口成本　居高不下，严重削弱　我国外贸的竞争能力。

訳例

 5. 銀行の貸付利率調整の影響。7月1日より国は対外貿易に対する融資利率の優遇を撤廃し、貸付利率はこれまでの10.98%から12.06%に1.08ポイント引き上げられた。為替レート、税率、利率の変化及び物価上昇要因の影響により、輸出コストは高値のままで下がらず、わが国の対外貿易の競争能力を極端に弱めることとなろう。

(中略)

練習 11-12

> （三）国际环境趋紧，对外贸出口不利。
> 　　与　我国　签订　纺织品协议的　美国、加拿大、欧盟等　对　我国出口　设限越来越多，1995年设限类别数量　达　250个，总金额124亿美元，比1993年　增加40%，使　我国40-50%的出口纺织品　受到　国外配额限制。

訳例
（三）国際環境が緊張し、輸出は不利になる
　　わが国と繊維製品協定を結んでいるアメリカ、カナダ、EUなどのわが国の輸出に対する規制はますます増えている。1995年の品目数量の規制は250件に達し、総額124億ドル、1993年に比べ40%増えており、わが国の40-50%の輸出繊維製品は外国の割当制限を受けた。

（中略）

練習 11-13

> 　　关于　我国复关和加入世界贸易组织（WTO）的　问题，大家都很关心。今天　我不想多讲，只是　告诉同志们：我国　迟早必定会加入　WTO，这是中央的重大决策。我们　应统一　认识，积极创造　条件，并制订　对策，对　迎接加入WTO所带来的挑战。加入WTO，从长远看　是　对我们有利的。WTO　是　经济贸易方面的"联合国"，我们　作为　贸易大国，长期游离在世界多边贸易组织之外　是　不利于　我国贸易和经济发展的。加入WTO，就必须享受　权利、承担　义务。因此，要加入　就须付出　一定的代价。这　确实会造成对我国某些行业冲击。但　我认为，加入WTO　并不像　洪水猛兽那么可怕。重要的　是　坚持我国发展中国家的地位，这　会增加　保护我们的手段。

（後略）

訳例

　わが国のガット復帰と世界貿易機構（WTO）への加盟の問題は、みなの関心の的となっている。今日は多くを話さないが、皆さんに次のことだけは指摘しておきたい。わが国は遅かれ早かれWTOに加盟する。これは中央の重大な政策決定である。われわれは認識を統一し、積極的に条件を作り出し、対策を練り、WTOへの加盟がもたらす試練に備えなければならない。WTOへの加盟は長い目で見ればわれわれに有利である。WTOは経済貿易分野での「国連」であると言える。われわれは貿易大国として、長期にわたり世界の多国間貿易の機構の外にあるのは、わが国の経済と貿易の発展にとって不利である。WTOに加盟すれば、権利を享受するとともに義務を負担しなければならない。このため加入には一定の代償を支払わなければならない。これは確かにわが国の一部の業種にとってはショックをもたらすであろう。しかし私が思うに、WTOへの加盟は決して洪水や猛獣ほど恐ろしいことではない。重要なのはわが国の発展途上国としての地位を堅持し、それによってわれわれ自身を保護する手段を増やすことができることである。

経済関連用語例

(1) 1996年3月5日第8期全国人民代表大会第4回会議　李鵬首相報告より

　この報告の主旨は、少なくとも今後5年間、ひいては2010年までを視野にいれて、提唱されていく基本方針となるものです。従ってここに出てくる重要語句は、通訳を介して交流がおこなわれる、比較的フォーマルな場における中国側発言の中に現れる頻度は高いとみてよいでしょう。

　例えば経済成長方式における二つの根本的な転換、一つは計画経済から社会主義市場経済への移行、もう一つは、粗放型から集約型への移行。この粗放型と集約型は、ややわかりにくい言葉ですが、要は自然のままに放置した立ち後れた生産形態から、技術集約、ハイテク化などを目指した近代的な生産形態へシフトすることだと思われます。

　今後数年、十数年にわたって、中国はこの「根本的転換」をはかるべく努力奮闘していくわけで、先頃訪中した際にも、訪問した先々で、これらの事が話題になっていました。

　中国の基本方針が語られる際に、建前としてよく出てくるこれらの語句を、報告の中での出現順にピックアップしました。予備知識としてぜひインプットしておいてください。

　いきなり右の訳語を見るのでなく、自分がどのくらいできるかを試してください。またその逆（日→中）も試してみましょう。

跨世紀的	世紀にまたがる
远景目标	長期目標
标志	目印、標識、シンボル
翻两番	4倍になる、"翻"数量が倍増する。"翻一番"2倍になる
家用电器	家電製品
铁路正线	鉄道本線
发电装机	発電設備
邮电	郵便電信
瓶颈（píngjǐng）	ボトルネック
增值税	付加価値税、増値税
并轨（bìngguǐ）	一本化（レートなどの）
框架（kuàngjià）	枠組み
宏观调控	マクロコントロール
总体格局	全体的な枠組み

外汇储备	外貨準備
支付能力	支払い能力
储备存款余额	貯蓄預金残高
～万亿元	～兆元
脱贫工作	貧困脱却の仕事
小康	まずまずの生活水準
计划生育	計画出産
广播影视	ラジオ、映画、テレビ
环境保护	環境保全
残疾人	身体障害者
勤政廉政	政務に励み廉潔に徹する
综合治理	総合対策
查处	取り調べと処分
薄弱环节	弱体部門
悬殊	格差がある
蔓延滋长	はびこる
蕴藏	秘めている
机遇	チャンス
部署	配置する
优势	強み、優位性
米袋子	米袋（転じて主食）
菜篮子	買物かご（転じて副食品）
途径	方途、ルート
家庭联产承包	生産高連動農家請負
统分结合	統一と分散とを結合
通信光缆干线网络	通信用光ファイバー幹線ネットワーク
咨询	コンサルタント
中介服务	仲介サービス
粗放型	粗放型（自然のままに放置する生産形態）
集约型	集約型（技術集約、ハイテク化などの近代的生産形態）
优化结构	構造の最適化
协调	調和させる
机制	メカニズム

优化配置	最適配分
依托	よりどころ
轮廓（lúnkuò）	アウトライン
项目	プロジェクト
协调发展	バランスのとれた発展
统筹规划	統一的に計画を立てる
因地制宜	地元の条件に応じた措置を講じる
分工合作	分業と共に協力もする
地区差距	地域間の格差
基础设施	基盤施設、インフラ
布局	配置
上涨幅度	上昇幅
偏高	高すぎる
理顺	合理的に調整する
通货膨胀	インフレ
波动	起伏
脱贫致富	貧困から脱出し豊かになる
扶贫工作	貧困扶助活動
产权清晰	資産所有権をはっきりさせる
政企分开	行政と企業を切り放す
骨干企业	中堅企業
配套	他と組み合わせる
自负盈亏	損益自己負担
自我约束	自己責任、自己規制
企业兼并	企業の合併
冲销债务	債務を帳消しにする
"拨改贷"	財政支出を銀行融資に改める
放活	自由化する、活性化させる
租赁	リース
承包经营	請負経営
出售	売却
配套改革	関連改革
适销产品	売行きのよい製品

配套措施	関連の措置
渠道	ルート
富余职工	余剰従業員
连锁经营	チェーンストア経営
营销	運営販売
购销	買付けと販売
风险	リスク
招标	入札を募る
优抚安置	傷痍軍人及び軍人遺族に対する配慮措置
帐户	口座
覆盖面	カバー範囲
安居工程	一般住宅建設プロジェクト
智力引进	知力導入
国民待遇	内国民待遇
处心积虑	躍起になる
规范	規範化
功在当代，泽及子孙	今日に成果がみられ、子子孫孫に恩恵を与える
治理	治める、対策を講じる
整治	整備
两手抓，两手都要硬	両手に力を入れ、両方ともおろそかにしない
移风易俗	古い因習を改める
骗税逃税	税金のごまかしと脱税
走私贩私	密輸密売
金融诈骗	金融詐欺
制售	製造販売
假冒伪劣商品	偽物や劣悪な商品
知识产权	知的所有権
有法必依	法律があれば必ずそれに依拠する
执法必严	法律の執行は必ず厳しくする
违法必究	法律に背けば必ず追及する
以权谋私	職権乱用
贪赃枉法	汚職背任
行贿受贿	贈収賄

绳之以法	法律に基づいて制裁を加える
姑息养奸	放任し助長する
标本兼治	症状と病根の両方をなおす
弄虚作假	虚偽を弄す
毒品犯罪	麻薬犯罪
流氓恶势力	ごろつきの邪悪な勢力
黒社会	裏社会、暴力団、やくざの社会、マフィア
扫黄打非	ポルノ一掃と非合法出版物の取り締り
卖淫嫖娼	売春
一如既往	これまで通り
顺利交接	円滑な引き継ぎ
不明智	賢明でない
国际争端	国際紛争
国际事务	国際実務
探索	模索する
销毁	廃棄する
回落	一度上がったものが元にもどる、下降する、下落する
回升	一度下がったものが元にもどる、回復する
汇价	為替相場

(2) 呉儀部長報告などより（発音順）

B

百分点	（パーセント）ポイント。3ポイント→3个百分点
白皮书	白書
办公设备自动化	オフィスオートメーション
保八	経済成長8％を保証する
保护舰队方式	護送船団方式
贬值	通貨の切下げ
补偿	補償
补贴	手当
不结盟	非同盟
不良贷款	不良貸し付け

不良债权	不良債権

C

财政补贴	財政補助
参数	パラメーター
测算	試算
产业空心化	産業空洞化
畅销	売れ行きがよい
超级大国	超大国
超级电脑	スパコン、スーパーコンピュータ
超级市场（商场）	スーパーマーケット
炒家	投機家
抽紧银根	金融引き締め
筹措资金	資金調達
成套设备	プラント設備
成员国	加盟国
程序	プログラム
承包企业	下請け企業
初级产业	第一次産業
出口产品	輸出商品
出口信贷	輸出クレジット、輸出信用
传呼机（BB机）	ポケベル
传销	マルチ商法（ねずみ講）
存钱、存款	貯金する、貯金

D

大规模集成电路	LSI
呆帐、坏帐	貸し倒れ、こげつき
贷款	貸付金、融資
淡季	シーズンオフ
档次	等級、ランク
倒闭	倒産する、破産する
倒卖	転売
邓小平建设有中国特色社会主义理论	
	中国の特色を持つ社会主義を建設するという鄧小平の理論

低价竞销	値引き競争をする
东道国	主催国
东盟	ASEAN、東南アジア諸国連盟
独资	100％外国資本
对冲基金	ヘッジファンド
多边贸易	多国間貿易

F

（工业）发达国家	先進国
发展中国家	発展途上国
发言人	スポークスマン
方便商店	コンビニ、香港台湾では"便利店"とも
房地产	不動産
浮动汇率	為替フロート制、変動レート
服务业	サービス業
复关	GATTへの復帰
复苏	復活する、よみがえる
负增长	マイナス成長
分红	配当、利益を分配する
分流	（人員の）再配置

G

干预	介入
杠杆	てこ
高档品	高級品
高新技术	ニューハイテク
个人电脑	パソコン
供不应求	供給が需要に追いつかない
供求关系	需給関係
共识	コンセンサス
股东	株主
股价	株価
股票交易所	証券取引所、"証券交易所"ともいう
工厂设备自动	ファクトリーオートメーション、FA
工程技术	エンジニアリング

工薪阶层	サラリーマン階層
谷底	（景気の）底
挂钩	連携する、こねをつける
关贸总协定	GATT
关税壁垒	関税障壁
国际货币基金组织	IMF
国库券	国債
国民生产总值	GNP
国内生产总值	GDP

H

海关	税関
海湾国家	湾岸諸国
行情疲软	相場が弱含みである
航天飞机	スペースシャトル
核电站	原子力発電所
核算	計算する、見積る
合算	採算が取れる
合资经营	合弁経営
后劲	スパート
后勤工作	ロジスティックス
互相衔接	互いに結びつける
汇率	為替レート
环节	部分、部門、段階、一環
缓解	緩和する
回落	もとの状態に戻る、下落する

J

稽查	検査、監査
激光唱片	CD
激光影碟	レーザーディスク
基建	基本建設
计算机病毒	コンピュータウイルス
加剧	激化する
尖端技术	先端技術

减慢	減速する
结汇	為替を決済する
金融衍生产品	金融派生商品、デリバティブ
金融风暴	金融不安
紧张	緊張する、不足する
经营机制	経営メカニズム
"九五"	第9次5カ年計画
居高不下	高値のままに推移する

K

开支	支出
客户	取引先
可行性研究	フィージビリティー・スタディー、FS
库存	在庫、ストック
款式	デザイン
亏损	欠損、赤字

L

老主顾	得意先
来件装配	ノックダウン
来料加工	(原材料提供)委託加工
来样加工	(サンプル提供)委託加工
冷门货	人気のない商品
力度	力の程度
利率、利息	金利、利息
联合国	国連
零配件	部品
零售	小売り
垄断企业	独占企業
漏税	脱税
论资排辈	年功序列
旅游业	観光業

M

贸易不平衡	貿易不均衡
贸易伙伴	貿易パートナー

贸易逆差	貿易赤字	
贸易顺差	貿易黒字	
美元升值	ドル高	
民意测验	世論調査	
名牌热	ブランドブーム	
名义税率	名目税率	
模拟试验	シミュレーション	
母公司	親会社	

N

内涵	内包しているもの、内的力
内需不旺	内需不振
逆差	赤字
扭亏为盈	赤字を黒字に転ずる
挪用	流用する

O

欧盟	ヨーロッパ連合、EU
欧佩克	オペック、OPEC
欧元	ユーロ

P

徘徊	低迷する
泡沫经济	バブル経済
配额	割当、クオーター
批发商	卸売商
批发市场	卸売市場
普惠制	一般特恵関税

Q

倾销	ダンピング
缺口	不足している部分、欠けている部分
趋紧	緊張に向かう、不足傾向にある
趋升	上昇に向かう

R

日元贬值	円安
日元贷款	円借款

入不敷出		収入が支出に見合わない
软磁盘		フロッピーディスク

S

三资企业		合弁、合作、独資の3つの外資企業形態
商机		ビジネスチャンス
商品房		分譲住宅など商品として売りに出される各種建物、住空間
奢侈品		贅沢品、高級消費財
涉嫌		容疑のある
设限		規制を設ける
升值		通貨の切上げ
世界贸易组织		世界貿易機構、WTO
市场占有率		市場シェア
事务电脑		オフコン
售后服务		アフターサービス
收盘		（株式取引の）終値、引け
衰退		後退
顺差		黒字
输入系统		入力システム
索赔		クレーム

T

抬价抢购		値段をつり上げて買いあさる
太空		宇宙空間
腾飞		飛躍
提款		貯金をおろす
同比		同期比
通货紧缩		デフレ
投放		放出する
投标		応札
推出措施		対策を打ち出す
退税		戻し税
拖欠		支払いが遅れる、遅滞する

W

外商投资企业		外資系企業

万亿	兆
旺季	(売行きの好い) シーズン
网络	ネットワーク
王牌商品	目玉商品
完善	整備する
微型电脑	マイコン
稳定增长	安定した伸び
乌拉圭回合	ウルグアイラウンド

X

惜贷	貸し渋り
下跌	(株価などが) 下落する
下岗	レイオフ、(リストラされて) 職場を離れる
下滑	下降、下落
下调 (xiàtiáo)	下方修正する
先导行业	先導業種
相差无几	たいした違いはない
销路	販路
销售战略	販売戦略、マーケティング
萧条	不況
新闻媒介	ニュースメディア
新闻中心	プレスセンター
信息	情報
信息高速公路	情報ハイウェイ
信用卡	クレジットカード
形势	情勢
需求	需要
悬而未决	懸案

Y

摇钱树	金のなる木
移动电话 (大哥大)	携帯電話
一国两制	一国二制度
易货贸易	バーター貿易
因素	要素、要因

硬磁盘	ハードディスク	
音像制品	AV製品	
盈余	黒字、剰余	
用户	ユーザー、消費者	
优惠	特恵、優遇	

Z

增长	成長、伸び	
涨幅	上げ幅	
招聘倍率	求人倍率	
征税	徴税	
政府开发援助	ODA	
滞后	延滞する、滞る	
质量	品質	
质量管理	品質管理、QC	
周转	（資金などの）回転	
主要货币	基軸通貨	
转口贸易	中継貿易	
专利	特許	
转让技术	技術移転	
专有技术	ノウハウ	
装配厂	組立工場	
子公司	子会社	
足额到位	満額支払われる	
最终客户	エンドユーザー	
中（zhòng）标	落札	
资金到位	資金がふり向けられる	
走悄	売れ行きがよい	

スイカサミットと"西葫芦"

　同時通訳は、一日の作業を通常三人でこなすチームプレーです。通訳の最中に突如飛び出してくる数字などは、横でもう一人がメモしてフォローするなどチームワークが欠かせません。このようなチームワークの良さは、作業を終えた後の食事やお茶のひとときにも大いに威力を発揮します。だれもが仕事の余韻を引きずっているせいか、大変なミスでもしない限り、概ねみんな能弁になり、囲碁に例えれば、さながら感想戦の様相を呈してきます。その日の会議の内容から訳語にいたるまで話が弾みます。

　鳥取の大栄町で開かれたスイカサミットのときでした。ボツワナ、中国、韓国、アメリカなど各国のスイカ事情が紹介された後、スイカに接ぎ木する際に使う台木の話が出ました。河北省の代表は、"xīhúlú"＝"西葫芦"を使用していると発言しました。とっさに私は「ひょうたん」と訳しました。"葫芦"は「ひょうたん」に違いないのですが、そこに"西"がつくと自信がありません。

　会議が終わってからのお茶のひとときにも、その"西葫芦"をめぐって、いろいろな説が出ました。最近、スーパーなどで売られている瓜の一種「ズッキーニ」だという説も出ました。

　帰宅して、辞書を調べたら、「ユウガオ」、そして『日本大百科全書』(小学館)には、「ユウガオ、つまりひょうたんの近縁」とありました。ずばりではないけれど、遠からず。「近縁」という言葉に救われる思いでした。それにしても、これまで夕顔といえば、夏の夕暮れ、道端でふと目にする朝顔のような淡いピンクの可憐な花と思い込んでいたのですが、実はそれは、「ヨルガオ」で、全く別種だということも知りました。

　通訳者には、こうしたこだわりも必要ですが、過去の勝負にばかりこだわっていると、前に進めなくなってしまいます。"西葫芦"のことはひとまず置いて、また次の通訳に備えようという頭の切り換えも大切です。

> DATA 6　日中貿易を語る
> 　　　——フリートーキングスタイルの逐次通訳
>
> 　　　　　　　　　　　藤野文晤　（伊藤忠商事常務取締役）

　日中間の経済交流は日ましに緊密になってきましたが、早くからその第一線で活躍してこられた伊藤忠商事株式会社常務取締役藤野文晤さんにその全般的な問題について、考えの一端を聞かせていただきました。(95年7月)

　講演ではなく、一対一のインタビュー形式なので、フランクな語り口です。従ってこれを教材として中国語に訳す練習をする際、一字一句を直訳、または全訳するのではなく、要旨をしっかりつかんで、中国語としてわかりやすく表現することを心がけてください。

◇練習の手順

　CDに収録されている部分は、話を聞きながら要旨をつかむようにします。その補助手段として必ず各自でメモを取ってください。聞き終わったら、その段落の逐次通訳をおこないます。(最初は少し無理な人は、CDを聞きながら、中国語訳例を読みあげてください。)

　なおCDには、左音声に日本語、右音声に中国語が同時通訳形式で録音されていますが、まずは日本語音声のみを聞きながら、トラックごとに止めて逐次通訳をしてください。

　　①リスニング　→　②メモ取り　→　③中国語訳　→　④訳例を参考にして訳のチェック

　CDに収録されていない文字テキストは、サイトラ、または音読サイトラの練習をしてください。

　　原文を見ながらサイトラ、または音読サイトラ　→訳例を参考にして訳のチェック

練習1　　　　　　　　　　　　　　　　　　　　　DISK 2 32

(1) スクリプト1

> まあ中国をどう見るかということが非常に大事なテーマなのですね、日本にとっては。ですからやはり日中関係というのは、長い何千年の歴史もあるけれども、やはり中国が新しい発展をして、非常にわれわれにとっても大きな大国になってきた中国とこれからどうつきあうかということを、やはり日本が戦後アメリカ・欧米を中心にやってきたこととあわせて、これから中国とどうつきあうかというのは、非常に大事なテーマになってきたということをわれわれはよく考えないといけないと思うのですね。

(2) 要旨

おおむね次のようにまとめられるでしょう。
　①日中間には何千年の歴史がある
　②いま中国は大国となった
　③戦後日本は欧米中心のつきあいだった
　④今後大国中国とどうつきあうかを考えるべき

(3) 語句

テーマ：题目，课题　　　**つきあう**：来往，打交道

(4) 訳例

> 　　我认为，如何看待中国，对日本来说，是一个很重要的题目。虽说日中关系已经有长达几千年的历史，但是中国有了新的发展，中国对我们来说已经成为一个大国了。日本在战后主要跟美国和欧洲来往，那么今后我们跟中国应该怎么样来往，这是一个很重要的课题。我们应该充分认识到这一点。

練習2　　　　　　　　　　　　　　　　　　　　　DISK 2 33

(1) スクリプト2

> で、かつてやはりお互いに不幸な歴史が非常に短い間ではあってもあったから、やはり中国と日本の関係というのは、どちらかというと少し感情的な、あるいはセンチメン

タルなものがどうしても抜けきれないところがあるけれども、そういうことは乗り越えて、これから新しい関係を作っていくためには、われわれがより多く中国のことを勉強して、理解をしなくてはならないということだと思うんです。

(2) 要旨
①日中間に不幸な歴史があった
②感情が入り込む
③それを克服して新しい関係を築こう

(3) 語句
どちらかといえば：说起来，总算是　　**センチメンタル**：感伤　　**抜けきれない**：摆脱不了

(4) 訳例

那么在我们两国之间曾经有过一段非常短暂、但却十分不幸的历史，所以在日本和中国的关系中，说起来多少有种感情上的、或感伤的因素总是摆脱不了。但我想我们应该克服这些，为建立新的关系，我们应该更多地学习中国，加深对中国的了解。

練習 3　　　　　　　　　　　　　　　　　　　　DISK 2　34

(1) スクリプト 3

で、やはり日中経済交流に限っていうと、例えば1972年に日中国交正常化してからいまもう20数年たつわけですけど、72年当時の日中経済関係は、貿易はたった10億ドル位しか無かった。往復でね。それが昨年度はもう462億ドルになった。たぶんその当時の日本人の誰一人として、中国はこんなに大きく発展するとは、想像もしてなかったんじゃないかと思うわけです。

同時に中国自身、対外貿易は2300億ドルになっている。あるいは海外から受け入れた事業が約20万社あって、3000億ドル近い契約がもう中国と外国資本の間でできてるわけですから、中国自身が既に、大きな世界の経済の枠組みに入ってきてることは、これはもう間違いのない事実。だからわれわれはそれをどう認識するかが、今の日本にとって非常に大事な事なのですね。

(2) 語句

…に限っていうと：只限于…来讲的话

(3) メモ例

```
72 → 今    20数年
10億ドル   往復
昨年  462億ドル     誰も考えられない
中国対外貿易  2300億ドル
受け入れ  20万社
契約     3000億ドル    世界の枠組みへ
この事を考える必要
```

(4) 訳例

只限于日中经济交流来讲的话，自从1972年日中邦交正常化以来已经有20几年了。在72年当时的日中经济关系，贸易额仅仅是10亿美元左右。而且这是双边的贸易额。然而到了去年已经增加到462亿美元了。恐怕当时没有任何一个日本人会想到中国会有这么大的发展。

中国本身的对外贸易也达到2300亿美元。从国外接受的企业大约有20万家，将近3000亿美元的合同在中国和外国资本之间达成了协议。所以说中国本身已经进入到世界经济的框架中，这是不可否认的事实了。我们应该如何对待这个事实，这对今天的日本来说是很要紧的。

（この後紙幅の関係でお話の内容を一部省略させていただきました。）

練習4　音読サイトラ

次の段落は，スラッシュを入れた1文ごとに、音読サイトラをしてください。

(1) 原文

今日本が非常に円高で、日本の資本がもう日本ではやっていけないというのが海外に出て行くわけでしょう。／海外に出て行って労働集約的な産業から始まって、段々発展してきてるけれども。／　わたしは振り返って日中経済交流をみてみると、非常に自然発生的な関係が中心だと思いますね。／向こうへ行ったら労賃が安いとか、日本じゃも

うやっていけないから仕方ないから出て行くとか、その時にインドネシアがいいのか、シンガポールがいいのか、中国がいいのかという比較である。／

(2) 語句
円高：日元升值　　**やっていけない**：难以维持下去　　**振り返って**：回过头来

(3) 訳例

現在日元升值很厉害，日本的资本在日本难以维持下去了，要到海外去找出路。／在国外办起一些劳动密集型的产业后，逐渐在发展。／

回过头来看日中经济交流的时候，我觉得双方关系大多数是自然而然发展起来的。／所以企业到国外去，不过是因为劳动力便宜或在日本难以维持下去。在这时候才考虑比较一下，是去印尼好，新加坡好，还是去中国好。／

練習 5　　　　　　　　　　　　　　　　　　　　　　**DISK 2**　35

(1) スクリプト 4

だけど今大事なことは中国という国が21世紀に、どういうその状態になって、それが日本の将来にとってどういう影響があるから、われわれはこの国とどうつきあうかという一つのきちっとした戦略的な発想、それが今非常に重要なのです。だけどどうも日本の全体はまだその辺がよくわかってないのじゃないかと、ここのところが日中経済交流のひとつの非常に大きな転機に今きているのじゃないかというのが、私の意見です。

(2) 語句
発想：构思　　**転機**：转机，转折点

(3) メモ

```
21世紀の中国　状態　　日本の将来への影響
どうつきあうべきか　　戦略的発想が必要
現状　わかってない　　転機
```

(4) 訳例

> 现在重要的是中国到了21世纪是什么样一个状态，她对日本的未来会有什么样的影响，我们跟中国应该怎么样来往，对这些要有一个完整的战略构思。然而日本对这些问题好像还没认识清楚，我想日中经济交流也正面临着一个大的转折点。

練習6　音読サイトラ

スラッシュの区切りごとに、音読サイトラをしてください。

(1) 原文

> いま日中貿易は462億ドル、これは中国にとって第一の貿易相手国で、日本にとってはアメリカに次いで第二の貿易相手国が中国で、まさに大きいことは事実である。／投資はだいたい1万社以上出ている。／約百四、五十億ドルの契約ができている。／これは中国にとっては第4位の外資の受け入れ国ですね。／
> どうもそこでわれわれのこの日本のビヘイビアは少し自然発生的なところが非常に強いのではないか。／日本として中国とつきあう大きな方針というか、戦略というか、それがいよいよ必要になってきたというのが、私の考えです。／

(2) 語句

貿易相手国：貿易対象国　　**外資の受け入れ**：引进外资　　**ビヘイビア**：行动，举止　　**自然発生的**：自然发生状态　　**いよいよ**：越发

(3) 訳例

> 现在日中贸易额为462亿美元，日本是中国的第一个贸易对象国。对日本来说中国是仅次于美国的第二贸易对象国。规模之大是无疑的。／日本的对华投资企业大概有一万家以上。／签订了大约一百四、五十亿美元的合同。／在中国，日本是列为第四位的外资引进国。／然而日本的举止总是自然发生的状态。／我认为现在我们对中国越发须要有一个完整的方针、战略。

（中間省略あり）

練習7　　　　　　　　　　　　　　　　　　　　　　　DISK 2　36

(1) スクリプト5

> ただ中国は非常に大きな国だから、切口を変えるといろいろな姿が見えてくるわけです。こっちのほうで切ってみたらプラスだけれど、こっちから切ったらマイナスだと、どれが本当の中国かということになると、なかなかわからんと。そうするとそこの一つ一つの局面で立ち往生すると、これは中国は見えないということになるわけです。だから右から切った中国も、左から切った中国も同じ中国なのだ、それはだから多様な国なのです。

(2) 語句

切口を変える：从不同的角度来看　　**立ち往生**：犹豫不决、进退维谷

(3) 訳例

> 不过中国是一个很大的国家，你从不同的角度来看就会看到不同的面貌。你从某一方面看就会发现有很多优点，从另一方面看就有些缺点。到底哪个是真正的中国，就不好下结论了。如果你在每一个具体的局面犹豫不决，就掌握不了中国。从右边看的中国，跟从左边看的中国同样都是一个中国，所以说中国是具备多样性的。

練習8　　　　　　　　　　　　　　　　　　　　　　　DISK 2　37

(1) スクリプト6

> 日本は小さな島国で、だから海にも囲まれているし、国境も無いから、民族は単一だし、だいたいこう似通った人が集まっているから、多様性というのがあまり理解できないのですね。いろんな人達が一緒に住んでいるということに、ある種の拒否反応がある、日本人は。
>
> ところが中国は少数民族だって56もあるし、大きな国でしょう。で東、西、南、北みな違う。言葉だって違う。上海語と広東語じゃ違うし、北京と上海とでは違う。下手したら通訳がいるということになるわけだ。だからこう切ってみたらみんな切口によって違ってくるけど、それを多様の中で一つに統一された中国というものを、日本人はマクロに理解しなくちゃ中国とつきあえないということが非常に大事なポイントの一つです。

(2) メモ例

> 日本　→　島国　→　民族単一　→似通った人　→　　多様性×　→
> 一緒に住む　拒否反応
> 中国　→　少数民族56　→　言葉の違い　上海、北京、カントン　→
> 多様性の国

(3) 訳例

　　日本是一个小小的岛国。周围靠海，没有边界，民族又单一，大体上相似的人聚在一起，因此对于多样性好像难以理解。对于好多种人居住在一起，有种抵触情绪。

　　中国却有56个少数民族，是个大国。东、南、西、北都不一样。语言又不同。上海话、广东话、北京话都不一样。甚至有时还需要翻译。因此，从多种角度来观察中国，会发现多种多样的面貌。但是在这多样性中，我们要找出一个统一的中国，日本人应该宏观地去理解中国，不然的话，我们无法跟中国打交道。

(中間省略あり)

練習9　サイトラ

次の段落はサイトラの練習をして下さい。

(1) 原文

> 　世銀の発表で、2003年かになると、中国と香港と台湾のGDPの合計が9兆8千億ドルになるという予測があります。その年のアメリカのGDPが9兆7千億ドルというから、中国は抜くわけです。日本はその時はもう4兆9千億ドル位だから、まず日本の倍です、中国は。その時中国の人口は13億くらいになっているでしょうから一人当りのGDPPはまだ発展途上で、1000ドルを超えたくらいかもしれない。しかしマクロに、グロスで見た中国は世界の巨大な大国だということになるわけですから、その国とどうつきあうかということです。これから我が民族は世界の中で、どんな役割を果していくのかと、そこで中国と日本の関係がどれほど重要かということを、よく認識しないといけないんじゃないかと思います。

(2) 語句

グロス：总量　　倍：ここでは中国のGDPが日本の2倍に相当するという意味なので、'相当于两倍'となる。「2倍に増えた」というときは'增加到两倍'または'增加了一倍'という言い方がある。

(3) 訳例

　　根据世界银行的发表，预计大约在2003年，中国、香港、台湾的国内总产值共计可达9万8千亿美元。那一年的美国国内总产值估计是9万7千亿美元。就是说中国将要超过美国了。到那时日本是4万9千亿美元，中国相当于日本的两倍。那时的中国人口可能是13亿，人均国内总产值还处于发展中国家水平，可能刚刚超过1000美元。但是宏观地、或从总量上来看中国，她已经是世界上的超大国家了。我们要考虑到和这样的国家应该怎么样来往。我们民族要好好地认识到，我们在世界上要担负起什么样的责任，中国与日本的关系是如何的重要。

練習10　　　　　　　　　　　　　　　　　DISK 2　

(1) スクリプト7

> まあ（日本と中国は）共生の道を探っていかなくちゃいけない、ということですから、日中間の経済交流のあり方ということになったら、もう国境を超えた交流をしてゆかないといけない。だから国家と国家があって、国境がきちんとあって、物が右から左へ行ったり、左から右へ来たり、それを信用状を開いたり、何とかで決済をしてそこで終わりというのではなくて、今度はお互いの技術とか、資本とか、経営管理とか、あるいは資源とか、そういうものが相互に移転しあって、そこにもう国境が無いという関係を作っていかないといけない、これが共生ですよね。だからお互いに一緒に生きていくわけですから、ボーダーレスですよね。

(2) 語句

探る：探讨　　信用状：信用证　　移転：转让　　国境：国界　　物が右から左へ行ったり、左から右へ来たり：物资从某一个地方移动到另一地方　　ボーダーレス：无国界

(3) 訳例

　　　还有，在我们日本和中国要探讨共生之路这一时候，日中经济交流的方法上也要超越国界来进行交流。这并不是说有两个国家，中间有国界，物资从某一个地方移到另一地方后，开立信用证，结完帐就完事了。而是互相转让技术、资本、经营管理、资源等等，相互之间不存在国界，我们要建立起这样一个关系。这才是共生之路。我们要共同生存，也就是无国界。

練習 11 　　　　　　　　　　　　　　　　　　　　　DISK 2　39

(1) スクリプト 8

　　　政治は確かにボーダーがある。政治というのはやはり一つの国境を引いていくのですけど、経済の物の流れとか、資金の流れとか、技術の移転とか、そういうものには国境は無いわけですね。ですから日中間、そしてアジアと日本、やがては世界全体がそういう国境の無い経済交流がおこなわれるべきだ。

(2) 語句
ボーダー：国界

(3) 訳例

　　　政治上确实存在边界。政治上还是不能没有边境。但是在物资的流动、资金的流动、技术的转让上，是不存在什么边界的。因此在日中两国之间，或在亚洲与日本之间，进而在整个世界上，我想应该进行无界的经济交流。

練習 12 　　　　　　　　　　　　　　　　　　　　　DISK 2　40

(1) スクリプト 9

　　　日本はご承知のようにいま非常に円高で、もう日本ではなかなかやっていけないのがいっぱい出た。これは当然外国に出て行かざるをえない。もう止めるか出て行くか。そうすると、空洞化になるのではないかという議論があるけど、それは間違っています

ね。空洞化ではなくてそれは歴史の発展の流れなのですね。経済というのはそういうふうに流れていくわけだから、そのかわり今度は日本は何をするかといったら、もっと高いレベルの物を開発してゆかなければならないわね。ハードがもう駄目ならソフトウェア、ソフトをそれをさらにもっと高いレベルに上がっていくと。それではじめて世界が共生していくわけ。受け取った中国は今度は工業を発展させて、いい物をどんどん作っていく。今度はわれわれがそれを買えばいいわけだから。われわれは別に空洞化ではなくて新しいソフトウェアを開発していくと、それで世界が発展していくわけで、これがいわゆるボーダーレスのエコノミーなんですね。

(2) 語句
ハード：硬件　　**ソフトウェア**：软件

(3) 要旨
　　日本は円高の結果、海外に出て行かなければならなくなり、産業の空洞化をもたらすという議論は間違いだ。歴史の流れとして、今度はわれわれがより高いレベルのソフトを開発していくことで、世界との共生をはからねばならない。中国はそのソフトで工業を発展させ日本はその製品を買えばよい。それがボーダーレスエコノミーだ。

(4) 訳例

　　众所周知现在日元升值很显著，很多企业在日本难以继续经营下去，这就不得不到国外去找出路。要不关张，要不出外。有些人议论说，这样会使日本的产业空洞化。我觉得这是不对的。这不是空洞化，而是历史发展的潮流。经济就是这样发展下去的。那么，日本该做些什么呢？日本须要开发更高水平的产品。硬件不行了，那就要发展软件，而且要更加提高它的水平。这样才能与世界共生。中国取得高技术产品后把它工业化大量生产。然后我们把这些产品买进来就行了。这并不意味着空洞化。我们开发新的软件与世界共同发展下去，这就是无国界的经济。

練習13　サイトラ

サイトラをしてください。
(1) 原文

> わたしたちが大連工業団地をやったのも基本的にはそういう考え方なのです。日中両国が今や物を単に右左に移転するのではなしに、資金、技術、工場、経営管理の手法などを移転をしていって、中国でいろんな物を作っていく。それをやりやすくするために、投資環境を整備していく。
>
> そこで日本が一番戦前から関係の深い大連というところを選んで、しかも国交正常化約20年のモニュメントとして、大連の経済技術開発区2平方キロ、約200ヘクタールを工業団地として日本に借りたわけです。
>
> これは日中間のモニュメンタルな、象徴的な仕事だから日本政府に出資をしてもらった。経済協力基金という、OECFの出資をあおいで、民間と政府が協力してそして中国政府と合弁でこの工業団地を作ったわけです。でいまもう売りだしているのですが、だいたい50％土地が売れて、そこに数多くの日本企業が進出をして、そこでいろんな物を作ると。そうすれば技術移転もおこなわれ、工場もできて、できた物は製品を輸出したり、中国の国内で売ったり、それはいろいろあると思います。

(2) 語句

モニュメント：纪念活动，纪念碑　　**ヘクタール**：公顷（gōngqǐng）

(3) 訳例

> 　　我们兴办大连工业团地也是基于这种想法的。现在日中两国不只是单纯地把物资转移给对方，而是要把资金、技术、工厂、经营管理的方法等等也要转移给对方，以便在中国易于生产各种产品，为此我们要完善投资环境。
>
> 　　大连与日本有着很深的关系，这种关系可以追溯到战前，所以我们选择了这个城市，作为纪念恢复邦交正常化二十多年的一个纪念活动，兴建了大连工业团地。这是大连经济开发区中约为2平方公里200公顷

的地皮，是专为日本提供的。

　　这是一个具有纪念意义的、象征性的活动，所以日本政府也拨出OECF（经济协力基金）的资金。日本是官民合作，并与中国政府合资兴办了工业团地。现在已经有50％的地皮出售了。很多日本企业要到那里去生产各种产品。这样做，技术也可以转让，工厂也盖起来了，生产出来的产品既可以出口也可以内销。

練習14　音読サイトラ

音読サイトラをしてください。
次に今後中国との共生の道を探っていく上で、中国に対してどのような要望を持っているかを語っていただきました。
特に要旨をつかんで、中国語としてわかりやすくを心がけます。

(1) 原文

> 　いろんなことがありますが、中国が市場経済への路線を進むと、やはり中国が世界の経済の枠組に入っていくことになり、いずれWTOにも加盟し、GATTに復帰して、そこで世界の共生をはかっていくわけだから、やはり中国の対外政策の継続性というのが一番大事な事になると思います。
> 　それともう一つはやはり透明度を高めること、「こういう政策が出ました、その背景はこうですよ」とわかりやすい言葉で世界に語りかけられていかないといけない、これがお互いの信頼関係を強めることになると思います。
> 　もう一つは、市場の開放をやっていただきたい。それは日本だって市場開放してないからがんがんやられているけど、中国も市場の開放を、そういうことによって、外国の資本が中国へどんどん移転をして、そこで生きていけるようになれば、それはお互いの利益につながっていくということになるんだろうと思うんですね。

(2) 語句

復帰する：恢复地位　　**継続性**：连贯性，持续性

(3) 訳例

　　我有些看法。中国走向市场经济意味着加入到世界经济的框架里来了。中国早晚会参加世界贸易组织，恢复在关贸总协定缔约国的地位，从而走与世界共同生存的路。因此最要紧的还是中国对外政策的连贯性。

　　还有一点是提高透明度。比方说，"我们推出了一个新的政策，其背景是这样的。"应该用这样易懂的话来解释一下，这样才能加强互相信赖的关系。

　　再一个是希望开放市场。我们日本也是因为开放得不够，所以也在挨批评。我希望中国也能开放市场，以便外国的资本更多地转移到中国去，而且在那里扎下根子。我想这对双方都是有利的。

(以下省略)

2　時差同時通訳形式による放送通訳

　放送とはいっても、ここではニュース番組"新闻节目"に限りますが、放送を通して正しい発音に耳を傾け、きちんとした文章に触れることは間違いなく中国語のレベルアップにつながります。放送は、中国の現状を知るための格好の教材であるばかりでなく、将来放送通訳になりたい、あるいは通訳になりたいと思っている人たちのリスニング力のレベルアップに欠かせない教材でもあります。

　幸いメディアの発達にともない、いろいろな形でナマの中国語放送が聞けるようになりました。夜の零時すぎとはいえNHK衛星第一でCCTV（"中央电视台"）やGDTV（"广东电视台"）が視聴でき、またNHKラジオの第二放送でも、毎日午後1時から15分間、中国語によるニュースが放送されています。そのほか、スカイパーフェクTVではCCTV大富やCTN中天などの中国語番組を終日視聴でき、音声と映像を通して中国がぐっと身近に感じられるようになりました。

　CCTVは、視覚と聴覚に訴えるよいテキストには違いありませんが、映像があるせいかテンポがあまりにも速く、外国人にとってはややなじみにくいといえます。そのうえスピード時代を反映してか、最近ますます早口になりつつあるようにすら感じられます。その意味では、むしろテンポがわずかながらゆっくりな"中央人民广播电台"のニュースの方が、テキストに適しているかもしれません。

　ちなみに、ラジオとテレビ放送のアナウンサーの早口の度合いを比較してみますと、1分あたり

　　ラジオ　　220～240字
　　テレビ　　260～310字

　もちろん、ビジュアルに訴えるテレビに比べ、すべて耳に頼るほかないラジオには難しい点もあります。しかし、だからこそリスニングに役立つと思って、ラジオ放送にチャレンジしてみましょう。

　テレビに比べ、テンポがややゆっくりだとはいえ、ナマの中国語放送をあまり耳にしたことのない初心者にとっては、かなり骨が折れることでしょう。とにかく辛抱強く繰り返し聞くこと、流し聞き、またときどき聞き取った中国語を全文文字化するなどして、少しずつ空白の部分を埋めていくことが大切です。

　放送通訳には、湾岸戦争のときのようなナマ放送の同時通訳もあれば、現在

NHKのBSでおこなわれている各国のニュース番組のような時差同時通訳もあります。例えば95年元旦のNHKの番組〈地球シンフォニー〉は、衛星で世界を繋ぎながらの同時ナマ放送でした。使用言語は、日本語をベースに英、中、独、仏、露など、そして通訳の役割分担も、少々耳慣れない言葉ですが、表同通、裏同通、裏裏同通などがありました。中国語通訳の例でいえば、表同通は中→日で日訳の音声がオンエアされる、裏同通は日→中で、衛星を通じて中国側スピーカーにこちらの質問などを伝える、裏裏同通は、中→英で海外のテレビ関係者などに中国側スピーカーの言葉を伝えるなど細かく分かれています。

ただ本書では、放送通訳としてよく用いられている時差同時通訳形式、しかも日本における放送通訳の仕事は90％が中文日訳なので、その角度から勉強していきたいと思います。

時差同時通訳とは、放送をキャッチしてからオンエアするまでの間に翻訳原稿を書き上げる時間が多少あり、実際に放送する時はオリジナル音声を聞きながら、訳した原稿を読み上げていく通訳形式です。すなわちリスニングしながらの翻訳とオンエアの二つのプロセスからなっています。

放送通訳にとってもまず大切なのは、リスニングの際に正しく聞き取ることです。そして繰り返し聞きながら日本語に翻訳していきますが、これは逐次の記憶を助けるためのメモとは異なり、ほぼ全訳し、実際に放送するまでの限られた時間内に、原稿を書き上げなければなりません。その際、欠かせないのが速さです。通訳には絶えず即応力が求められますが、「時差」通訳とはいえ、難解な用語にでもぶつからない限り、リスニングしつつ翻訳原稿を書き上げていくスピードは、翻訳した日本語の字数にして一時間700字余り、およそ30分で400字詰め原稿用紙一枚分をリスニングし、翻訳することになります。

例えばCCTVなども放送するときは、耳で中国語を聞き、目で映像を追いながら、日本語の原稿を読み上げていくので、厳密にいえば原稿あり同通、時差同通によるナマ放送になります。なおオンエアに際しては映像を追うのはあくまでも二義的動作で、目は主として翻訳原稿に向けられているのはいうまでもありません。要するに、まず中国語を聞きながら、頭のなかで瞬時に日本語に置き換え、それを記入するテクニック、さらにオンエアに臨んでは、わかりやすくはっきりした日本語で訳出するよう求められます。さらにこの作業は、放送時はもちろん、準備の段階でも終始ヘッドホンをつけたままの状態で進めていきます。では放送通訳のテクニックをマスターするにはどのような点に注意すべきでしょうか。

DATA 7　新闻消息
—— リスニングから瞬時日本語への変換、スピード対策

中央人民广播电台

※中国通信社提供

◇**基本的な構文、パターンのマスター**

ニュースのリードの部分

> 例1　今天下午，／国务院总理李鹏／在中南海／会见了／来访的韩国外务部长孔鲁明及其一行。　　〈96.3.22〉

「いつ　誰が　どこで　何をした　誰と」という最も基本的な中国語の構文です。時差通訳とはいえ、翻訳の作業にたっぷり時間をかけている暇はありません。中国の主な国家の指導者の名前や肩書きぐらいは一応頭に入れておいて即座に対応できるようにし、わからない時は、『中国人名事典』などで調べます。また外国の要人の名前など不明な場合は、『世界年鑑』などで調べますが、頭の痛いのが企業名。"英国太古集団"などは、調べるのに手間取り、結局タイムリミットで、「イギリスのある企業グループ」としました。翌日「バターフィールド＆スワイヤーグループ」であることが判明しましたが、後の祭りでした。

なお、外国の"总理"は「首相」、また"外交部"は「外務省」、"国宾馆"は「迎賓館」などと慣習上訳しています。

訳例　今日の午後、李鵬首相は中南海で中国を訪れている韓国のコン・ノミョン外相及びその一行と会見しました。

> 例2　美国总统克林顿／今天／在电台／发表讲话，美国／表示／决心／打开／日本的汽车市场。　　〈96.5.15〉

構文は、やはり「誰が　いつ　どこで　何をした」式ですが、主語、述語が二つ並んでいる重文。

訳例　クリントン大統領は今日放送局で談話を発表し、日本の自動車市場を開拓するというアメリカの決意を表明しました。

例3　中国全国人大常委会委员长乔石／同加拿大总理克雷蒂安／今天<u>上午</u>／在总理府／举行<u>会晤</u>，双方／<u>就共同关心的问题</u>／进行了广泛、深入、友好的交谈。　　　　　　　　　　　　　　〈96.4.17〉

　これも「誰が　誰と　いつ　どこで　何をした」という基本的な構文ですが、重文になっています。
　「誰と」の「と」は、主体を明らかにするため"和"や"跟"などではなく、よく"同"が用いられます。
　四声が同じなので"上午"か"下午"か混同するときがあるので注意。
　"会晤"（huìwù）は、"会见"と同じだが、ふつう書き言葉として使われる。
　"就～问题"「ともに関心のある問題について」、"就"の様々な用い方にも慣れておきます。

訳例　全国人民代表大会常務委員会の喬石委員長は、今日午前、総理府でカナダのクレティエン首相に会い、ともに関心のある問題について広く、深くかつ友好的な話し合いをしました。

例4　据国家统计局对全国二十六个省、市、自治区的初步<u>统计</u>，<u>一季度</u>猪、牛、羊肉产量比去年同期增长16.4％，其中猪肉增长14.6％、<u>生猪存栏</u>增长7.7％。　　　　　　　　　　　　　　〈96.5.15〉

　"据～统计"を副詞句として、"产量"を主語にしたもの、構文としてはさほど難しくなくても、音声としては"生猪存栏"（shēngzhū cúnlán）の"存栏"はとらえにくい。"存栏"は、豚舎で飼育されているもの。
　なお"第一季度"「第1四半期」、"第二季度"「第2四半期」など統計の際によく出てくるので覚えておく。

訳例　国家統計局の全国二十六の省、市、自治区に対する大まかな統計によれば、第1四半期の豚肉、牛肉、マトンの生産量は、去年の同じ時期に比べ、16.4％増え、そのうち豚肉は14.6％、豚の飼育頭数は7.7％増でした。

◇構文から解明する方法

> 例1　浙江代表提到：在改革实际操作中，<u>谁</u>理顺了重点突破和整体推进、宏观调控和搞活经济企业、微观机制以及新旧体制衔接之间的关系，<u>谁</u>就少走弯路、多受益。　　　　　〈96.3.5〉

このようにやや長い複文を耳にしたとき、どのようにして聞き取るかですが、まずあまり馴染みのない単語に注意すること、例えば"理順"（lǐshùn　整える）、"宏观调控"（hóngguān tiáokòng）、"微观机制"（wēiguān jīzhì）、"衔接"（xiánjiē　結びつき、つながり）、"弯路"（wānlù）などをしっかりとらえなければなりません。しかし、この文のカナメは、二つの"谁"にかかっています。これを解きあかさない限り、ナゾは解けません。

"谁～谁～"、この"谁"は、不特定の人を指し、前と後の"谁"は同一の相手を指しているわけですが、この"谁"が聞き取れないと意味不明になってしまいます。ただし日訳する際には"谁"を敢えて訳す必要はありません。

訳例　浙江省の代表は次のように述べています：改革を実際におこなう際には、クリアすべき重点と全体的な進展、マクロコントロールと企業の活性化、ミクロ的なメカニズムならびに新旧体制のつながりの関係をうまく調整すれば、回り道をせずに多くのメリットが得られるであろう。

> 例2　我们要充分利用各方面的有利条件　继续集中力量进行经济建设　进一步发展和壮大自己　把一个经济持续发展　社会全面进步充满生机和希望的中国带入二十一世纪。　〈96.1.1〉

ここでは、あえて最後の"句号"以外の句読点を除外してみました。洗練されたアナウンサーの言葉は、通常の話言葉とは異なり、往々にして、修飾語などが

たくさんあり、センテンスも長くなっています。そして句読点も聞きながら想像し、一体どこまでが"逗号"（,）で、どこが"頓号"（、）なのか、判断しなければなりません。

　ここでは"把"の前に"逗号"がきて、そのほかの空白の部分は全部並列の関係を示す"頓号"で、次のようになります。

> **例 2′** 我们要充分利用各方面的有利条件、继续集中力量进行经济建设、进一步发展和壮大自己，把一个经济持续发展、社会全面进步、充满生机和希望的中国带入二十一世纪。　　　　　(96.1.1)

　とくに長文の場合、"分号"（；）などで区切り、解読しやすくしてありますが、そらで聞く場合は、すべて前後の関係から判断するほかありません。この例文で、引っかかるのは"把〜中国带入二十一世纪"の"带入"の訳です。最近は"把和平稳定繁荣的世界带入新的世纪"などと盛んに"带入〜世纪"が使われています。

訳例　われわれは各方面の有利な条件を十分に生かし、引き続き力を集中して経済建設を進め、自らをいっそう発展させ、強大化して、経済が持続的に発展し、社会が全面的に進歩し、生気と希望に満ちた中国を二十一世紀に導いていかなければならない。

　最後の部分は「生気と希望に満ちた中国の姿で二十一世紀を迎えよう」といった訳も考えられます。

◇ 基本単語のマスター

　通訳者にとって基本単語のマスターは、見てわかるだけでなく聞いてわかる、つまりリスニングに長けていなければなりません。例えば、"坚持"、"争取"などは、"jiānchí"、"zhēngqǔ"と聞いたら、あたかも"chīfàn"といわれれば、小さな子どもがすぐにご飯を食べはじめるように、反応できるでしょうか？こんな単語がわからないはずはないと思うかも知れませんが、放送を聞いていると、文末にくる目的語は明解でも、センテンスの真ん中に位置する動詞などが速くて、聞き間違えるなど、意外なところに落とし穴が潜んでいるものです。つまり、日頃慣れ親しんでいる単語がどの程度、文字でなく、音声として、頭脳にインプットされているかどうかが一つのカギです。

中国語の読解では、仮にその発音をマスターしていなくても、おおむね内容を掌握することができます。これは便利ではありますが、反面発音がなおざりにされ、そのため一旦文字を離れ、音声から意味を理解しようとすると、大変骨が折れます。この問題は恐らく漢字文化圏に共通する問題で、欧米語の場合とはかなり異なっていると思います。仮に英語の発音があまり上手でなかったとしても、読解の場合、日本語読みで文字を追うことなどありえませんが、中国語ではそれができてしまうのです。

そのため黙読の場合でも、たえず中国語の音声で文字をとらえるよう心がけなければなりません。これは視覚よりむしろ聴覚に力点を置き、語感を身につけていかなければならない通訳者にとって、必須条件といえます。

◇聞き分けにくい単語例

中国語には同音、あるいは似かよった音声の単語が多く、かつ日本語のように和語が間に挿入されないため、聞き取りがいっそう難しくなっています。それがときには四声の違いだったり、四声は同じだが、ピンインが異なる、例えば巻舌音かどうかの違いだったり聞き間違いの原因はさまざまです。

では、最近の放送の中から聞き分けにくい単語の例をいくつか拾ってみましょう。

次のケースでは→の右側が正解になっています。

監tiào人 → 監票人　　省事務局 → 省税務局　　无数競争 → 无序競争
形式主权 → 行使主权　　音乐性歌庁 → 営業性歌庁　　重視签署 →正式签署
自銀商 → 自営商　　资源配制 → 资源配置

次に、前後の意味からどちらかを判断しなければならない例。

出险 → 脱险　　队伍 → 退伍　　法治 → 法制（委員会）　　基礎産業 → 支柱産業　　今年 → 近年　　离古 → 旅古（古巴）　　时效→实效　　事物 → 事务
数字 → 素质　　思想工作 → 四項工作　　性能 → 兴衣

全く同音の場合は、前後の関係で判断するほかありませんが、それと同時に微妙な違いでも聞き分けるだけの力を身につけていく必要があります。

例えば一本の短いニュースに全く発音が同じ"衣物"と"医务"が出てきました。チベットの貧しい人々に衣類や日用品を贈る、また医療の援助をおこなうという内容ですが、こうした例では前後の関係で処理していくほかありません。

また次の例のように、一歩間違えると法律の名前も全く意味不明になってしまうので、注意しましょう。

队伍士兵安居法→退伍士兵安置法

これは復員軍人の生活を配慮するための法律のようですが、"队伍士兵安居法"と聞き取ると兵士の住まいの問題でも解決するのかということになり、これをキーワードとしたニュース全体がなにがなんだかさっぱりわからなくなってしまいます。

もちろん日本語にも同じような誤解が生じる場合があります。

ある同時通訳のシンポジウムの際、河川の話で、日本語のこうもん式（闸門式 zhámén shì）を"肛門式"（gāngmén shì）と訳すなど、笑うに笑えぬ迷訳もあります。

◇ "简语" 略語の問題

放送を聞く際に、頭が痛いのが略語。日本語のなかにも負けず劣らず略語、外来語が登場し、私たち通訳者もその対応に苦慮しています。

しかし日本の放送では、例えば「APEC　アジア太平洋経済協力会議」（亚太经济合作组织）、「OECD　経済協力開発機構」（经济合作发展组织）というように最初に説明をつけますが、中国の放送ではまずそういうことはありません。その分、対応に苦慮します。

これは略語ではありませんが、例えば"jiékèxùn wǎníkè tiáokuǎn"が、聞き取れず困ったことがありました。結果は、"杰克逊・瓦尼克条款"「ジャクソン・バニック条項」。74年アメリカの通商法に、共産圏諸国に貿易制限を加えることを目的として補足された条項であることが判りました。音だけに頼っていると、"捷克"「チェコ」のようにも聞こえ、迷いは尽きないのですが、なにか一言説明があれば、ただちに対処できたと思います。

さて、膨大な中国語の"简语"をここに挙げたら、きりがありませんが、次の例文は近ごろ放送に出てきた"简语"です。ピンインの箇所に漢字を当ててみてください。

例題

①钱其琛认为联合国的wéihé　行为值得总结经验…

②目前全国 réndà 和 zhèngxié 正在召开…

③去年西藏 nóngmùmín 人均收入达到817元…

④要把发展连锁经营作为深化 guóhé 流通企业改革的突破口…

⑤狠抓科技　xīngnóng，不断增加科技因素在农业增产中的比重…
⑥一百多个国家的元首或政府将聚集一堂，gòngshāng 全球社会发展大计…
⑦参加这一活动的长春 yīqì、东风汽车集团…
⑧筑牢 jùfǔ、fángbiàn 的思想防线…

耳だけに頼った時には、最後の問題などかなり難しく、中国でも時事問題にたえず注意している人でないとすぐに反応できないのではないでしょうか。

解答
①维和（维持和平）②人大、政协（人民代表大会、政治协商会议）③农牧民（农民、牧民）④国合（国营和合作社经营）⑤兴农（振兴农业）⑥共商（共同商讨）⑦一汽（第一汽车厂）⑧拒腐、防变（拒绝腐败、防止变化）

◇ **新語や中国特有の言い回し**
　次に難しいのが、新語や中国語特有の言い回しへの対応です。放送をこまめに聞くなり、『人民日報』に目を通すなりして、勉強するほかありませんが、とくに重要論文はしっかり読んでおくと大変役に立ちます。

中国特有の時事用語の例：
要两手抓（zhuā）**精神文明和物质文明**：精神文明と物質文明の両方に力を入れる。平たく言えば、精神と物質的な面の向上に努めること。
两头在外：原材料の調達と製品の販売を海外に頼る。
稳住（wěnzhù）**一头放开一片**：全体的には自由に、一点のみしっかり固める、つまり科学技術の発展において、基礎研究に力を入れ、その他の応用面では自由におこなう。大いに産学共同をやれということでしょうか。
挤（jǐ）**农业，挖**（wā）**农民**：農業を追いやり、農民から搾りとる。
换位思考：相手の立場になって考える、"变位思考"ともいう。
今后将人权与最惠国待遇脱钩（tuōgōu）：人権を最恵国待遇にからめない。"脱钩"は"挂钩"の反対語。
对发展比较慢的地区给予倾斜（qīngxié）：発展の遅れている地域に力を入れ、支持していく。"倾斜"は、いま戦後日本の傾斜生産と同じような意味で使われている。
组织协调省际的粮食市场流通和跨省运输活动："人际关系"は人間関係ですが、"省际"省と省の間、また"跨国"ばかりでなく、"跨省"他の省にまたがるといった語彙も出てきました。これらの言葉にも、適切に対応しなければなりません。

比較的新しい単語の例：どの程度わかるか試してください。
①闭路电视网　②大款　③（资金）到位　④碘盐市场　⑤二女户　⑥高清晰度电视　⑦滑鼠　⑧卡通　⑨拉郎配公司　⑩冷巴　⑪绿色标志　⑫三无人员　⑬视窗　⑭塔楼　⑮T恤(xù)　⑯条形码　⑰跳蚤(tiàozǎo)市场　⑱下凡派　⑲微机　⑳误区
（答は266ページにあります）

　たえず作りだされるこうした新語の数々を思うとき、私たちが常に日本で暮らしている以上、リスニング100％達成というのは、至難の技といえましょう。仮にリスニングに間違えがなかったとしても、意味を調べようにもいまある辞書に収録されていない語彙もかなりあるというのが実状です。新語が次々に誕生するのは、社会が活力に富み、大きく動いている証拠で、北京語言学院出版社出版の《現代汉语新词词典》(于根元主编)には、1978年から90年までの新語3710語が収録されています。さらに1991年より同出版社が毎年出版している《汉语新词语》によりますと、収録されている語彙数は91年335語、92年448語、93年461語、94年458語にのぼっています。しかも興味を引くのは、そのなかに"新用法"まで含まれていることです。コラム「市民権を得た"黑五类"」を参照してください。

◇中文との速度を合わせるためのカット法
　リスニングを終え翻訳ができたところで、本番前に音合わせをしなければなりません。つまり、アフレコ（配音）に似た作業で、自分で中国語を聞きながら、原稿を読み上げ、練習するのです。その時に困るのが、日本語の遅れです。
　中国語と日本語の音声の長さを比較すると、日本語の方がおよそ3分の1ほど長くなってしまいます。

　　　"谢谢"　｜　xièxie
　　　　　　　｜　ありがとう
　　　　　　　｜　ありがとうございます

　　　"我学习中文"　｜　wǒ xuéxí zhōngwén
　　　　　　　　　　｜　中国語を勉強する
　　　　　　　　　　｜　私は中国語を勉強します

"谢谢"と「ありがとうございます」を二人で同時に言った場合、日本語の語尾の部分だけ中国語より長く、はみ出してしまうのは明らかです。"谢谢は、"xièxie"で、軽声は短くなり、仮に「ございます」を省略して、「ありがとう」だけにしても日本語がやや長くなります。前述のように、放送通訳は、中国語を聞きながら、日本語原稿を読み上げるわけですが、日本語の読みが長引くと、映像だけが先走りして、通訳の内容とズレてしまいます。

同時通訳にとってなにが一番怖いかといえば、やはりスピード。早口でしゃべられるのがなによりも怖い。中文日訳の場合はなおさらです。幸い放送通訳の場合、おおむね時差同通ですから、調整する時間、つまり日本語原稿をカットするための余裕が多少あります。

しかし、なるべく多くの情報を視聴者に提供できるよう、段落カットなどは避け、細切れカットにするよう心がけています。

例えば：
1 　重複している動詞、形容詞などのカット
　　"维护，发展双边关系"ときたら、"发展"だけを残す。"承前启后，继往开来"ときたら、どちらか一つをカットする。
2 　ワンセンテンスカットする方法
3 　一人称の省略、語尾の名詞止めを多くする。
4 　人名の羅列などは最後に「など」を入れて一部省略。

なおカットの具体例は、次の各スクリプトを参照してください。訳例の（　）の部分が、やむをえずカットしたところです。〔　〕は、補足した部分です。

◇オンエアの練習

自分で書いた訳文を数回読み、次にヘッドホンをつけ、中国語の音声を聞きながら、訳文を読んでみます。必ず中国語の後を追うような形で、聞きながら繰り返し訳文を読んでください。訳例はあくまでも参考までに記したものです。

なお実際の放送通訳では、ニュースの終わりを原音声とそろえるようにしなければなりませんが、ここではむしろ中国語を聞きながら訳出するのがポイントで、日訳の末尾の動詞などが多少こぼれてもかまいません。

スクリプト1　　全国政协八届四次会议开幕

DISK 2　42

これは実況放送（現場直播）で、あいさつの部分は、1分190字ぐらいのスローテンポになっています。現場の雰囲気を想像しながら訳してください。

CDを合わせ、左音声の中国語をスクリプトを見ずに繰り返し聞いてください。随意に音声を止めて翻訳していきます。

スクリプト

> "现在我宣布中国人民政治协商会议第八届全国委员会第四次会议开幕。全体起立，奏国歌"
>
> （国歌）
>
> 在大会通过这次会议议程以后，全国政协副主席叶选平受政协八届常委会委托做政协第八届全国委员会常务委员会工作报告。
>
> 叶选平说："过去的一年是'八五'计划的最后一年。我国各族人民在邓小平同志建设有中国特色社会主义理论的指引下，在以江泽民同志为核心的中共中央领导下，同心同德、团结奋斗、完成和超额完成了'八五'计划提出的主要任务，提前实现了国民生产总值比1980年翻两番的目标，改革开放和现代化建设取得了显著成就。"　　〈96.3.3〉

ヒント

jiè　届：期　　　cì　次：回、「第八期第四回会議」　　　zòu　奏：演奏する　　　yìchéng 议程：議事日程　　　tóngxīntóngdé　同心同德：心を合わせ　　　túanjiéfèndòu　团结奋斗：団結し頑張る　　　chāo'é wánchéng　超额完成：超過達成　　　fān liǎngfān 翻两番：4倍、"翻一番"は2倍、"翻三番"は8倍

全部訳し終えたら、リハーサルのつもりで、CDを聞きながら、何度も読み合わせをしてください。

DATA 7 255

訳例

「ここに中国人民政治協商会議第八期全国委員会第4回会議の開会を宣言いたします。全員起立、国歌の演奏」

大会では今回の会議の議事日程を採択した後、全国政治協商会議の葉選平副主席が政協第八期全国委員会常務委員会の委託を受けて、政協第八期全国委員会活動報告をおこないます。

(葉選平氏は次のように述べています)：「過去の一年は『八五』計画の最後の一年でした。わが国の各民族人民は、中国の特色ある社会主義を建設するという鄧小平氏の理論に導かれ、江沢民同志を中核とする中国共産党中央の指導の下で、心を一つにし、一致団結して『八五』計画に示された主な任務を達成、または繰り上げ達成し、**GNP** を 1980年の4倍にする目標を繰り上げて実現し、改革開放と近代化建設のうえで著しい成果をかちとりました。」

訳例は、CDの右音声に録音されています。

スクリプト2　环境问题

DISK 2　44

(a) 繰り返しCDを聞きながら、書き取ってください。単語はもちろんのこと、アナウンサーの間の取り方から、センテンスの切れ目、句読点などを想定してください。

ここに出てくる環境用語は、出現頻度の高いものです。DATA10の環境問題にもそなえ、活用できるようにしっかり覚えてください。

テキストを伏せて、CDを聞き、全文文字化してください。数回聞いても空白が埋まらない場合は、ヒントを参照してください。

ヒント

lùntán　**论坛**：フォーラム　　Xiè Zhènhuá　**解振华**：姓は"xiè"と読む
Qiáoběn Shù：橋本恕　　zhěngzhì　**整治**：整備　　fángzhì　**防治**：防除　　suānyǔ
酸雨：酸性雨　　zhìlǐ　**治理**：処理する　解決する　　**合作项目**：協力案件、"项目"は、プロジェクトとも訳すが、ここでは「案件」が適訳。

256　実践編

次のスクリプトを見ながら、間違いなく聞き取れたかチェックし、サイトラしてください。その後でCDを聞きながら、読み合わせをします。

环境一　スクリプト（1）

> 　　　中日环境合作综合论坛第一次会议今天在北京举行。国家环保局局长解振华、日本前驻华大使桥本恕及中日双方政府官员、环境问题专家就城市环境综合整治工程、防治酸雨、和流域水污染治理等合作项目进行了广泛讨论。
> 　　　1994年中日两国政府签订了政府间环保合作协定，目前已确定了19个合作项目。　　　　　　　　　　　　　　　　〈96.5.7〉

訳例

　中日環境協力総合フォーラム第一回会議が、今日北京でおこなわれました。国家環境保護局の解振華局長、橋本恕前中国駐在日本大使ならびに（中日）双方の政府関係者、環境問題の専門家が、都市の環境の総合整備（プロジェクト）、酸性雨（の防止対策）、流域の水質汚濁防止などの協力（案件）について広く討論をおこないました。
　1994年、（中日）両国政府は、（政府間の）環境保護協力協定を締結し、（現在）すでに19の協力案件が確定しています。

DISK 2　45

（b）次も環境問題です。
　CDを繰り返し聞き、一応内容を理解したうえで、空白を埋めてください。

环境二　スクリプト（2）

> 　　　我国　a　《全民环境意识调查分析报告》今天在北京公布。根据国家环保部门对全国二十二个省、市、自治区不同年龄、职业人口的　b　，我国公民的环境意识　c　水平仍然　d　。
> 　　　目前急需重视的三大环境问题是　e　、　f　和　g　。
> 《分析报告》共分四个部分：公众对环境保护的　h　、公众对环境问题的　i　、公众环境保护意识现状、增强公众环境保护意识的　j　。　　　　　　　　　　　〈96.3.17〉

次のスクリプトを参照して、答をチェックし、サイトラをしてください。
読み合わせの時にどうしてもついていけない場合は、訳文をさらに一部カットしてもけっこうです。

解答

　　我国 a 第一份《全民环境意识调查分析报告》今天在北京公布。根据国家环保部门对全国二十二个省、市、自治区不同年龄、职业人口的 b 问卷调查，我国公民的环境意识 c 总体水平仍然 d 偏低。
　　目前急须重视的三大环境问题是 e 水污染、f 大气污染和 g 生活垃圾污染。《分析报告》共分四个部分：公众对环境保护的 h 知晓程度、公众对环境问题的 i 认知水平、公众环境保护意识现状、增强公众环境保护意识的 j 途径。　　　　　　　　　　　　　　〈96.3.17〉

訳例

　わが国初の『(人民全体の) 環境意識調査分析報告』が今日、北京で公表されました。国家環境保護部門が、全国22の省、市、自治区の異なる年齢層や職業の人々を対象におこなったアンケート調査によりますと、(わが国の) 国民の環境意識は、全体としてまだ低い傾向にあります。
　(当面) 差し迫って重視すべき三大環境問題は、水質汚濁、大気汚染と生活用ごみの汚染です。『報告』は次の四つの部分からなっています。つまり、「大衆の環境保護に対する理解度、(大衆の) 環境問題に対する認識の程度、(大衆の) 環境意識の現状、(大衆の) 環境保護意識向上のための方法」です。

スクリプト3　世界婦女大会

DISK 2　47

　放送の聞き方にはいろいろありますが、ここでも丁寧に聞き（"精听"）、文字化してみてください。
　このニュースの長さは、およそ1分。走り書きで所要時間10数分なら理想的です。なお人名は飛ばしてもかまいません。

CDを合わせ、繰り返し聞きながら、書き留めてください。

　全部クリアした方は、スクリプトに照らしてチェックし、空白がある場合は、ヒントをもとに辞書を引くなりして、さらに調べてください。

ヒント

　まずニュースの主役は、"Péng Pèiyún"、彭佩云。この方は、中国"zǔwěihuì"の"zhǔxí"、"组委会"つまり組織委員会の主席＝議長。

「記者会見」は、"xīnwén fābùhuì"、"jìzhě zhāodàihuì"もある。

"为　quánqiú"

"一个重要　lǐchéngbēi"

"北京宣言"といっしょに採択された"xíngdòng gānglǐng"

"nǎizhì"は、"乃至"、「ひいては」

"hòuxù xíngdòng""后续行动"、「これからの行動」

"lǚxíng ～ nuòyán"「約束を履行する」はセットで覚える。

"shìfùhuì"　この会議の略称

"Lǐ Zhàoxīng"　李肇星

"zhǐ jiàn shùmù, bú jiàn sēnlín"　日本語にも全く同じことわざがある。

"mòshā"　目的語の"成功"につながる

　以上のヒントをもとに、またCDを開き、最後にスクリプトを参照してください。

スクリプト

　　　第四次世界妇女大会中国组委会主席彭佩云在昨天晚上举行的新闻发布会上说："在联合国成立50周年之际举行的第四次世界妇女大会将成为全球进一步实现男女平等、推动和平与发展的一个重要里程碑。会议通过的北京宣言、行动纲领将对本世纪、乃至下世纪全球妇女事业产生深远影响"

　　　彭佩云指出："大会的成果能不能真正推动全球妇女地位的提高，关键在于后续行动。中国政府将履行自己的诺言，进一步推动妇女事业的发展。"

世妇会中国组委会副主席李肇星在回答记者提问时说："这次大会采访的中外记者超过四千人，反映了新闻界对世妇会的重视和热情。绝大多数记者为报道会议作出了贡献。虽有少数记者存在'只见树木，不见森林'的问题，但这决不会抹杀大会的成功。" 〈95.9.16〉

ポイント

　スクリプトを見ながら、サイトラしていただきますが、訳文は、通訳しやすいようにできるかぎり順送り式に訳し、" "内は、簡潔を期して「である」調にします。
　人名は別として、辞書で調べたのが、"后续"、"只见树木，不见森林"ぐらいなら、大変けっこう。後は、どれぐらい時間を費やしたかにかかっています。

訳例

　第4回世界女性会議中国組織委員会の彭佩雲議長は、昨晩の記者会見で次のように述べました：「国連創立五十周年に際しておこなわれた（第4回）世界女性会議は、全世界で男女平等を（さらに）実現し、平和と発展を推進するための（重要な）一里塚である。会議で採択された北京宣言、行動綱領は今世紀から、（ひいては）次の世紀に至る（までの）世界の女性のための事業に深い影響をもたらすであろう。」
　（彭佩雲議長は次のように指摘しています：）「会議の成果が、真に世界の婦人の地位の向上を促すことができるか否かは、今後の行動にかかっている。中国政府は、自らの約束を守り、女性の事業の発展をよりいっそう推進していく。」
　また（世界女性会議中国組織委員会の）李肇星副議長は、記者の質問に答え、（次のように述べました：）「取材に訪れた内外の記者は、四千人を越え、（この会議に対する）マスコミの関心の深さ（と情熱）を示している。大多数の記者は、会議の報道に寄与した。一部の記者に木を見て森を見ないといった問題があったが、決して会議の成功を抹殺することはできない。」と語りました。

スクリプト4　香港访京団

DISK 2　49

　ここでは、CDを繰り返し聞きながら、できるだけ直接翻訳し、オンエアしていただきます。翻訳の時間は約1時間。多少カットしないと訳文が長くなりすぎて、音合わせが困難になります。一応全訳して、読み合わせしながら、カット部分を決めてください。前回と同様、文中の"某某说：'～'"の''内は簡潔を期し「である」調にします。

　CDを随時とめながら訳し、わかりにくい場合は、ヒントを参照してください。

ヒント

　"李瑞环"　名前といっしょに肩書きもおぼえましょう。
　会見した相手　　"香港""gùzhǔ fǎngjīngtuán"、"gùzhǔ"の"zhǔ"は多分"主"に違いないでしょう。では"gù"はなにか？"顾""故""雇"などが浮かびます。まず"雇"が妥当でしょう。"fǎngjīngtuán"、香港の同胞ですから、"访华团"ではなく、北京を訪れた団、訪京団です。
　"huíguī"：返還

スクリプト

> 　　<u>中共中央政治局常委</u>、全国政协主席李瑞环，昨天在人民大会堂会见了香港雇主联合会访京团。
> 　　李瑞环说："从现在到香港回归还有六百一十七天，在这一关键时期维护香港的稳定是十分重要的。"
> 　　他说："保持香港的繁荣与稳定，不仅是香港同胞的愿望和利益所在，也是大陆十二亿人民的愿望和利益所在。现在有的人有这样那样的<u>顾虑和担心</u>，这是可以理解的。要使人们放心就需要创造一种稳定的气氛。因此任何方面采取的重大举措，都必须<u>十分慎重</u>，都必须有利于香港的稳定"

李瑞环希望在坐的朋友和香港其他各界人士，团结一致为维护香港的繁荣与稳定而共同努力。　　　　　　　　　　〈95.10.2〉

訳文のカット例　（　）内は、カット部分

　（中国共産党中央政治局常務委員、）全国政治協商会議の李瑞環主席は、昨日人民大会堂で香港経営者連合会北京訪問団と会見し、「香港の返還まで、あと六百十七日（ある）、この大切な時期に香港の安定を守ることは極めて重要である」とし、（述べました。）

　李主席は）次のように述べました：「香港の繁栄と安定（を保つこと）は、香港の同胞（の願いや利益に叶う）ばかりでなく、大陸の十二億の人民の願いや利益に叶うものである。現在、あれこれ（懸念したり）、心配したりしている人がいるが、（その気持ちは）理解できる。人々を安心させるには、安定したムードを作りあげ（なければならない。したがって）、どちらの側も重大な（対応）措置を講ずる際には、（必ず）慎重を期し、香港の安定に有益でなければならない。」

　また李主席は、（在席の友人と）香港各界の人々が、一致団結して、香港の繁栄と安定のために努力するよう希望しました。

　上述の訳文は、読み合わせの段階で、（　）の個所をカットしました。それでも最後の段落は速すぎて、「希望しました」がこぼれそうです。また原文のカットについては、スクリプトに波線で示しましたので、訳例と比較してください。ではどの程度できるか読み合わせしてみてください。

　この後、スクリプト5～7は、いずれもテキストを伏せて、まずCDを聞きながら翻訳し、適当にカットして、最後にオンエアしてください。もし自分の声を録音できれば、なおさらけっこうです。各スクリプトにリスニングからオンエアに至るまでの所要時間を(　)内に記しましたので、参考にしてください。訳例は、CDの右音声に入っています。

スクリプト5　外資企業　　　　　　　　　　　　　　　　　　（1時間）

DISK 2　51

　　随着一大批重点合资建设工程的完成和外资企业相继投产并获利，

武汉市利用外资已开始进入全面收获期。1995年武汉市三资企业实现营业收入62亿元,是1994年的近三倍。上交税金达2.5亿元,比上年增长60%。出口创汇达6千5百零3万美元,三资企业已成为武汉市一个新的经济增长点。　　　　　　　　　　　　　　　　　　〈96.3.17〉

訳例

　多くの（重要な）合弁（建設）プロジェクトの完成と外資企業が続々生産に着手し、また収益をあげているのにともない、武漢市における外貨利用は、すでに全面的な収穫期に入りました。1995年武漢市の三資企業は62億元の営業所得をあげ、（これは94年の3倍近くに相当します。）納めた税金は、2億5千万元で、前の年に比べ60％増えました。輸出による外貨収入は、6503万ドルで、三資企業は、武漢市における新たな経済成長の拠点になっています。

スクリプト6　广东经济的发展　—"八五"成就　"九五"蓝图
（1時間半）

DISK 2　53

　改革开放十六年来,广东省经济建设取得了举世瞩目的成就。在全国各地学习贯彻党的十四届五中全会精神的新形势下,广东如何进一步加快步伐把对外开放提高到一个新水平,广东省常务副省长卢瑞华日前接受了中央台记者的采访。

　广东在1992年就提前八年实现了国内生产总值比1980年翻两番的目标。"九五"和下个世纪头十年只要保持增长率10％到11％左右,到2010年广东就可以达到基本实现现代化的宏伟目标。

　广东省政府认为广东有三个客观存在的优势,第一是地理优势,毗邻港澳,接近东南亚。第二是人缘优势,海外侨胞占全国的2/3。第三是广东先走一步积累了资金、技术和经验。

在新的形势下，广东在引进外资方面有更新的发展。最重要的一条就是深化改革，加快建立社会主义市场经济机制，同时要改善投资环境提高内部管理水平、提高利用外资的质量，引导外资更多的投向基础设施、支柱产业和高新技术产业，实现从劳动密集型向技术密集型的转型，发展高新技术。 〈95.10.27〉

訳例

　改革開放後十六年来、広東省の経済建設は、めざましい成果をあげました。全国的に党の14期5中全会の主旨を（学び、）徹底させるという新しい情勢の下で、いかにして（さらに急速に）広東省の対外開放を新たなレベルに引き上げるかについて、広東省の盧瑞華（常務）副省長（が、中央放送局の記者のインタビューに応え、次のように述べました。）〔にインタビューしました〕

　「広東は、1992年にGNPを(19)80年の4倍にするという目標を、八年繰り上げて達成した。『九五』と次の世紀（に入ってから）の十年間、成長率を10から11％前後に維持することができれば、広東は2010年には近代化の雄大な目標をほぼ達成することができる。

　広東省政府は、広東には三つの客観的な優位性があると考える。第一は地理的（な優位性で）〔に〕、香港、マカオに隣接し、東南アジアに近い。第二は人的な面で、海外華僑が全国の2／3を占めている。第三は（広東が、）資金、技術（と経験）〔など〕を一歩先んじて蓄積したことである。

　新しい情勢のもと、広東は外資導入の面で、さらに（新たな）発展をとげるであろう。もっとも重要な点は、（改革を深め、）社会主義市場経済のメカニズムを急速にうちたて、同時に投資環境を改善し、（内部的な管理レベルを高め、）外資利用の質を高め、より多くの外資をインフラ、基幹産業、ハイテク・（ニューテク）産業に投資し、（労働集約型から）技術集約型へとシフトし、ハイテク・ニューテクを発展させることである。」

スクリプト7　《人民日报》社论《为实现跨世纪的宏伟纲领而奋斗》
（2時間半）

 55

各位听众

人民日报为祝贺八届全国人大四次会议、全国政协八届四次会议闭幕发表社论，《为实现跨世纪的宏伟纲领而奋斗》。

社论说：今年的"两会"为推进我国改革开放和社会主义现代化建设做出了历史性的新贡献。八届全国人大四次会议听取和审议了李鹏总理《关于国民经济和社会发展"九五"计划和2010年远景目标纲要的报告》，审查、批准了《国民经济和社会发展"九五"计划和2010年远景目标纲要》；全国政协八届四次会议讨论了李鹏总理的报告和《纲要》。

代表和委员们认为，《纲要》是在发展社会主义市场经济条件下制定的第一个中长期发展规划，是民主和科学决策的产物，凝聚了全国各族人民的意志和智慧

社论指出：今后的15年，在我国的社会主义现代化建设的历史上，是承前启后、继往开来的重要时期。根据刚刚通过的"九五"计划和2010年远景目标纲要规划的蓝图，"九五"期间，我们将全面完成现代化建设的第二步战略部署，实现人均国民生产总值比1980年翻两番，使人民生活达到小康水平，并初步建立社会主义市场经济体制。

2010年，将实现国民生产总值比2000年翻一番，使人民的小康生活更加宽裕，形成比较完善的社会主义市场经济体制。在推进改革和发展的同时，社会主义精神文明和民主法制建设也将取得显著进展，实现社会全面进步。这个奋斗目标，展示了本世纪末、下世纪初我国现代化建设的美好前景，表达了中华民族自立自强的雄心壮志，气势恢宏，催人奋进。

社论说：《纲要》明确提出："依法治国，建设社会主义法制国家"这是指导我国现代化建设的一条十分重要的方针。
我们要在党的领导下，坚定不移地实行依法治国，推进建设社会主义法制国家的进程。

社论同时指出:"人民,只有人民,才是创造世界历史的动力"。人民群众是我们的力量源泉和胜利之本,各级领导干部大兴实事求是之风,大兴艰苦创业之风,大兴勤俭节约之风,大兴诚心诚意为人民谋利益之风,就能极大地提高我们党和政府的威望,带领亿万人民群众朝着既定的目标,胜利前进。

　　社论说:本世纪的最后五年,在我们伟大祖国的振兴史上将写下辉煌的一页;我国在香港和澳门将恢复行使主权,一洗百年国耻,在祖国和平统一大业中,迈出历史性的步伐。我们还要继续按照"和平统一、一国两制"的方针,为早日结束两岸分离的局面,完成祖国统一大业而努力。　　　　　　　　　　　　　　　　　　　　〈96.3.17〉

訳例

　みなさん

　人民日報は第八期全国人民代表大会第四回会議、全国政治協商会議第八期第四回会議の閉幕を祝して『世紀に跨る偉大な綱領の実現のため奮闘しよう』という次のような社説を発表しました。

　(社説は次のように述べています):今年、全人代と政治協商会議〔この二つの会議〕は、わが国の改革開放と近代化(建設)の推進に歴史的な貢献をした。第八期全人代四回会議は、李鵬首相の『国民経済・社会発展のための「九五」計画と2010年までの長期目標要綱についての報告』を(聞き、)審議し、『(国民経済・社会発展のための)「九五」計画と2010年までの長期目標要綱』を(審査し、)承認した。全国政治協商会議八期四回会議は李鵬首相の報告と『要綱』を討論した。

　代表と委員は、『要綱』が社会主義市場経済を発展させるという条件の下で制定された初めての中長期(発展)計画であり、民主的かつ科学的な方策による産物であり、(全国)各民族人民の(意志と智恵)〔英智〕を集めたものであると考えている。

　(社説は次のように指摘しています:)これからの15年は、わが国の社会主義近代化建設の歴史上、節目に当たる重要な時期である。(さきほど)採択された『「九五」計画と2010年までの長期目標要綱』に示された青写真に基づき、われわれは、近代化建設の第二段階の戦略配置を全面的に達成し、一人当たりのGNPを(19)80年の4倍にし、人民の生活をまずまずのレベルに向上し、かつ社会主義市場経済体制を初歩的に打ち立てる。

2010年にはGNPを2000年の2倍にし、人民の（まずまずの）生活をさらに豊かにして、比較的整備された社会主義市場経済体制を形成させる。改革の推進と（発展）と同時に、社会主義精神文明ならびに民主的な法体系も整備され、社会は全面的な進歩を遂げるであろう。この努力目標は、（今世紀末から）次の世紀の初めにいたるまでのわが国の近代化建設の美しい前途を示し、中華民族の自立進取の雄々しい精神、気概（、勇気）を示すものである。

　（社説は次のように述べています：）『要綱』は、（はっきりと次のように提起しています：）「法によって国を治め社会主義の法体系をもつ国家を建設する」としているが、これはわが国の近代化（建設）におけるきわめて重要な方針である。われわれは、党の指導のもとで、（断固として）法によって国を治め、社会主義の法体系による国家の建設の歩みを推進しなければならない。

　（社説はまた次のように指摘しています：）「人民、ただ人民のみが、世界の歴史を創造する原動力である」人民大衆は、われわれの力の源であり、勝利の根源である。各級の指導幹部は、実事求是（の作風）、刻苦創業（の作風）、勤倹節約（の作風）、誠心誠意人民の利益をはかる作風をしっかりうちたてさえすれば、われわれの党と政府の威信を大いに高め、（多くの）人民大衆を導き（既定の目標を目指し、）勝利のうちに前進することができる。

　また社説は（次のように述べています）：「今世紀の最後の五年間に、われわれは、偉大な祖国の発展史に輝かしい一頁を書きそえるであろう。わが国は香港とマカオの主権を回復し、百年の国辱を洗い流し、（祖国の平和統一の偉業のなかで、）歴史的な一歩を踏み出すであろう。われわれは、引き続き「平和統一、一国二制度」の方針に沿って、両岸分離の情勢を早く終わらせ、祖国統一の偉業を実現するために努力する。」としています。

252ページ解答

①有線テレビ網、CATV　②金持ち　③資金などが割り当てられる（もとは所定の位置に着くということだが、意味が広がっている）　④ヨード入りの塩市場（海草などの摂取量が少ないためヨードを入れる）⑤女の子二人で、男の子のいない家（主に農家）　⑥ハイビジョン　⑦パソコン用マウス　⑧アニメーション（最近よく使われる。＝"动画片"）　⑨二番煎じ式の会社（行革により看板だけを掛け変えた会社）⑩クーラー付きバス　⑪エコマーク　⑫決まった住居、職、身分証明書のない人（"三无"の意味はいろいろだが、いまでは"无合法居所、职业、证件"が多い）　⑬ウィンドウズ　⑭タワー・ビル　⑮Tシャツ⑯バーコード　⑰蚤の市　⑱天下り　⑲パソコン　⑳ミス（主に心理的な誤りを指す）

3　同時通訳

◇トレーニングの方法

　いままで勉強していただいたリスニング、シャドウイング、サイトラのテクニックを存分に駆使することが同時通訳のレベルアップにつながるといえますが、次のような三つのステップを踏みながらそのテクニックを磨くことが成功につながると思います。

STEP 1　ウイスパリング

　基本編の同時通訳の部分でも多少触れましたが、たとえば大勢の日本人が参加している会議やセミナーの会場に少数の中国人が同席する時などに、よく使われる方法です。会場の一角で、ウイスパリング、囁くように小声で日本人の発言を中訳するのですが、逐一訳すというよりは、むしろ要点を訳すことにウェイトが置かれています。しかし実際には正式な同時通訳と同様、なにが要点かを考えている余裕もないほど話がどんどん展開していくような場合、結局、逐一訳すことになってしまいます。

　ウイスパリングの練習は、メディアがこれだけ発達した現在、とりわけ日→中への教材は随所にあるので、大いに活用したいものです。その場合、テレビのアナウンサーの標準的な語り口を題材にするより、むしろ対談式のものを選んで練習するほうが、センテンスが短く、通訳するのに適しています。

STEP 2　原稿あり同通

　簡単に言えば、シャドウイングの要領をベースにし、リスニングしながらサイトラすることです。会議に先立ち、スピーチ原稿を入手したとします。もちろん原稿があるからといって、当日スピーカーが全部原稿通りに話すとは限りませんので、手放しで喜ぶわけにはいきませんが、通訳者にとっては、その会議をイメージするうえでの大切な情報源であり、精度の高い通訳ができるか否かにかかわることでもあります。

　音声に合わせながらのサイトラ、すなわち原稿あり同通は、もっとも基本的なトレーニング法であり、これを自由自在に操れれば、同通のテクニックの基本を一応マスターしたといえるでしょう。

　このときシャドウイングと同様、スピーチの後を追うようにし、原語より訳語が

速くなったりしないよう注意してください。

　中→日の場合は、多少訳が不自然になることがあっても順送りの訳でどうにかなるのですが、サイトラのところでも説明した通り、その逆の日→中は構文の違いにより、順送り訳では不可能なことが多々あります。日→中の変換には、日本語の語尾に位置する動詞まで聞かなければ中訳できないのですが、忘れまいと焦って、中→日の時と同様に主語が聞こえて数秒後に中訳をスタートしてしまうと、中国語の構文に沿って次に述語に入ろうとしても、まだ動詞をキャッチしていないため、"就是"や"那个"など不必要な言葉を羅列して、時間かせぎをする結果になってしまいます。したがって理屈としては中→日は、比較的インプット（聞き取り）とほぼ同時にアウトプット（訳出）しはじめ、動詞のみを記憶にとどめるようにして、最後に文章をまとめることが可能ですが、日→中には、語尾まで聞いてから、少なくともワンセンテンス遅れて発話するといったやや長い待ちの姿勢が必要です。ただ「言うは易く、行うは難し」で、実際にはなかなかうまくいかず、まさに"任重道远"（任重く道遠し）という感じです。

STEP 3　原稿なし同通

　中国語は英語などに比べ、この原稿あり同通から原稿なし同通への移行が、更に難しいのではないかと思います。

　これはすでにリスニングの冒頭の部分でも触れたように、漢字を媒体にしている中国語は、読解と聞き取りのギャップが英語などよりかなり大きいからです。それは同音異義語がきわめて多いので、内容を追う時に文字に頼るか、音声に頼るかによって、プレッシャーが全然違ってきます。たとえばサイトラでは、"潜力"と"前例"を混同するようなことはまずありえませんが、耳で聞くと全く区別がつかず、文章の流れによってどちらか判別するほかありません。（前出 DATA 7 聞き分けにくい単語例参照）もちろん英語、日本語を問わず、同音あるいは似かよった発音の語彙はありますが、中国語のそれははるかに多く、そのうえ日本語のようにクッションとなる和語がないこともリスニングを難しくしている一因といえます。

　そのため STEP 3 をクリアするには、洪水のように次々と押し寄せる音の流れのなかで、的確に語彙をかぎわけられるセンス（"语感"）を磨かなければなりません。

　大いに CD を活用し、ブラッシュアップしてください。

トレーニング・ポイント

　まずいままで取り組んできた音声テキストの総復習の意味も兼ねて、逐次通訳に使ったCDを大いに活用しながら、しばらく自主トレーニングをしていただきます。その際、次の点を守ってください。

　この場合、事前準備一応完了、スクリプトを見ながらの原稿あり同通というケースですから、スピーチを聞きながらワンテンポずつ遅れて訳出します。スクリプトにウェイトを置きすぎて、目で文字ばかり追っていると、リスニングがなおざりにされ、効果がありません。ヘッドホンを付け、そのボリュームを自分の声よりやや大き目に設定し、CDの音声に合わせながら同時通訳していきます。10分くらい経過したら、CDを止めて必ずしばらく休むようにしてください。

DATA 1

　方法：スクリプトを見ながら、スピーカーの言葉に合わせウイスパリングします。ウイスパリングは、隣の人に語りかけるように小声で訳すので、ヘッドホンは付けても付けなくてもけっこうです。慣れないうちは日訳がどうしても遅れてくるので、段落ごとにCDを止めながら訳してください。

DATA 2

　方法：同じようにウイスパリングしてください。

DATA 3

　方法：あまりにも早口なので、多分同通はお手上げ。ブースにいたら、"请慢一点"とでもメモして、渡してもらったかも知れません。もっとも中国の若者は、ますますスピード志向の傾向にあり、「CCTVのアナウンサーのテンポが一番いい」と言うスピーカーもいるほど。チャレンジしたい方は、スクリプトを適宜カットしてから、試してみてください。また事前にカットしないまでもポイントを訳してみてください。

DATA 4

　方法：原稿あり同時通訳、スピードはまずまずなので、ヘッドホンをつけ、同時通訳してください。まず原稿あり同通、つまりCDに合わせてサイトラをし、その後テキストを伏せて同時通訳してみてください。

DATA 5

方法：講演会での挨拶を同時通訳する場合、あえて声を張り上げ、演説調にする必要はありませんが、その力強さ、迫力は伝えたいものです。しかし、なんといってもネックは速さ、多分追いつくのはかなりむつかしく、効果が半減することも予想されます。そこで事前準備として、DATA 7で学んだカット法により、日訳をできるだけ短くしたり、また間に合わない時のために、カット可能な個所をあらかじめ（　）で囲んでおくのもよいでしょう。

DATA 6

方法：日→中の教材は、たとえばテレビ対談を録画するなど探そうと思えばどこにでもあるので、本書で取り上げた数少ない日本語スピーチによる教材の一つです。聞き取りはまず問題ないので、テキストを伏せたままで、中国語に訳すのが理想的ですが、難しい場合は、まず中国語の訳例を見ながらサイトラしてもけっこうです。その際、正確を期するためヘッドホンを付け、日本語より、およそワンセンテンスぐらいの遅れで発話していきます。無意識のうちにスピーカーより先に中訳していたというようなことがないようにしてください。

　以上、原稿あり同時通訳に取り組んでいただきましたが、なんども繰り返し練習してみてください。なお訳出した自分の声をテープにとり、比較検討してみるとレベルアップにつながります。
　では予備的な練習は一応ここまでにして、あらためて同時通訳の練習に取り組んでいただきましょう。

DATA 8　21世紀的教育
――同時通訳に最適のスピード、この程度はクリアしたい方言

魯文远　（沈阳市教育科学研究所所长）

　「21世紀の教育」をテーマにした魯文遠さんのスピーチは、同時通訳に最適のスピードです。中国語に比べ日本語がどうしても長くなることを配慮して、かみ砕くように最後までほぼ同じテンポで話してくださいました。これならあまり日訳をカットする必要もなく、多分追いついていけると思いますが、少々東北のなまりがあるので、注意してください。まずスピーチ原稿の抜粋をサイトラしながら、背景知識や教育分野の用語を一応クリアし、それから同時通訳に入ります。

1　サイトラ
次の原文をサイトラしてください。

原文1

　自1981年8月沈阳、川崎结为友好城市以来，两市政府、人大（议会）之间不断进行友好往来，在经济贸易、科学技术、文化教育、体育卫生等各个领域进行了广泛的交流和合作。1986年和1991年，在两市结为友好城市五周年和十周年之际，两市又在多方面进行了实质性的交流，这就增进了相互了解和友谊。

　这次我同李铁军先生一起到川崎市，参加川崎市教职员工会成立45周年纪念活动和国际教育交流研讨会，相信我们的活动一定会增进两市人民，特别是我们教育界朋友之间的友好往来，促进教育事业的发展。

ポイント

　この会議の正式な名称は「川崎市姉妹友好都市国際教育交流シンポジウム」、この会議には、中国の代表のほかアメリカのボルチモア市"巴尔的摩市"とオーストラリアのウロンゴング市"伍伦贡市"も参加しているので、「姉妹友好都市」となっている。中訳は姉妹にこだらわず"友好城市"、"友城"とし、"川崎市友好城市国际教育交流研讨会"にした。（ちなみに中日友協は、「姉妹」でなく、「友好都市」と呼ぶよう提唱している）

　"实质性的交流"日訳も必ず「実質的な交流」とする。

訳例

　1981年8月、瀋陽市と川崎市が、友好都市になって以来、二つの市の政府、人大（市議会）の間で、たえず友好往来が重ねられ、経済貿易、科学技術、文化教育、スポーツ・衛生などの諸分野で、幅広い交流や協力がおこなわれてきました。1986年と1991年、友好都市締結5周年と10周年の際には、更に多くの面で実質的な交流が進められ、相互理解と友情を深めることができました。

　この度、李鉄軍さんと一緒に川崎市にまいり、川崎市教職員組合創立45周年の記念行事と国際教育交流シンポジウムに参加することになりましたが、私たちの活動を通して両市の市民、とりわけ教育界の皆様との友好往来が増進され、教育事業の発展が更に促進されるものと信じています。

原文2

　　沈阳的各级各类教育事业，在国家统一规定的"教育必须为现代化建设服务，必须同生产劳动相结合，<u>培养德、智、体全面发展的社会主义建设者和接班人</u>"的教育方针指引下，沈阳市政府、市教育委员会对1990－1995年期间，沈阳的教育发展战略确定："<u>振奋精神，挖掘潜力，加强管理，深化改革，提高质量，再上水平</u>"，把全面贯彻教育方针、全面提高教育质量作为90年代教学工作的主要任务，提出了"<u>办学有特色</u>""<u>教学有特点</u>""<u>学生有特长</u>"的口号。

　　中国是人口大国，又是世界著名的有光荣传统的"<u>尊师重教</u>"的国家，全体国民十分重视教育事业的发展和提高。"<u>望子成龙</u>"是中国人民的主要意识活动。我国政府长期以来，把教育作为发展经济的

ポイント

"德、智、体"＝"德育""智育""体育"、少しわかりやすくいえば、「モラル、知識、体の三つが整った社会主義建設の担い手、後継ぎを養成する」こと。

「精神を奮い立たせ、潜在力を掘り起こし、管理を強化して改革を進め、質を高め、更にレベルアップをはかろう」

「学校運営に特色をもたせ」、「教育に特徴をもたせ」、「学生に特長をもたせる」ことをモットーにする。このほかにも教育の方針として"三个面向"、すなわち"面向现代化、面向世界、面向未来"が、83年に提起されている。

"尊师重教"　師を尊び、教育を重んじる。

"望子成龙　「子どもの出世を願う」、"望子"に対し"望女成凤"もある。

> 战略重点,优先发展教育事业,提出了"百年大计,教育为本"的口号。

"意识"は、これまで"意识形态"(イデオロギー)などに使われてきたが、近ごろは"～意识"があちこちで見られる。例えば"竞争意识""向上意识"(向上心)、"咱们每一个北京人都要自觉用'首都意识'规范自己的言行举止,共同维护好北京的良好形象"北京日报(93.3.4)など。

"百年大计,教育为本"「百年の大計は教育が基本なり」、このほか"十年树木,百年树人"「木を育てるのは十年、人を育てるのは百年」なども合わせて覚えておくと役にたつ。

訳例

　瀋陽における各種の教育事業は、「教育は必ず近代化建設に奉仕し、生産労働と結びつけ、モラル、知識、身体の三つを兼ね備えた社会主義の担い手、後継ぎを養成する」という国が定めた教育方針に沿って、瀋陽市政府、教育委員会が、1990－1995年までの期間の教育の発展戦略を定めました。つまり「精神を奮い立たせ、潜在力を掘り起こし、管理を強化して、改革を進め、質を高め、更にレベルアップをはかろう」、そして教育方針を全面的に徹底させ、教育の質を高めることを90年代における教育の主な任務とし、「学校経営に特色をもたせ」「教育に特徴をもたせ」「学生に特長をもたせる」ことをモットーにしています。

　中国は人口大国であり、また「師を尊び、教育を重んじる」栄えある伝統をもつ国として世界に知られています。そして国民全体が教育事業の発展、向上を重視しており、「子どもの出世」が、中国の一般庶民の願望になっています。わが国政府は、長年教育を経済発展の戦略の重点とみなし、優先的に教育事業を発展させ、「百年の大計は教育が基本である」というスローガンを提起しました。

原文3

> 多方筹措资金,不断增加投入,大力发展教育事业:
> 　我国是一个发展中国家,底子比较薄,要适应经济发展、人民需要,除国家和地方各级政府投入办学资金以外,我国一直

ポイント

"底子薄　":経済基盤が軟弱、しっかりしていない。

> 实行"两条腿走路"的办学方针，通过多种渠道解决办学经费。
> 　　一方面如上所说，国家财政预算拨款给教育部门和资助民办学校，另一方面又提倡鼓励工矿企业、机关团体、农村的乡、村办学、私人办学、合资办学等等，现在已经形成了一个国民认可的持续增长的教育投入的机制。

"两条腿走路"：二本足で歩く、すなわち二本立でおこなう。

"拨款"：割当金、支給する、とくに政府からの割当資金　"投入"：人材の投入などともいうが、資金の投入の意味に使われる場合が多い。"机制"：メカニズム、システム

波線の部分は、学校運営における財源確保の多様化を示しているが、「医学教育」などでも同じような内容が出てくるので、その主旨をしっかり把握しておく。

訳例

　　様々な形で資金調達をおこない、たえず資金を投入して、教育事業を大いに発展させよう。
　　わが国は発展途上国であり、経済基盤が比較的弱いので、経済の発展、人民のニーズに適応させなければなりません。国や地方の各級政府から学校運営のための資金が投入されるほか、わが国では、一貫して「二本立て」による学校運営方針が実施され、さまざまなルートを通じて学校の経費を賄ってきました。
　　上述のように国家財政予算からの教育部門への支給、民営の学校への経済的援助がおこなわれる一方で、工業鉱業企業、機関、団体、農村の郷や村などによる学校経営、私立、合弁による学校経営が提唱されるなど、すでに国民のコンセンサスを得た持続的な教育投資システムが形成されています。

原文4

> 　　沈阳的教科研工作，除有宏观的理论比较强的教育科研实验研究外，还有微观的实践比较强的教育教学的实验研究，如学制、课程设置、教材、教法和考试制度的实验研究，在学校中又以应用性的实验研究为主。

ポイント

"教科研"：教育の科学的研究、"宏观的理论"：マクロな理論、"微观的实践"：ミクロな実践

"课程设置"：カリキュラムの設定
"教法"：教授法、教え方

我国的教法问题：教法改革是教师进行教学改革的主要方面。学科教法的改革和选定，主要依据学校培养目标、学科特点、教育教学的基本规律、学生的心理、生理发育情况等几个方面；注意发挥教师的主导作用和学生的主体作用，运用启发式防止注入式，围绕培养和发展学生的创造思维进行的。为了贯彻直观性、形象性的教学原则，目前中小学广泛采用影视等现代化教学设备进行教学，学校普遍设有微机室、语音室、理、化、生实验室、音美教室、体育馆等专业室馆。

　　教学形式丰富多彩，学生课业负担较轻，青少年得到全面发展，教学质量逐年提高。

センテンスが長くても「；」で二つの内容に分かれていることに注意。

"基本规律"：基本的な法則

"启发式"：啓蒙式、啓発式
"注入式"：詰め込み式、"填鸭式"とも言う。
"直观性"：わかりやすく言えば、「視聴覚」教育。
"影视"："电影电视"の略、ここでは視聴覚としたが、普通"电化教育"と言われている。

訳例

　瀋陽における教育の科学的研究には、マクロ的な理論に力を入れた教育の科学的研究についての実験的な研究のほか、ミクロ的な実践に力を入れた教育教学についての実験的研究、例えば学制、カリキュラム、教材、教え方や試験制度などがあります。学校ではまた応用的な実験研究を主におこなっています。

　わが国の教授法の問題：教授法の改革は、教師がおこなっている教学改革の主な側面です。科目別の教授法の改革と選定は、学校の指導目標、学科の特徴、教育の基本的法則、学生の心理と発育状況などを考慮しながら、教師の指導力と学生の主体性をいかに発揮させるかに注意しています。また詰め込み式でなく、啓発的な教育に努め、学生の創意性を養うよう心がけています。更に直観的で、イメージ化した教授法の原則を貫くため、現在小、中学校では、広く視聴覚教育が取り入れられ、パソコンルーム、LL教室、理科、化学、生物の実験室、音楽、美術教室、体育館などの特別教室が設けられています。

授業の形式も多様化し、学業に対する生徒の負担も比較的軽くして、青少年をあらゆる面で伸ばすよう配慮し、教育の質も年々向上しています。

2 日→中 サイトラ

さてここで少し発想の転換をはかるため、川崎市の教育委員会から示された日本の教育改革の四つの柱（四个重点）を検討してみましょう。上述の内容と比較しながらじっくりサイトラしてみてください。

原文

1 豊かな時代に生きる子どもたちにとって、とかく歪みがおこりやすい「心の問題」、すなわち「心の教育」を重視すること。

2 初、中等教育の中心は、基礎、基本を重視することにあるが、特に「個性教育」を重視すること。

3 生涯学習に、学校教育を位置づける意味で、「自己教育力・自己学習力」を重視すること。

4 国際化が進展する中で、国際社会に生きる人間の育成という意味も込めて、「文化・伝統の尊重と国際理解の推進」を重視すること。

訳例

1 生活在这富裕时代的孩子们，心灵容易扭曲。我们要重视这种"心灵的问题"，重视"心灵的教育"。

2 初、中等教育的中心是要重视基础、基本，特别要注重"个性教育"。

3 学校教育的意义在于为终身学习打下基础，因此要培养学生的"自我教育能力"和"自我学习能力"。

4 随着国际化的进一步发展，要把学生培养成为能够适应国际社会的人，就要重视有关"尊重文化传统以及加深国际理解"的教育。

ポイント

　日本と中国の教育改革をそう簡単に比較することはできませんが、表現こそ異なれ、共通点もかなりあるように思います。
　たとえば、「個性教育」は、"教学有特点""学生有特长"に、「生涯学習」は"终身教育"にリンクするなど、両者を比較してみるのもおもしろいと思います。

3　同時通訳

　ではサイトラに一応慣れたところで、CDを聞きましょう。
前述の通り、スピーチの速さは、もっとも理想的といえるほど同時通訳しやすいのですが、DATA 2と同様、発音に東北なまりがあるので下記の点に注意してください。

yán→人　　yànwéi→认为　　yáncái→人才　　zìzuò→制作　　dāngyán→当然
biyán→必然　　sànyú→善于　　xiǎnyán→显然

　スクリプトは、三つの部分からなっています。スクリプト1と2は各3回、スクリプト3は2回、あらかじめCDを聞いてある程度内容を確認してから同時通訳します。またCDを聞く前にヒントに目を通し、ピンイン→中文→訳語を頭に入れておいてください。
　なお訳例は、CDの右音声に吹き込まれていますので、最後に確認してください。

スクリプト1　3回聞き同時通訳　　　　　　　　　　　DISK 2　57

　わからない単語は、聞いたときにピンイン化して、後で辞書を引くようにし、途中でCDを止めずに通しで聞いてください。まず次のピンインから単語を想定し、練習に入ります。

ヒント

① cānyù　② zhōngxuéduàn　③ cáijiǎn shèjì　④ xiá'ài　⑤ páichú　⑥ kāikuò yǎnjiè
⑦ xiānghù jièjiàn　⑧ zìyǐwéishì　⑨ luòwǔ　⑩ qǐshì

①参与　②中学段（中学高校の段階）　③裁剪设计（裁断、デザイン）
④狭隘　⑤排除　⑥开阔眼界　⑦相互借鉴　⑧自以为是　⑨落伍　⑩启示

スクリプトを伏せ、ヘッドホンをつけ、CDを3回聞いてから同通スタートしてください。

スクリプト1

	ポイント
那么21世纪的教育是什么样的教育呢？我们两个人认为有以下四个特征。	
第一点：21世纪的教育，是必须为现代化建设服务的教育。我们国家现在已经确立了以经济建设为中心,加快改革开放。从长远来说，教育必须培养可以为现代化建设服务的人才。同时，学校又可以直接投入到经济建设当中去，直接参与经济建设。比如说，现在在我们沈阳市就出现了这样的一批学校。就是中学段,高等综合的这样的学校，既是学校，又是工厂，又是公司，又是商店，又是旅店。象我们有一所高等汽车职业高中，他们一方面培养驾驶员、汽车修理工，但同时又是运输公司。比如我们服装职业学校、一方面教给学生学习裁剪设计、服装制作、工艺美术的知识，另一方面，又是服装工厂。那就是说教育不仅仅是一种消费的事业，同时又是先进生产力的代表。	"服务"：奉仕する、役立つ、サービス、最近は"服务行业"など、「サービス」として使われるケースが多い。 "段"：一区切り、「中学の段階」、この時の"中学"には"初中"と"高中"が含まれる。 "高等综合"："高等学校"、"高校"には、大学、高等専門学校が含まれる。 日本的には、産学共同のような意味 間に合わなければ、「デザイン、仕立てなど」として、ほかを省略する
第二个问题,21世纪的教育必须是广泛的国际性的一种教育，不是狭隘的地区的、一个国家一个样子的这样的教育。当然，我们并不排除国家的实际情况和她教育的独有特点，但是21世纪的教育应该有	狭い地域的な、それぞれの国でパターン化された教育ではない

更多的共同点。随着科学技术的发展，为国际教育交流提供了极为有利的条件，国际间的教育交流同其他交流一样，可以开阔眼界，相互借鉴，取长补短，促进社会进步和经济发展。

  我们这次到川崎来参加部分国家的国际教育交流会，很使我们开阔眼界，未来的21世纪的教育，如果闭关锁国、自以为是，不去借鉴外国先进的教育的制度和一些做法，那么就必然的是落伍。我们这一次看到了川崎市部分中小学的情况，给我们两个人的启示非常地大。比如说，我们认为川崎市中小学办学的条件非常地好，学校内部的设置非常地先进、现代化。川崎市中小学教师的水平很高，少年儿童们非常地活泼等等，这些都是我们回去要宣传，要学习的。那么中国借鉴了日本的现在的教育，学习她就共同提高了，就达到了一个较为先进的水平了。

視野を広め、互いに学び（手本にする）、長所を取り入れ、短所を補う

鎖国的で、思い上がった、独善的な

落伍する、後れる

「小中学校」でなく、中国語では"中小学"
啓発する、ヒント、示唆

スクリプト2　3回聞き同時通訳　　　　　　　　　　　　　　　　DISK 2　58

要領はスクリプト1に同じ、ただしヒントはなし。

スクリプト2

　　　当然，在这次研讨会中，还有一些先生提到了关于对少年儿童思想品德教育问题。我听了以后，我认为美国、澳大利亚、中国、日本都有共同点。比如现在的孩子，小学生、中学生在中国更是比较突出，一对夫妻一个孩儿，上边有爷爷、奶奶、老爷、老娘、父母六个人围绕一个孩子转，叫宝宝，在中国就叫"小皇帝"。"小皇帝"怎么去教育呢？各国都遇到了这样的问题，我认为大家共同研究、讨论，拿出来更好的措施，这就是21世纪的教育应该是这样的教育。

　　　第三：面向21世纪的教育就是要对现行的教育制度、办学条件、师资水平、教学内容、教学方法手段，进行更深、更广的、更科学的改革。沈阳市是中国的特大城市之一，我们从今年起就小学一年级就要开英语课、日语课、俄语课、朝文课。如果我们的教学内容还是陈旧的，不去改革，怎么能够使我们的教育实现21世纪的要求呢？那就更不用说办学体制了，学校办学条件了。方才几位先生都谈到了21世纪教师的水平问题，也要进行改革。所以我说21世纪的教育应该对现有的教育体制、办

ポイント

　祖父、祖母、外祖父、外祖母（"姥姥"）
　"围绕～转"として覚える、"围绕锅台转"女性が家事に振り回されるたとえ。ここでは、「子どもに振り回される」、「よってたかって世話をする」
　多分"小皇帝"のあたりから訳出が多少遅れてくるが、慌てずに次のセンテンスを記憶にとどめておく。

　教師の資質　教師のレベル
　四文字の語彙が並び、追いつかなくなるので、適度に取捨選択（简译）する。

　直訳すると不自然になるので、意訳する。「21世紀のニーズをみたす…」など。

学条件、教师队伍、学制、教育改革、课程设计、教学内容、教学方法、手段进行一系列地更广泛地更科学地改革。

"队伍"は、この場合「部隊」でなく、「陣容」

スクリプト3　2回聞き同時通訳　　　　　　　　　DISK 2　59

ヒント

① mángmù　② kāichuàng jīngshen　③ mòshǒuchéngguī　④ shūshēngqì shízú
⑤ jìngzhēng yìshi　⑥ xiàngshàng yìshi　⑦ gānyuàn shībài　⑧ gāoshàng
⑨ zhǐzhèng

①盲目　②开创精神　③墨守成规　④书生气十足　⑤竞争意识
⑥向上意识　⑦甘愿失败　⑧高尚　⑨指正

スクリプトを見ないで、2回聞き同通スタートしてください。

スクリプト3

　　最后，21世纪的教育我认为最重要的就是现在我们教育工作者要设计出来，要构想出来21世纪我们要培养什么样的青少年，是一种什么样的人。如果说，我们现在对21世纪培养的学生是什么样的人还没有构想，那我们再去改革别的也是盲目的。
　　21世纪的中小学生是什么样的人呢？我认为21世纪中小学生应该具有五个特征：
　　第一点、21世纪的中小学生应该具有开创精神，而不是墨守成规的人，所以我们沈阳市现在在中小学里头，已经开设了创造教育课。

ポイント

　長いセンテンスに対応できましたか？ 特に"如果说〜"は"还没有构想"まで聞かないと意味をつかめない。ここは待ちの姿勢が必要。

"21世纪中小学生应该具有" 主語の繰り返しを察知したら、「第二」から省略してもよい。

第二、21世纪中小学生应该是具有广博的才能，而不是书生气十足的人。

第三、21世纪中小学生应该具有强烈的竞争意识，就是向上意识，而不是甘愿失败的人。

第四、21世纪的中小学生应该具有高度合作的愿望，而不是习惯于小生产工作作风的人，善于和别人去合作。

"工人阶级"労働者階級が、多くの人々の利益を考えるのに対して、"小生产者"小規模生産者は、小さな枠の中で利益追求するので、小さなことにとらわれやすいとされている。
"谋～利益" かかりぐあいに気をつける。

最后，21世纪的中小学生应该是具有高尚的为人类幸福而奋斗的品德，而不是谋个人或小团体、和狭隘民族主义利益的人。

各位先生，21世纪我们要培养什么样的人呢？如果我们现在构想不出来培养什么样的人，我们还去培养人，显然是一种盲目的。那么我们说的21世纪培养人具有这五种品质是不是科学呢？是不是全面呢？不一定，欢迎各位先生批评、指正。

"～什么样的人，我们还去培养人"「～すらはっきりしないのに、われわれが人材を養成するというのは～」、"我们"によって文意の転換をつかむ。
この辺りから、ややスピードアップ。

我们在川崎已经渡过了八天了，可谓是美好的八天。我们愿意通过在川崎的学习、参观、访问、研讨学到的东西介绍到中国去，特别介绍到沈阳去。借此机会，（我们这个研讨会要结束了，）我非常感谢我们川崎市各位中小学老师来参加这次研讨会，并听我们的介绍。希望我们长期保持联系，为发展人类的教育事业共同努力！

"可谓"（～と言えます）が聞き取れなくても、予測可能。「すばらしい八日間でした」

（　）内は、挿入句だが、こだわらずに訳す。

"bǎocí"と言われても後の"联系"で、すぐに"保持"と判断できるかどうかがカナメ。

コメント

　右音声の通訳を聞くと、主語を発話した後、間が空きすぎると感じられたかも知れませんが、これは日中の構文上の違いにより、一瞬述語を記憶にとどめなければならないからです。この不自然さを解消するには、主語の訳出のスタートを少し遅らせるべきかも知れません。

市民権を得た"黒五类"

　時代の流れとともに発想に変化を来たし、たえず新語が生まれるので、通訳者はさまざまな対応に追われます。

　NHKでCCTVの通訳をしていて、困るのが、企業名、とくに中国語に訳された外国企業の名前、人名、地名など固有名詞ですが、新語、それも昔なじみのある単語が装いを新たにお目見えするので全くお手上げの時もあります。

　ちなみにCCTVは、午後八時半から作業にとりくみ、広東テレビの二分も含め、自分が受け持つ放送時間はおよそ七分。そしてニュースの聞き取り、翻訳と読みを三時間後の零時までに仕上げておかなければなりません。正に時計を横に見ながらの作業、ある単語にこだわってあれこれ調べたりしていると、タイムリミットになってしまいます。

　"hēiwǔlèi"と聞いたら、"黒五类"、文革時代に中国語に慣れ親しんだ者にとっては、"红五类"（工人　贫下中农　革命干部　革命军人　革命烈士的子女）に対する反意語としての"黒五类"を想起させ、もはや死語になったと思わざるをえません。"黒五类"は、当時悪の権化とされた"地主　富农　反革命分子　坏分子　右派分子"のこと、中国では革命の"红"に対して"黒"は反革命です。ところが、食品の話題のなかに、この"hēiwǔlèi"が登場したのです。隣で作業している中国の同僚にも聞いてみましたが、やはりはっきりしません。

　その後一ヶ月余りして偶然買い求めた《1992汉语新词语》から回答が得られました。なんと"黒五类"は、いまでは"保健食品"に生まれ変わっていたのです。"黒五类是以黑豆、黑米、黑芝麻、黑松子（マツの実）、黑加仑*五种黑色食品为原料加工制成的保健食品"とありました。"黒"というとどうも暗いイメージですが、栄養価の高い健康食品として親しまれているようです。

　ちなみに当日のニュースでは意味不明につき泣く泣く"黒五类"をカットしました。

*黒竜江省の野山に生えている野生の果実ですが、これを原料にしてつくった果実酒のことを"黒加仑"といい、栄養価の高いお酒として北方の人びとに親しまれています。

DATA 9　中国出版业的现状以及知识产权的问题
―― 瞬時の合間を縫ってスピーチに追いつくコツ

宋木文（中国出版工作者协会会长）

　〈'96東京国際ブックフェア〉(国际书展)に参加された中国出版工作者協会会長の宋木文さんにインタビューし、中国の出版事情ならびに知的所有権についてお伺いしました。まずサイトラをして内容ならびにその語り口に慣れるようにし、その後同時通訳に入ります。同時通訳は、初めに原稿あり同通で、カットすべき点などを学び、その後原稿なし同通にチャレンジします。

1　サイトラ

　同時通訳に入るための事前準備として次の三つの段落をサイトラしてください。すぐにサイトラに入るのが理想的ですが、一回読んだ後でサイトラしてもけっこうです。ただしサイトラを始めたら、できるだけ途中で止まらないようにすること、また段落毎に所要時間を設定しましたので、一応の目安としてできるだけこの時間内に訳し終えてください。スピードアップしないとCDによる同通部分に入ってからスピーチに追いついていけなくなります。

　なおポイントは、サイトラも含め、できるだけ音声面を中心にすえて、注意すべき点を書き記しました。

原文1　　　　　　　　　　　　　　　　　　　　　　　（目標　1'05"）

　　我这个人呢，搞了一辈子文化工作，那么分两段，前一段是在中国文化部工作。后一段呢，1972年开始做出版工作，当时叫国家出版局。这也快20多年了，我觉得出版是很重要的一项事业。我自从自身的体会当中认识到出版是一个国家、一个民族、一个地区经济、科学、文化的综合反映。如果看一个国家文明的程度、社会的风气，从出版物里边就能得到准确的印象。

ポイント

觉得：中文日訳の際、やはり述語の処理が一番大きな問題です。動詞を一応置いておいてすぐ「出版は……」と入り、構文の最後に持っていかなければなりません。すなわち"觉得"や"认识"は一応記憶にとどめて置くことが必要です。

综合反映：リスニングでは、同音の"反应"と混同する恐れがあるので注意してください。"反映"はよく下から上に意見するなどの意味に使われますが、ここでは「具体的な表現」「表れ」などが適しています。　　**社会的风气**：「社会的な風潮」、「世相」　　**准确的印象**：「的確なイメージ」、また最後のセンテンスは、断定型ですが、日訳はなるたけソフトなイメージにしたほうがいいでしょう。

訳例

　私は、一生文化関係の仕事にたずさわってきましたが、二つの段階に分けられます。初めは中国の文化部（文化省）で働きました。その後、1972年から出版の仕事に従事しましたが、当時は国家出版局と言われていました。こちらももう20年余りになります。出版は、たいへん重要な事業だと思います。私自身の体験から、出版とは、ある国家、民族、地域の経済、科学、文化の総合的な表れだと考えます。ある国の文明の程度、世相を知るには、出版物を見れば的確なイメージが得られるのではないでしょうか。

原文2　　　　　　　　　　　　　　　　　　　　　　　　　　　　　　（目標 1'40"）

　　　从出版来讲呢，中国是最早发明印刷术的国家，就是说有悠久的历史传统。正是因为有了这样一个传统的出版业和出版物，我们留下了大批的文献，成为我们今天研究学习中国历史、中国经济、中国文化发展的宝贵的文献。那么一般地说有多少古籍文献呢，现在还没有个准确的统计，有的说八万种，也有的说十万种，还有的说十二万种的。反正相当地丰富，当然也有损失，战争啊，什么各个方面的天灾的、人为的原因呢，也损失了一些，但是保存了相当大量的文献。这些出版物的存在使中国传统文化能够几千年延续下来，成为东方文化的代表。

ポイント

いままで再三予測の重要性を強調してきましたが、"因为"、"但是"など接続詞

や"反正"「いずれにしても」「どっちみち」といった副詞などに注意する必要があります。なぜならそこから文章の流れが変わり、新たな展開への予測をある程度可能にするからです。

サイトラでは、センテンスが少々長いものには、スラッシュ（／）を入れてみるとかかり具合がはっきりします。

例えば"这些出版物的存在／使中国传统文化／能够几千年／延续yánxù下来，成为／东方文化的代表。"

訳例

　出版について言えば、中国は印刷技術を最も早く発明した国で、長い歴史的な伝統があります。このように伝統的な出版業、出版物があったからこそ、たくさんの文献を残すことができ、今日私たちが中国の歴史、経済、文化の発展を研究し、学ぶための貴重な文献となっているのです。では一般的に言ってどれくらいの古書文献が残されているのでしょうか？現在まだはっきりした統計はありませんが、8万点、10万点、また12万点とも言われています。とにかくかなり豊富です。もちろん損失も被りました。戦争、いろいろな天災、それに人為的な原因によっても一部損失を被りました。それでもかなり膨大な文献が保存されています。これらの出版物によって中国の伝統文化は数千年も存続し、東洋文化の代表となり得たのです。

原文3

（目標 2'30"）

　　1992年我去访问埃及，埃及也是有古老文化传统的国家。但她保存的东西主要是古建筑，是庙啊，还包括什么金字塔，<u>他们不象中国那样保存那么多那么好的（古埃及的）文献</u>。这对古埃及来讲，文化发展来讲，是一个很大的损失。中国在这方面就不同了，古文献都保存下来了，所以应当说中国是一个有文化传统、深厚传统的国家。

　　那么近代以来，由于中国这段历史，特别是从鸦片战争以来，中国在独立上受到损害。我不想详细谈这段历史了，出版业象其他产业一样是不发达。

　　从1978年改革开放以来，我们中国的出版业象其他经济、科学、文化一样有了巨大的发展。现在出版的图书就新的品种<u>7万多种，如果加</u>

上再版的书11万种，那么中国的期刊现在有8千多家。整个的出版业呢，还是一种兴旺发达的状况。那么当然现在也面临新的问题，这个新的问题呢，主要的是同整个国家经济体制，相联系。

ポイント

"他们不象中国那样保存那么多那么好的（古埃及的）文献"：このセンテンスはよく考えてみると、（　）の部分が余分なように見えますが、話し言葉には、このような厳密さを欠く表現がよく見られます。したがってリスニングの際には、前後の関係からいち早くその内容を察知し、処理する必要があります。

"现在出版的图书／就新的品种／7万多种"：現在出版されている図書のうち、新しい種類＝新刊だけでも、7万点

"再版"、"期刊"＝"定期刊物"（定期刊行物）といった出版用語も合わせて覚えて置きましょう。

訳例

　1992年私はエジプトに行きましたが、エジプトも旧い文化の伝統をもつ国です。しかし保存されているのは、主に古建築です、寺院だとか、ピラミッドだとか。彼らは中国のようにたくさんのすぐれた古代エジプトの文献を残してはきませんでした。これは古代エジプトにとっても、文化の発展にとっても大きな損失です。中国は、この点異なり、旧い文献はみな保存されてきました。ですから中国は文化の伝統、長い伝統のある国家といえます。

　近代に入ってから、中国のこの歴史的段階において、とりわけ阿片戦争以来、独立が、脅かされました。このくだりの歴史について詳しくお話するつもりはありませんが、出版業はその他の産業と同様立ち遅れてしまいました。

　1978年の改革開放以来、中国の出版業も他の経済、科学、文化と同様大きな発展を遂げました。現在出版されているのは新刊書だけでも、7万点余り、再版を加えますと11万点、定期刊行物は現在8千社余りになります。出版業全体からみますと、目下発展しつつある状況にあります。もちろん現在新たな問題に直面していますが、それは、主に国全体の経済体制に関わるものです。

2　原稿あり同時通訳

　次のスクリプトは、CDの音声に合わせながらサイトラしていただきます。すなわち原稿あり同通ですが、会議が近づくと関連の資料がどっさり送られてきて、事前準備に忙しくなります。一日の会議のうち、原稿あり同通の割合が多ければ多いほど安心で、逆にパネラーどうしの自由な討論の時間が長ければ長いほど、未知の部分が多く、不安感がつのります。しかし原稿があるからと言って、うかうかしていると合間にアドリブ（即興的部分）が挿入されたり、早口で読まれたりすることがあるので安心は禁物です。

　また同通は数秒遅れで通訳をはじめ、最後に数秒遅れで終わるので、日訳がセンテンス一つか二つこぼれるかも知れませんが、それは常にあることなので心配する必要はありません。同時とは言え、完全に同時に終了することはまずありえないのです。しかし丁寧に訳しすぎると途中でどんどん遅れてしまうので、適当にカットしなければなりません。

　ではまずスクリプトに目を通し、サイトラしてみてください。一応慣れたところで、CDに合わせ、スクリプトを見ながら通訳しますが、必ずスピーチの後についていくようにしてください。訳出が間に合わない場合は、適宜カットするなりして、対応してみてください。これがスムーズに行けば同時通訳の基本を一応マスターしたといえます。

スクリプト1

DISK 2　61

中国正在由计划经济体制向社会主义市场经济体制转变,这是一个非常重大的、影响各个行业带有全局性的一个转变，出版业也不例外。就是说呢，今后的出版物、出版社、期刊社要出书、出刊，虽然不能一切以市场为导向，但是必须面向市场，必须面向市场。这样就要自主地经营，这个原来传统经济体制时候呢，那时候的出版业呢，可以不必考虑自己的经营。现在的中国的出版业一定要考虑自己经营，把这个书出好，使读者欢迎，同时要把书卖掉，发展，流通的渠道。现在这个问题呢，我们解决得还不算好，还不算好。常常碰到，比如书出来了，两种情况。登了广告了，读者到书店来就买不到了。什么原因呢，就是老板怕，出版社社长呢，怕出多了、积压。象这类的问题我们必须改革，还

> 没有把它解决好，需要进一步深化改革来解决。
>
> 　另外这个面对市场经济啊，出版社之间的竞争也很厉害，所以就需要不断地提高图书质量。现在我们出版物质量比较低的呀，还是有不少，比较粗造的东西。所以现在中国出版界呢，正在解决如何提高质量的问题。

ではヘッドホンをつけ、スクリプトを見ながらスピーチに沿って同時通訳してください。

ポイント

さていかがでしたか？　では同時通訳の際に、スピーチと訳出の時間的なギャップが生じたところはどこなのか、もう一度スクリプトを追ってみましょう。訳出のプロセスをより具体的に再現するため、下記のように間に合わないのではないかと思われる箇所にアンダーラインをつけてみました。

> 　中国正在由计划经济体制向社会主义市场经济体制转变，(ここは問題なし) 这是一个非常重大的、影响各个行业带有全局性的一个转变，(修飾語が重なり、遅れる) 出版业也不例外。就是说呢，(スピーチはすでにワンセンテンス先行している) 今后的出版物、出版社、期刊社(雑誌社)要出书、出刊，虽然不能一切以市场为导向，(市場の動向による) 但是必须面向市场，必须面向市场。(繰り返しの箇所で、カットし、追いつく) 这样就要自主的经营，这个原来传统经营体制的时候呢，那时候的(カット)出版业呢，可以不必考虑自己的经营。现在的中国的出版业一定要考虑自己的经营，把这个书出好，使读者欢迎，同时要把书卖掉，发展流通的渠道。
>
> 　现在这个问题呢，我们解决得还不算好，还不算好。(繰り返しの部分カットで、追いつく) 常常碰到，比如书出来了，(カット) 两种情况。登了广告了，读者到书店来就买不到了。什么原因呢，就是老板怕，(すでに日訳がかなり遅れ気味の状態にあり、カット) 出版社社长呢，怕出多了、积压。(売れない、在庫が増える) 象这类的问题我们必须改革，还没有把它解决好，

需要进一步深化改革来解决。

　另外这个面对市场经济啊，出版社之间的竞争也很厉害，这个（追いつく）所以就需要不断地提高图书质量。现在我们出版物质量比较低的呀，还是有不少，比较粗造（cūzào　雑である、粗雑である）的东西。所以中国出版界呢，正在解决呢，如何提高质量的问题。（ワンセンテンスの遅れ、実際には5秒くらいの遅れで訳し終える）

　以上参考までにカットの部分を記してみました。ここでは、多分これくらいのカットで間に合うだろうと思います。省略できる主語はできるだけ省くことも必要です。これ以上の速さなら、さらに大胆にカットしなければなりません。

　訳例中カット可能な箇所を（　）で表示しました。しかしその場に及んでうまくカットできるとは限りません。時にはやむをえずワンセンテンスばっさりカットすることもありますが、話の流れに影響しない程度のカットは許されると思います。なお次の訳例は、右音声の訳文に多少手を加えたものです。

訳例

　中国は計画経済体制から社会主義市場経済体制へとシフトしつつありますが、これは極めて重大な、各業種に影響する大局的な転換で、出版業も例外ではありません。つまり今後出版社、（雑誌社）の（書籍や定期刊行物の）出版がすべて市場の動向に依拠することは不可能ですが、必ず市場に目を向けなければなりません。すなわち自主的に経営するということで、これまでの伝統的な経済体制当時の出版業は、自らの経営を考えなくても済んだのですが、いまの（中国の）出版業は、自らの経営を考慮しなければならず、本を出版し、読者にも愛されるようにし、また本を売りさばき、その流通ルートを広げなければなりません。

　現在この問題は、まだきちんと解決されていませんが、いつも本が出た後、二つの状況にぶつかります。広告は出たが、読者が書店に行っても買えない。なぜかと言いますと、出版社の社長が本をたくさん出しすぎて、在庫が増えることを心配しているからです。こうした問題は改革しなければなりません。まだきちんと解決されていないので、さらに改革して解決しなければなりません。

　そのほか、市場経済に向けて出版社間の競争も激化し、絶えず本の質を向上させるよう迫られています。いま（私たちの）出版物にはまだ質的にかなり低いもの、雑なもの

がたくさんあります。ですから目下（中国の）出版界は、いかにして質の向上を図るかに取り組んでいます。

3 原稿なし同時通訳

通訳者は、同時通訳に先立ち、あらかじめ想定単語ノートをつくり、いざという時にそれに頼るのが習わしになっています。

ヒントとして、やや難しそうな単語を挙げてみましたので、CDを聞く前に目を通し、しっかり音声としても記憶しておいてください。

ヒント

多媒体（duōméitǐ）	マルチメディア
封闭性	閉鎖性
接轨（jiēguǐ）	ドッキング
知识产权	知的所有権
专利	特許、パテント
商标	商標、ブランド、ラベルなど
版权	版権、著作権
著作权法	著作権法
预备期	予備期間
完善立法	立法の整備
新媒体	ニューメディア
电子出版物	電子ブック（出版物）
计算机软件	コンピュータソフト
条款	条項
执法	法の執行
职权	職権
打击盗版	海賊版を取り締まる
侵权	権利の侵害
非法出版	不法出版
查出	調べ明らかにする
音像复录工厂	オーディオ複製メーカー
经营性放映	営業的に放映する

激光视盘放映厅	レーザーディスク・ショールーム
举措	措置、対応措置
制黄贩黄	ポルノの製造販売
技术含量	技術的な要素
权益	権利、権益
智力成果	知的成果

ではテキストを伏せ、CDを聞きながら同時通訳してください。

スクリプト2 　　　　　　　　　　　　　　　　DISK 3　①

还有呢，这个出版呢[*1]，它又和先进的技术和设备联系起来。我们这个技术、设备、包括印刷、包括多媒体的采用[*2]，这方面呢，我们比日本、比欧洲的国家都落后，落后一步。在这种新的技术的采用和发展呢，也是中国出版界当前面临的很重要的问题。而[*3]要做到这一点呢，需要大量资金。这个资金呢，一个是靠出版单位自身[*4]的积累，同时呢，靠国家的适当的支持[*5]。

还有呢，中国出版界呢，也发生了这样一个变化，原来呢，我把它讲叫封闭性[*6]，封闭性。封闭呢，和改革开放呢，就是相对立的。这个现在面临着国内不仅（有国内的市场的统一）要形成国内统一的大市场，而且要和国外的市场接轨[*7]，要开展对国外的合作。在这方面，我们也有十几年的历史了，在国外合作方面首先就是和日本的合作。

ポイント

*1 出版の話によく"出版、发行"と出てくるが、この"发行"は、おおむね「流通」を指している。

*2 電子ブック"电子书"などを含むマルチメディア時代を迎え、出版界もいろいろな面で転換を迫られている。ところで北京の「メディアセンター」は、"媒体中心"ならぬ"梅地亚中心"。

*3 文意の転換を示す"而"は、次を予測するための重要な情報源。

*4 すなわち「自らの蓄積」、「私自身」は"我自己"、日本語の使い方と多少異なることに注意。

*5 国に完全に頼っていた状況を脱し、ある程度国に頼ると言う意味。

*6 改革開放の反対語＝"封闭性"（閉鎖性）

*7 結び付ける、ドッキング。よく使われる"结合"だけでなく新語に目を向ける

和出版相联系的还一个问题是知识产权问题，知识产权广泛地讲嘛，广义上讲专利、商标、版权，这个三方面组成叫，统称知识产权。就版权方面来讲，中国在这方面的工作也是发展比较晚，比较慢，但是发展起来呢，也是很快的。我们是1990年全国人大通过的著作权法，91年开始实行，这个法，从颁布到实行中间有一年预备期，91年开始实行。

　　那么现在呢，我们这个立法上呢，还有不完善的地方，这个需要我们完善立法，完善立法。我个人作为出版协会的主席，我也是版权研究会的会长，认为这个法总的说是好的，是和国际能够接轨的法，这个著作权法啊，得到国际出版版权界的共同认为呢，都是一部比较好的法。但是这个法已经五、六年了，现在看呢，有些问题还需要经过深入地研究以后，我觉得还有进一步修改的必要。比如说由于多种原因造成呢，就是这个对外国人的保护比中国作者水平高。一般地来讲著作权法嘛，实行国民待遇，国民待遇就是中国人和外国人，（对外国人）给外国人的保护就是跟中国人的保护是一样的。那么现在的呢，实际上对外国人的保护，高于中国人的保护，象这些问题呢，都应当很好地解决。

　　还有这个新媒体、电子出版物、计算机

＊8　公布する

＊9　"完善"　整備する　"〜基礎設施"など随所に使われている。

＊10　話し言葉には、文法的なあいまいさが、よくみられるが、ニュアンスをつかむよう努力する。

＊11　"国民待遇"　内国民待遇、公正かつ平等な条件の下での競争という角度から、提唱されている。

＊12　"呢"によってセンテンスが短かく区切られているため、かえって訳しやすい。

＊13　《电子出版物出版管理规定》

软件，那个法里边呢，即使提到了，由于当时这个问题的复杂性，所以定得非常原则。那么象这方面的内容呢，都要在修改后的法里边呢，得到体现。那么还有呢，就是有些重要的条款法里当时没有写进去，比如这个对音乐磁体作者的作品如何能够做到保护，怎么样管理，西方国家、包括日本，都有个具体管理机构。音乐界、什么著作者协会、磁体著作者协会、电影作者协会等等。就这方面的内容我们的著作权法没有。现在中国已经开始建立了这样一个具体管理机构，但是由于法里没有这个条款，使这个具体管理机构行使它的职权，开展工作方面受到困难。同时这个立法方面呢，我们正在研究，建议在条件成熟的时候呢，进行修改。

　　另外一个方面的重要工作就是执法。所谓执法呢，就是打击盗版，反对侵权，（打击盗版），这个使这个出版单位啊，都能保护自己的利益不受侵犯，同时也不侵犯别人。这两三年来应当说，我们打击盗版呢、这个反对侵权方面有很大的进展。比如说（今年）、去年，中国加大了打击盗版和非法出版的力度。1995年又查出了从事盗版活动的音像复录工厂，把有问题严重的工厂关闭了，采取坚决的措施。那么今年初，就是刚过了1996年了，1996年初，

によれば、メディアの形態には次のものが含まれる：只读光盘（CD-ROM、DVD-ROM等）、一次写入光盘（CD-R、DVD-R等）、可擦写光盘（CD-RW、DVD-RW等）、软磁盘、硬磁盘、集成电路卡等、以及新闻出版总署认定的其他媒体形态。

＊14　日本では「音楽著作権協会」

＊15　力の入れよう、そのほか芸術作品の深みを指すこともある。
＊16　"查处"とも取れるが、「調べだし」、「悪質な工場は閉鎖した」につながる。

中国在全国范围内禁止侵权、盗版进行经营性放映激光视盘，关闭了（这个五百多家）、五千多家各类激光视盘放映厅，而且五千多家呢，主要是放映盗版中。我认为呢，这是一个重要的举措[*17]，既是保护知识产权的重大举措，同时呢，也是打击制黄贩黄[*18]的重大的行动，所以这件事深受社会各界的欢迎。

现在我觉得呢，就是不论从国内出发，或者进行国际交流来考虑，都要更加重视知识产权。我认为这个知识产权呢，它的重要性啊，被越来越多的人所认识。而实际上呢，国际贸易的技术含量、各国之间的贸易交流、知识产权的含量，越来越高。一个国家知识产权保护水平的高低，已经成为选择贸易伙伴的重要条件，这是对外来讲。对内来讲呢，真正是要把自己的民族的科学文化发展起来，就必须真正切实地保护知识产权。保护作者的权益，保护出版者的权益，这样才能够它有积极性[*19]：创造性、劳动的积极性，有投入大量的资金、传播的积极性、出版的积极性。所以如果说这个对内对外两者的关系来考虑呢，（来说呢，）我觉得第一位是更好地发展保护自己的智力成果[*20]。同时也保护国外的智力成果，为科学、文化的交流、为国际、经济贸易的交流、创造很重要的条件。

*17　最近よく使われているので、覚えておく。

*18　"制造或制作黄色物品"、"黄"は主にポルノ雑誌やビデオを指す。"贩黄"はそれらを売りさばく。"制黄"と同音の"治黄"は、「黄河の治水」となることもあるので、注意。

*19　スピードについていかれないときは、具体的な「积极性」の説明部分はカット。

*20　テレビの「クイズ番組」は"智力竞赛"、また"智力开发" "智力投资"などもある。

次の訳例を見ながら、復習を兼ねて日→中の音読サイトラをしてみてください。

訳例

　それから出版を進んだ技術や設備と結びつけること、われわれの技術、設備は、印刷、マルチメディアの採用を含め、この点では日本やヨーロッパに比べ、一歩遅れています。このような新しい技術の採用、発展もやはり中国の出版界が直面している重要な問題です。一方そのためには、膨大な資金が必要です、この資金は出版社自身の蓄積に頼るほか国からの適度な支援に頼らなければなりません。

　また出版界にはこのような変化も起きました。もともと、私はそれを閉鎖性と言っていますが、閉鎖性と改革開放とはあい対立するものです。現在国内市場の統一によって一大市場が形成され、そして海外市場ともドッキングする、海外との協力を行わなければなりません。この点ではすでに十数年の歴史があります。海外との協力ではまず日本との協力です。

　出版に関連して、もう一つ知的所有権の問題があります。知的所有権は、広義に言えば、特許、ブランド、版権、この三つを総称して知的所有権といいます。版権は中国では比較的取り組みが遅かったのですが、急速に発展しました。90年の全人大で著作権法が、採択され、91年に実施されました。この法律は公布から実施まで一年の準備期間を経て、91年に実施されたのです。

　現在、立法上まだ不十分なところがあります。ですから整備しなければなりません。私は出版協会の会長として、また版権研究会の会長としても、この法は総じて言えば良いと思います。そして国際的にもドッキングできる法、著作権法です。国際版権関連の業界からも比較的良い法律だと認められています。しかしもう五、六年も経ってしまったので、一部の問題について、さらに検討してから、修正する必要があると思います。たとえば様々な原因によりますが、海外の著者への保護のほうが国内の著者より手厚かったりするのです。通常著作権法は、内国民待遇の扱いです。この内国民待遇では、外国人の保護と中国人の保護は同じなはずですが、現在、実際には外国人の保護のほうが中国人より高くなっているのです。これらの問題は、きちんと解決しなければなりません。

　それからニューメディアの電子ブック、コンピュータソフトなど、法律で触れてはいますが、当時のこの問題の複雑な事情から、非常に原則的な決め方なんです。この点は修正後の法律で具体的に示さなければなりません。それから一部重要な条項が入っていないのです。たとえば音楽の磁気テープの作者の作品をどのように保護するか、どのよ

うに管理するか、日本を含む西側諸国では、具体的な管理機構があります。音楽著作権協会、磁気テープ著作権協会、映画著作権協会などの協会があります。こうした内容はわれわれの著作権法にはありません。現在中国でもこのような管理機構が作られていますが、法律に定められていないので、具体的な管理機構が職権を行使しようとしても難しいのです。立法について、検討していますが、条件が熟したら修正するよう提案しています。

　もう一つ重要な仕事は、法の執行です。法の執行とは、海賊版の取り締まり、著作権侵犯に反対し、海賊版を取り締まることです。これは出版社が自らの利益を犯されないように保護する、同時に他人を侵犯しないことです。ここ二、三年来海賊版取り締まり、権利侵害反対の面で大きな進展がありました。例えば去年、海賊版や不法出版の取り締まりを強化しました。95年には海賊版行為をやっているオーディオ複製工場を調べあげ、ひどいところは閉鎖し、断固とした措置を取りました。今年初め、96年の初め、全国的に権利侵害、海賊版を使ってレーザーディスクを営利として放映するのを禁止し、五千社余りの様々なレーザーディスク・ショールームを閉鎖しました。この五千社余りは、主に海賊版を放映していたのです。これは大きなことだと思います。知的所有権の保護のための大きな措置であると同時に、ポルノ製造販売に打撃を与える重要な行動で、各界から歓迎されました。

　いま国内的にも、国際的な交流にしても知的所有権がいっそう重要視されるようになりました。知的所有権の重要性がますます多くの人びとに認められるようになっています。実際に国際貿易における技術的要素、各国間の貿易交流での知的所有権がらみの要素がますます増えてきています。なぜならその国の知的所有権保護のレベルが高いかどうかが、貿易パートナーを選ぶ重要な条件になっているからです。これは対外的にですが、国内的には、自らの民族の科学、文化を真に発展させるためには、必ず知的所有権を保護し、作者の権利、出版者の権利をしっかり保護しなければならず、このようにしてこそ意欲がわくのです。創造力、労働への積極性を生みだし、大量の資金を投入し、メディア、出版への積極性をひきだすことができるのです。ですから国内と国外の両者の関係を考えてみますと、まず第一に自らの知的成果をより良く保護すると同時に海外の知的成果を保護し、科学、文化の交流、経済貿易の往来にとって重要な条件を創り出すことだと思います。

DATA 10　アフリカからの環境メッセージ
――日→中　順送り訳の限界、環境関連用語

サンガ・N・カザディー（三重大学教授、「アフリカの村おこし運動」代表）

　環境が、いまの時代だけでなく、将来の子々孫々の生存にかかわる重大な課題としてクローズアップされています。環境問題は、フォーマルな会議で語られるばかりでなく、ごく身近なところでも問われるようになりました。

　駅前で「ごみゼロ運動」という立て看板を見かけました。環境会議などに出てくる「ゼロ・エミッション」をわかりやすく表現すれば「ごみゼロ」、中国語では"零排放"（líng páifàng）などといっています。

　このように環境問題が注目されている現在、"发自非洲的环保信息"と題して地球の裏側、赤道に跨るアフリカの国、ザイール"扎伊尔"に目を向け、環境問題とはなにかを考えながら、環境用語などの勉強に取り組んでみたいと思います。

　ボーダレス"无国界"、グローバル化"全球化"の時代とはいえ、私たちにとってザイールは、やはり遥か遠い国でしかありません。ちなみにザイールは、国土面積が、日本のおよそ6倍、人口三千万余り、人口密度13人／平方キロの国です。

　サンガさんは、ザイールの方ですが、現在三重大学の教授で、冬休みや夏休みには故郷に帰り、環境問題に取り組んでいらっしゃいます。とつとつと語る言葉の端々から、サバンナ化"稀树草原化"（xīshù cǎoyuánhuà）が進むアフリカからのメッセージが伝わってくるようです。そのアフリカに思いを馳せながら、サンガさんのお話にしばし耳を傾けてください。

　ここでは、サンガさんのお話を中心に、環境問題をめぐって語学的に三つの側面から勉強することにしました。

1　日→中 同時通訳
2　中→日 サイトラ
3　覚えておきたい環境関連用語

1　日→中　同時通訳

「一体どのくらい通訳すれば、合格、どの程度なら失敗、失格となるのでしょうか？　それを誰が評価するのでしょうか？」こんな質問を受けました。

中→日の同時通訳の場合、いくらリスニングが難しいとはいっても、スピーチのスピードが適度で、発音がきれいなら、どうにかクリアし、また通訳の結果の良し悪しは、おおむね自分でも判断できます。しかし、こと日→中については、私自身たえず「忠実さ」と"通俗易懂"の狭間で迷い、"如坠（zhuì）五里雾（wù）中"という感じさえします。

サンガさんのお話は、まずまずのスピード。時には、たいへん専門的な内容の講演の場合もありますが、このスクリプトに関しては、学術的なものではありません。

そこで問題は、どの程度原文に忠実に訳せばいいのか、また同時通訳に必要な順送り法通訳の結果、その中訳が、聞くに耐えられるか否かにかかっています。

いささか消極的ではありますが、ではどの程度なら許されるか、最低どこまでクリアしなければならないかということになります。まずクリアしなければならない点は、流れ、すじみち。「イエス」といっているのに「ノー」と訳したら、流れが変わってしまいます。「それはまた、ずいぶん低い次元で」と、思われるかも知れませんが、日本人の話し方は、往々にして語尾の部分でトーンが下がり気味になるのです。はたして「〜ます」なのか、「〜ません」なのかはっきりしないときもあります。ましてや片耳から日本語を聞き、もう一方の耳で、自分が発する中国語を聞きながらの作業、思わぬところに落とし穴が潜んでいることもあります。時には、横に控えているパートナーが、いち早く訳出しつつある通訳者の迷いを察知し、○、×のサインをしてくれるなど、手となり足となり（正確には耳となって）フォローしてくれるなど、チームワークも欠かせません。流れを曲げて伝えないこと、これは最低の条件といえましょう。

では、通訳しようにも間に合わない時は、どの程度カットしていいのか、という問題があります。前述の通り、放送通訳の時差通訳では、間に合わない部分をカットし、自分でオリジナル音声にそって読み合わせする時間が多少なりともありますが、同時通訳に際しては、カットするにも瞬時にカットしなければなりません。そしてそれを意識的に取捨選択する余裕さえないというのが、現実です。その点、ベテランの英語通訳者で、サイマル・インターナショナル顧問の小松達也さんにお伺いしてみたところ、たとえば、「あなたの服は、とてもすてきですね。模様が細かいですね」という言葉なら、間に合わない場合、「あなたの服はとても

すてきですね」で終わり。後半をカットするとのことでした。

　次に、耳に入ってくる言葉を、中→日の時よりやや遅らせて発話することが必要です。これは、前にもご説明したように日本語は文末まで聞かないと中国語の構文に変換できないからです。しかし、理屈ではわかっていても、どこまで記憶にとどめられるかという問題もあり、実際には忘れないかと焦ってすぐ発話したくなってしまい、正直なところ「言うは易し、行うは難し」という感じです。

　また同時通訳は、翻訳と異なり、倒訳の方法（クローズやセンテンスをひっくり返して訳す方法）などを用いずに、順送りの訳を使わざるをえません。要するに、できるだけワン・センテンスで寸断し、あまり記憶にとどめることなく発話していければ訳しやすいのです。逆にいえば、修飾語がいくつも重なっている文章は、どこで切ったらいいのか、判断するのに戸惑い、訳しにくいということになります。一方、順送り訳の結果、どうしても日本語に引きずられ、日本語的中国語になるおそれがあります。ちなみに韓国語は、文の構造が日本語と全く同じで、日・韓の通訳では単語の置き換えだけですむとか、羨ましい限りです。

　では、順送り訳にならざるをえないなどの制約要素のもとでは、どのような中訳になるか、多少の不自然さは否めないとして、その「許容範囲」はどこまでなのか、といった問題が生じます。いうまでもなく通訳のレベルの「許容範囲」を決めるのは、広くいえば聴衆であり、なによりも通訳を依頼したクライアントであり、通訳者自身でないことは自明の理です。しかし、ここでは、こうした原理原則から離れ、同時通訳の練習をしながら、私が考えている「許容範囲」を明らかにできたらと思います。

　では、逆に通訳に課せられた時間や文法などによる制約要素を取り除き、翻訳し、推敲を重ねたら、どのような美しい中国語になるのでしょうか？

　この疑問にお答えするため、『人民中国』雑誌社で、長年翻訳・編集にたずさわってこられた李恵春さんの模範解答を付けておきました。

　あくまでも翻訳なので、ただちに同時通訳に適用できるわけではありませんが、翻訳者の文章と通訳者の訳文とを比較しつつ、同時通訳という制約条件の下で、それがどこまで可能なのか、または不可能なのか大いに研究していただきたいと思います。この両者の接点、あるいは"取长朴短"（短所を補い、長所を取り入れること）こそが、理想的な同時通訳への道ということになるのかもしれません。

　では、ややもすると日本語に引きずられてしまう部分、また倒訳の方がよくても実際には不可能な部分などを解明しつつ、道遠しといえども美しい中国語を目指して、勉強しましょう。あわせて342ページのコラム　「忠実さと"通俗易懂"

の狭間で」を参照ください。

　前置きが長くなりましたが、CDを聞くにあたっては、スピーカーの日本語の文法などにあまりこだわらず、流れを追うように努めてください。地名も、地名辞典にないので、「ルバングレ川」なら、音を適当に当てはめ、"卢班葛列河"とでもしておきます。
　下にキーワード（关键词）を挙げてみましたが、"关键词"は、大切な情報源で、とくに学術論文や長文の読解、速読の際に、たいへん役に立ちます。この際、キーワードを覚えておくだけでなく、六つのキーワードから、CDを聞く前に、あらかじめサンガさんのお話の展開を想像してみてください。単語は、ヒントの範囲内でフォローできれば理想的ですが、CDを聞いてなお問題があれば辞書で調べてください。

"关键词"
カヤンバ郡：喀扬巴郡（jùn）　　**村人**：村里人、村民　　**熱帯雨林**：热带雨林
サバンナ：稀树草原　　**植林活動**：植树造林活动　　**ヤシ**：椰子树（yēzishù）

ヒント
キャンペーン：宣传活动　　**沼**：沼泽　　**水**：ここでは"水资源"　　**泥のなか**：泥塘（nítáng）里　　**焼き畑農業**：火耕农业　　**ユーカリ**：桉树

　もしとても歯がたたないようなら、訳文を見ずにスクリプトを何回もサイトラし、慣れたら同時通訳にチャレンジしてみてください。
　それも難しければ、自分で訳文を書き入れ、原稿あり同時通訳を数回試みるのもいいでしょう。ただし前に説明したようにオリジナルの日本語より先に訳文を読み上げたりしないよう気をつけてください。

　スクリプトを伏せ、ヘッドホンをつけ、CDを聞きながら繰り返し同時通訳してみてください。また自分の訳を録音し、チェックできれば、さらに効果的です。

　次にCDの左音声を通して、スピーチに対しどのように通訳しているかを確かめ、また模範解答とも比較しながら、検討してみてください。

スクリプト 1　　　　　　　　　　　　　　　DISK 3　③

　カヤンバ郡は農村地です<u>から</u>、この地域の99％ぐらいの人たちが、ほとんどみんな農業をやって生活しています。
　でもこの地域、都会から離れた地域ということです<u>から</u>、ここでみなさんが作っている農産物、（運ぶとか）、町まで運んで、売るということが、すごく難しい。輸送手段がないということです<u>から</u>、村人が毎年作っている農産物を売ることができなくて、<u>それで</u>村の生活がすごく苦しいです。

通訳

　　喀扬巴郡是农村地区，这个地区99％左右的居民靠农业维持生活。
　　<u>因为</u>这儿离城市很远，<u>所以</u>村里人想把自己生产出来的农产品（运到别处去或者）运到城里去卖，就很困难。<u>因为</u>没有运输工具，<u>所以</u>每年生产出来的农产品都卖不出去，<u>结果</u>村里的生活非常艰苦。

ポイント

　下線部分の助詞「から」、接続詞「それで」などは、きわめて重要な情報源です。しかし順送りにより、次のセンテンスを聞かずにすぐさま中訳していくため、やたらに"因为"、"所以"、"因此"などを乱用する結果になります。
　（　）内はカットしてもよい部分ですが、この段落は、ほぼ全訳可能です。

翻訳

　　喀扬巴郡是农村地区，这个地区99％左右的居民靠农业来维持生活。
　　这儿离城市很远，村里人想把自己生产出来的农产品运出去或者运到城里去卖就很困难。因为没有运输工具，每年生产出来的农产品都卖不出去，村里的生活非常艰苦。

スクリプト 2　　　　　　　　　　　　　　　DISK 3　④

　もちろん村人が食べていくだけでは、食べ物が十分ありますけれども、ₐ村で作ることができないもの、お金を出して手に入れるものを買うことにな

ると、お金がなくてすごく困っているところですね。
　_bそれでここで村人といろんな話して、彼らがこの村をなんとか救うために何をしたらいいかということを聞いたら、彼らの一番大きい問題は、まず輸送手段を手に入れること。
　_cそれで彼らの期待に応えるために、日本に戻って、1991年キャンペーンにして、いろんな人たちに声をかけて、トラック四台を集めることができて、いまは村人が作っている農産物を運ぶことができました。

通訳

　　当然村里人所需要的口粮，完全够他们自己吃的了。_a但是村里不能生产的东西，就要用现金买，因为没有钱，想买也买不了，因此他们的生活相当困难。
　_b我们在这里跟村里人一起商量，问了他们为了救这个村子需要我们做些什么。从他们那里了解到，最大的问题在于运输工具。
　_c于是为了满足他们的期望，我回日本后，在1991年开展了宣传活动，（向各界人士呼吁，请大家帮忙，）终于筹措了四辆卡车送给他们了，现在村里人就可以把自己生产出来的农产品运到城里去了。

ポイント

a　ここでは、倒訳不可能、順送り訳しないと、多分無理。
b　やや文脈がとらえにくい。翻訳とよく比較してください。
c　「て」がいくつも続きますが、かえってセンテンスの切れ目がはっきりして、意味をとらえやすくなります。しかし訳が間に合わず一部カット。

翻訳

　　当然村里人单在吃上是足够的，_a但要用现金买村里不能生产的东西，因没钱，就相当困难。
　_b于是我们跟村里人一起商量，问了他们要设法救活这个村子需要我们做些什么。结果我们了解到，他们最大的问题在于运输工具。
　_c为了满足他们的期望，我回日本后，在1991年开展了宣传活动，向各界人士呼吁，请大家帮忙，终于筹措了四辆卡车送给他们，现在村里

人可以把自己生产的农产品运到城里去了。

スクリプト 3　　　　　　　　　　　　DISK 3　5

でもトラックだけ持っていくのが問題を解決することではないですね。a 国の経済が弱いというものですから、b 田舎の方の道を直すこととか、それには政府の力、ほとんど回ってこない、結果としては道の状態すごく悪いですね。この運動で村人が、いま私たちが提供したトラック、もっと有効に使うことができるために、道を造り直さなければならない。

通訳

不过，只送给他们几辆卡车也解决不了根本问题。因为 a 国家底子薄，b 想在农村修路，政府也无能为力，结果路很坏。通过活动，为了使村民们能够更好地更有效地利用那些由我们提供的卡车，那就必须要重新修好路。

ポイント

a　国の経済が弱い　　"底子薄" dǐzi báo のような中国特有の言い回しを、日→中の場合でも、大いに活用してください。

b　倒訳は困難。もう少し待ちの姿勢が必要ですが、その後がまたついていけなくなりそうで、やはり順送りになります。翻訳の方は、"政府的力量还顾及不到在农村修路" と倒訳にしてあります。

翻訳

不过，只送给他们几辆卡车也解决不了根本问题。因为 a 国家底子薄，b 政府的力量还顾及不到在农村修路，结果路仍旧残破不堪。为了使村民们能够更有效地利用我们通过募集活动捐助的卡车，就必须要修路。

スクリプト 4　　　　　　　　　　　　DISK 3　6

このザイールという国は、アフリカの中でも水の一番多い国です。多分ア

306 実践編

> フリカの2／3ぐらいの水が、この一つの国の中にあります。川、(大きい川)があちこち流れてます、すべての川にはほとんど沼がついてます。このカヤンバ郡も、この郡の南から北の方に流れているルバングレ川という川もあります。
> 　この川は、(幅、川自体は)、幅25メートルということですけれども、3キロぐらいの広い沼の中に流れています。この川にこの沼の中で道を造る、川に橋を架けるということが、このカヤンバ郡の発展のために欠かせないことがわかりました。

通訳

　　扎伊尔在非洲里水资源最丰富的国家。估计非洲的大约2/3的水资源集中在这个国家里。到处都有河流,而且所有的河流周围又有沼泽地连在一起。在这个喀扬巴郡里有贯穿南北的、叫做卢班葛列的一条河。
　　这条河,河宽有25米,但它流在3公里宽的广阔的沼泽地之中。我们认识到就在这条河上,在这个沼泽地里修路,架桥,这就是发展喀扬巴郡的必由之路。

ポイント

　下線部分はまさに順送りの典型的な例、これでもどうにか通用するだろうと思いますが、翻訳とも比較してください。
　翻訳の三つの助数詞"量词"(二本のアンダーライン箇所)に注意してください。

翻訳

　　扎伊尔在非洲是水资源最丰富的国家。在这个国家里集中了非洲大约2/3的水资源。大河、小河到处都有,而且几乎所有的河流都与沼泽连在一起。在这个喀扬巴郡里也有一条贯穿南北的、叫做卢班葛列的河。
　　这条河,宽有25米,流入一个3公里左右的大大沼泽地里。我们认为就在这条河上架桥,在这片沼泽中修路,是发展喀扬巴郡的必由之路。

スクリプト　5　　　　　　　　　　　　　　　　　　　　　　DISK 3　[7]

> それのために1993年の8月、この村に行って村人といっしょにこの沼の中で、まず道を造る作業をスタートしました。いっしょに村人と、もちろんシャベルとか、ブルドーザーとか、そのようなものがなくて、手づくりで、いっしょに<u>がんばって</u>、泥の中で一所懸命がんばって幅7メートル、高さ2メートルぐらいの堤防を、<u>（長さ1500メートルの道を）</u>造ることができました。
> 　また今年8月に川の向こう、残る1500メートルの道を造る、来年ルバングレ川に橋を造る予定になっています。

通訳

　　为此，在1993年8月份我们来到这个村子，跟村民们一起动手开始在沼泽地里修马路了。当然我们既没有铁锹、也没有推土机，但我们跟村民们一道靠我们自己的双手在泥塘里<u>拼博</u>，终于建成了宽7米、高两米左右的堤坝（<u>和长达1500米的路</u>）。
　　另外在今年8月份，在河对岸又修起了1500米长的马路，明年还打算在卢班葛列河上架个桥梁。

ポイント

がんばる："加油""努力"ではなく、"拼博" pīnbó　が妥当。ニュースなどにもよく出てきます。
　ここも助数詞が、ネック。翻訳を参照してください。
　（　）内は間にあわなければカット。

翻訳

　　为此，在1993年8月我们来到这个村子，跟村民们一起动手开始在沼泽地里修路了。当然我们既没有铁锹、也没有推土机，但我们跟村民们一道靠我们自己的双手在泥塘里拼博，终于建成了宽7米、高两米左右的堤坝和长达1500米的道路。并且在今年8月，在河对岸又修了<u>一条</u>1500米长的马路，明年还打算在卢班葛列河上架<u>座</u>桥梁。

スクリプト　6　　　　　　　　　　　　　　　　　　DISK 3　⑧

> 　あのアフリカの中心にある熱帯雨林というものが、半分以上ザイールという国の中にあります。でも、いまこの森林というものは、ザイール中心、それと南アメリカ、東南アジアの方でも _a速いスピードで伐採されていくんですね。
> 　とくにこのアフリカの地域で、_b毎年失われていく森林は、約70％ぐらいの面積は、焼き畑農業とか、まあマキとかそんな形で失われていくんですね。森林であった所、いま少しずつ、少しずつサバンナになっていくということですから、_cザイールの方でもサバンナ化現象がすごくすすんでいます。

通訳

　　位于非洲中心的热带雨林，一半以上集中在扎伊尔这个国家里。但现在扎伊尔的森林也好，南美、东南亚的森林也好，_a都在很快地被砍掉。
　　尤其在非洲地区，_b每年失去的森林面积的大约70％是由于火耕农业，或者作木柴而滥伐造成的。结果，原来的森林地带逐渐变成稀树的草原了，_c扎伊尔也同样迅速地走向稀树草原化。

ポイント

「～というものが」などという表現は、とりたてて訳す必要はない。
　a　ここも完全に日本語の語順で推移。
　翻訳では、"遭到"で処理していますが、なかなかとっさに思いつきません。日本語式に「伐採されて」で"被"になってしまいました。「されて」にあまりこだわらず訳す方が、中国語としては、自然です。
　b　「～の形で」などの表現にこだわらず訳す。　c　サバンナ化現象がすすむ"走向"なら"现象"は、不要。間に合わなければ、"～也同样"で終わり。

翻訳

　　位于非洲中心的热带雨林，一半以上集中在扎伊尔这个国家里。但现在扎伊尔的森林也好，南美、东南亚的森林也好，_a都遭到大量砍伐。
　　尤其在非洲地区，_b每年失去森林约70％的面积是由于火耕农业，

或者作木柴而滥伐所造成的。结果，原来的森林地带逐渐变为稀树的草原了，_C扎伊尔也同样迅速地走向稀树草原化。

スクリプト　7　　　　　　　　　　　　　　　　　　DISK 3　⑨

　いまこの運動のもう一つの活動として、この地域に森林が全部失われる前に、サバンナになった地域に木を植えていく、村人にこの植林活動をして、教育して、それで彼ら自身が自分の地域の森を造っていけるような、(仕事ができるですね)。

　もちろんいままでザイールはじめほかの国々でもODAの協力で、いろんな植林活動がされてきたんですけど、でもほとんど村人がその森林活動の意味もわからない、(何のために＝かわからない)、やり方もわからないままで、あまり協力してこなかった。ある場所でも村人が、政府が一所懸命植えた木を切ってマキとして使ってしまうところも多いですね。

通訳

　　　现在作为这个运动的另一个活动,在这个地区的所有的森林被滥伐之前,我们准备在那些已经变成稀树草原的地方开始种树,让村民们开展植树造林活动,教育他们,以便让他们在自己的地区能够植树造林,(做好这个方面的工作)。

　　　当然至今为止,扎伊尔以及其他许多国家在ODA的协助下,开展了各种植树造林活动,但村民们大都搞不清为什么这样做,怎么做,他们都不明白,因此不积极配合。甚至有些地区,把政府好容易才种上去的树给村民们砍掉,当做木柴来使用了。

ポイント

　顺送り訳による下線部分などを下記の文章と比较してください。

翻訳

　　　现在作为这个运动的另一个内容,就是在这个地区的森林尚未被伐光之前,我们准备在那些已变成稀树草原上开始种树,让村民们开展植

树造林活动，教育他们，以便让他们在自己的地区植树造林。

　　当然迄今为止，扎伊尔以及其他许多国家得到ODA（政府开发援助）的协助，开展了各种植树造林活动，但村民们大都搞不清其意义何在，就是说为什么要做，怎么做，他们都不明白，因此不积极配合。甚至有些地区，村民们把政府好容易才种上去的树砍掉，当做木柴来用了。

スクリプト　8　　　　　　　　　　　　　　　　　　　DISK 3　10

　　その問題をどうやって解決できるか考えてきて、それで調べたところで一つわかったのは、まず村人がこの植林活動に協力できるために、自分のために何か役に立つかという意識がなかったら、なんにもできない。それでもう一つは、その地域の植物を使う。そのようなものができれば、この地域の中で植林もできるではないかということを考えて、この地域の一番みなさん大事にしている植物はヤシの木ですね。それでこのヤシの木を使って植林していく。

通訳

　　那么怎样才能够解决这些问题呢？调查的结果了解到，为了让村民积极协助植树造林活动，（那）就要让他们认识到这个活动对自己如何有利，否则什么也办不成。再有一点是要利用当地的植物。如果能做到这一点，就可以在当地植树造林，比如当地的人们最珍惜的是椰子树，他们就（可以）用它进行植树造林。

ポイント

「なんにもできない」　ただ"什么也办不成"とするのでなく、"否则"を入れると話の展開がはっきりします。

（　）の部分をカットすれば、通訳と翻訳に相違はありません。

翻訳

　　那么怎样才能解决这些问题呢？调查的结果了解到，为了让村民积极协助植树造林活动，就要让他们认识到这个活动对自己如何有利，否

则什么也办不成。再有一点是要利用当地的植物。如果能做到这一点，就可以在当地植树造林了，比如当地人最珍惜的植物是椰子树，他们就用它进行植树造林。

スクリプト 9　　　　　　　　　　　　　　　　DISK 3　11

　1993年8月、日本人の協力者三人、その中で一人の林業屋さんといっしょにザイールまで、カヤンバ郡まで行って、いっしょに十日間この地域のヤシを使って、植林活動をおこなうことができました。
　それで私たちがいた間に100本のヤシの木を植えることができて、1ヘクタールの面積で。
　1994年4月に向こうの村人からの報告によって彼らが自分で指導者がいない間に、がんばって10ヘクタールの面積で、1000本のヤシの木を植えることができました。

通訳

　　1993年8月，我们请了三位日本合作伙伴，我跟其中的一位搞林业的人一起去扎伊尔、喀扬巴郡，在那里逗留了十天，用当地的椰子树进行植树造林。这样在我们逗留期间，种了100棵椰子树，面积为1公顷。
　　1994年4月，我们根据当地居民反映，了解到，虽然领导不在，但他们自己就在10公顷的土地上，种了1000棵椰子树了。

ポイント

　下線部分の日本語をどうとらえるか、難しいところですが、さほど重要な点でなければ、そのまま訳していきます。余程のことがないかぎり、スピーチを止めたりしません。

翻訳

　　1993年8月，我们跟三位日本合作伙伴，其中的一位是搞林业的一起去扎伊尔、喀扬巴郡，在那里逗留了十天，用当地的椰子树进行植树造林。这样在我们逗留期间，种了100棵椰子树，面积为1公顷。

1994年4月，据当地居民来信说，他们在领导不在期间，自己奋斗在10公顷的土地上，种了1000棵椰子树。

スクリプト 10　　　　　　　　　　　　　　　　DISK 3　12

　それでなぜヤシの木を使うか、まずさっきも言いましたようにまず現地の植物、現地の人々がこの植物の使い方、ちゃんとわかっています。それで枝から根までどのような形で使うか、(どのような形で育つか) わかっているということですから、スタートしたら彼ら自身がそれを管理することができる。
　a もう一つ、いままで政府が植林に使ってきた松とか、ユーカリ、そのような植物は大きくなったら、ただ木材にするという目的で、現地の人々にはなにもならない。このヤシの木というものは、木を使って6年経ったら実が出てくる、(そのヤシの実から油を作ることができる)。それでその油から加工して、それであのーセッケンとかマーガリンとかいろんな物を作ることができる、村人がその村の中で、付加価値の付けた物をつくることができて、町の方に出して、それで彼らの b 経済ベースにもなるではないかという考え方ですね。

通訳

　那么为什么要用椰子树呢？刚才也谈到当地的人最了解当地的植物，最了解这种植物的用法。从树枝到根儿怎样使用，(怎样成长起来的，) 他们都很熟悉。因此一开始，他们就能够自己去管理了。
　a 还有一点是过去政府用于植树造林的松树、桉树、这些植物成长以后，只能作为木材使用，所以对当地人没有任何利益。但椰子树呢，经过6年后就可以结果，(从它的果实可以提取油。)加工这些油就可以制造肥皂、人造黄油等许多东西，这样村里人在当地能够制造出具有附加价值的产品，以后再拿到城里去卖，b 这样就可以得到收益。(就是出于这种想法。)

ポイント

　a　このセンテンスも完全に順送り訳になっています。少々日本語式でも、仕方がないでしょう。

b 「経済ベースになる」 どう訳したらいいか迷うところです。
翻訳では、完全に意訳されています。
　　スピードについていかれないときは、（　）の部分カット。

翻訳

　　那么为什么要用椰子树呢？刚才也谈到首先当地人最了解本地的植物，最了解这种植物的用法。从树枝到根儿怎样使用，怎样成长起来的，他们都很熟悉。因此只要一开展起来，他们就能够自己去管理了。
　　a 还有一点是过去政府多用的松树、桉树植树造林，这些植物成长以后只能作为木材使用，对当地人没有任何利益。而椰子树呢，种下去6年后就可以结果，从它的果实里可提取油。加工后可以制造肥皂、人造黄油等许多东西，这样村里人在当地就能制造出具有附加价值的产品，以后再拿到城里去卖，b 他们的经济状况就会改善。

スクリプト　11　　　　　　　　　　　　　DISK 3　13

　　その意味で、このような植林活動は、環境回復だけじゃなくて、経済基盤にもなる一つの運動ということですから、村人がそれに賛同して、いま一所懸命やっていますね。
　　このようなことで、私たちが目指しているのは、a できれば1万ヘクタールを植えること、それで後は、b そのようなその地域から出てくる実を現地で加工できるような設備、それでもう一つはできるだけ早くこの地域に植林の研修センターみたいなものを造って、現地でたくさんの、この植林活動のリーダーたちをつくって、このカバンバ村だけじゃなくて、このカヤンバ郡全体的、それともザイール全体的にこのような植林活動を広げていける人たちが増えていくように c 努力したいと思っています。

通訳

　　从这个意义上来讲，这种植树造林活动不仅有利于复苏环境，而且还是一种为经济打下基础的活动，因此得到了村民们的赞同，（他们正在拼命干。）

314　実践編

　　　目前我们的目标是 a 争取在 1 万公顷的土地种椰子树， b 以后还需要对当地结的果实，就地进行加工的设备。还有一点是尽可能早日在当地建设像植树造林进修中心那样的设施，在当地培养出很多植树造林活动的骨干，(不仅在卡伴巴村里，而且) 使更多的人能在喀扬巴郡，乃至整个扎伊尔为开展和推广植树造林活动而 c 努力。

ポイント

a「～を植えること」　何を植えるのか、明示していなくても、中国語では、目的語として、"椰子"を加える。こうした補足は、必要。

b 翻訳のように、まとめ、整理している余裕は、なさそう。

c「努力したい」　流れで最後に"努力"がきてしまいましたが、"努力培养"と前に出した方が、すっきりします。

（　）は、やむをえずカットした部分

翻訳

　　　从这个意义上来讲，这种植树造林活动不仅有益于复苏环境，而且还是一种为经济打下基础的活动，因此得到了村民们的赞同，他们正在拼命干。

　　　目前我们的目标是 a 争取在 1 万公顷的土地上种椰子树， b 然后还需要一套就地加工椰子的设备。再有一点就是尽快在当地建设一座类似植树造林进修中心那样的设施， c 努力培养出大量植树造林活动的骨干，不仅在卡伴巴村，而且在全喀扬巴郡，乃至整个扎伊尔有越来越多的人去推广这种植树造林活动。

少々大ざっぱな分析ですが、興味のある方はさらに比較対照しながら勉強してください。

最後に、翻訳文を暗記できるぐらいに朗読してください。

2 中→日 サイトラ

では、次に視点を変えて中国語から環境用語を習得し、合わせて中国の環境問題に関して理解を深めていきたいと思います。

現在、中国に対する日本のODA"政府开发援助"のなかで、最も多いのが、環境ODA、環境協力案件"环境合作项目"です。

日本政府によりますと、今後の日中環境協力問題に対する日本の基本的な態度は、以下の通り、また中国側の賛同を得たとされています：

（a） 对大气污染、酸雨问题给予积极的合作
（b） 提供基于日本经验的环保技术和知识
（c） 政府、地方、民间相互保持联系综合对待
（d） 与其他先进国家、国际组织保持协调
（e） 支援基层的环保活动

次の原文をサイトラしてみてください。まず朗読し、訳しやすいようにスラッシュを入れてから、聴衆がいるようなつもりで、オーラル風"口语化"に訳してください。

原文1

中国环境问题的特点

1．众多的人口对环境构成极大的压力，使环境极易受到污染和破坏。

以世界人均耕地计*1，中国人口以 4亿为合适， 按人均粮食1000斤／年计*2中国人口以 6亿为适度，按水资源来估算*3中国适度人口可为 7亿。综合起来考虑，中国理想人口数量应在6.5亿*4左右。可惜这个数目在1963年就突破了（1963年人口为6.9亿）。中国庞*5大的人口，对中国的生态环境产生了愈来愈大的压力和冲击， 中国诸多环境问题都直接或间接地与中国庞大的人口有关。

ポイント

＊1　単語は日中双方向で使いこなせるよう心がけ、たとえば「一人当たりのGNP」ときたら、"每一个人"などではなく、すぐ"人均"で対応する。"计"は、口語体なら"计算"のほうが聞きやすい。

＊2　"1000斤／年"：1斤は約500グラムに当たるので500キログラム。多すぎるが、おそらく豆類なども含まれているからだと思われる。

＊3　"估算"：見積り

＊4　"6.5亿"：このように「億」に小数点を用いている場合、日訳ではできるだけ「6億5千万」と読む。

＊5　"庞大"(pángdà)：膨大な

目前中国人均土地、森林和水分别为世界人均占有量的36％、13％和25％，尽管中国实现了用世界7％的耕地养活世界22％的人口的伟大目标，但食物供应仍是个不敢稍加懈怠的大问题，而且随着土地沙化(中国每年形成沙漠化土地1560平方公里)、土地的工业污染和农药污染(1980年，中国农业耕地受工业三废污染面积达8700万亩，受农药污染面积为2亿亩，合计占中国总耕地面积15％)、大量使用化肥造成的土壤板结和地力下降、城镇发展征用土地等因素使得中国环境承受着世界其他各国罕见的压力。在食物供给紧张的情况下，毁林开荒、毁牧垦殖、超载放牧、过度捕捞、毁塘垦殖的现象就容易发生，使本来就很脆弱的生态环境受到直接的冲击和破坏。

＊6　この部分はしばしば引用されるので、しっかり覚えておく。

＊7　"不敢稍加懈怠(xièdài)的大问题"：少しもおろそかにできない大問題。

＊8　"沙化"＝"沙漠化"：専門家は、おおむね"沙化"という。"荒漠化"ともいう。

＊9　"三废污染"：排ガス、廃水、固形廃棄物による汚染。このように数字を使った表現が多く、頭の痛いところだが、"三废"は、必ず覚えておく。

＊10　"亩"(mǔ)：土地の面積の単位。亩は約6.667アールに相当。通常1/15をかけて、ヘクタールに直す。

＊11　"合计"：ここでは、日本語と同じ「合計」、ちなみに"合计合计"とつづくと「相談しましょう」になる。

＊12　"土壤板结"(tǔrǎng bǎnjié)：土壌が固まる。

＊13　"城镇"：都市や町。

＊14　"毁林开荒"(huǐlínkāihuāng)：山林を伐採して開墾する。
"毁牧垦殖"(huǐmùkěnzhí)：牧場を壊して開墾し耕地化する。
"超载放牧"(chāozài fàngmù)：過度の放牧、または過放牧。
"过度捕捞"(bǔlāo)：乱獲
"毁塘垦殖"(huǐtáng kěnzhí)：池を壊して耕地にする。
　ご覧の通り上述の五つの単語は、日訳が長くなるので、適度に整理、カットする必要あり。

＊15　"脆弱"(cuìruò)：脆弱

訳例

中国の環境問題の特徴

1．人口の多さが環境に対して極めて大きな圧力となっており、環境は汚染や破壊を非常に受けやすくなっています。

中国の人口は、世界の一人当たりの耕地面積から計算すると4億人が適当、一人当たりの食糧を年間約500キログラムとして計算すると6億が適度、また水資源から見積もると、中国の適度な人口は7億となっています。総合的に考えれば、中国の理想的な人口は6億5千万前後というところでしょう。残念ながらこの数字は1963年に突破しています（1963年の人口は6億9千万）。中国の膨大な人口は、中国の生態環境にますます大きな圧力と衝撃を与えており、中国の多くの環境問題は直接あるいは間接的にこの膨大な人口と関係しています。

現在のところ中国の一人当たりの土地、森林および水は、世界の一人当たりの占有量のそれぞれ36％、13％および25％であり、中国は世界の7％の耕地を以て世界の22％の人口を養うという偉大な目標を実現はしたものの、食物供給はなお少しも手を抜くことのできない大問題です。さらに土地の砂漠化（中国で毎年形成される砂漠は1560平方キロメートル）、土地の工業汚染および農薬による汚染（1980年、中国における農業耕地のうち工業による三廃汚染を受けたのは580万ヘクタール、農薬による汚染を受けた面積はおよそ1333万ヘクタールで、合わせると中国における総耕地面積の15％を占めています）、化学肥料を大量に使うことによる土壌の硬化や地力の低下、都市や町の発展のために土地を徴用するなどといった要因により、中国の環境は世界でもまれにみる圧力に耐えています。食物の供給が厳しい状況の下では、林を壊して荒れ地を開墾する、牧場を壊して耕地化する、無理な放牧をする、乱獲する、湿地を壊して耕地化するといった現象が発生しやすく、もともと脆弱な生態環境が直接衝撃や破壊を受けることになります。

原文2

2．大量的乡镇企业造成的污染[*1]，是中国环境保护的一大难题。

乡镇企业[*2]是中国农村经济的一块基石，也是中国工商企业改革的一服催化剂[*3]。它使农村生活水平得到改善，也使工商企业

ポイント

*1 "造成"：もたらす、生じる。"造成"の次に来るのは、おおむね否定的要因なので、良くない事態の発生をある程度予測できる。

*2 "乡镇企业"：郷鎮企業、わかりやすく言えば農村企業

*3 "催化剂"：触媒　すなわち促進作用をもたらす。

业充满活力，当然它带来的诸多问题也不容忽视，它所造成的环境污染，已是中国环境保护的一大难题。

　　首先，乡镇企业的污染量大。1989年全国范围的乡镇企业污染源调查表明，乡镇工业企业废水排放量占全国工业废水排放总量的6.7%，废气排放量占12.6%，固体废物排放量占42.2%。

　　其次，乡镇企业数量多，分布广，其污染类型复杂，污染物直接排向农村的土地和河流，威胁着广大农民的生活，同时使中国的环境污染由城市向乡村蔓延，由点到面，加大了治理难度。再次，乡镇企业技术力量差，而环境管理与治理的力量更差，中国的乡镇工业企业中，平均每5个企业才有1名保护人员，每26个企业才有1名专职环境保护人员；环境影响评价审批制度执行率仅为22.7%。

＊4　"废水排放量"：工場廃水の排出量、ついでに動詞の"排放"も覚える。
＊5　"废气"：排気ガス。前述の"三廃"の一つ。
＊6　"固体废物"：固形廃棄物

＊7　"威胁"wēixié：脅かす

＊8　"蔓延"mànyán：蔓延する、はびこる　"传染病～"
＊9　"治理"：解決する、処理する。"治理"は、"治理黄河"「黄河の治水」、"治理经济环境"「経済環境の整備」などよく出てるので、状況に応じて臨機応変に訳す。
＊10　"环境影响评价审批(shěnpī)制度"：環境アセスメント審査制度

訳例

　　２．大量の郷鎮企業がもたらした汚染は、中国の環境保護における大きな難問です。

　　郷鎮企業は中国の農村経済の礎（いしずえ）であり、また同時に中国の商工業企業改革の触媒でもあります。郷鎮企業は農村の生活水準を改善し、商工業企業に活力を与えています。もちろん郷鎮企業がもたらす多くの問題も無視できず、郷鎮企業による環境汚染の問題は、すでに中国の環境保護における大きな難問となっています。

　　まず、郷鎮企業による汚染の量が大きいということがあります。1989年、郷鎮企業による汚染についての全国規模の調査によりますと、工業の郷鎮企業による廃水の排出量は全国の工業廃水の総排出量の6.7%を占めており、廃ガス排出量は全国の12.6%、固形廃棄物の排出量は42.2%をそれぞれ占めていることがわかりました。

次に、郷鎮企業は数が多く、分布が広く、汚染のパターンが複雑で、汚染物質が直接農村の土地や河川に排出され、多くの農民の生活を脅かすと同時に、中国の環境汚染を都市から農村へ、点から面へと広げ、その解決を難しくしています。また、郷鎮企業は技術力が低く、環境管理および処理の能力はもっと低いということがあります。中国の郷鎮工業企業のうち、平均五つの企業に環境保護要員が一人、また26の企業に専門の環境保護要員が一人置かれている状態で、環境アセスメント審査制度の実施率はわずか22.7％にとどまっています。

原文3

3. 以煤为主的能源结构，是中国环境污染的主要根源。

在中国的能源结构上，煤炭占70％以上。以煤为主的能源结构和相对落后的能源利用方式，造成的环境污染极为严重，因为煤炭与石油、天然气、水电以及其他形式的能源相比，是一种"肮脏*1"能源，随着燃烧*2释放出大量烟尘、有害物质和渣滓*3。

中国城镇和工业区普遍存在的大气污染主要是燃煤引起的。而且根据未来10年的发展规划*4，中国原煤*5产量在本世纪末将达到14亿吨（1989年为10.5亿吨），随着城市化、工业化的发展以及人民生活能源消费的增长，如果在燃烧技术和煤的转换上没有大的突破，中国的大气污染可能会加重。

ポイント

＊1 "肮脏"能源 āngzāng：汚染を発生するエネルギー。反対語は「クリーン・エネルギー」、"清洁能源"または"干净能源"
＊2 "释放出" shìfàngchū：排出する。放出する。
＊3 "渣滓" zhāzǐ：かす
＊4 "规划"：ガイドライン、企画、計画
＊5 "原煤"：原炭

訳例

3. 石炭を中心としたエネルギー構造が、中国における環境汚染の主な原因です。
中国のエネルギー構造では、石炭が70％を占めています。石炭を主としたエネルギー

構造と相対的に遅れているエネルギーの利用方法によって、環境汚染は極めて深刻なものになっています。なぜなら、石炭は石油、天然ガス、水力発電やその他のエネルギーに比べて、いわゆる汚いエネルギーで、燃焼させることによって、大量の煙塵、有害物質およびカスを排出するからです。

中国の都市や町および工業地区に普遍的に存在する大気汚染は、主に石炭の燃焼によって引き起こされています。そのうえ、未来10年の発展ガイドラインによると、中国の原炭産出量は今世紀末には14億トン（1989年には10.5億トン）に達する見込みで、都市化、工業化の発展や人民生活におけるエネルギー消費の増加にともない、もし燃焼技術と石炭の転換に関して大きな突破口が見つからなければ、中国の大気汚染はますます深刻さを増すでしょう。

原文4

4. 薄弱的经济基础决定了中国在环境保护方面的有限投入，环境保护将相对滞后于经济发展。

在经济建设和社会发展中防治环境污染和破坏，需要付出很大的经济代价。美国在1970-1982年间用于公害防治的费用达5950亿美元（设备投资3250亿美元，运转费2700亿美元），日本购买公害防治设备的费用占到国民生产总值的2%，中国在"七五"期间，在防治环境污染方面的投资大体占国民生产总值的0.7%左右，年平均约100亿元人民币。"八五"期间力争将投资比例提高到0.85%～1%。

在中国人均国民收入水平相当低的情况下，拿出这么多钱来保护环境，已经尽了极大的努力，但这个比例，仍难满足中国防

ポイント

*1 "薄弱" bóruò：軟弱、弱い。

*2 "滞后于" zhìhòuyú：～に後れをとる。

*3 "防治"：防止する、防除する。医学分野なら「予防治療」

*4 "力争"：努力する。

治污染的要求。据估计， 仅仅污水一项,要进行二级处理就要300多亿元人民币的投资， 如果把控制工业和大气污染的资金也计算在内,至少要几千亿元人民币的资金，这样大量的环境投资，远远超出了国家财力所能承受*5的程度,不仅在目前有困难，就是在一个较长的时间里也难于解决。这就决定了中国不能采用发达国家那种大量投资集中治理的方法，而必须找出适合中国国情的集资*6和防治的道路来。

(摘自中国人民大学出版社《环境问题》)

＊5 "承受":引き受ける。耐える。たとえば"～能力"「受け皿としての力」

＊6 "集资":資金を集める。資金集め。

訳例

　4.経済基盤が軟弱なために中国の環境保護に対する投資が限られ、環境保護は相対的に経済の発展に遅れをとっています。

　経済建設や社会の発展の中で環境の汚染や破壊を防止するためには、大きな経済的代償を払わなければなりません。アメリカでは、1970年から1982年の間に公害防止のために使った費用は米ドルで5950億ドル（設備投資が3250億ドル、運転費が2700億ドル）でした。日本では公害防止設備の購入費用は国民総生産の2％を占めています。中国では第七次五カ年計画期間中、環境汚染防止関連の投資はGNPのおよそ0.7％で、年平均では人民元で約100億元でした。第八次五カ年計画期間中は、努力して投資の比率を0.85％から1％にまで引き上げました。

　中国では一人当たりの国民所得のレベルが相当低い状況なので、こんなに多額の資金を調達して、環境を保護すべく大変な努力を尽くしましたが、この比率ではまだ中国の汚染防止の要求を満足させることは難しいのです。見積もりによりますと、汚水一つにしても、二級処理を行うのに300億元以上の投資が必要であり、もし工業と大気汚染をコントロールする資金をも計算に入れると、少なくとも数千億元の資金が必要です。このような多額の環境投資は国家の財力が耐えうる程度を遥かに越えており、現在困難な状況にあるばかりでなく、かなり長期的にみても解決が難しいのです。ゆえに、中国は

先進国のように大規模な投資による集中的な処理の方法を採ることができず、中国の国情に合った資金調達や汚染防止の道を探さなければならないのです。

3 覚えておきたい環境関連用語

　環境にまつわる通訳をすることになったとします。当然のことながら、環境用語をできるだけクリアしておかなければなりません。そのためには、どの程度単語を覚えておかなければならないのか、またただやみくもに単語を暗記するのではなく、ある程度の背景知識も必要とされます。

　そこで、まず手始めに環境関連の心に残る言葉、通訳の際に役に立ちそうな言葉を少し挙げてみました。目を通しながら日訳を考えてみてください。

◇示唆に富んだ言葉

1. 只有一个地球
2. 与自然共生、共存
3. 绿色之风已吹遍全球
4. 我们决不能走先建设、后治理的弯路
5. 不要重踏西方国家"先污染后治理"的前辙
6. 边发展边治理
7. 谁污染谁治理→谁治理谁收益
8. 争取有害废物的零排放
9. 人的无计划性、愚昧性导致了公害的产生和扩大
10. 允许多样性并存，对多样性应以宽容的态度对待
11. 中国选择了经济效益、社会效益、环境效益"三同步"的政策
12. 环境保护是我国现代化建设中的一项战略任务，是一项重大国策
13. 可持续发展是既满足当代人的需要，又不对后代人满足其需要的能力构成危害的发展

訳例

1. たった一つの地球
2. 自然との共生、共存
3. 緑の風が世界に吹き渡る
4. われわれは決して先に建設、後に防除の回り道はしない
5. 「汚染してから防除」という西側諸国の轍を踏んではならない
6. 発展しつつ防除する
7. 汚染させた者が防除する→防除した者が得をする
8. 有害廃棄物のゼロ排出をめざそう

9. 人間の無計画さ、愚かさが公害を発生、拡大させた
10. 多様性の並存を認め、多様性に対し寛容であるべきである
11. 中国は、経済的メリット、社会的メリット、環境メリットの「三つの同時対応」政策を選択した
12. 環境保護は、わが国の近代化建設における戦略的任務であり、重要な国策である
13. 持続可能な発展とは、現代の人々のニーズを満たし、また後世の人々のニーズを満たすための能力に害を及ぼさない発展のことである

◇背景知識はどの程度必要か？

　ある環境プロジェクトの通訳を長期間おこなう場合は別として、会議では同じ環境でも対応すべきテーマが次々に変化するので、まずその前提となるおおよその背景知識を知っておく必要があります。そのうえで、個々のテーマ毎に、その都度、事前準備をすすめなければなりません。

　では、一応知っておきたい背景知識とは、どの程度のものを指すのか、その目安として、次の例題にチャレンジしてみてください。

　それぞれA群とB群の単語のうち、最も関係の深いものを線でつないでください。

　解答は341ページにあります。

例題1

A群

　　光化学烟雾　汽车尾气　臭氧层的破坏　水俣病　沙漠化

B群

　　有机汞　氟里昂　氧化剂　超载放牧　一氧化碳

例題2

A群

　　酸雨　水质污染　清洁能源　脱硫装置　温室效应

B群

　　镉　二氧化碳　太阳能　森林破坏　燃煤

◇日中環境関連用語

　では一体どのくらいの単語を覚えておけば通訳として対応できるかということになりますが、環境と言っても、大気汚染、省エネ、砂漠化防止、環境ODA、環境医学、汚水処理など多岐にわたるので、対応する会議や随行するミッションが、どういう性質のものかを一応ふまえたうえで、準備をしなければなりません。ここではまず最低覚えておきたい最大公約数としての単語、日中間の交流で出現頻度の比較的高い環境用語にピントをあわせ、またさらに敷衍する形で、単語を収録してみました。なお保護動植物名などを入れるとさらに膨大なものになるため、割愛しました。

(1) 日本語からみた環境関連用語
　○印は、共通項として、最低覚えておきたい単語です。

あ

○アイソトープ	同位素、放射性同位素
アオコ	绿藻
赤潮	红潮
○悪臭	恶臭 èchòu
○悪循環	恶性循环
○アスベスト汚染	石棉污染
穴あき練炭	蜂窝煤 fēngwōméi
○アメニティー	舒适的环境
○アルカリ地	盐碱地 yánjiǎndì
アレルギー	过敏症、变态反应
アンモニアプラント	合成氨生产装置
ESP（発泡ポリスチレン）	泡沫聚苯乙烯 pàomò jùběnyǐxī
硫黄固定剤	固硫剂
○硫黄酸化物	硫氧化物
イタイイタイ病（富山県）	疼痛病
○一酸化炭素	一氧化碳
遺伝子組み替え	基因重组 jīyīn chóngzǔ
インゴット	钢锭 gāngdìng
埋め立て地	填海造地 tiánhǎizàodì
エアロゾル（エアゾール）	气溶胶 qì róngjiāo

液化石油ガス（LPG）	液化石油气
○液化天然ガス（LNG）	液化天然气
疫学調査	流行病学调查
○液体燃料	液体燃料
エコ・グッズ（環境保全型商品）	环保产品
エコ・テクノロジー（エコロジカル・エンジニアリング）	环保技术
○エコ・ビジネス	生态业、环境业、环保产业
○エコロジー環境	生态环境
○NO_x（窒素酸化物）	氮氧化物 dànyǎng huàwù
エル・ニーニョ	厄尔尼诺
○塩化ビニル	氯乙烯 lùyǐxī
○煙塵	烟尘 yānchén
○塩素化合物	氯化物
エントロピー	熵 shāng
○オキシダント（O_3）	氧化剂
○オゾン層破壊	臭氧层 chòuyǎngcéng 的破坏
○オゾン・ホール	臭氧洞
オレフィン	烯烃 xītīng
○温室効果	温室效应

か

カーバイト	碳化物
塊炭	块煤
界面活性剤	表面活性剂
○化学的酸素要求量（COD）	化学需氧量
○過酸化物	过氧化物
○かす	渣滓
○ガス	气体、煤气
ガス用石炭	气煤
○化石燃料（石炭　石油）	化石燃料（煤、石油）
褐炭	褐煤 hèméi
カネミ油症	卡内米油症
花粉症	花粉症

○過放牧	超载放牧
○環境アセスメント	有关环境影响的评价、环境评价
環境調和型	环境协调型
○環境負荷	环境负荷
○環境モニタリング	环境监测、环境监控
○干ばつ	干旱
気孔率	孔隙率 kǒngxìlǜ
○希少野生動植物	稀有野生动植物
季節風	季(节)风
○共生	共生
キルン	窑 yáo
○クリーンエネルギー	清洁（＝干净）能源
クリーン・コール	清洁煤
グリーン GNP	绿色 GNP
○クリーン燃料	清洁燃料
黒潮	黑潮
○原子力発電	核电
○懸濁微粒子総量（SPM）	悬浮微粒总量 xuánfú wēilì zǒngliàng
○懸濁物質（SS）	悬浮物、悬浮污浊物质 wūzhuó wùzhì
原料ホッパー	原料斗
○公害病	公害病
○公害防止技術	公害防治技术
○光化学スモッグ	光化学烟雾
○工業排水	工业废水
○コークス	焦炭
コークス炉	炼焦炉 liànjiāolú
コジェネレーション（熱電併給）	供电供热装置
コールタール	煤焦油
コール・フロー	煤炭流程
洪水	洪水
高炉	高炉
○固形廃棄物	固体废物（固态废弃物）
光合成	光合(作用)

坑廃水	坑道废水 kēngdào fèishuǐ
広葉樹	阔叶树
効率診断	诊断效率
黒液	黑液
湖沼	湖沼、湖泽
○ごみ収集車	垃圾车
ごみ発電装置	垃圾发电装置
ごみピット	垃圾槽
○コンポスト化	堆肥化

さ

サイクロン	旋风除尘器
○産業廃棄物	工业废弃物、废料
○砂漠化	沙漠化（沙化）
○酸性雨	酸雨
○サンプリング	取样、采样
シアン化物	氰化物 qínghuàwù
○CP（クリーン・プロダクション）	清洁工艺、CP
○紫外線	紫外线 zǐwàixiàn
○資源ごみ（再生可能資源）	可再生资源
○自助努力	自身努力
自然発火	自燃
湿式多板変速機	湿式变速离合器
○地盤沈下	地基下沉
ジメチルエーテル	二甲醚 èrjiǎmí
○集塵機	集尘机、吸尘机
循環流動床ボイラ	循环流化床锅炉
○省エネ	节能、节省能源
焼却	销毁 xiāohuǐ、焚烧 fénshāo
焼結クーラー	烧结冷却器
省水型選炭システム	节水型选煤系统
○浄水処理	净水处理
○除塵技術	除尘技术
常緑樹	常绿树

○触媒	催化剤
○植生	植被
○植林	植树造林
試料バンク	试样库
振動公害	振动公害
じん肺	尘肺
針葉樹	针叶树
○水質汚濁	水（质）污染
スーツブロア設備	吹灰器设备
スパイクタイヤ公害	防滑钉轮胎公害
○スモッグ	烟雾
スラッシュ	污水、煤泥
スラッジ（汚泥）	污泥、淤渣 yūzhā
スラリー	泥浆
○石油精製	炼油
セメント排熱発電設備	水泥余热发电设备
○生化学的酸素要求量（BOD）	生化需氧量、生物化学需氧量
成型炭	型煤
○成層圏	大气圈、同温层
○生態バランス	生态平衡
生物炭	生物煤
石炭ガス化ガス	气化煤的气体
石炭乾留	煤干镏 méi gānliú
石炭調湿設備	煤炭调湿设备
○ゼロ・エミッション	零排放
センサー	传感器
○騒音	噪音 zàoyīn、噪声
○粗大ごみ	大型垃圾、大件垃圾
総量規制	总排放量控制、总量限制

た

○ダイオキシン	二噁英 èrèyīng
○大気圏	大气圏、大气层
○代替エネルギー	替代能源、代用能

○代替フロン	替代氟里昂 tìdài fúlǐ'áng
○太陽エネルギー（ソーラー）	太阳能
ダスト	尘埃 chén'āi
脱硝技術（装置）	脱硝技术（装置）
○脱硫技術（装置）	脱硫技术（装置）
○炭素化合物	碳化物
炭化カルシウム	碳化钙
○炭化水素	碳氢化合物
炭鉱	煤矿
炭層	煤层
○探査事業	勘探事业 kāntàn shìyè
○地熱発電	地热发电
○潮汐発電	潮汐发电 cháoxī fādiàn
○使い捨て	用完就扔掉、一次性的
○データベース	数据库
DNA	DNA、脱氧核糖核酸
DO（溶存酸素）	溶解氧
低公害	低公害
泥炭	泥煤
デシベル（dB 音の強さを示す単位）	分贝
典型七公害	七种典型公害
○土壌塩性化	土壤盐渍化 tǔrǎng yánzīhuà
○土壌汚染	土壤污染
土状炭	土煤
○土壌の流出	土壤流失
トリクロルエタン	三氯甲烷 sānlǜ jiǎwán
トリクロルエチレン	三氯乙烯

な

鉛化合物	铅化合物
○二酸化硫黄（SO_2）	二氧化硫
○二酸化炭素（CO_2）	氧化碳　二氧化碳
二次エネルギー（電力など）	二次能源　（电力、煤气、焦炭）
二次汚染物質	二次污染物质、继发性污染物质

○熱エネルギー	热能
熱交換器	热交换器
○熱帯雨林	热带雨林

は

○バイオテクノロジー	生物工程（学）
○バイオマス	生物量、生命体、生物质
○廃かす	渣子
○排気ガス	废气
○廃棄物	废物（废料,废弃物）
○煤塵	粉尘、灰尘
○排水処理	废水处理、排水处理
排熱回収設備	余热回收设备
○廃プラスチック	废塑料
パイロットフェーズ	试验阶段
パイロットプラント	试验设备
○バクテリア	细菌
○発がん物質	致癌物质 zhìái wùzhì
○発生源	污染源、发生源
バッドランド	土地劣化
微粉炭	粉煤、煤粉
○パルプ廃液	纸浆废液
PSP（ポリスチレンペーパー）	聚苯乙烯纸
被害者	受害者
○PCB汚染	PCB（多氯联苯）污染
○ppm	ppm、百万分之一
皮膚がん	皮肤癌
ファン	风机
○風力エネルギー	风能
○富栄養化	富营养化
○複合汚染	复合污染
○プライオリティー	优先顺序
○プラスチック	塑料
○プランクトン	浮游生物

フリューガス	再生烟气
○フロン（CFC）	氟里昂 fúlǐ'áng
○粉塵放出量	粉尘排放量
○PH（ペーハー）	PH值（酸碱值）
○ヘドロ	腐泥
ペレット	颗粒 kēlì
ペンタクロルフェノール	五氯苯酚 wǔlù běnfēn
○放射線被曝	被放射线照射
○放射能汚染	核污染
○ボイラー	锅炉
ホメオスタシス	体内平衡、内环境稳定
○ポリエチレン	聚乙烯
ポリプロピレン	聚丙烯
ポリスチレン	聚苯乙烯

ま

前処理	预处理
○マスタープラン	总体计划
豆炭	煤球
マングローブ	红树
ミキサー	搅拌机
○水俣病（熊本、新潟）	水俣病 Shuǐyǔ bìng
ミル	磨机 mójī
○無煙炭	无烟煤
メタノール車	甲醇车 jiǎchúnchē
○メタンガス	沼气、甲烷气体
○メチル水銀	甲基汞
モーター	电动机
○モータリゼーション	汽车普及化

や

○焼き畑農業	火耕农业
有煙炭	烟煤
有価資源	有价资源
○有害物質	有害物质

ユーカリ	桉树
ユーティリティー	公用设施
揚水発電	扬水式水力发电站
四日市ぜんそく（三重県）	四日市哮喘病 xiāochuǎnbìng

ら

ライフ・サイクルアセスメント	LCA（生命周期估价）
ライフスタイル	生活方式
落葉樹	落叶树
ランドサット	美国资源探测卫星
リアクター	反应堆 fǎnyìng duī
○リサイクル	再利用、再循环
リジェネレーター	再生器
リソース	资源
リモートセンシング・モニター	遥感监测
○緑化率	绿色覆盖率 lǜsè fùgàilǜ
リンゲルマン煤煙濃度表	林格曼烟气浓度表
連鎖反応	连锁反应
六価クロム	六价铬

わ

わらパルプ製紙工場	草浆造纸厂

（2）環境関連の元素名

亜鉛	锌 xīn
ウラン	铀 yóu
塩素	氯 lǜ
カドミウム	镉 gé
カリウム	钾 jiǎ
クロム	铬 gè
ケトン	酮 tóng
コバルト	钴 gǔ
酸素	氧 yǎng
シアン	氰 qíng
水銀	汞 gǒng，水银 shuǐyín

水素	氢 qīng
ストロンチウム	锶 sī
セシウム	铯 sè
炭素	碳 tàn
窒素	氮 dàn
トリウム	钍 tǔ
鉛	铅 qiān
ヒ素	砷 shēn
フッ素	氟 fú
プラチナ	铂 bó
ベンゼン	苯 běn
ホウ素	硼 péng
マグネシウム	镁 měi
リチウム	锂 lǐ
リン	磷 lín

(3) 環境関連の組織、条約

ISO（イソ表示＝素材表示）	国际标准化组织
INRMC	国际自然保护监测中心
オゾン層保護条約	保护臭氧层公约
海外経済協力基金（OECF）	海外经济合作基金
環境 NGO	环境非政府组织
環境 ODA	环境 ODA、环境官方开发援助
環境白書	环境白皮书
KITA 環境協力センター	KITA 环境协作中心
グリーンピース	绿色和平组织
経済協力開発機構（OECD）	经济合作发展机构
気候変動枠組み条約	气候变化框架公约
グリーンエイド・プラン（GAP）	绿色援助计划
国際環境情報源照会システム	国际环境情报资料源查询系统
国際環境モニタリングシステム	国际环境监控系统
国際自然資源保護連合（IUCN）	国际自然资源保护联盟
国連開発計画（UNDP）	联合国开发计划署

国連環境開発会議（UNCED）　　联合国环境与发展会议（环发大会）
国連環境計画（UNEP）　　　　联合国环境规划署
国連食糧農業機関（FAO）　　　联合国世界粮农组织
国連人間環境会議　　　　　　　联合国人类环境会议
酸性雨モニタリング・ネットワーク酸雨监测网络
GIS（地理情報システム）　　　　地理情報系统
GEMS（地球環境モニタリングシステム）
　　　　　　　　　　　　　　　全球环境监测系统
JICA　　　　　　　　　　　　　国际协力事业团
新エネルギー・産業技術総合開発機構（NEDO）
　　　　　　　　　　　　　　　新能源综合开发机构
生物学的多様性条約　　　　　　生物多样性公约
世界気象機関（WMO）　　　　　世界气象组织
世界保健機構（WHO）　　　　　世界卫生组织
世界野生生物基金（WWF）　　　世界野生动物基金
石油輸出国機構（OPEC）　　　　石油输出国组织（欧佩克）
第四次円借款　　　　　　　　　第四批日元贷款
中国アジェンダ21　　　　　　　中国21世纪议程
中国オゾン層消耗物質淘汰国家方案
　　　　　　　　　　　　　　　中国消耗臭氧层物质逐步淘汰国家方案
ユネスコ（UNESCO）　　　　　联合国教(育)科(学与)文(化)组织
ラムサール条約　　　　　　　　国际湿地条约、拉姆萨尔条约
ワシントン条約　　　　　　　　华盛顿条约（保护濒于灭绝的野生动物国际条约）

(4) 中国語からみた環境関連用語

　これは、シンポジウムのときの中国側の論文からピックアップした熟語を参考までに記したものです。中→日への通訳の場合、簡潔で中味の濃い中国語に比べ、いかに長々とした日本語になってしまうか、よくおわかりいただけると思います。

A
　"肮脏"能源　　　　汚染を発生するエネルギー、ノン・クリーンエネルギー
B
　板块结构　　　　　プレート構造
　被子植物　　　　　被子植物

标准煤	標準炭
濒危物种（bīnwēi）	絶滅に瀕している種
冰川融水	氷河の解けた水
冰帽	万年雪、氷原
屏障作用	障壁作用
不毛之地	不毛の地

C

草本植物	草本植物
草地沙化	草地の砂漠化
草原沙化	草原の砂漠化
沉水植物	沈水植物

D

单产	単位面積あたりの生産量
淡水湖泊	淡水湖
地力下降	土壌が痩せる
地貌结构	地表構造
地形坡度	地形の勾配
点源治理	特定汚染源の処理
定量考核	定量チェック
定位监测点	定位観測地点
动态监测	動態観測
动态平衡	動的バランス、動態バランス
陡坡开荒	傾斜地の開墾

F

防护林	保安林、防護林
防沙治沙	砂漠化の防止
防治	処理する、防除する、治める
飞播造林	空中播種による造林
飞播种草	空中播種による植栽
肥力（土壤）	肥沃度
风积	風による堆積
封山育林（封育）	禁伐育林
封育固沙造林	砂丘を囲いでかこみ、植樹する

风蚀	風食、風化
浮游藻类	浮遊性藻類
腹地	後背地
覆盖率	植被率
负载定额	キャパシティー

G

灌木	灌木
工业废气排放量	工業廃ガス排出量
工业粉尘	工業粉塵
工业烟尘	工業煙塵
固沙造林	砂丘固定により造林
过度捕捞	乱獲
过度放牧	過放牧

H

旱稻	陸稲
旱涝灾害	干ばつや水害
含硫量	硫黄含有量
旱田	畑
耗竭速率（hàojié）	天然資源の枯渇速度
核废料	核廃棄物
黑雨	黒雨
洪涝威胁	洪水の脅威
红壤	赤色土（クラスノジョーム）、赤土
后备资源	予備資源
环境难民（生态难民）	環境難民
环境效益	環境効果
荒漠化	土地の荒廃、劣化、退化
荒山荒地	未開墾の山地
毁林开荒	開墾の目的で山林を乱伐
毁牧垦殖	牧場を壊して開墾する
毁塘垦殖	池を埋立、開墾する

J

经济林	木材、油料、乾果などを生産するための林

基因库	遺伝子バンク
监测管理站	モニタリング・ステーション
碱化	アルカリ化
降尘	粉塵
蕨类（jué）	ワラビ類

K

砍树伐林	樹木の伐採
可持续发展	持続可能な開発

L

垃圾粪便无害化率	ごみ糞便の無害化率
垃圾处理率	ごみ処理率
流动沙丘	流動砂丘
良性循环	良性循環
两栖爬行类	両棲爬虫類
裸子植物（luǒzǐ）	裸子植物
绿色工程	緑化プロジェクト
绿色屏障	グリーン・ベルト
绿色食品	安全食品　エコ食品　自然食品
乱采滥挖	乱伐、乱掘

M

煤烟型污染	ばい煙型汚染
苗圃地	苗木畑

N

泥沙扩散	泥沙の拡散
能源结构	エネルギー構造
年燃煤总量	石炭の年間焼却量

P

排污费	汚染排出料
漂浮植物	浮遊植物
平整土地	整地
泡沫塑料	海綿状プラスチック

Q

汽车尾气	車の排気ガス

乔木	喬木	
强沙尘暴	砂嵐	
侵食模数	浸食指数	
群落	群落	

R
人工草场	人工の牧草地	
人均资源	一人当たりの資源	
人口超载率	オーバー・キャパシティ	
人造绿洲	人工オアシス	

S
三熟制	三毛作	
三废	排ガス、廃水　廃棄物	
三同时	工場建設の際、生産設備と環境保護設備の設計、施工、稼動使用を同時におこなう。	
森林病虫害	森林の病害虫	
森林覆盖率	森林緑化率	
森林破坏	森林破壊	
沙暴	砂嵐、サンドストーム	
沙尘暴	砂塵あらし	
生态农业	エコシステム農業、それぞれの地域に見合った生態調和型農業	
生物多样性锐减	生物の多様性の激減	
生物质能	バイオマスエネルギー	
示范工程	モデル事業	
示范模式	モデル図式	
时空有宜	時間空間の最適性	
疏浚深度	浚渫の深さ	
输沙量	流砂量	
水渠	水路	
水生植物	水生植物	
水蚀	水による浸食	
水土保持	水土保持　土壌の浸食を防止する	
水土流失	水土流失、土壌の浸食	
水源涵养功能	水源保持機能	

速生丰产林	速成の方法による造林、速成豊作林
酸度	酸度
酸露	酸性露
酸雪	酸性雪
酸雾	酸性霧

T

滩涂	干潟
天然降水	天然雨水
土壤板结	土壌が硬くなる
土壤退化	土壌劣化
退耕还林	耕地を林地にもどす

W

网箱养鱼	網生け簀による養魚
危险废物越境转移	危険な廃棄物の越境移動
维管（束）植物	維管束植物
围湖造田	干拓
污水负荷	污水負荷
污水集中处理率	污水集中処理率
物种多样	種の多様性

X

藓（xiǎn）类	コケ類
消烟除尘	粉塵を取り除く
薪炭林	薪炭材の生産を目的とする森林
蓄水池	ため池

Y

盐渍（zì）化	塩性化
盐基地	塩類土壌
野生物种库	野生生物種の宝庫
因地制宜	その土地に適した措置を講ずる
用材林	木材用樹木を主とした森林
用气普及率	ガス普及率
有害废物的零排放	有害廃棄物のゼロ排出
有林地面积	林地面積

原煤	原炭	

Z

再生速率	回復速度
沼泽化	沼沢化
珍稀物种	希少の種
整治	補修する、整備する
植被稀疏	植生がまばら
植树造林	造林、植樹造林
治理	防止と処理
治沙造林	砂漠化を防ぎ造林

---

324 ページ解答

例題1
光化学烟雾——氧化剂	光化学スモッグ	オキシダント
汽车尾气——一氧化碳	車の排ガス	一酸化炭素
臭氧层的破坏——氟里昂	オゾン層の破壊	フロン
水俣病——有机汞	水俣病	有機水銀
沙漠化——超载放牧	砂漠化	過度な放牧

例題2
酸雨——森林破坏	酸性雨	森林の破壊
水质污染——镉	水質汚濁	カドミウム
清洁能源——太阳能	クリーン・エネルギー	太陽エネルギー
脱硫装置——燃煤	脱硫装置	石炭を燃やす
温室效应——二氧化碳	温暖化	二酸化炭素

忠実さと"通俗易懂"の狭間で

　日本向けの雑誌『人民中国』の編集部で長年翻訳にたずさわり、1950年代頃から通訳としても活躍していらした安淑渠（Ān Shūqú）さんに「安さんにとっては、中文日訳と日文中訳のどちらがやさしいのですか？」とおたずねすると、「通訳の場合、中文日訳の方がやさしいわ。日本語には、あいまいな表現が多くて中国語に訳すのが大変」とのこと。中国人の安さんでさえそうなのかと、なんとなくほっとしたことでした。

　日本側の通訳者にとって圧倒的に多いのが、日文中訳。つまり、たえず日本語を土台にし、中国語を考えていくという立場に置かれているわけです。通訳者はかなりの単語をコンピュータの記憶装置のように頭脳に収め、随時それを引き出していく作業が必要ですが、私の場合、生まれてこのかたずっと使ってきたのが、日本語、中国語をほんとうに勉強したのは足かけ五年。どんなに努力しても中国語の単語の収容量はたかが知れています。しかも単語を引き出すだけでなく、うまく組み合わせて美しい中国語に組立てようとするわけですから、どこまで行ってもゴールというものはありません。

　日本語の表現に忠実でありたいと思う一方、できあがった中国語が、ほんとうに中国の方にとって"通俗易懂"の域に達しただろうか、忠実さとわかりやすさの接点をどこに求めたらいいのか迷うことがしばしば。あるセミナーの席で、日本人講師が、レクチュアに先立ち「これからの二日半、どうぞよろしくおつき合いねがいます」という言葉でしめくくりました。"今后的两天半，请多关照"というわけにもいかず、"两天半"をカットすることもできず、（おつき合いといえば"陪"や"相处"が思い浮かぶのですが）結局、日本語の枠にとらわれず"我负责的两天半里，请朋友们多多协助"と口から出していました。

　一見、よどみなく訳しているように見えても、頭の中でいろいろ葛藤があるのです。それが瞬間的なものであることが、救いでもあれば、悩みでもあります。

通訳現場へのチャレンジ

> MODEL CASE 1　　中国的医学教育制度及其背景
> ——アドリブへの対応、クリアすべきスピードの目安
>
> 陈敏章　（中国卫生部部长）

　陳敏章さんは、中国衛生部の部長、日本でいえば厚生大臣で、もとは内科医、北京協和医院院長をへて、衛生部の要職につかれてから十数年になります。その間日本はもちろん、WHO（世界卫生组织）の会合に参加されるなど世界各地で活躍されています。この講演は、1995年（財）日中医学協会創立10周年記念講演会の際におこなわれたものです。

　医学とあるので、専門的なのでは、と心配されるむきもあるかも知れませんが、あくまでも教育を中心にすえているので、比較的わかりやすい内容です。通訳現場の再現を試み、できるだけ実際に与えられた条件に近い形で環境設定しましたので、ペアを組んで同時通訳するような気持ちでチャレンジしてみてください。

　最大の難関は、やはりスピード、陳敏章さんのお話は、DATA 8の魯文遠さんに比べ、かなり速くなっています。しかし時にはこれ以上速い場合もありますので、このスピードについて行かれるよう努力してください。

　実際の講演時間は40分あまり、通訳者は二人で、あらかじめ前半、後半と一応分担を決めました。ここで採用したCD音声はおよそ20分、一人分に相当します。

　この20分の教材のうち、実際に入手した原稿（レジメ）は、およそ680字、アドリブの部分（即興的部分）が2200字近くありますので、原稿の3倍以上もアドリブが挿入されたことになります。ですからあまり原稿にばかりこだわっていると、次々に飛び出すアドリブに対応できなくなり、かえって混乱するかも知れません。したがって、いかにうまくアドリブに対処するかが、ポイントといえましょう。

　ではまずサイトラしていただきますが、スラッシュを入れたり、動詞を丸で囲むなり、好きなように準備してください。またスプリクトを全文和訳しておくのもけっこうですが、前述の通り、随所にアドリブが入るのであまり意味がないかも知れません。一応各段落のポイントを示しておきますが、アドリブ挿入箇所や具体的な内容は、聞きながら自分で判断してください。

346　通訳現場へのチャレンジ

サイトラ1（入手した原稿の前半の部分で、音声教材には含まれていません）
サイトラによって、まず話の内容や語彙に慣れてください。

原文1

> 　　我国医学教育包括高等医学教育、中等医学教育和医学成人教育。高等医学教育又分为本科、专科和研究生教育。本科教育学制一般为五年，毕业后取得学士学位；七年制正在试行，今年有了第一批毕业生，他们毕业后获得硕士学位；还有一所实行八年制，即中国协和医科大学，学生毕业可获得医学博士学位。大学本科的主要专业有医学、公共卫生、药学、口腔学、儿科学等。
> 　　中等医学教育是以培养"实用型"中等卫生技术人员为目标，包括医士、护理、检验、药剂等主要专业，此外为适应中国广大农村的需要，还开办了三年制以实用技术培训为主的大专班，这些毕业生和中专毕业的医士主要到县及县以下医疗卫生机构工作。中专学校全国有517所，年招生约11万人，每年毕业8万人。
> 　　近些年来，积极发展了医学成人教育，以在职卫生技术人员、卫生管理人员为主要培养对象，采取岗位培训、继续教育等形式，更新知识，不断提高在职人员的业务水平。目前，全国共有40余所独立设置的医学成人院校，每年通过这种渠道培训卫技人员约达8万余人。

ポイント　通訳に備えての単語の予習
アンダーラインを引いた単語の意味はもちろん、聞いたらすぐ反応できるようにしておいてください。

① yánjiūshēng　② shuòshì　③ bóshì　④ gōnggòngwèishēng　⑤ kǒuqiāngxué
⑥ érkēxué　⑦ yīshì　⑧ dàzhuānbān　⑨ xiàn jí xiànyǐxià　⑩ zhōngzhuānxuéxiào　⑪ gǎngwèi péixùn　⑫ jìxù jiàoyù　⑬ yuànxiào　⑭ qúdào

対訳
①大学院生　②マスター　③ドクター　④公衆衛生　⑤口腔（こうくう）学　⑥小児科学　⑦メディカルアシスタント（日本語では医師も医士も同じ発音になって

しまう）　⑧大学、専門学校クラス　⑨県以下（県以下と言えば日本語では、県も入るが、中国語では違う）　⑩中等専門学校　⑪OJT、オン・ザ・ジョブ・トレーニング、その他"离职学习"など、西洋医が半年余り職務を離れ、中医の学校で勉強することもある。　⑫直訳にする。生涯教育と訳したくなるが、実際にはさらに高い学位取得のための本格的な勉強を指す。ちなみに「生涯教育」は"终身教育"⑬学院＋大学＝大学　⑭ルート

　前の段落に長いセンテンスを分かりやすくするための";""分号"がありますが、音声として聞くときには、どこに"分号"があるかはっきりしません。通訳の難しさはこのような点にあります。

原文2

> 　　我国建国四十多年来，共培养各级卫生技术人员400多万人，目前全国平均医师数已达1.15人／千人口，卫生人力在数量和质量上有较大的提高，卫生人力供应不足的状况得到了一定的缓解，但城乡分布不均，某些专科人才短缺仍是突出的问题，随着医学科技的发展和医学模式的转变，为不断适应变化的卫生服务需求，近年来，在医学教育改革的进程中主要采取了如下措施：

ポイント
アンダーライン部分の訳例
　「(医療)衛生スタッフの供給不足の状況はある程度緩和されたが、都市と農村のアンバランスや若干の専門分野の人材不足など依然深刻な問題があり、医学科学技術の発展と医学パターンの変化にともない、たえず変化する衛生サービスのニーズに対応するため……」
　サイトラしながら仮に"医学模式"が具体的になにを意味するかなど疑問が生じても、そこであまり考え過ぎると時間ばかり経ってしまいます。訳語が思い浮かんだら、多少の不安があってもある程度のところで開き直って次に進みましょう。もしも事前準備のための資料を全部読み終わった段階でまだ意味不明なら問い合わせをするなり、次の手を打たなければなりません。

サイトラ2　（入手した原稿のうち、CDに含まれている部分）

事前準備として、まずサイトラにとりくみ、訳しにくい単語などを調べておきましょう。単語ノートをつくり、そくざに対応できるようにしておくのもいいでしょう。前述の通り、アドリブがどんどん挿入されますが、講演は、常にこのレジメに沿って推移していきますので、事前に与えられた大切な情報源として、しっかり頭にたたき込んでおいてください。

早くCDを聞きたいところですが、少なくとも2回くらいに分けて十分準備に充てる必要があります。

スクリプト 1

　　　第一　改革由国家包办医学教育的单一模式,探索适应社会主义市场经济体制的多种形式办校的新路子。近年来、在改革办学体制、管理体制等方面都取得了不同程度的进展,社会各方面积极参与办学,正在开始打破由政府包揽办学的格局,政府职能逐步转向宏观管理,扩大了学校面向社会、依法办学的自主权。开展了多种形式的联合办学、共建共管等改革试点,鼓励医学院校综合大学联办,优势互补；此外,多渠道筹集教育经费,招生和毕业生就业制度的改革也在不断推进。

ポイント

DATA 8の教育改革の趣旨を思いだしていただければ、このスクリプトは、多分理解しやすいでしょう。

アンダーラインを付した単語は、そくざに訳せるようにしてください。

包办：請け負う、一括して行う　　**新路子**：新しい道、手だて　　**包揽**（bāolǎn）
办学＝包办：学校運営を一手に引き受ける　　**联合办学**：合同で学校を運営する
联办："联合办学"の略

スクリプト 2

　　　第二　提高人才培养质量,加强跨世纪人才的培养。在今后的十年或更长一段时期,通过调动各方面的积极性,重点建设好几所高等医学院校和一批重点学科点,使其在教育质量、医疗和科研水平等方面率先达到或接近世界一流大学水平,使高层次人才培养立足国内,并以此来

> 带动我国高等医学教育整体水平的提高。

ポイント
学科点：この"点"は、点と面の関係を指し、ポイント、位置を意味しているが、「重点学科の設立」と訳せばよい。例えば、環境問題で、"点源治理"などという場合は、「特定の汚染源の防除」を指している。　**率先**（shuàixiān）：この場合は"率"（lǜ）と読まない。　**高层次**：ハイレベル

スクリプト3

> 第三　为适应医学模式由生物医学模式向生物—心理—社会的现代医学模式的转变，在课程的设置方面，加强了人文科学和医学伦理学、行为科学教学内容，注重对学生能力方面的培养，积极开拓全科医学教育，培养全科医生，以适应社会对医学人才的多种需求。

ポイント
　现代医学模式的转变：近代的医学パターンへの変化。わかりやすく言えば、いままでのようにただ医術のみに力を入れてきた教育のやり方から人間の心理、社会との関連を含めた近代的な医学パターンへとシフトすること。　**行为科学**：行動科学　**全科医学**：総合診療医学　**全科医生**：総合医、つまりどのような患者にも対応できる医者
　このスクリプトはわずか四行ですが、医学教育改革のカナメとも言えます。とりわけ農村の医療事情の改善をめざす中国にとって、医学教育の改革が重要な課題になっていることが、次の文章からもうかがえます。

スクリプト4

> 第四　发展各类卫生技术人员数量，提高培训卫生人员的质量，努力实现初级卫生保健的战略目标，把发展农村医疗卫生服务作为卫生事业的重点。农村卫生是我国医疗卫生工作的重点，解决广大农村对卫生人力的需求是我国各类医学教育机构的重要任务。

为此，在大力发展中等职业医学教育的同时，对高等医学教育进行了相应的改革，包括实行面向农村的定向招生、定向培养和定向分配。对在校的学生增加去农村和基层进行医疗卫生实践的机会，使他们有机会了解中国农村基层的卫生国情。

ポイント

初级卫生保健：プライマリー・ヘルス・ケア　　"定向招生"、"定向培养"、"定向分配"：この"定向"の意味は、特定の方向に沿った、あるいは特定のニーズにもとづく生徒募集、養成、仕事の分配。日本的には、Uターンを目的とした人材養成とも言える。　　**基层**：末端

　　以上で事前準備を終了し、いよいよ音声教材に入りますが、同時通訳では、たとえ訳せなくてもスピーカーは待っていてくれません。ですからわからなくても、そこでCDを止めずに追いつくようにし、レジメや用意した単語ノートを参考にしながら通訳してください。

同時通訳

　　ヘッドホンをつけ、CDを聞きながら同時通訳してください。

　　何回聞いても聞き取れない場合は、CDを止めて繰り返し聞き、辞書を引いて調べてください。それでもわからない場合は、次のピンインから漢字を想定してください。なお矢印の右側が標準音です。

ヒント

卫生 tīngjǔ　　zínéng → zhínéng　　gòng jiǎn → gòng jiàn　　互相 jiānzhí　　教学的 zīyuán　　能够 fēnxiǎng　　共同 juǎnrùdào　　院校 zìshēn dúlìxìng　　"jùdào"ときこえるが、"qǔdào"　招生 míng'é　　jiùdú　　síjī → shíqī　　考核 píngshěn　　会看 xiǎnwēi jìng　　做 huàyàn　　shíxíyīshēng　　shèqū 医疗

　　ヘッドホンをつけ、さらにチャレンジしてください。

MODEL CASE 1　解答　　　　　　　　　DISK 3　16～19

(　)がアドリブ、そのほかはほぼあらかじめ入手し、予習したスクリプトの部分です。

　　第一　(是)改革由国家包办医学教育(这样一种)单一(的)模式，探索适应社会主义市场经济体制的多种形式办校的新(的)路子。近年来，在改革办学体制、管理体制等方面(也)都取得了不同程度的进展。社会各(个)方面(也)积极参与办学，正在开始打破由政府包揽办学的(这种)格局(就是打破这种单一的这种模式的格局)，(而)政府(的)职能逐步(从直接管理)转向宏观管理，扩大了学校面向社会，依法办学的自主权。(也就是说，过去我们更多直接去管理学校里边的一些具体事务，那么现在逐渐转向象卫生部啊，卫生厅局啊，这个包括教委的一些部门啊，它逐渐把这个职能权利下放到学校，让学校有更多自主权来办学)。

　　(同时)开展多种形式的联合办学，共建共管等一些改革试点，(就是我刚才讲的，现在我们已经有一些医学院校跟一些综合大学联合办，签订协议，教师可以互相兼职，图书馆可以互相通用，有一些专科建设可以共同地来参与，学生可以共享一些教师的教课，象北京医科大学、上海医科大学都已经采取这些步骤，来扩大它的这个教学的资源，同时充分发挥综合大学的这个教育的资源。同时也把医学院校的有一些有利的象生物领域当中的生命科学领域当中的一些专长，使我们综合大学也能够分享。

　　另外呢，也就打破了一些所有制的分割，就是我卫生部所属的院校，愿意跟你地方上政府一共来管，共同来建设。过去象上海医科大学是我卫生部的，那只有我自己投资，我自己管。那么现在我可以跟上海市政府的、上海市的教委来联合来共同来建设，共同来管理。就是使这个更多的一些方面能够来共同卷入到建设跟管理方面来，也就调动多方面的积极性)

　　(同时我们现在也)鼓励医学院校(和一些)综合大学(来)联(合

办,(就刚才说,象清华大学、北京大学、复旦大学这些有名的大学,我们鼓励啊,跟医学院校共同联合办,共同来联合。将来甚至也可能我们的医学院校又回到综合大学里边去,现在可能还做不到,因为现在这个医学院校自身独立性很强,以后也可能又回到这个综合大学里边成为一部分。)

(主要能够使它这个)优势互补(取长补短);此外,(在改革当中也采取)多渠道(地)筹集教育经费,(因为我们现在高等院校的经费、政府拨的经费很有限,跟学校自身发展来讲很不够。以前学校不能够向社会去筹集资金,也不能向企业、也不能向其他的研究机构〔跟〕或者社会其他渠道,现在可以通过各种渠道来办这个,来来筹集这个卫生教育的经费。同时它也可以自身办一些企业,办一些产业,甚至于利用它的房地产来开拓,这个增加它的一些教育上的经费。)

那么在招生和毕业生就业(的)制度(方面)改革也在推进。(也就招生当中我们现在也有多种这个形式,除了国家统一考试这个一条渠道之外,也有委托其他单位委托培养的。这也可以他交一定的费用用,也吸收一些自费生。如果他分数线到一定的、就考试的分数线到一定的范围之内,他可以,就国家的招生名额他没有了,那么他可以用自己付费的方式能够来就读。那么毕业生的分配现在也是我们叫双向,就是他可以自己选择,他可以自己找,那么学校也可以给他推荐一些渠道。就是这个双向选择这些,这跟过去的方式都有了很大的变化。)

第二 提高人才培养(的)质量,加强跨世纪人才的培养。在今后的十年或(者)更长(一些的)时期,通过调动各(个)方面的积极性,国家要重点建设好几所高等医学院校和一批重点(的)学科,使(它)在教育(的)质量、医疗和科研水平等方面(能够在国内的医学院校当中)率先达到或(者)接近世界一流大学(的)水平。(这是我们现在有一个规划,选择通过考核评审选择一部分少数的院校,给它加强投

入,也同社会各方面来支持在十年到二十年的这一个时期当中,使它能够达到接近国际一流的水平。也就是)使(我们一些)高层次的人才培养(能够在我们)国内(的这个基地上也能够满足。)同时以这(批具有国际一流水平的学校)来带动其他的医学院校提高水平。

第三 为(了)适应医学模式由生物医学模式向生物—心理—社会的现代医学模式转变,在课程的设置方面,加强了人文科学和医学伦理学、行为科学教学(的)内容。(这方面我们过去是比较差的,也就是说我们对一个学生的教育更多是一个生物医学的教育。把一个病人,只是看做一个生物的人,而不是一个社会的病人。事实上在传染病、地方病这些逐渐下降之后,由于心理和社会对一个人带来的一些疾病和不健康的问题越来越重要。所以我们的教学如果缺少这方面内容,它把人、病人只看成是一个生物的、生物体,那么它解决不了病人很多实际存在的问题。社会、经济越发展,社会心理对人的影响比生物因素影响可能更大。所以这个在我们教育当中,如何转变,在课程内容上如何加强,这是很重要的一个内容。同时也就是要)注重对学生能力方面的培养。(这个能力不仅是会看显微镜,做化验,还要对社会的观察,对社会人的了解。)

(再有就是我们正在)积极开拓全科医学教育。(这也是跟很多国家可能我们不太一样,我们的医学院校毕业的医生在他毕业之后,到医院以后,他就分配到专科了,就到内科、外科、妇产科、儿科或其他的。所以在中国原来没有一个全科医师的概念,也就没有家庭医师的这种概念。也没有这方面的训练,这种训练对一个医学生来讲,只有一年时间,就是在他做实习医师的时候,他是内科、外科、妇产科、儿科转。他毕业之后,就没有在这方面的训练,也没有这种医生。这个对社会来讲是很不方便,特别对基层的社区医疗很不方便。也就是说经常医生这个转到那儿,那个转到一个病人来来回回,走好几个地方。所以现在我们也

正在开拓全科医师教育,象首都医科、就北京的首都医科大学他们已经有了全科医师的班,来培训这个,则要改变对全科医师的一些不正确的认识,而是要更多地培养一些全科医师,这个对整个将来使这个医学能够更好地适应社区的发展,更好地把医学进入到家庭,方便患者还是很重要的。所以这方面也可能象有一些国家早就把全科医师已经作为一种专科来对待。我们呢,现在还在开始,在正在扩展这个方面,也是从医学院校来开始做这方面的工作。)

第四 发展各类卫生技术人员的数量,提高培训卫生人员的质量,努力实现初级卫生保健的战略目标,把发展农村医疗卫生服务作为卫生事业(发展计画)的重点。农村卫生是我(们)国(家)医疗卫生工作的一个重点。(因为刚才讲它占了我们百分之七、八十的人口。所以要)解决广大农村对卫生人力的需求,是我国各类医学教育机构的(一项)重要任务。(在今后,这个到本世纪末一直到下个世纪,恐怕始终是我们一个、在医学教育当中一个重要课题。因为如果农村医学人才不能够得到满足的话,我们只能说中国的医学教育还没有完成它的任务。因为多数人的问题没解决好。)

　　为此,在大力发展中等职业医学教育的同时,(我们)对高等医学教育进行了(一些)相应的改革。(这里边)包括(我们)实行面向农村的定向招生、定向培养和定向分配。(也就是说,现在城里的学生招来了,你让他到农村去,他不去,我们不能强迫他去,城里已经饱和,可农村还是缺医务人才,所以我们现在在教育上采取一些改革。从农村当地招收一些学生上来,他的分数考试的分数比城里的孩子要低一些,可能低10分低20分、甚至于在边缘地区低30分,但是我把他进来以后,我还是收他进来。培养,但是告诉他:"培养完了、毕业以后,你得回到你家乡去,这样我就给你一个优惠。你要正常情况下,进不了医学院校,你的分数线不够,但是你这样来了以后,我培养的目的是要你

回到你家乡为当地的农村服务"，那么培养他的内容上，也尽量适应他当地的需要。所以我们在有些地区，培养了这样一批学生以后，还是帮助解决了一些农村的高等医学人才的一些需求。当然现在也还不是那么容易，这个也有一些学生，他念完以后，他是从农村来，但是他念完以后，他又不想回去。这个现在我们要办一点手续，要签一点协议，来推动。)

（同时呢，我们也）对一些在校的学生增加（到）农村和基层进行医疗卫生实践的机会，使他们（能够）有机会了解中国农村基层的（一些）卫生（的一个）国情。(包括象北京医科大学、上海医科、这些大城市的医学院校我们也是让他们有机会到农村去实习、去见习、了解一些农村基层情况）

コメント

一度聞いただけで85％くらい訳せれば、申し分のないできです。後は現場でさらに磨きをかけ、引き続き頑張ってください。とてもそれには及ばないという方は、自分のレベルに合わせて何回もチャレンジしてください。

また合わせて書きことば（予習用のスクリプト）と話しことばの比較をしてみてください。

音声教材に限り、「日中医学」1995.Vol.10に掲載された抄訳を記しておきます。なお全訳は、CDの右音声をお聞きください。

1. 多種多様な形式の医学教育

医学教育は全部国でやるという単一のパターンを改革し、社会主義市場経済の体制に適した多種多様の新しい方法を模索してきました。近年来、教育体制と管理体制の改革の面では、それぞれ程度の差こそあれさまざまな進展が見られ、各分野が積極的に教育に参与するようになり、教育は何から何まで全部政府がやってしまうような枠組みが打破され、政府の機能はマクロ的管理に変わりつつあります。そして、社会に向け、法に基づいて教育を行うという学校の自主権が大いに拡大されました。

多種多様な形態によって合同で大学を経営したり、共同設立、共同管理の改革試行の

モデル校を設け、医科大学と総合大学が連合して、相互補完するよう奨励しています。このほか、様々なルートと方法を使って教育経費の調達、また新入生募集制度や新卒者就職制度の改革などもすすめられております。

2．人材の養成

人材養成のレベルを高め、世紀に跨る人材の養成にさらに力を入れています。これからの10年あるいはもっと長い期間、各方面の積極性を引き出して、数カ所の医科大学といくつかの重点学科をつくることを重点に置き、教育の質、医療と科学研究レベルなどの面においても、世界一流の大学のレベルに追いつく、あるいは近づくようにし、国内を基盤として、ハイレベルの人材の養成に努力し、わが国の高等医学教育の総体的レベルを引き上げるようにします。

3．医学教育のカリキュラム

医学のパターンが生物医学から、生物—心理—社会という近代医学のパターンへと転換している状況に適応できるようにするため、カリキュラム設置の面において、人文科学と医学倫理学、行動科学などの内容を強固にしながら、学生の能力を高めることに力を入れ、積極的に総合医学教育を開拓し、全科に対応できる医者の育成をめざし、医学の人材に対する社会の多様なニーズに応えます。

4．農村医療事情

衛生技術関係者の人数を増加し、医療衛生関係者養成のレベルを高め、プライマリー・ヘルス・ケアの戦略目標を実現するため努力します。そして農村医療衛生サービス事業の発展を衛生事業発展計画のポイントにします。

農村衛生は、わが国の医療衛生事業の重点です。広大な農村の衛生の人的資源に対する需要を満足させることは、わが国の各種の医学教育機関の重要な任務です。われわれは、中等専門医学教育を発展させると同時に、高等医学教育に対しても、相応に改革を行い、例えば農村に目を向けた募集、養成、分配にわたるUターン教育を実施することなどを奨励しています。在学中の学生に対しては、農村や末端医療機関へ医療衛生の実践に行くチャンスを増やすなどして、農村や末端部の衛生状況を理解させます。

医学関連会議への対応

日中間では、医学教育のほか、健康や高齢者ケア、リハビリ、中西医結合、さらには寄生虫病、糖尿病、がんなどをテーマとした医学交流が盛んに行われていますが、そうした交流のなかで通訳者は、どの程度の単語量や知識が求められているのでしょうか？ その目安として、ステップ別に単語を拾ってみました。

STEP 1 「高齢者ケアシンポジウム」の例　　老年人的照顾（"护理"）问题

照顾项目	ケア（介護）の種目
为老人服务项目	高齢者向けサービス
在家养老	在宅ケア
入院养老	施設ケア
社会福利院	社会福祉院
敬老院	老人ホーム
托老所	老人ホーム
老年护理院	高齢者ケア施設
收养率	収容率
护理费	介護料
生活自理	セルフケア
保健服务	ヘルスサービス
钟点上门服务	定時訪問サービス
送医上门	往診、医者が出向いて患者の治療にあたる
送饭上门	食事を家に届ける、食事の宅配
就近门诊	近くの病院に通院
家庭医生	ホーム・ドクター
家庭服务制度	ホーム・ヘルプ・サービス
社区服务志愿者队伍	地域のボランティアグループ
孤老院	独り暮らしのお年寄りの収容施設
赡养 shànyǎng 老父母	老父母の扶養
爱的电铃	愛のベル
抗衰老	老化防止
卧床不起的老人	寝たきり老人
疗前说明治疗内容并征得患者同意	インフォームド・コンセント
康复护理	リハビリ
临终护理	ホスピス

STEP 2 「中西医結合による治療」の例

　前述の「高齢者ケアシンポジウム」は多くの聴衆を対象に行われたシンポジウムですが、この場合は、専門性がやや高くなり、通訳者の対応もかなりむつかしくなります。

　中医（普通そのままで漢方としない）に関する交流は、かなり多く、また例えば生薬には、宴会の料理にまで出てくるものもあるので、覚えておくと便利です。

　逐一暗記してはいませんが、例えば"枸杞"（gǒuqǐ くこ）、"人参"（rénshēn）、"薏苡仁"（yìyǐrén ハトムギ、ヨクイニン）、"桂枝"（シナモン）、"山药"（ヤマイモ）など計60種類余りの生薬を単語帳に記し、必要に応じて目を通すようにしています。

　それから四文字で示される中医用語も、出現頻度の高いものには○をつけるなどして、会議にさきだち繰り返し見るようにします。

　例えば、中医の基本ともいえる"辩证论治"（中医学の診断法、べんしょうろんち）、"阴阳平衡"、"阴阳失调"、"活血化瘀"（yū 血液の流れをよくする）、またはその反対の"气滞血瘀"（腫瘍の形成につながる）、"扶正祛邪"（qūxié 正気を扶助し、病邪を取り除く）、"胸胁苦满"（胸部が苦しい、きょうきょうくまん）などスピーカーの発言内容を受け入れられるだけのある程度の知識を必要とします。読み方は、"活血化瘀"なら「かっけつかお」とそのまま読むことが多いようです。

　もちろん会議に臨み、できる限り発言原稿を事前に入手し、その内容に沿って準備しておく必要があることはいうまでもありません。

STEP 3 「免疫」関連

　次に挙げたのは、比較的専門性の高い医学シンポジウムに臨み、目安として最低これくらいは覚えておいたほうが良いと思われる、出現頻度の比較的高い単語例です。

①免疫グロブリン　②アレルギー　③モノクロナール抗体　④マクロファージ　⑤サプレッサーT細胞　⑥ヘルパーT細胞　⑦ポリペプチド抗原　⑧HIV（ヒト免疫不全ウイルス）　⑨ミトコンドリア　⑩インターフェロン

①免疫球蛋白　②过敏症、变态反应　③单克隆抗体　④巨噬（shì）细胞　⑤抑制者T细胞　⑥协助者T细胞　⑦多肽抗原　⑧HIV（人免疫缺陷病毒）　⑨线粒体　⑩干扰素

免疫に関する外来語を拾ってみましたが、英語ならわざわざ記憶するまでもなくサイトラだけで頭に入ってしまうような単語でも、中国語では、「HIV」などは別としても、逐一覚えなければならないので骨が折れます。単語はそのまま英語読みでいいなどといわれることもありますが、スピーチで"干扰素"、"巨噬细胞"と出てくる以上、やはりしっかり覚えておかなければなりません。

　それに糖尿病、寄生虫病、移植、がんなど多くの疾病にかかわる免疫機能は、中医の会議でもしばしば出てくるので、上述の単語ぐらいは最低クリアしておく必要があります。

　カタカナ語が難しいとはいえ、明治時代の医学用語の逆輸出のせいか、病名など日中で共有できる単語も多々あります。ただ「疫学」は、"流行病学"、「自律神経障害」は、"植物神经紊乱（wěnluàn）"、「臨床所見」は"临床表现"というなど、相違もあるので注意しなければなりません。

　中国では、"脊髓灰质炎"（ポリオ）や"麻风病"（ハンセン病）はほぼ撲滅され、長年の懸案である洞庭湖一帯の"日本血吸虫病"（日本住血吸虫病）の元凶―住血吸虫の駆除に力を入れており、日中の協力が進んでいます。

忘れられない「ショートク太子」

　十年余り前、当時、考古研究所の所長をしておられた王仲殊先生一行を迎えて行われた古代史シンポジウム「日中古代文化の接点を探る」の通訳をしたときのことです。中国と日本の学者合わせて八人の講師陣、そして聴衆は専門家から一般の愛好者に至る千二、三百人、場所は同時通訳の設備を誇る東京プリンスホテル。

　先生がたの講演時間は約一時間、初日の中国側最後の講演のときでした。同時通訳とはいえ、ヘッドホンを通じて聞こえてくる中国語に耳を傾けながら、明け方までかかって書き上げた翻訳原稿を読み上げていけばいいのですが、出だしは好調だったにもかかわらず、熱が入るにつれ、講演者の中国語が、どんどん速くなってきたのです。私もかなり早口でまくしたてたのですが、とうとう日本語との開きが原稿用紙二枚位にもなってしまいました。

　客席の後方から、壇上を見おろすように陣取った二階のブースで、私はマイクに向かって「请慢一点儿！」と叫ぶわけにもいかず（叫んだとしても、講演者は、私の声をキャッチしてはいないので、聞こえるはずはなし）、思わず手をふりました。私の横に座り、明日のシンポジウムにそなえて、準備に余念のなかったベテランの通訳者——横川健さん（日中文化交流協会）が、私の気配に驚き、すぐに伝令を走らせてくれました。やがてスピーチもゆっくりになり、講演者と私の声は、各段落の出だしまでピッタリ呼吸が合うようになり、ぶじ終えることができました。

　ところが、終わってほっとしたのも束の間、追いつこうと焦っているうちに、度々出てくる「懿徳太子」と「章懐太子」が一緒に重なり合い、「章懐太子」を選りによって「ショートク太子」と読んでしまっていたらしく、訂正のアナウンスが会場に流れていました。

　こうした失敗に比べ、二度目の古代史シンポジウムで、つつがなく大任を果たすことができたのは、やはり慣れによる落ちつきのせいだったのでしょう。通訳と落ちつきとは、"分不開"の関係になければならないもののようです。

> MODEL CASE 2　日本・中国・アメリカの新しい関係を求めて
> ——フリーディスカッションへの対応
>
> 読売新聞東京会議郡山シンポジウム

　このCD教材は読売新聞社のご協力により、1995年5月26日、福島県郡山市で開かれたシンポジウム「日本・中国・アメリカの新しい関係を求めて」から抜粋したものです。

　このシンポジウムは、読売新聞・東京会議と福島民友新聞、福島中央テレビの共催によるもので、パネリストとして日・中・米三カ国の専門家六人が参加、通訳の形式は、日本語をベースに英語、中国語のリレー同時通訳方式で行われました。

　ここでは中→日の教材として、中国・世界観察研究所の童大林所長のスピーチを中心に、また日→中として藤森栄治郡山市長のあいさつとパネリストの中谷巌一橋大学教授のスピーチを聞いていただきます。

　まず、会議に先立ち通訳者としてはどうしたらよいか、また会議の進行中に注意すべきことなどを、二、三述べておきたいと思います。

　事前準備の段階で、まず欲しいのが原稿、それもオーラル原稿です。しかし、この会議では手に入りませんでした。なかでも一番心配なのは、童大林さんの発言。レシーバーで私たちの日訳をキャッチする聴衆はおよそ300人、さらに英語の通訳者が私たちの日訳を頼りに英訳していくのですから、責任重大です。

　このシンポジウムは、フリーディスカッションが中心なので、スピーチ原稿がないのは致し方ないとしても、やはり不安がつのります。そこで「改革開放」をテーマとした童さんの論文を手に入れ、読んでみました。論文に目を通すときは、内容は言うに及ばず、速読は可能か、とっさに訳しにくいような比喩が多いかどうかなどにも注意します。その点、童さんの論文は、「一つひとつのセンテンスが短くてわかりやすい、ただ比喩がやや多い」というのが、読んだ後の感想でした。

　次の不安材料は、発音とスピード。童さんは、福建省厦門市（Xiàmén shì、アモイ）のご出身で、延安時代からの"老干部"です。南方なまりを心配しましたが、結果はまずまず。例えば、"美国"が"Mǐguó"となるなど、ところどころ聞き取りにくい箇所もありますが、前後の関係、センテンスの流れのなかで、判断するほかありません。きれいな標準語で話してくれる人は、十人中一人か二人くらい

と考えておいたほうが無難です。

　さて会議の当日、童さんにお会いした際、まずお願いしたことは、国内の講演の時よりスピードを少し落としていただくこと。中国語と日本語の長さの違いについて、縷々説明し、また事前の情報として、考えられる固有名詞、漢詩の引用はないかなど、お伺いしました。例えば、スピーチに出てきた"长江"にしても、「ちょうこう」もしくは、「ようすこう」だけではなく、それを英訳する英語通訳者を配慮するなら、「ヤンズー・リバー」を加えた方が受け易いといえます。大河の名前くらいは、あえて中国語の発音で言う必要はないかも知れませんが、中国の小都市や県名にいたっては、中国語読みをつけ加えないと、スムーズにバトンタッチできません。

　いよいよ会議がスタート。まず「第×チャンネルは、日本語、中国語」といったアナウンスが入りますので、"第×频道是中文"など、会議によく出てくる用語を覚えておく必要があります。次にパネリストの紹介。事前に入手したリストにもとづき、中国人以外の外国人名の呼び方、肩書きなどもあらかじめ考えておきます。例えば、ある団体の会長なら、そのまま"会长"、ある企業の会長なら、通常"董事长"とするなど。

　会議の冒頭、まず開会の辞などあいさつがあります。もし原稿があるなら、それがたとえ開会30分前でも入手したいものです。スピーカーには原稿があるのに、通訳者の手元にはないといったケースが、一番通訳しにくいのです。ましてや代読などになりますと、ますます棒読みに陥りやすく、原稿なしではとてもついていけません。

　また、会議の進行に欠かせないのが、司会者の存在。司会が早口で話されると、私たちの中訳も勢いスピードアップし、それを聞いて反応する中国側スピーカーも早口になりがちで、連鎖反応を起こしやすいのです。スピードに関しては、司会にもお願いしておいたほうがよいかも知れません。

　以上、会議の走りの部分について申し上げましたが、スタート時点でできるだけつまずかないよう態勢を整えておく必要があります。スタートがうまくいくか否かは、その日の通訳の自信にも影響するからです。英語のベテラン通訳者、原不二子さんは、著書『通訳という仕事』のなかで、翌日の会議に備えて、日→英中心なら、前日には英語の朗読、英→日中心なら日本語の朗読に力を入れると書かれていましたが、流暢な訳出の裏にはこうした努力が欠かせないのです。

　ここでは、できるだけ会場の雰囲気をありのままお伝えし、実際に通訳するような気持ちで、練習に取り組んでいただけるよう心がけました。それぞれのレベ

ルに合わせ、大いにCDを活用してください。

PART 1 藤森栄治郡山市市長　歓迎あいさつ

　これはスピーカーが原稿を持って挨拶したケースです。通訳としては、できる限り事前に原稿を入手して、翻訳をしておくことが望ましいわけです。ただしどれだけの時間的余裕があるかはケースバイケースです。

　実践に臨んだつもりで、まずこのスクリプトをできるだけ早く（およそ2時間くらいで）中国語に訳して下さい。その後で訳例を参考にして下さい。

　原稿あり通訳では、翻訳原稿を読んでいく速度（通訳の速度）には、特に注意を払ってください。

DISK 3 21
スクリプト1

> 　ご紹介を賜りました開催地地元の市長藤森栄治でございます。ひとこと歓迎のご挨拶を申し上げます。
> 　本日ここ郡山市におきまして読売新聞東京会議、福島民友新聞社、福島中央テレビ主催によります東京会議郡山シンポジウムを開催して頂きまことに有難うございます。また今回のシンポジウムの開催に当たり、福島民友新聞社が創刊100周年を、福島中央テレビが創立25周年をそれぞれ迎えられ、これを記念しての事業の一環として今回の企画に取り組まれましたことに対し、心から敬意を表する次第でございます。

語句

　ご紹介を賜りました…：承蒙介绍的…　　…の主催する：由…主办的　　シンポジウム：研讨会　　取り組む：筹备

訳例

　　　我是刚才承蒙介绍的郡山市市长藤森荣治。请允许我致欢迎词。
　今天在此郡山市，举办由读卖新闻东京会议、福岛民友新闻社、福

岛中央电视台主办的东京会议郡山研讨会，我表示衷心的感谢。这次研讨会举办之际，正逢福岛民友新闻社创刊一百周年和福岛中央电视台创立二十五周年。而今天的研讨会又是作为其纪念活动之一筹备的。对此我谨表示由衷的敬意。

DISK 3 22
スクリプト2

> ご承知の通り最近のわが国の政治、経済環境は、それぞれ流動化の様相を呈しており、特に経済の問題につきましては、景気もようやく回復の兆しを見せようとしておりました矢先、このところの急激な円高や、年明け早々の阪神、淡路大震災などの社会、経済の変動によりまして、回復のテンポも足踏み状態となり、企業活動をとりまく諸環境も依然として厳しい状況が続いているところであります。

語句
ご承知の通り：众所周知　　…の様相を呈している：呈现着…的状况　　回復の兆しを見せる：露出恢复的迹象　　足踏み状態になる：陷于徘徊状态　　企業活動をとりまく諸環境：围绕企业活动的各方面环境　　厳しい状況：严峻的状态

訳例

　　众所周知，最近我国的政治、经济环境都呈现着一种变化不定的状态。特别是就经济问题来说，景气好不容易露出恢复的迹象时，却由于最近日元的急剧升值、年初发生的阪神大地震等等社会、经济的变动，景气恢复的节奏又陷于徘徊状态。围绕企业活动的各方面环境，仍然处在严峻的状态。

DISK 3 23
スクリプト3

> このような折り、政治、経済、地球環境などのテーマで、グローバルな視点から世界の知識人専門家が公開の場で意見を交わす東京会議郡山シンポジ

ウムが、年間テーマ「21世紀の環太平洋日本の選択」のもとに本市において開催されますことはまことに意義深く、日本、中国、アメリカの新しい関係を求めて、学術的、国際的な視点から探求されますことに、大いにご期待を申し上げるところであります。

語句
グローバルな視点：全球的观点　　まことに意義深い：意义尤深　　探求する：探求、探讨

訳例
　　在这时候，以政治、经济、地球环境为题，以全球的观点，由世界著名的学者、专家们在公开的场所交换意见的这个"东京郡山研讨会"，以"21世纪环太平洋日本的选择"为本年度议题，在本市得以举办，这是意义尤深的事。我热烈期待与会各位，为探求日本、中国、美国之间的新关系，从学术和国际的观点进行探讨。

DISK 3　24
スクリプト4

　　本日はパネラーとして中国の経済改革のブレーンとしてご活躍中の童大林先生、米中関係にお詳しいハリー・ハーディング先生をはじめ、現在の国内外でご活躍をされております著名な先生がたがご参加いただいておりますが、貴重なご意見等を拝聴できますことは世界と日本の新しい関係を知る上で、最良の機会であると存じております。
　　さらに今回のシンポジウムには、中国や北米との経済交流のご経験が豊かで、経済界の第一線でご活躍されております大高伝兵衛郡山商工会議所会頭も地元代表として参加されておられますが、活発な討論が展開されるものとご期待を申し上げているところでございます。

語句
パネラー：参加研讨会的（发言人）　　ブレーン：顾问、智囊团　　…に詳しい：精通…

訳例

　　今天参加研讨会的有,作为中国经济改革的顾问活跃在各方面的童大林先生,精通美中关系的哈利·哈丁先生,以及活跃在国内外的其他各位知名人士。今天我们能够听到他们的宝贵的意见,我认为这是加深对世界和日本的新关系的认识的一个好机会。
　　另外,在和中国与北美洲的经济交流上有丰富经验的、而且现在也活跃在经济界第一线的郡山商工会议所会长大高传兵卫先生作为本地代表参加了这次研讨会。我由衷期待在这里展开热烈的讨论。

DISK 3　25
スクリプト5

　　郡山市は大正13年9月1日に全国で99番目の市として誕生し、昨年70周年を迎えたところでございます。市制執行当時4万人余でありました人口は現在32万5千人を数え、東北の中核都市として発展を続けておりますが、近年におきましては高速自動車道等の交通体系の整備や、都市開発に拘る大型プロジェクトの推進など、まさに広域都市、地方の中核都市としての機能は年々高まってきております。現在国が進めております中核市制度につきましても、適応条件を満たしますのは、東北地方では秋田市と郡山市の2市のみで、全国の27市の都市と共に、指定を目指しているところでございます。

語句
中核都市：核心城市　　**高速自動車道**：高速公路　　**大型プロジェクト**：大型項目

訳例

　　郡山市在1924年9月1日作为日本的第99个市诞生了,去年刚刚迎接了70周年。施行市制时只有4万多人口,而现在人口已达32万5千人,而且作为东北的核心城市正在继续发展。近年来又整修了高速公路系统,推进了有关城市建设的大型项目开发等等,作为广区域城市、地方核心城市的机能逐年有所提高。拿现在政府所推行的核心城市制度

来说，在东北地区已具备条件的只有秋田市和郡山市，我们正跟全国其他27个城市一起，为争取国家的"指定"而努力。

DISK 3 26
スクリプト6

　新しい時代の街作りを推進しております郡山市にとりましても、21世紀を展望し、わが町郡山として誇れる個性ある都市の創造を積極的に進めて行く上からも、ますますグローバルな物の見方考え方が求められていると認識を致しておりますので、今後とも皆さまがたの一層のご支援ご協力を切にお願いを申し上げる次第であります。

訳例

　　　我们认为，作为正在建设新时代城市的郡山市，在展望21世纪，积极进行能引以骄傲的、具有特征的城市建设上，越来越需要有全球性的观点。因此，我们衷心希望，今后也能继续得到各位先生的热情支持与协助。

DISK 3 27
スクリプト7

　終わりに当たり、読売新聞東京会議が、これからも時代の要求するさまざまなテーマを取り上げられ、その役割を遺憾なく発揮されますことをご祈念を申し上げますと共に、この度のシンポジウムの開催に当たり、ご尽力を頂きました読売新聞社、福島民友新聞社、福島中央テレビをはじめ関係の皆さまがたに心から感謝を申し上げまして、歓迎のご挨拶と致します。

訳例

　　　最后，我衷心祝愿读卖新闻东京会议今后继续探讨新时代所要求的各种课题，并完美地发挥它应有的作用。同时对于在举办这次研讨会之际给予大力协助的读卖新闻社、福岛民友新闻社、福岛中央电视台以及有关的各位先生，谨表示衷心的感谢。谢谢大家。

PART 2　中谷巌教授　発言

　これは会議がディスカッションに入り、原稿無しに語られている部分です。専門家の発言では、かなり高度な専門用語が使われることがよくあります。
　段階的に、まず語句だけを先にインプットして、同時通訳に入る練習も良いでしょう。最終的には訳例を参考にして訳を確認してください。

DISK 3　29
スクリプト8

　私は日米中の三国関係を考えるときに、まずここ数年のうちに起こった三つの大きな変化ということについて指摘したいと思うんですね。
　一つはこれは当然のことですが、中国がいよいよ本格的に世界市場に参入してきたという点であります。改革開放路線が定着して非常に積極的に市場経済への移行が試みられていると、その結果中国経済は年率12～3％という非常に高い成長を実現してきました。そういうわけで中国は世界の成長の中心として位置づけられるわけですが、将来のことを考えますと、同時にこれは最大の不安定要因であるというふうにも考えられます。これが非常に大きな変化であると思います。

語句

指摘する：指出　　**本格的に**：全面、正式地　　**参入する**：打入　　**定着する**：得到落实，扎根　　**移行する**：过渡，转移　　**不安定要因**：不稳定因素

訳例

　　当我考虑到日、美、中三国关系的时候，我想首先要指出这几年发生的三大变化。
　　第一点，这自然是中国呢，开始全面地、正式地打入世界市场中来了。由于改革开放路线得到落实，中国非常积极地向市场经济过渡，其结果中国经济实现了12～13％的很高的增长率。因此现在中国可以说

已经位于世界发展的核心。但是考虑到将来,她同时也是最大的不稳定因素。我认为这就是一个大的变化。

DISK 3 30
スクリプト9

> 　第二番目は日本経済の状況であります。日本は所得水準が著しく高くなりまして、最近の円高ということにも加速されまして、コストが極めて高い国になりました。その結果1990年代に入ってから、やや大げさな言い方をすれば、慢性的不況状況に陥っております。猪口先生は1993年がコンドラチェフの波のボトムであると、一番底であるとおっしゃいましたが、それはちょっと楽観的過ぎるのではないかと思います。

語句
所得水準:收入水平　　**大げさな言い方**:夸张的说法　　**コンドラチェフの波**:[Kondratiev波],康德拉捷夫周期(50~60年为周期的经济行情反复循环学说)
ボトム:低谷

訳例

> 　　第二点是关于日本经济的情况。日本呢,其收入水平有了显著的提高,最近由于日元升值,日本成为一个成本很高的国家。结果到了90年代,稍微夸张一点的话,日本陷入了慢性萧条的状态。刚才猪口先生说1993年日本处于康德拉捷夫周期的低谷,是最低点,但是我认为这是过于乐观的看法。

DISK 3 31
スクリプト10

> 　私が考えております日本経済におけるコンドラチェフの波というのは、50年ではなくて60年ぐらいだと。そして40年間上昇して20年間低落する。例えば明治から考えますと、日本経済が近代化に本格的に突入したのが、1880年代であります。1881年に日本国有鉄道ができまして、82年に日本銀行を中

> 心とする商業銀行のシステムが出来上がりました。従ってこういうものが出来ないと近代的な経済発展というのはスタートしません。そして80年ぐらいからもちろん紆余曲折小さな循環はあるのですが、第1次世界大戦が終わる1919年から20年頃までは日本経済は順風満帆と申しましょうか、上昇気流にのっかって殖産振興政策がみごとに成功することになります。

語句
突入：冲进　　システム：体系　　紆余曲折を経る：几经周折　　順風満帆：一帆风顺

訳例

> 　　我认为日本经济的康德拉捷夫的周期，不是50年，而是60年左右。也就是说，上升40年后，再下降20年。比方说，从明治时代来看，日本经济冲进近代化是19世纪80年代。1881年，"日本国有铁路"得以成立，于1882年建立了以"日本银行"为中心的商业银行体系。如果没有这些体系的话，那么近代经济是无法发展起来的。大约从1880年起，虽然几经周折，或小的循环，但是到世界大战结束的1919年到20年左右，日本经济可以说是一帆风顺，随同上升气流，振兴产业的政策获得了成功。

DISK 3　32

スクリプト11

> しかし1920年代に入ってからは、これががっくり成長が落ち込みまして、1920年代10年間は慢性不況の10年という状況になっております。1920年には戦後恐慌というのが起こりました。1927年には金融恐慌が起こりました。1929年から30年にかけては昭和恐慌というのが起こりました。たった10年間で3回も恐慌が起こっております。

語句
がっくり落ち込む：突然（无力地）衰落下来

訳例

　　但是到了本世纪20年代，增长势头却突然衰落下来。20年代的10年是慢性萧条的10年。1920年发生了所谓战后危机。1927年发生了金融危机。从1929年到30年又发生了昭和危机。仅在这10年里竟发生了三次危机。

DISK 3 33
スクリプト 12

　そういうことがありましたが、戦後について考えますと、日本の高度成長が始まったのが1950年、朝鮮動乱が勃発した年からであります。そしてそれからちょうど40年間、1990年までは日本経済は円高があろうと、石油ショックがあろうと、右肩上がりの成長というものを一気に成し遂げました。

語句
…があろうと，…があろうと：尽管…，或…　　石油ショック：石油冲击　　右肩上がりの成長：持续不断的蓬勃发展

訳例

　　但是就战后的情况来看，日本经济开始高速增长是从1950年朝鲜战争爆发的那一年起。其后40年，直到90年，日本经济尽管碰到日元升值或"石油冲击"，但是实现了持续不断的蓬勃的发展。

DISK 3 34
スクリプト 13

　しかしかつてと同じように、40年の一本調子の成長のあと、1990年代に入ってから、突然慢性的不況の状況に陥ったわけであります。もし40年と20年ということになりますと、日本経済の低落というのはいま始まったばっかりで、あと15年は危ないということになってしまいます。まあこれは歴史が証明すると思いますが。

語句
一本調子：一个劲儿地

訳例

　　然而跟过去一样，在40年来一个劲儿的增长之后，到90年代，日本经济突然陷入慢性萧条。要是周期是40年与20年的话，那么日本经济的衰落可说是刚刚开始，还有15年的危险期。当然关于这一点，历史将会作证。

DISK 3 35
スクリプト 14

　　それはどうでもいいのですが、しかし今までは特にOECD諸国の中で成長率比較リストなどがありますと、日本が常にトップにいたのですが、最近は常にいちばんびりであります。これは非常に大きな変化であろうというふうに考えております。

語句
トップにいる：名列前茅

訳例

　　这问题先放在一边。过去"经济合作与发展组织"成员国的增长率比较表上，日本总是处于名列前茅，而近年来却落到最低地位。看来这是很大的变化。

DISK 3 36
スクリプト 15

　　先ほど周さんが日本の官僚制度はしっかりしているから、総理大臣が7人変わっても日本経済はびくともしないと言いましたが、これはとんでもない間違いでありまして、この硬直性のゆえに日本経済はいまたいへんなトラブルに陥りつつあるというふうに解釈すべきだと思います。

語句
しっかりしている：靠得住　　びくともしない：不受任何影响　　硬直性：僵化
たいへんなトラブルに陥る：陷入难以摆脱的困境

訳例

　　刚才周先生讲，日本的官僚制度靠得住，换了七位首相，日本经济不受任何影响。这是天大的误解。正因为僵化的制度，日本经济陷入了难以摆脱的困境。

DISK 3　37
スクリプト16

　　第3番目の変化は、これはひょっとしたらあとで政治のご専門の先生がたになおして頂きたいのですが、日米関係にちょっと大きな変化が出てきたのかなという気が私はしております。その象徴的事件が最近の日米自動車協議の決裂、そして日米双方が国際的な機関であるWTO世界貿易機構にそれぞれの立場を提訴したということであります。

語句
日米自動車協議：日美汽车协议　　提訴：申诉

訳例

　　第三个变化，关于这点我希望等一会儿呢，由国际政治专家们给我指正。我觉得日美关系似乎出现了一些比较大的变化。例如最近日美汽车协议的破裂，以及日本和美国向"世界贸易组织"申诉各自的立场等等，都是象征性的事件。

DISK 3　38
スクリプト17

　　これまでの日米経済摩擦、日米経済に関する外交交渉というのは決してこういう結末になりませんでした。それは冷戦下において日米安保体制という

のが一番大きな優先順位を確保していたからであります。つまり西側諸国は、絶対に、どんなことがあっても結束していなければいけない、これが冷戦構造下の日米関係でした。

語句
結束する：团结　　**優先順位**：优先的地位、优先顺序　　**冷戦構造**：冷战格局

訳例
　　已往的日美经济摩擦和日美经济的外交谈判，是决不会有这种结局的。这是因为在冷战格局下，"日美安全保障体制"占有最优先的地位。也就是说西方各国，无论发生什么情况，也都必须保持团结一致，这就是冷战格局下的日美关系。

DISK 3 39
スクリプト18

　　従って経済摩擦で表面的にどれだけその日米関係がぎくしゃくして、たいへんだたいへんだということが叫ばれたとしても、最後の最後には必ず日本側が部分的な譲歩をして、そしてアメリカがそうか、よくやった、ということで必ず妥協して決着するというのが、これまで10数年間にわたる日米関係の姿でしたが、今回ははじめて戦後はじめて表だって国際的な舞台で、日米が対立というとちょっとオーバーかもしれませんが、国際的な舞台で日米関係の決着をはかるということが起こっております。これも非常に大きな将来を占う上で重要なポイントではないかと思うわけであります。

語句
ぎくしゃくする：不和谐　　**決着する**：解决　　**将来を占う**：预测未来

訳例
　　因此，因为经济摩擦，日美关系在表面上产生了不和谐，但是到了最后，日方总是部分让步，而美方却很得意。就这样都以妥协让步而告

终。这就是十几年来的日美关系。然而这次，算是战后头一次在公开的国际舞台上，出现了日美两国的对立、当然说对立也许过份了一点，但总之出现了要在国际舞台上解决日美关系这一现象。我想这也是预测未来的关键的问题。

DISK 3 40
スクリプト19

> こういう三つの変化というものに対して、いったいどういうことが考えられるべきであろうかということであります。
> まず第一の点については、中国が成長の中心であると同時に最大の不安定化要因だと、しからばこの不安定化要因をできるだけ日米中が努力をして取り除いて行くと、それにはいったい何が必要かという観点からいろんなことを考えていくべきであろうと思います。

訳例

面对这三大变化，我们应该考虑到哪些问题呢？
首先第一点，中国既是发展的核心，同时也是最大的不稳定因素。对此，我们应该思考一下日、美、中三国如何一起努力排除不稳定因素，以及为此应该做些什么。

DISK 3 41
スクリプト20

> 日本の立場としてはどういうことをやったらいいか、考えてみますと、やはり日本が明治維新以来アジアの国としてまず第一に大きな経済成長というものを遂げた、経済発展に成功した、決して日本は始めからその市場経済であったわけではありません。官僚主導型のいわゆる開発型経済システムというものを運営して、そして経済発展の段階が上がるごとに徐々に徐々に市場経済の度合を強めていくというこういう形で日本は非常に驚異的とも言える経済発展を遂げることに成功いたしました。

語句

…を遂げる：实现…　　決して始めから…というわけではない：决不是一开始就
…　　徐々に…の度合を強める：逐渐增强…　　驚異的：惊人的

訳例

　　那么日本应该做哪些事情呢？日本从明治维新以来，作为亚洲国家，第一个实现了显著的经济增长，经济发展获得了成功。但是日本也决不是一开始就采取了市场经济。而是通过官僚主导型的所谓开发型经济体制的运行，随着经济发展每上一个台阶，逐步增强了市场经济。据此日本成功地实现了惊人的经济发展。

DISK 3 42

スクリプト21

　　非常に所得水準が低いまだ市場経済がうまく機能するだけのいろんな意味でのインフラストラクチャーが出来上がっていない段階で、100％自由放任型の市場経済に移行するということをやっても、決して成功はしない、従ってある程度コントロールをしながら市場経済化というものを着実に図って行くということが、おそらく中国にとっても必要だし、中国はまさにそういうことを目指していると思うんですけれども、日本はこの過去120年間の経験でそれをまさに実践してきた国であります。

訳例

　　在收入水平还很低，而且市场经济还不能充分地发挥作用的时候，也就是在各方面的基础设施还不完备的时候，即使实行100％自由放任的市场经济也是不会成功的。因此在与进行一定的调控的同时，稳步地推行市场经济，这对中国来讲也是必要的。我想中国也正在以此为目标而前进。日本通过过去120年的经验，不断地进行了实践。

DISK 3 43
スクリプト22

　従って中国の市場機構、市場経済化というものについてのいろんなインフラストラクチャー、まあインフラストラクチャー、というのは物理的な交通とか、電力とか、通信とかそういうことだけじゃなくて、例えば法体系のようなこと、あるいはインフレを抑制できるような金融システム、あるいは税制度そういった様々なソフトを含むインフラストラクチャー、こういうものを着実に整備しないと経済が不安定化して、それが世界経済にいろんなマイナスの影響を与えるというわけであります。中国の場合もインフレ懸念というのは、かなり前からいろいろ言われているところでありますが、そういうことで様々な形で日本が中国に対して支援をするということが、一つ考えられるだろうと思います。

訳例

　　　因此中国的市场机构、市场经济化的各种基础设施，包括物理方面的，像交通、电力、通信等等，还包括法律体系或者能抑制通货膨胀的金融体系、税收制度等等的各种软件，这些基础设施一定要建设好，否则经济就会不稳定，从而给世界经济带来负面的影响。在中国关于通货膨胀有人很早就提到了这一问题。在这方面，我想通过各种方式，日本是可以支援中国的。

DISK 3 44
スクリプト23

　第二の点はこれは日本自身にとっても、あるいは日米関係という観点からみても、必要なことなんですけれども、やはりいま日本がこういう慢性的不況状況に陥ったということは、過去1950年から40年間続いたこの成長の時代にたまった垢ですね、制度疲労というものを是正しなければいけない。たしかに発展途上の時には有効であった経済システムも世界一所得が高くなった日本には適当ではない、あまりにも規制が強い、あるいは市場開放が遅れている、官と民の関係が不透明である、いろんな形のいわゆる途上国型のシス

テムがなかなか払拭できない、それが恐らく慢性的不況の非常に大きな原因であると私は思っておりますけれども、それを自らの責任において徹底的に改革していくということを世界に対して示すということをやる必要があると思います。

訳例

　　第二点,这对日本来说,或从日美关系这个观点来说,都是必要的。现在日本陷入这种慢性萧条,是因为1950年后连续40年代增长所积累下来的污垢。因此,要纠正已不适应的制度。在发展过程中曾经发挥效益的经济体制,对于收入水平高达世界第1的日本来说,就已经不相适应了。限制过多、市场开放缓慢、官与民之间关系不透明、始终摆脱不了发展中国家型的体制等等,我认为、这大概是慢性萧条的很大的原因。所以要以自己的责任实现彻底改革,应该向世界表明这一态度。

DISK 3 45
スクリプト24

これは日本自身が慢性的不況というものから脱却する上で何よりも必要なんですけれども、例えば最近の自動車協議で日本側がアメリカの制裁発動に対して、WTOに提訴すると、これはGATTO違反であるということで提訴したわけです。この提訴したというのは、私は正しい選択であったと思いますし、ヨーロッパ諸国等もこういったアメリカの二国間協議に基づく制裁発動というのに対してはネガティブな反応をしていると理解しております。従ってこういった日本の提訴という行為自体は正しい選択であったのですが。

訳例

　　这是日本走出慢性萧条必须要做到的一点。比方说,在最近的汽车协议中,日本对于美国发动制裁向世界贸易组织提出了申诉,因为这是违反关贸总协定的。我认为提出申诉是正确的选择。同时欧洲各国对美国根据双边协议发动制裁似乎也有否定的反应。因此日本的申诉行为本身应该是正确的选择。

DISK 3 46
スクリプト 25

> しかし同時に世界には日本市場は閉鎖的すぎると、例えば外国企業の日本に対する直接投資というものは、日本企業が海外に出て行っている直接投資の金額に比べて、20分の1に過ぎません。出て行くのは易しいけれども、入るのは非常に難しいというのが日本経済の実態であります。

訳例

　　但是，与此同时，世界上还有日本市场似乎太封闭了这种看法。比如说，外国企业对日本的直接投资，是日本企业对外直接投资额的20分之1而已。看来"出去"容易，而"进来"就难了，这就是日本经济的实际状态。

DISK 3 47
スクリプト 26

> そういうことが背後にありますから、たとえこの制裁発動に対してWTOに提訴したという一点だけとれば日本の選択は正しいものであったとしても、膨大な背景になる日本市場のいろんな閉鎖的な慣行、規制こういったものに対しては、正しい選択をして公の場で裁定を求めただけに、それに伴う大きな責任というものをわれわれは感じなければいけない。

訳例

　　在这种背景下，仅就关于发动制裁申诉到世界贸易组织这一点日本的选择是正确的，但是其背后的日本市场的种种封闭性的惯例、限制等，正因为我们作出了正确的选择，并且要求在公开场所裁决，我们更应该认识到随之而来的重大责任。

380 通訳現場へのチャレンジ

DISK 3　48
スクリプト27

> 　格好いいことを言って、もっと自由貿易の原則に乗ってアメリカもやらなければいけないと言う以上は、自らもちゃんと衿を正して自分たちが持っているいろんないかがわしい規制とか、日本の経済発展のレベルからすればとても許容できないような競争否定の制度、こういったものを改めてそのグローバルな経済に日本経済がうまく調和するようにしなければいけない、そういうことをやることが、実は日米中の関係を安定化させ、そしてアジア太平洋全体の安定的な将来的発展につながる最大の日本の役割であろう、とこういうふうに思っております。

語句

格好いいことを言う：说得好听　　**衿を正す**：正衿　　**いかがわしい**：不正经的,不妥当的　　**グローバルな経済**：全球经济

訳例

　　既然说得好听，要美国根据自由贸易的原则办事，那么自己要正衿而待，改正不妥当的限制和从日本经济发展的水平来讲不能容许的否定竞争的制度等等，以促使全球经济和日本经济协调起来。我认为这才是为了稳定日、美、中三国关系，和稳定发展整个亚太地区，而日本应该担负的最大的任务。

> **PART 3　童大林所长　发言**

　これは中国語の発音にやや方言が入るケースです。方言の発音のくせをいち早くつかんで、聞き取りに集中します。
　訳出の率がどのくらいにおさまるか、それはまず第一に通訳者の能力にかかっていますが、物理的な要因として、スピーカーの話す速度と、通訳者の通訳スピー

ドにかかってくることも事実です。従ってここでの訳例は、皆さんの内容理解に役立てていただくのがその目的であり、必ずしも完全にこの通りに訳さなければならないというものではないことを、申し添えます。

練習手順
(リスニング) → (意味の確認) → 同時通訳

DISK 3 50
ヒント
　童さんの発音は随所になまりがあり、加えてかなり早口に喋られますので、最初は聞き取りにくいかもしれません。そこで実際に聞こえて来る発音と、その標準音を対照して挙げてみました。

　yóngxìng　→　róngxìng
　Mǐgóu　→　Měiguó　（何度も出て来るので注意）
　zhànliào　→　zhànlüè
　hènhǎo　→　hěnhǎo　→　hénhǎo
（「很」はどこでも第四声に発音されています）

　また「shēnqiú」と聞こえる単語が出てきますが、このままの音では該当単語がありません。恐らく"探求"（tànqiú）と発音されるべき単語だと思われます。本番では、しばしばこのような本人のちょっとした発音のミス、熟語の言い間違え等はつきものです。あまり深追いすることなく、前後の関係からたぶんこの事を言おうとしたのだという推察能力も必要になってきます。

その他のヒント
kāile　yíge　tóu：スタートを切る
yìzhì…wéizhǐ：…するまで

スクリプト 28

日本朋友们：
　　我非常高兴从北京赶到郡山来参加这个会，并且和大家一起见面，这是我非常荣幸的事情。这个会一个题目叫做"日本、中国、美国新关

> 系的探求"。我认为这个题目非常好。这个主题实际上是关系到全球发展战略的一个非常重要的课题。我们今天在郡山开会，我认为这是第一次会议，然而这个题目太大了，算是开了一个头。它应该继续开下去，研究它三年、五年、四年、八年，以至作出中、日、美这三个国家能出现很好的关系为止。

訳例

　日本の友人の皆さん
　私は北京から郡山に来てこの会議に参加できることをたいへん嬉しく思っています。また皆さんとお会いすることができ、たいへん光栄に存じます。この会議のテーマは「日本、中国、アメリカの新しい関係を求めて」ということですが、このテーマは素晴らしいと思います。このテーマは実際グローバルな発展戦略に関わる重要な課題です。私たちは今日郡山で会議を開きましたが、これは初めての会議です。しかしこのテーマはあまりにも大きいため、この会議はスタートといえるもので、これからも引続き3年、5年、8年と、中、米、日に良好な関係ができるまで会議を開き、研究し続けなければなりません。

DISK 3 51

ヒント

cānjiā gòu → cānjiā guò
lùntán：フォーラム
yóu…zǔzhī de：…によって組織された、企画された、催された
yánjiùsuǒ → yánjiūsuǒ
năge shíhou → nàge shíhou　この"那"は終始第三声に発音されている。"哪"ではないかとも取れるが、そうではないようです。
găo hǎo, gǎo huài, duì shìjiè dōu yǒu…：うまく行くか、行かないか、いずれにしても世界に対して…
găo hǎo le, shìjiè jiù hǎo le：うまくいけば、世界は良くなる
dǎoméi：不幸、アンラッキー

スクリプト 29

1992年12月12号，我为来东京参加过"93东京论坛"，那是由世界五个著名的研究所组织的。在那个时候，我在东京就提出这样一个问题：中国、美国、日本三个国家的关系，搞好，搞坏，对世界都有非常大的影响。这三个国家关系搞好了，世界也就好了。如果这三个国家关系搞坏了，世界要倒霉。

訳例

1992年12月12日、私は東京に来て「'93東京フォーラム」に出席しましたが、それは世界の五つの著名な研究所が主催したものでした。その時私はこのような問題を提起したのです。つまり、中国、アメリカ、日本の三国間の関係がうまくいくかいかないか、いずれにしても世界に極めて大きな影響を与えるということです。この三カ国の関係がうまくいけば、世界もうまくいき、うまくいかなければ世界は不幸なことになります。

DISK 3 52

ヒント

yǒudeshì：いくらでもある
hèn duō → hěn duō
bùguǎn …, dànshì…, háishì…：たとえ…であろうと、しかし…なのはやはり…である
Xī'ōugòngtóngtǐ はもともとECであったが、今はŌuméng、つまりEUに編成替えされている。

スクリプト 30

现在啊，世界上的大大小小问题有的是。比方最近发生了很多的问题，但不管发生什么问题，但是其中有一个最重要的问题，还是中、美、日的关系到底怎么样。我为什么这样讲呢？因为中国、美国、日本是世界上三个最大的市场。当然呢，还有德国市场和西欧共同体啦，有东南亚、有印度、有巴西、南美洲等等这些市场。但是最重要的还是中、美、日这三个市场。

訳例

いま世界には大小様々な問題が山積しています。例えば最近も多くの問題が発生しました。しかしどんな問題が発生したにせよ、その中の最も重要な問題は、やはり中、米、日の関係がいったいどうなっているかということです。それは、中、米、日は世界の三大市場だからです。もちろんそのほかにもドイツ市場、EU、東南アジア、インド、ブラジル、南米などの市場があります。しかし最も重要なのはやはり中、米、日という三つの市場です。

DISK 3 53

ヒント

zēngzhǎng　sùdù：成長速度　　děngtóngyǔ：同義語
bānménnòngfǔ：釈迦に説法　　　yóu…jiǎng：…から話す

スクリプト31

> 　　我们知道啊，当代全球经济发展的一个大的特点，就是世界贸易的增长速度一直在全球经济中的最前面。世界市场成为世界经济发展的主要动力，世界市场和世界经济成为等同语。
> 　　关于美国和日本这两个大市场的现状，我在这里不敢班门弄斧，由美国跟日本的朋友他们讲。我这里讲一下中国这个大市场的一些情况。

訳例

　　私たちは、現代のグローバルな経済の発展の一つの大きな特長として、世界貿易の成長速度が一貫してグローバルな経済の最先端をいっていることを知っています。世界市場は、世界経済発展の主要な原動力となり、世界市場と世界経済は同義語となりました。
　　アメリカ、日本の二大市場の現状については、釈迦に説法になりますから、アメリカと日本の方にお任せするとして、私は中国という大市場について少しお話したいと思います。

DISK 3 54

ヒント

bǐngqì：捨て去る

názhǒng　　→　　nàzhǒng

quánqiú　huà：グローバル化

スクリプト32

> 中国从改革开放以来，现在看呢，有三个选择。第一个选择就是选择了走市场经济的道路。就是屏弃了高度集中的计划经济的那种道路，这是第一选择。
> 　　第二选择。现在看起来正在选择高技术的道路。抓住高技术，并且发展知识产业。
> 　　中国还有第三个选择，就是要实现全球化。中国是不能关起门来的，一定要跟世界市场结合在一起。

訳例

　中国は改革開放以来、三つの選択をしてきたと思います。一つは市場経済の道を歩んだことです。つまり高度に集中された計画経済という道を捨てたことです。これが第一の選択です。
　二つにはハイテクの道を選んだことです。つまりハイテクをしっかりつかみ、情報産業を発展させることです。
　中国には三つ目の選ぶべき道があります。それはグローバル化の実現です。中国は門戸を閉ざしてはいけません。世界市場と結び付いていかなければなりません。

DISK 3 55

ヒント

yōushì：優位性　　hǎochu：利点、メリット、利益

jiāngjìn …：…に近い　　gōngyìng de liǎo：供給しきれる　　bù jǐnjǐn…、hái yào…：…のみならず…することも必要

スクリプト33

　　那么这里有人问呢，中国最大的优势是什么？中国的发展前景又是什么？原来这里出的题目就是这个。那我来回答。我说中国是世界上一个最大的潜在市场。这就是它的优势，它的前景。只要中国的市场存在，那么对大家都有好处，对世界都有好处。那么我为什么这样讲呢？中国，主要是中国农村人口将近10亿。这是个最巨大的消费市场。我经常讲，中国有12亿人口，只要有1000万人，一个人要穿一双皮鞋，那么就是要1000万个一双皮鞋。我们中国供应得了吗？要依靠世界市场。那么中国人民不是仅仅穿皮鞋。还要吃，要住，要受教育，它的消费量是最大的。所以这个市场谁也没有办法来代替它。这是一个最大的消费市场。

訳例

　　中国の最大の優位性とは何か、中国の発展の前途はどうかと尋ねる人がいます。実はこのフォーラムで出されたテーマがそれに当たります。中国は世界における最大の潜在的な市場です。これこそが中国の優位性であり、将来性です。中国の市場が存在する限り、皆さんに、また世界にとってメリットがあります。それは中国の、主として農村人口は10億近くもあり、これが巨大な消費市場であることです。私はいつも申し上げるのですが、12億の人口があって、かりに1000万の人が一人当り一足の革靴をはくとします。すると1000万足の革靴が必要です。中国で供給できるでしょうか。世界の市場に頼らなければなりません。革靴だけではなく、食べること、住むこと、教育を受けることなどその消費量は巨大なものがあります。この市場は誰もとって代ることはできません。つまり最大の消費市場であるわけです。

DISK 3　56

スクリプト34

　　第二个，它也是最大的劳务市场。中国人口多是个压力。但是人口多，劳动力也多。劳动力是非常宝贵的。因此中国的劳务市场是世界上最众多，又很宝贵的市场。

訳例

　　第二に、中国は最大の労務市場でもあります。中国は人口が多いことがプレッシャーになっています。しかし人口が多ければ、労働力も多く、労働力は貴重なものです。従って中国の労務市場は世界で最も豊かで、貴重な市場といえます。

DISK 3 57
ヒント

chūjí　chǎnpǐn：一次産品
中国什么初级产品少了，那么世界的哪一方面的产品就提高价格："什么"と"哪一方面"が呼応している文であることに注意。中国で製品が不足すると、世界でもその値段が上がるの意味。

スクリプト35

> 　　第三，中国是自然资源相当丰富的。它的初级产品的市场也是很大的。这个全世界的初级产品市场，老实讲，受着中国的影响。中国什么初级产品少了，那么世界的哪一方面的产品就提高价格。那么这个像初级产品市场中国是最丰富的。现在主要是没有加工，如果再加工，中国这个初级产品市场是了不起的。

訳例

　　第三に、中国は豊かな天然資源を持っており、一次産品市場はきわめて大きいのです。世界の一次産品市場は、正直なところ中国の影響を受けています。中国である一次産品が不足しますと、世界市場のその産品の価格が高騰します。一次産品は、中国は最も豊かですが、ただ今のところはまだ加工されていません。もし加工されますと、中国の一次産品市場を侮ることはできません。

DISK 3 58
ヒント

hèn　kuài　→　hěn　kuài
nǎlái　zhǔyì　→　nálái　zhǔyì：「持って来い主義」。たぶん魯迅《且介亭杂文》からの引用。

スクリプト 36

　　第四个，中国的市场是最能接受新科学和高技术的市场。只要有高技术新科学进入中国市场，很快就能消费掉。因为对高技术，中国不是从头研究基础科学，而是拿来主义。国外已经发明出什么东西，只要投入生产，中国就能接受了，吸收了。所以说中国的经济前景就是它一个最大的农村市场。那么这个市场到现在为止，它还是潜在市场。

訳例

　四つ目に、中国市場はニューサイエンスとハイテクを最も受け入れ易い市場です。ハイテクとニューサイエンスは中国に入った途端に消化されてしまいます。どうしてかと申しますと、ハイテクに対して中国は一から基礎科学を研究するというのではなくて、「持って来い主義」をとっています。国外で既に発明された物で、生産開始された物は中国はすぐにそれを受け入れ、吸収します。ですから中国の経済の将来性は、その大きな農村市場にかかっています。ところがその市場は、今日なお潜在的な市場にとどまっています。

スクリプト 37

　　为什么这样讲呢？因为现在中国农民的购买力很低，还讲中国农村已经是一个大市场，还不能这样讲。现在大体平均每一个农民一年只收入1000多块钱人民币。1000多块钱。那他一半的支出500块钱吧，是用在吃的、穿的上面，剩下500多块钱只能买点东西。所以现在国外的市场要进入中国农村市场，老实讲，农民还买不起。但是我们相信如果农民的购买力提高了，经济发展呢，它能够有3千、4千、5千块钱的收入，那么海外的、外国的产品呢，只要进去，完全就能消化得了。就是说现在中国农民的购买力还低，还不能成为市场。

訳例

　なぜかと申しますと、中国の農民の購買力はまだとても低く、農村が大きな市場とはまだ言えないのです。今のところ農民一人当りの年収は1000人民元余りに過ぎません。

かりに半分の500元を食べるもの、着るものに使ったとして、残りの500元余りで少し買物ができるにすぎません。だから今国外の製品が農村市場に入ったとしても、正直なところ農民はまだ買うことができません。しかし、農民の購買力が向上し、経済が発展して、3千、4千、5千元の収入が得られるようになれば、外国の製品は入った途端に完全に消化されるでしょう。現在はまだ農民の購買力は低く、市場を形成していません。

DISK 3　60

ヒント
sùzhì：素養、資質　　zhìshǎo…cáinéng…：最低でも…であってこそ…できる
dìzēng：逓増

スクリプト38

> 再一个，农民的文化素质是比较低下的。过去说进入中国农村市场，进入中国市场因为劳动力便宜。因为他们文化程度不高，这个工资不一定给他很多，就能干很多的活儿。但是今后的、海外的、外国要进入中国农村市场，要利用劳动力就不相适应呢。所以这是一个困难呢。再一个，我们的初级产品的价格还很低。加工也不够，因此这方面呢，这个困难很大。所以我们现在的路是这样的。经济要高速增长，这是我的观点，至少每年递增10%以上，才能算中国的经济在增长。在10以下，很难说中国经济转为增长。

訳例
　もう一つは、農民の文化的素養が比較的低いことです。これまで中国の農村に進出するのは、労働力が安いということがありました。というのは、彼らはまだ教養が低く、必ずしも高い賃金を支払わなくてもたくさんの仕事をこなしています。しかしこれからは外国が中国の農村市場に入っても、労働力を利用する上ではあまり適応できないかもしれません。これは一つのネックになるでしょう。もう一つ、われわれの一次産品の価格がまだとても低いことです。加工の度合も足りません。この面での困難はとても大きいのです。ですからわれわれの現在取るべき道は、こうです。経済は急速に発展させなければならない。少なくとも毎年10%以上の逓増が必要でしょう。そうしてこそ中国の経済が発展したといえるのであって、10%以下では発展しているとはとてもいえないで

しょう。

DISK 3 61
ヒント
zìjǐzìzú：自給自足　　quán fāngwèi de kāifàng：全方位的な開放

スクリプト39

> 开放，还更大的开放。依靠中国关起门来自给自足已经是不行了。因此开放要全方位的开放。那么如果这样的话，中国才有出路，这就是中国的前景。这是我所要讲的这么第一个方面的问题。

訳例

開放、さらに大がかりな開放が必要です。門戸を閉ざして、自給自足している時代ではなくなりました。開放は全方位的な開放が必要です。そうしてこそ中国に活路が開け、これこそが中国の将来性です。以上が私のお話したい第一の点です。

DISK 3 62
ヒント
chǎochǎo jià, dàn búhuì dǎjià le：いさかいはあっても、大喧嘩にまではならない
děnghuǐr hǎo, děnghuǐr huài：よくなったかと思うと、また悪くなる
kǎnkě de guòchéng：紆余曲折の過程

スクリプト40

> 那么我现在很着重重视的就是这三个国家的，应该出现新关系，但这方面的事情是很多的。这三个国家的关系要搞好，很不容易。可能经常要发生些摩擦、对抗，都会有的。吵吵架，但不会打架了。等会儿好，等会儿坏，处在这种状况，不管在经济、在文化、在政治这三个国家搞好了，了不起。但是会经常发生矛盾、冲突、摩擦。但不要紧的，人类社会就这样过来的。这三个国家搞好，要经历比较坎坷的过程。

訳例

　ところで、私が今とりわけ重要視しているのは、三カ国が新しい関係を作るべきだということです。しかし多くの問題があり三国の関係を良好に保つことは容易なことではありません。恐らくたえず何らかの摩擦、対立が生じるでしょう。いさかいはあっても、大喧嘩にまではなりません。良くなったかと思うと、また悪くなるといった状況です。経済でも、文化でも、政治面でも、三カ国がうまくいくことは大したことです。しかし常に矛盾や、衝突や、摩擦があっても、それはかまいません。人類の社会というものはそのようにして発展してきたのです。三カ国がうまくやっていくためには、紆余曲折を経なければならないでしょう。

DISK 3 63

ヒント

yímiàn qízhì：ひとつの旗印　　yíxiàng yuánzé：ひとつの原則　　fēngsuǒ zhǔyì：閉鎖主義　　lǒngduàn zhǔyì：独占主義　　nǎxiē dōngxi → nàxiē dōngxi

スクリプト 41

　在这里面呢，我想提一点这个希望啊。如果这三个国家要搞好，第一点，我希望在世界贸易当中，在这三个国家里互相贸易当中，不但要自由贸易，还要平等贸易。我们知道自由贸易是现在世界贸易一面旗帜，一项原则。他的对立面就是各个国家、各个地区、各个企业的封锁主义、保护主义、垄断主义。自由贸易主要对立面是那些东西。但是现在自由贸易还很难说是自由贸易。那么我想啊，在今后的世界贸易当中还应该举一面旗帜，增加一条原则，就是平等贸易。

訳例

　ここで私は一つ提案したいことがあります。それは三カ国がうまくやっていくために、私は、世界貿易の中で、三カ国の相互の貿易の中で、自由貿易が必要なばかりでなく、平等貿易も必要だということです。自由貿易が現在の世界貿易の一つの旗印であり、一つの原則であることは私たちはよく知っています。それと対立するものは、各国、各地域、各企業の閉鎖主義、保護主義、独占主義です。自由貿易と相対立するものは、そういったものです。ところが今自由貿易は、自由貿易とはいい難いところがありま

す。私はこれからの世界貿易の中に、平等貿易というもう一つの旗印を掲げ、原則を追加すべきだと思います。

DISK 3 64

ヒント
shuāngbiān guānxi：二国間関係
duōbiān guānxi：多国間関係
Méiyǒu píngděng shénme bó'ài a！：平等が無ければ何の博愛でしょう！
zìyǎnr：文字、言葉

スクリプト 42

　　我今天在这里的发言，我很重要就是想我们这个会，如果大家有这种共识就好了。不管双边关系、三边关系、多边关系，除了自由贸易这个旗帜以外，还应该举平等贸易这面旗帜。我说明点理由，就是说，人类曾经并且到现在渴望着自由、平等、博爱，但是我认为这些伟大的字眼里面，核心是平等。没有平等什么博爱啊？没有平等什么自由啊？那么经济是基础，所以平等就经济平等，平等互利，这是一点。如果说我们三个国家关系应该高举平等贸易的旗帜，互利，大家都有好处。不要就这么一家有好处，这是我认为我们三个国家搞好的，这是第一。

訳例

　　私の今日ここでの発言の重要なねらいは、もし皆さんの間でこのようなコンセンサスができればよいということです。二国間、三国間、そして多国間関係にせよ、自由貿易という旗印以外にも、平等貿易という旗印を掲げるべきです。その理由は、人類はかつて、そして現在に至るも自由、平等、博愛を渇望しています。しかし、私はこのような偉大な言葉の中でも、その核心は平等だと思います。平等が無ければ何の博愛でしょう。平等が無ければ何の自由でしょう。経済が基盤ですから、平等は経済の平等、平等互恵でなければなりません。これが一つです。三カ国がもしうまくやっていこうと思うならば、平等貿易の旗印を高く掲げ、互恵を目ざし、皆にメリットがなければなりません。一部のところだけにメリットがあるのではいけません。こうしてこそ三カ国がうま

くやっていくことができます。これが第1点です。

DISK 3 65
ヒント
kuàguó gōngsī：多国籍企業　　Liánhéguó：国連

スクリプト43

> 　　第二，共同来发展跨国公司。因为今后的贸易主要是依靠跨国公司。联合国有个组织发表了一个公告，现在世界贸易里边呢，跨国公司是核心。它的贸易额已经占过一半以上，所以这是第二。
> 　　第三呢，咱们来建立世界货币新的体制。我念题目吧。
> 　　高技术要普及化，这是第四。
> 　　第五，知识人才要大交流。

訳例

　　第2に、共同して多国籍企業を発展させることです。(今後の貿易は主に多国籍企業に頼ることになるからです。)国連の中のある機関が発表したところによりますと、現在の貿易の中で、多国籍企業がその中心となっているそうです。その貿易量はすでに50％以上を占めています。これが第2点です。
　　第3点として私たちは世界通貨の新しい体制を打ち立てなければなりません。以下タイトルを読みますと、
　　第4点として、ハイテクを普及させること。
　　第5点として、知的人材の交流です。

DISK 3 66
ヒント
hēishèhuì：マフィア　　zǒusī：密輸　　fàndú：麻薬の販売

スクリプト44

> 　　但在这里我再提一个问题，现在大家很关心安全问题。但是说，我

说啊，安全应该有新的目标。这样一提，安全就是战争、就是核武器、就是局部战争这叫安全。我认为今后世界上安全，不但我认为世界大战是很难打起来的，局部战争还会有。今后最重要的安全是什么呢？是黑社会、是走私、是贩毒、是残杀，包括你们最近发生的什么奥姆真理教。他不是战争啊。但是危害安全呢。世界上那个犯罪率是很多的呀，所以我认为安全应该有一个新的斗争目标，所以我说，我这个我们三国要搞好关系，问题很多。我就是提上面这几点。

訳例

　　ここでもう一つ問題を提起したいと思います。いま皆さんは安全の問題にたいへん関心を持っておられますが、この安全には、新しい目標があるべきだと考えます。つまり安全とは戦争、核兵器、局地戦争などと考えられがちです。私はこれからの世界の安全は、世界大戦などはめったに起こり得ないだろうと考えます。局地戦争はまだあるかもしれませんが。今後のもっとも重要な安全とは何か。それはマフィア、密輸、麻薬販売、虐殺などです。最近こちらで発生したオウム真理教とかも含め、戦争ではありませんが、安全を脅かしています。世界における犯罪率はきわめて高く、ですから私は安全には新しい目標があるべきだと言いたいのです。三カ国の関係をうまくやっていくには、たくさんの問題があります。以上何点かを申し上げました。

DISK 3 67

ヒント
qiútóngcúnyì：小異を残して大同につく　　zhè yítào：この一連の事柄　　zànshí：当分の間　　fàngzhe：放置する、そのままにしておく

スクリプト 45

　　那么我后面再讲几句话了。我说我们建立新关系必须采取协商的、和解的办法来代替对抗。这是第一。第二，应该求同存异，有不同的意见放着。让人权、民主这一套，不同的国家不同的看法，暂时放着。以后慢慢来讨论。共同的马上干起来。再一个，真正实干。能作好一件好事就先做好一件好事。不一定等到要搞很大，所以我这方面呢，因为时

间的关系，五分钟已经够了。我就简单的讲这样几句话，下面再讲，好了，完了。

訳例

　　最後に少しお話しておきたいのは、私たちが新しい関係を打ち立てるとき、必ず協議する、和解するやり方で対立にとって替わるべきだということです。第2に、小異を残して大同につく、異なる意見はとりあえずそのままにしておく。人権とか、民主とかこの一連のことには、それぞれの国にそれぞれの見方があります。後でゆっくりと議論すればいいでしょう。もう一つ、本当に着実にやること。よいことはできることからまずひとつずつ仕上げていきましょう。必ず大きな事をすぐに手がけるという必要はありません。私の持ち時間は5分ですから、もう過ぎてしまいました。では簡単にこの辺りまでとして、後で、またお話したいと思います。

"Húnchūn＝琿春"がいつの間にか"长春"に

新潟で開かれた環日本海シンポジウムのときでした。この会議は、英、中、韓、露四カ国語によるリレー通訳でした。キーワードが日本語で、英語の通訳者が、英語を日本語に、それを受けて中、韓、露の通訳者が、それぞれの言語に訳す、またその反対の流れもあり、この作業をほぼ同時におこなうわけです。

前日新潟入りした通訳者は総勢十二人、主催者側が夕食後に各国のスピーカーとの打ち合わせの時間を設けてくださいました。しかし中国のスピーカーとの打ち合わせは、事前に提出した原稿通りということで、わずか数分できりあげてしまいました。

そして翌日、会議では、"图们江"（朝鮮では豆満江）の開発が、話題にのぼり、中国のスピーカーは、原稿を半分ほど読み上げたところで、"我想稍微介绍一下图们江下游的开发情况"という合いの手が入ったとたんに立て板に水の如くしゃべりだしたのです。それもそのはず、この方は、中、朝、露三国に跨るこの地域の開発の立て役者で、この一帯の地図は、すっかり頭にインプットされているのです。"琿春、清津……"、「こんしゅん、チョンチン」、あらかじめ準備した想定地名リストを横目でにらみながら、韓国語読みの地名をまじえつつ追っかけます。20分あまりの戦いがやっと終わり、やれやれと思ったのも束の間、英語の通訳者がブースのところにやってきました。「ねえ、さっきの地名チャンチュン＝長春でしょ？」「えっ"Húnchūn＝琿春"よ」

リレー通訳のとき、彼女たちは、私の和訳、「こんしゅん」をキャッチし、英訳する際には、"Húnchūn"としなければならないのです。余裕があれば、"Húnchūn"「こんしゅん」とくどいようでもくりかえしてからバトンタッチできたら、このような間違いは避けられたのですが……。

子どもの頃遊んだ耳打ちしながら言葉を伝えるゲームのように、同時通訳しながら回り回っていくうちに、"琿春"はいつしか"长春"に成り変わっていたのでした。

中国語通訳 Q&A

Q．帰国子女が通訳を目指す場合、どのように勉強をすればいいでしょうか？

　一口に帰国子女といっても、滞在年数、滞在時の年齢、滞在した地域、現地の学校に行ったか日本人学校に行ったかなど、人によって状況はまちまちです。

　ただ、常に母国語と外国語（日本語と中国語）両方のブラッシュアップを心がけねばなりません。

　幼少時に海外での滞在年数が長く、どちらかというと外国語が日本語より得意な場合、当然ながら日本語の（語彙力の）ブラッシュアップが必要でしょう。それにはまず新聞、雑誌だけでなく小説から学術書まで、できるだけたくさん本を読みあさることです。

　逆に、やはり外国語の方が日本語より劣る場合は、実践編2に挙げたような、いろいろなメディアや教材を駆使して、その外国語の勉強・向上が主体となるような生活を心がけることが、通訳への近道となるでしょう。

Q．通訳の資格はどうやって取るのですか？

　現在、正式には日本政府観光局（JNTO）の通訳案内士試験しかありません。また現に活躍中の多くの中国語の会議通訳者が通訳をはじめた頃には、まだ一般の中国語検定試験すら本格的に行われていなかったこともあり、資格をもっている人はいないようです。それは戦後二十七年を経て、やっと国交が正常化されたことと大いに関係があると思います。つまりその間、民間ベースの友好、交流しかなく、通訳者はむしろボランティアに近い形で交流の架け橋として頑張ってきました。そのような経緯もあり、資格云々ということはありませんでした。

　したがって現状では、実力本位といえます。

Q．フリーの通訳者として仕事をするには、どうやってエージェンシーに登録するのですか？

　ほぼ実績によって決まるといえますが、エージェンシーによっては、筆記試験と面接を行っています。

　また通訳者同士の推薦、紹介によって登録されるというのが実状です。

Q．どのくらいエージェンシーがあるのですか？

　ここ十数年来、中国語通訳者を斡旋するエージェンシーが急増し、指折り数えただけでも二十社近くあります。

　通訳の仕事は、そのほとんどがエージェンシー経由で紹介されます。ただ中国

語通訳の場合、まだ需要がさほど多くないので、各々の通訳者が複数のエージェンシーに登録しているのが実状です。

Q．仕事はどうやって受けるのですか？

おおむねクライアントが通訳を斡旋するエージェンシーに依頼をし、エージェンシーから通訳に依頼がきます。ただし中国語通訳が、完全にビジネス化されてからあまり経っていないので、それ以前から関係のあった団体などからは、直接連絡があり、「直」で受けることもあります。

Q．クライアントとは、何ですか？ 通訳者とクライアントは、どのような関係にありますか？

通訳を必要としている顧客、すなわち会議の主催者、または自治体や企業などで、たまに個人の場合もあります。つまり通訳者を必要とするユーザーです。

通訳者とクライアントの関係ですが、いろいろな連絡は、基本的にエージェンシー経由で行います。大きなイベントなどでは、エージェンシーの担当者も現場にいるので、通訳とクライアントとの接触はあまりありません。通訳者だけの時は、あらかじめエージェンシーより紹介されたクライアント側の担当者と相談しながら作業をします。

Q．通訳が活躍する場を言語別にみると、シェアーはどうなっているでしょうか？

英語が八割余りを占めており、残りが中国語を含む他の言語といえます。ここ数年来の実績からみますと、中国の海外へのアプローチはますます活発になり、それにともなって中国語通訳の活躍の場も増えています。したがって、大いに期待されているのが中国語で、成長株といえましょう。

Q．フリーになって通訳の仕事がくるかどうか心配です、大丈夫でしょうか？

実力次第だと思いますが、たとえば自分の得意とする分野を徐々に開拓していって、ある程度仕事が固定できるといいですね。完全なフリーではなく、どこか常時通訳を必要とする企業や団体などと関係を保ちつつレギュラーとして仕事をやれれば、あまり焦らずにすみます。フリー志向をあまり急ぎすぎるのも問題です。

Q．フリーで活躍している通訳者は、年間実働何日ぐらいでしょうか？

年間およそ100日以上が目安とされています。ちなみに英語の超ベテランは、実

働250日、ときには、英語圏の国々を転々と渡り歩き、会議通訳を務めることもあるそうです。このなかにはもちろん移動日も含まれているのでしょうが、会議にそなえての準備時間を考え合わせると、殺人的なスケジュールといわざるを得ません。

Q．通訳料はどれくらいですか？

まず外国語（と母国語）のレベル、キャリア、会議通訳かなどによって料金は異なってきます。

またエージェンシーによって料金の設定の仕方もまちまちです。
大学などで中国語を学び、その後、通訳養成学校を卒業し、通訳経験4年くらいの場合、通常

　　一日2万5千～5万
会議通訳者なら

　　一日6万～10万　　（97年現在）
　一方、市場の原理で、ベトナム語など特殊な言語であればあるほど、通訳料も高くなっています。

一見なかなか良さそうですが、フリーの通訳者にはなんの保障もなく、ボーナスなどもありません。

ただ通訳という仕事は、場数を踏みながら成長していくものです。やたらに遠慮することはありませんが、初歩の段階では学ぶ姿勢で仕事に臨み、大いに経験を積む必要があります。

Q．仕事をキャンセルされた場合補償はあるのですか？

就業日の十日前ぐらいまでにキャンセルされた場合は通常補償はありません。就業日近くなってのキャンセルは、エージェンシーの努力次第で五割、二日前なら全額補償されることもあります。

Q．出張のときの費用は、どうなりますか？

宿泊費、交通費ともに、自己負担する必要はありません。また食費などに充てる経費が支払われます。ただ交通費は、出張先で会場の移動などに使ったタクシー代など全部出ますが、首都圏内では、交通費自己負担の場合が多いようです。

Q．確定申告はどうしますか？

　もちろん計算して、申告します。一応文筆家などと同等の扱いで、30％の必要経費が認められています。通訳者によっては、交際費などすべて領収書を集めて経費の計算を行っている人、また会社組織にしている人もいます。

Q．通訳者の権利と義務とは何ですか？

　現在、中国語通訳界も、英語と同様完全にビジネス化しました。コミュニケーションの架け橋としてしっかり職務を果たし、それ相応の報酬を受け取るのは当然のことです。一方、当たり前のことですが、通訳が遅刻したなどということがないよう時間を厳守し、誠実に仕事をこなして行かなければなりません。また会議の内容を口外しないなど秘匿義務を負わなければなりません。

Q．秘匿義務とは何ですか？

　とくに一企業の通訳などを仰せつかったときは、企業秘密もあるので、厳しく秘匿義務を守らなければなりません。時には事前に受け取った資料を終了時に返すこともありますので、注意しなければなりません。しかし、そのような義務に関する手続きが必要とされた場合は、通常エージェンシーが代わって取り決めを行ってくれますので、通訳者が誓約書を書いたりすることはまずありません。

　ましてやフリーの通訳者は、転々と異なるジャンルの仕事をこなしていくせいか、正直なところ忘れるのも速く、ことさら秘匿義務を強調する必要はなさそうです。

Q．原稿は、どのようにして送られてくるのですか？

　クライアントからの「直」の依頼でない限り、エージェンシーから、送られてきます。時には宅配便で、あるいは速達で、日が迫っていればFAXやメールなどでも送られてきます。資料がどさっと届くと、さあ仕事の始まりという感じで緊張感を覚えます。

Q．準備にどれくらいの時間を充てますか？

　それは、仕事の内容、また自分の得意な分野かそうでないかなどによって異なりますので、一概にいえません。たとえばMODEL CASE 1 の陳敏章さんの時は、レジメをいただいてから二日ぐらい準備をしました。時には、数カ月あとの会議でも内容がかなり専門的な場合は、日頃そのテーマに注意し、勉強するよう

心がけます。

Q．事前の打ち合わせは可能ですか？
　専門性の高い会議であればあるほど事前の打ち合わせをして欲しいと思いますが、スピーカーが前日夜遅くの到着だったり、他のスケジュールが入っていたりで、必ずしも時間が取れるとは限りません。必ず打ち合わせが必要かどうかは、会議の難易度のほか事前に入手した原稿が、オーラル原稿かレジメかなどによっても対応が違ってきます。

Q．スピーカーと連絡を取りたいときはどうしますか？
　事前打ち合わせが不可能なうえ、スピーカーの出身地が南方だったり、それに原稿らしきものも不備だったりと悪条件が重なった場合、せめてスピーカーの発音、話のスピードくらいは確かめておきたいものです。そうしたときはエージェンシーと相談し、宿泊先に電話を入れることもあります。

Q．会議で急にVTRが出てきました、さてどうしますか？
　国際通訳者組織の決まりで、事前にVTRの原稿など渡されていないときはしなくていいことになっています。その理由は、VTRのナレーションなどは往々にしてフォーマルな文章体で、かつ早口なので、その場ですぐに通訳するのは困難だからです。

Q．仕事の際他言語の通訳者とのつながりは、どうなっていますか？
　いまでは、隣り合わせのブースで、リレー通訳をすることも増えてきました。会議にさきだち他言語の通訳者からよくたずねられることは、中国の地名や、人名などの発音です。それは中国語通訳者が地名や人名を日本語読みにすると、彼らが英訳もしくはその他の言語に変換できなくなってしまうからです。事前にそうした情報交換ができれば、お互いにしておくことが必要です。
　また中国語もそうですが、韓国語、ロシア語などはよく翻訳原稿が事前に送られてきますが、英語は共通語としてそのまま送られてくることが多いので、これからは英語の読解もできれば負担がかなり軽減されるでしょう。

Q．同時通訳で、二人態勢といわれたらどうしますか？
　半日なら、二人態勢ですが、密度の濃い会議を一日二人でこなすのはたいへん

です。一日三人態勢が常識とされているので、できるだけエージェンシーにその線で話をつけてもらいます。

Q．今後中国語通訳界はジャンル別になるのでしょうか？
　現在、芸能通訳、法廷通訳など、ある程度分業がすすんでいますが、需要がさほど多くないので、まだどんな分野でも手がけるというのが実状です。しかしこれから交流が更に進めば、自ずと分業化に向かうのではないでしょうか。

Q．ガイド通訳をしているのですが、時折、通訳としての依頼を受けますが、受けていいものでしょうか？
　ガイド通訳は、他人の言葉を訳すばかりでなく自らも積極的に語り、お世話をし、架け橋としての役割を大いに果たさなければなりません。一方、純粋に通訳としてなら、間に立って他人の言葉を忠実に訳すのが職務です。通訳を依頼されたなら「当たって砕けろ」の精神で頑張ってください。

Q．仕事で失敗してしまったら、どうしますか？　一度失敗したら、二度と仕事はこないのでしょうか？
　失敗の原因にもよりますが、遅刻してその場に間に合わなかったというのでは困ります。また本書「通訳の現場から」に記したようにインタビュアーが口を挟むチャンスがあまりないほど、通訳が根ほり葉ほり確かめなくては通訳できないというのでは失格です。つまり、要はコミュニケーションが、スムーズにいくか否かにかかっています。
　通訳業とは、とどのつまりサービス業です。誠意を以てすれば、通訳上わずかな過ちがあったとしても、「失敗したからこれで終わり」ということにはならないのではないでしょうか？しかし誤訳によってコミュニケーションが妨げられるようなら、潔く訂正することも必要です。

Q．フリーランスの通訳者として一番気をつかうのはどのような点ですか？
　一企業に務めているのとは異なり、たえずクライアントが変化し、通訳への対応の仕方もそれぞれ異なります。
　一方それがたとえ半日のセミナーだとしても、通訳者はまるで常時そこに務めていたかのように振るまわなければなりません。通訳をスムーズにすすめるには、事前準備が大切なのは、いうまでもありませんが、各クライアントのニーズに応

じて、臨機応変に対処するよう心がけることです。

Q．通訳と年齢に関してはどうですか？
　語感を培うという点からいえば、25～30歳前後ぐらいが通訳者として最も成長する時期といえます。しかし、多くの知識が必要とされる同時通訳は、むしろ40歳前後が成熟期といえましょう。その後は、それまでの経験をベースにして磨きをかける時期ではないでしょうか。
　私も若い頃、ボランティアに等しい通訳時代を5、6年経験しましたが、実践を通して勉強できた最もよい時代だったと思います。こうしたボランティア精神も大切にしたいものです。

Q．通訳は体が第一といいますが、急に体調をくずしたらどうしますか？
　とくにエスコート通訳の場合、仕事が長期間にわたることも少なくないので、体調には十分注意する必要があります。通訳になりたての頃、精神的なプレッシャーのためか食欲不振に陥ることがよくありました。また職業柄ノドを酷使するため、ノドを潤すくすり「龍角散」などはいつでも持ち歩いています。また通訳者は、「体調が悪いので、仕事を明日に変更してください」というわけにはいきません。万一に備えて、いつでもお互いに融通しあえる仲間を作っておきましょう。

Q．家事や育児との両立は可能でしょうか？
　それぞれの事情が異なるので一概にイエスかノーかでは答えられないと思いますが、どうしても家を空けることが多くなるので、そのための十分な手当をしておかなければなりません。留守の間、子供は誰に看てもらうかなどきめ細かな配慮が要ります。また通訳者は、就業日だけ頑張ればよいというものではありません。事前準備にもかなり時間を割かなければならないので、丈夫な体とやる気や粘り強さが欠かせません。

Q．フリーの通訳者は、余暇をどのように過ごしているのですか？
　フリーであることは、予定が立たないなど不利な面もありますが、仕事がうまく行って一段落したときの充実感は、なんともいえないものです。余暇を利用して映画を観たり、友人に会うなり、大いにリラックスできますが、子育て時代は家事に追われ、それどころではありませんでした。そのうえ通訳に欠かせない充電にも努めなければなりません。通訳者は、余暇もうまく活用できるようになっ

てはじめてベテランの域に達するのかも知れません。ただ開店休業の状態が長く続くと余暇の充実などといっていられなくなってしまいますが。

Q．中国語の検定試験はありますか？

　日本中国語検定協会が実施している中国語検定試験があります。準4級から1級まで。

　　問い合わせ先　日本中国語検定協会　http://www.chuken.gr.jp/
　　〒102-8218 東京都千代田区九段北1-6-4 日新ビル　TEL：03-5211-5881

　また、中国国家漢語国際推進事務室が主催するHSK（漢語水平考試）が日本でも実施されており、筆記試験1級～6級、口頭試験（初級、中級、高級）の能力認定が受けられます。

　　問い合わせ先　HSK日本実施委員会 http://www.hskj.jp/
　　（受験受付窓口）TEL：03-3268-6601　Mail：hsk@jyda.jp

Q．中国語通訳コースが設けられている語学専門学校には、どのようなところがありますか？

東京では、

アイ・エス・エスインスティテュート　http://www.issnet.co.jp/
　〒102-0083　東京都千代田区麹町3-1-1 麹町311ビル4階　TEL：03-3265-7103
インタースクール東京校　http://www.interschool.jp/
　〒105-0001 東京都港区虎ノ門2-2-5 共同通信会館4階　TEL：03-5549-6910
サイマル・アカデミー東京校　http://www.simulacademy.com/
　〒104-0045　東京都中央区築地1-12-6 築地えとビル3階　TEL：03-6226-3120
日中学院　https://www.rizhong.org
　〒112-0004　東京都文京区後楽1-5-3　TEL：03-3814-3591

大阪では、

インタースクール大阪校　http://www.interschool.jp/
　〒531-0072 大阪市北区豊崎3-20-1 インターグループビル2階
　TEL：06-6372-7551
大阪中国語学院　http://www.jclc.jp/osaka/index.html
　〒530-0041 大阪府大阪市北区天神橋3-7-7 玉屋ビル4階　TEL：06-6353-0671
サイマル・アカデミー大阪校　http://www.simulacademy.com/

〒541-0041 大阪市中央区北浜3-5-29 日生淀屋橋ビル4F　TEL：06-6223-0111

新潟県では、
エコール国際ネットワーク　http://ecole-i.net/
　〒955-0046　新潟県三条市興野2-2-58 りとるたうんA2-1　TEL：0256-33-0471
(2016年9月現在)

なお募集の時期や授業料などについては、各校のホームページなどをご覧ください。

Q．中国への語学留学について知りたいのですが。

　欧米への留学に比べて、なんといっても近くて安いこともあって、一般の大学生の中でも、1カ月位の短期留学や、1年、2年の長期留学をする人が増えています。

　留学の期間、留学身分（中国語研修留学、本科生として留学）などによって、費用も様々です。一部（中国政府奨学金による）公費留学のルートもあります。いま日本には10を下らない留学案内機関があります。ご参考までにいくつかURLを紹介します。

　毎日留学ナビ　http://ryugaku.myedu.jp/china/
　日本アジア文化センター　http://www.jacc.co.jp/
　オンライン中国留学サポートセンター　http://china.alc-gp.jp/
　留学ジャーナル　https://www.ryugaku.co.jp/country/ASIA/
　中国留学情報　http://liuxue998.com/

Q．中国語関係のコンテストはどのようなものがあるのでしょうか？

　毎年全国規模で行われるものとして、日中友好協会主催の全日本中国語弁論大会があります。秋になると全国の各地区ごとに弁論大会が行われ、そこを勝ち抜いてきた代表が、毎年11月頃東京に参集して全国大会が行われます。出場したい人は、まず自分の居住地域の大会に出場されることです。出場とまではいかなくても、出場者の中国語の熱弁を聞くことは、たいへん勉強になるはずです。入賞すると中国旅行など様々な賞品が準備されています。

　詳細の問い合わせ先　日中友好協会全国本部
　〒101-0054 東京都千代田区神田錦町1-4　TEL03-3291-4231

大学が主催するものとして、関東では麗澤大学、創価大学、明海大学などで、関西では京都外国語大学が上海教育国際交流協会と共催する「全日本学生中国語弁論大会」があります。詳細はそれぞれの大学に問い合わせて下さい。

魯迅の未亡人——　許広平さんの思い出

　「通訳ってのは損な仕事だね。正しくしゃべって当たり前、間違えは許されないんだからね」これは、故人となられた東方書店の坂井松太郎さんのお言葉ですが、本当にその通り、たいへん厳しい仕事だと思います。

　1956年8月、魯迅の未亡人許広平さんを団長とする一行五人が、原水爆禁止世界大会に参加するため訪日された時でした。団員がみな男性ということもあり、私の仕事は通訳というより、許広平さんのお世話ということでしたが、たまたま同大会に参加した各国婦人が、ラジオのインタビューに応じることになり、許広平さんには私がお供しました。

　主催者側からは、日本の印象と自国の婦人、児童の生活という二つのテーマが出され、実況放送でした。ところが、許広平さんは、この二つのテーマを同時に語るのではなく、まず各国の婦人がそれぞれ日本の印象を語り、一巡してから自国の紹介というふうに勘違いされたらしく、後で発言されたイギリス、フランスその他の国の方々は二つのテーマを語られたのに対し、中国だけが婦人・児童の生活の紹介ぬきという形で放送されてしまったのです。

　それを悟った彼女は責任を感じられたのでしょう。「体の調子が悪いので」と主催者に断って席を立たれました。私は主催者の意図するところを訳したつもりでしたが、訳したと言い張っても、もう後のまつり。事の重大さを痛感した私は、終日ホテルの部屋にこもったきりでした。そんな私を慰めるおつもりだったのでしょうか、別れに際し、日傘に質素な"旗袍"（qípáo）姿のご自分の写真を下さいました。この一葉の写真は、いまも私を励ましています。魯迅の「藤野先生」の写真のように。

　こんな思い出をさらけだすだけの余裕も、最近は出てきました。ただ許広平さんがすでに故人になられたことが、残念でなりません。

　双方の話の進展具合、雰囲気を全面的にいち早く察知し、総体的な意味のつながりの中から部分の言葉の使い分けを考え、その範囲内で、一字一句忠実に訳すよう努めるのがプロの通訳なのでしょう。

あとがき

　私たちが本書の執筆を思い立って以来、二人にとって初体験のこの作業を進めるに当たり、実に多くの方々のご協力をいただくことができました。特に本書には様々な音声教材が不可欠のものとなり、その収集のため多くの方々にご協力をお願いしましたところ、次の方々が、お忙しい中インタビューをはじめ、貴重な資料（音声及び文書）の提供に快く応じてくださいました。ここに心よりお礼申し上げます。

　また東方書店出版部の李恵春さん、王郁良さんはじめ、朝浩之さん、加藤浩志さんには、終始私たちに貴重なアドバイスや、音声収集のための煩雑な業務にご協力いただきましたことを深く感謝致します。

　なおアシスタントとして柏木優子さんにご協力いただきました。

直接インタビューに応じていただいた方々
孫平化
劉徳有
宋木文
藤野文晤

音声資料の提供にご協力いただいた方々
劉璈
戎義俊
呉儀
魯文遠
サンガ・N・カザディー
陳敏章
童大林

ＮＨＫ
中国通信社
川崎市教職員組合

日中医学協会
読売新聞社

音声吹き込みにご協力いただいた方
大森喜久恵　同時通訳者、サイマル・アカデミー講師
神崎龍志　通訳・翻訳者
　　　　　　　　　（敬称略　順不同）

なお執筆にあたって次のように分担しました。
待場裕子：　基礎編1～3
　　　　　　実践編　DATA 1、3、5、6
　　　　　　通訳現場へのチャレンジ　MODEL CASE 2
神崎多實子：通訳の現場から
　　　　　　基礎編4、5
　　　　　　実践編　DATA 4、7、8、9、10
　　　　　　通訳現場へのチャレンジ　MODEL CASE 1
　　　　　　コラム
共同執筆：実践編　DATA 2
　　　　　中国語通訳Q＆A

音楽　　神崎龍志

参考資料
《人民日报》
《国际商报》
《中国翻译》隔月刊
『今日からあなたの英語は変わる』篠田顕子・新崎隆子著、日本放送出版協会
『中国語通訳』塚本慶一著、サイマル出版会
《怎样学习当好译员》胡庚申著、中国科学技术大学出版社
《使用现代汉语语法》刘月华等著、外语教学与研究出版社
《中日友好随想录》孙平化著、世界知识出版社
《中日关系简史》杨正光著、湖北人民出版社
《环境问题》刘大椿等著、中国人民大学出版社

再版にあたって

　数回にわたる増刷をかさねた末、このたび本書が、再版される運びとなりました。
　試行錯誤しながら書き上げた本が、なお生命力を失わず、ふたたび多くの読者の前にお目見えすると思うと、著者としてこれに勝る喜びはありません。
　通訳の仕事を通して、通訳とは何かを問い、その基本を解明するよう心がけた本書は、長い年月を経た今日でも、多少なりとも皆さんのお役に立てるのではないかと自負しております。通訳に求められるのは、なによりも実践、そしてあえて「理論」と言わせていただくのなら、多くの実践の積み重ねの中から生まれた理論こそが、いまなおその輝き失わず、光を放ち続けられるのだと思います。
　とはいえ、時代の変化とともに目まぐるしく変わる言葉の世界、造語や新語が闊歩し、とりわけITが日進月歩の変化を遂げている昨今、果してこの飛躍的な変化に耐えられるのかどうか危惧せざるをえません。
　例えば「日中環境関連用語」一つをとっても、現在の仕事のニーズにどこまで応えられるのか不安です。ただここにご登壇いただいたスピーカーは、いずれも当時責任ある立場にいらした方々ばかりです。どうぞ歴史の一こまを垣間見、初心にかえるような気持ちで、学習に取り組み、現在と比較しつつその流れをつかんでください。
　また推移する情勢にともなって、たえず登場する新語については、新たに上梓した『聴いて鍛える　中国語通訳実践講座　ニュースとスピーチで学ぶ』（東方書店）を通して、その変化を汲み取っていただければ幸いです。

2016年9月
著　者

著者略歴

神崎多實子（かんざき　たみこ）
東京都生まれ。幼年期に中国へ渡航、1953年帰国。都立大学付属高校（現桜修館）卒。北京人民画報社、銀行勤務などを経て、フリーの通訳者に。通訳歴50年余り。NHK・BS放送通訳、サイマル・アカデミー、エコール講師。
編著書：『聴いて鍛える中国語通訳実践講座』、神崎勇夫遺稿集『夢のあと』（いずれも東方書店）

待場裕子（まちば　ゆうこ）
大阪外国語大学中国語学科卒業。日本国際貿易促進協会関西本部に勤務後、神戸大学、関西大学非常勤講師、NHK国際放送日本語講座講師、流通科学大学教授、日本ビジネス中国語学会会長を経て、現在、流通科学大学名誉教授、ビジネス中国語研究会会長。

新装版　中国語通訳トレーニング講座
逐次通訳から同時通訳まで

1997年　2月25日　初　　版第1刷発行
2016年10月25日　新装版第1刷発行
2023年　3月20日　新装版第3刷発行

編著者●神崎多實子・待場裕子
発行者●間宮伸典
発行所●株式会社東方書店
　　　　　東京都千代田区神田神保町1-3　〒101-0051
　　　　　電話(03)3294-1001　営業電話(03)3937-0300
印刷・製本●倉敷印刷株式会社

※定価はカバーに表示してあります

Ⓒ2016　神崎多實子・待場裕子　　Printed in Japan
ISBN978-4-497-21610-6 C3087

乱丁・落丁本はお取り替え致します。恐れ入りますが直接本社へご郵送ください。Ⓡ本書を無断で複写複製（コピー）することは、著作権法上での例外を除き、禁じられています。本書をコピーされる場合は、事前に日本複製権センター（JRRC）の許諾を受けてください。
JRRC〈http://www.jrrc.or.jp　Eメール：info@jrrc.or.jp　電話：03-3401-2382〉

小社ホームページ〈中国・本の情報館〉で小社出版物のご案内をしております。
http://www.toho-shoten.co.jp/

好評発売中
＊価格 10％税込

聴いて鍛える 中国語通訳実践講座
ニュースとスピーチで学ぶ〔音声ダウンロード方式〕

神崎多實子・大森喜久恵・梅田純子著／現役の放送通訳者が指導。多彩な話者によるスピーチのほか、実際に放送されたニュース 51 本をとりあげる。　A5 判 376 頁◎税込 5500 円（本体 5000 円）978-4-497-21817-9

HSK6 級 読む聴く覚える 2500
（音声ダウンロード方式、チェックシート付き）

田芳・安明姫著／72 篇の文章を繰り返し聴き、繰り返し読んで、HSK 6 級の新出語彙 2500 語を身に付けよう。
………　A5 判 320 頁◎税込 3300 円（本体 3000 円）978-4-497-22023-3

やさしくくわしい 中国語文法の基礎
改訂新版

守屋宏則・李軼倫著／充実した検索機能など、旧版の長所はそのままに、例文を全面的に見直し、解説もアップデート。
………　A5 判 380 頁◎税込 2640 円（本体 2400 円）978-4-497-21918-3

中国語とはどのような言語か
〔東方選書 59〕

橋本陽介著／基本文法、語彙、品詞から、「連続構造」、「流水文」まで、中国語の特徴を概説。「読書案内」も充実。あらゆる場面で役立つ 1 冊。　四六判 280 頁◎税込 2640 円（本体 2400 円）978-4-497-22210-7

東方書店ホームページ〈中国・本の情報館〉https://www.toho-shoten.co.jp/